건재 정인승 전집 ④

물음과 대답

한말연구학회

도서
출판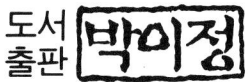

이 책의 출판비 일부는 1997년도 한국문화예술진흥원의 지원을 받았음.

발 간 사

올해는 건재 선생님이 탄생하신 지 만 100돌이 되는 해이며 돌아가신 지 11년이 되는 해이다. 이에 맞추어 선생님을 기리고 빛내고자 『건재 정인승 전집』을 발간하기로 하였던 바, 조오현 교수가 만 1년에 걸쳐 백방으로 애를 써서 선생님의 저서와 논문, 그리고 신문·잡지에 발표하신 글을 모아 정리하고 편집하여 출판사에 넘긴 뒤 여러번의 교정과 바로잡기를 하여 오늘 드디어 그 간행을 보게 되어 기쁘기 한이 없다.

주지하시는 바와 같이, 건재 선생님은 뛰어나신 학자이시며 항일운동가이시며 애국자이시다. 제자에게는 참된 삶을 몸소 보이신 훌륭한 교육자이시며 한 시대를 미리 보고 준비하신 시대의 선각이요 선비이시다. 뿐만 아니라 사전편찬의 길을 열으신 어른이시다. 선생님의 학문은, 20세기 후반기의 새 언어학 이론이 풍미하는 지금에도 높이 평가되고 있다. 〈모음상대법칙과 자음가세법칙〉을 비롯한 〈"ㅣ"의 역행동화 문제〉등 몇몇의 이론은 현재에도 지침서가 되고 있으며 국어학과 함께 영원히 그 생명을 유지하리라는 것이 학계의 일반적인 평이다. 선생님의 글은 이러한즉, 이런 소중한 글과 저서를 그냥 버려 둔다면, 그것은 우리 학문에 대한 손실이요 죄가 될 것이다.

전집을 내는 것은 선생님의 학문을 계승시킴으로써 선생님의 학은에 대한 보답을 드리고 아울러 동학의 길을 가는 후학들에게 크게 길잡이가 되게 하고자 하는 데 그 목적의 일단이 있다. "인생은 짧고 예술은 길다"라는 말이 있듯이 선생님의 학문도 국어학의 발전과 더불어 영원히 빛을 더

하리라 믿기 때문에 강호 여러분의 많은 애독을 바란다. 그러는 것이 선생님을 존경하는 일이요, 우리 후학들의 선생님을 받드는 길이라 여겨지기 때문이다.

이 책을 간행하기까지는 밤낮으로 애써 주신 조오현 교수를 비롯하여 김준희 양과 조용준 군에게 고마운 말씀을 드리며, 리의도 교수와 박동근 박사, 그리고 한말연구학회 회원들의 노고에도 같은 마음을 담아 드린다. 그리고 이 책의 간행을 맡아 준 박이정 출판사의 박 찬익 사장에게도 깊은 고마움을 표하는 바이다.

끝으로 나라가 어려웠던 시기에 나라의 얼, 말, 글을 지키느라고 하루도 편할 날이 없이 지내다가 지금은 저승에서 편안한 휴식을 즐기실 선생님께 최고의 존경을 담아 이 전집을 올리면서 선생님의 명복을 빈다.

선생님! 이제는 나라 일 잊으시고 부디 편안한 잠 주무소서!

1997년 6월 23일(음력 5월 19일)

김 승 곤

일 러 두 기

1. 여기에 실린 글들은 제7권 강의노트를 제외하고는 모두 새로 입력하였다.
2. 맞춤법은 말본의 통시성을 중히 여겨서 원문의 표기를 그대로 따르는 것을 원칙으로 하였다. 다만, 신문이나 잡지 등에 실린 글로 말본 현상과 관계없는 경우에는 현행 띄어쓰기를 따랐다(이 경우에도 띄어쓰기를 제외하고는 원문의 표기를 따랐다.)
3. 한자는 한글로 바꾸어 입력하되 필요에 따라 ( ) 안에 한자를 넣어 처리하였다.
4. 원본이 훼손되어 읽기 어려운 낱글자는 '◎'로 처리하고, 행이나 쪽 전체가 훼손된 것은 공란으로 처리하였다.
5. 이번 전집에서 원본을 찾을 수 없는 것은 부득이 싣지 못했다.

4283년 1월 30일 편

한 글 문 답

정 인 승 지음

머리말

　지난 열 네 해 동안 "한글" 지를 통하여 독자 여러분으로부터 여러 가지로 물음에 대하여 그때 그때에 따라 대답하여 드린 것을 몇몇 벗들이 일부러 주워 모아 가지고 이를 단행본으로 내기를 여러 번 요청한 바 있었으되, 그리 함이 나의 본뜻이 아니므로 굳이 거절하고 말았더니, 생각지 아니한 최근 얼마 전에 그 분들이 원고를 가지고 와서, 이미 인쇄의 준비를 대략 갖추어 놓았노라고 양해를 강청하는 지라, 일이 더 말리지 못하게 되어 부득이 승낙 아니할 수 없었다.

　그러나 내용이 변변ㅎ지 못하고, 더구나 오랜 동안에 여러 각 사람으로부터 여러 각가지 문제로 물음을 받은, 이른바 일문 일답의 것이어서, 아무 순서도 없고 체계도 없으며, 같은 문답이 여러번 거듭된 것도 있고 또는 시대의 다름에 따라 같은 물음에 대답이 달라진 것도 있으며, 그 때에 필요한 대답이 지금은 불필요하게 된 것도 있고 하여 그냥 그대로 둘 수 없겠으므로 전부 손을 다시 보지 아니하면 안되겠으나 도저히 그리 할 겨를이 없어 우선 대강 몇 군데 손보는 체하여 그대로 내게 되니, 보시는 분들에 대하여 실로 부끄럽고 미안하기 짝이 없다.

　찾아 보기에 불편을 덜기 위하여, 목차를 대강 아래와 같은 여섯 가지로 나누어 붙이었고, 실은 차례는 일체 연대순으로 하였다.

<table>
<tr><td>1. 글자에 관한 것</td><td>4. 맞춤법에 관한 것</td></tr>
<tr><td>2. 소리에 관한 것</td><td>5. 말본에 관한 것</td></tr>
<tr><td>3. 표준말에 관한 것</td><td>6. 말뜻에 관한 것</td></tr>
</table>

　내용이 워낙 불비한 것이매, 보시는 분으로부터 일일이 잘못된 곳을 지적하여 꾸지람하여 주시면 분외의 다행으로 알겠다.

4283년 첫 봄

지 은 이 적음

한 글 문 답 · 차 례

Ⅰ 글자에 관한 것

Ⅱ 소리에 관한 것

III 표준말에 관한 것

Ⅳ 맞춤법에 관한 것

VI 말 뜻에 관한 것

한 글 문 답

정 인 승 해답

【물음 1】 "쌀"(米)의 옛말과 방언(方言)을 알고자 합니다.

4270.9. (수원 고농. 이 춘녕)

【대답】 "쌀"의 옛말은 "뿔"입니다. 옛 글에 적힌 예로, 훈몽 자회(訓夢字會 ─서기 1527)에 "뫼뿔"(粳), "춧뿔"(糯)이 있고, 역어 유해(譯語類解─ 서기 1690)에 "니뿔"(大米), "조뿔"(小米)이 있습니다. 그런데, 그 발음 은 현대 말인 "쌀"과 좀 다른 듯합니다. 계림 유사(鷄林類事)에 송 나라 (宋) 사람이 우리말을 적는데 "쌀"을 "菩薩"(보살)이라 적었고, 또 왜한 삼재 도회(倭漢三才圖會)에는 우리말을 가명문(假名文)으로 적는데, "쌀"을 "ヒサル"(比佐留)라고 적은 것들을 보아, 그 때의 "뿔"이 오늘날 의 "쌀"과 어음이 다름을 짐작하겠습니다. 그러면 "쌀"의 옛말은 "뿔"인 데, 그때의 발음으로는 "보살, 비살" 혹은 "브살"과 비슷한 것이었으리라 고 생각됩니다. 아마 ㅂ의 입모양으로부터 "술"로 발음한 것이 아닌가 생각합니다. 그리고 방언으로는 경상도와 함경도 일부에서 "살"이라고 하는 외에 달리 부르는 방언이 있음을 아직 듣지 못하였습니다.

【물음 2】 "의"의 읽는 법이 아래와 같은 여러 가지가 있는 데 어느 것이 바르게 읽는 법이 되는지요?

4270.9. (산청. 이 서호)

"으이"의 겹친 소리. (어떤 선생의 주장).

"으". (경상도 전라도의 방언).

"이". ("의복", "의사" 들을 "이복", "이사"라고 하는 것).

"에". ("나의 집", "너의 집"을 "나에 집", "너에 집"이라고 하는 것).

【대답】 "으이"의 겹친 소리로 내는 것이 표준 발음입니다. 곧 "으"의 입모양을 지어 가지고 소리를 내면서 곧 혀를 빨리 앞으로 내밀어 "이"의 소리로 옮기면 "의"의 바른 소리가 됩니다.

【물음 3】 ① 통일안 제 11항 받침에 "ㄺ, ㄻ, ㄼ" 들이 빠진 것은 무슨 까닭입니까? "닭(鷄), 젊다(少), 밟다(踏)" 들의 말이 있는데요?

② 한자의 어원으로 된 말도 소리대로 씀이 옳을까요?

가령: "귀찮다"(貴ㅎ지 않다), "괜찮다"(關係ㅎ지 않다)따위.

4270.9. (청도, 이 중화)

【대답】 ① 본항에 적은 받침은 재래에 쓰던 것 이외의 받침만 적은 것입니다. "ㄱ, ㄴ, ㄷ, ㄹ, ㅁ, ㅂ, ㅅ, ㅇ, ㄺ, ㄻ, ㄼ" 들은 재래의 교과서나 일반 간행물 등에 보통으로 써 오던 받침들이므로 본항에 적지 아니한 것입니다.

② 한자어거나 순 우리말이거나를 물론하고, 어원의 뜻이 아주 딴 말로 변하여 버린 것은 어원을 밝히지 아니하는 것이 통일안 제 25항에 규정되어 있습니다. "귀(貴)ㅎ지 아니한" 것이 어찌 꼭 "귀찮은" 것이라고 할 것이며, "관계(關係)하지 아니한" 것이 모두 다 "괜찮을" 수가 있습니까? "고친다"란 말은 "곧게 한다"란 말과는 뜻이 많이 변한 것이며, "점잖다"란 말은 "젊지 아니하다"란 말과는 사뭇 달라진 말인 즉, 이러한 말들은 제 각각 독립한 딴 말로 행세하는 것이 당연하다는 것입니다.

【물음 4】 다음 말들의 표준말을 알려 주십시오. (ㄱ) <u>하누님-하느님-하나님.</u> (ㄴ) <u>볼기-불기.</u> (ㄷ) <u>몰레(隱密)-몰래.</u> (ㄹ) <u>화루-화리-화로(火爐).</u> (ㅁ) <u>치-키(箕).</u> (ㅂ) <u>헌겊-헝겊-홍겊(布片).</u> (ㅅ) <u>갖바치-갖바치</u> ("갖"이 피부라면 짐승의 가죽도 갖으로 안 될까요? "갖"은 "가죽"의 줄어진 것인지요?) (ㅇ) <u>목간-미역-목욕-메욕.</u> (ㅈ) <u>술-수실-부피-숱.</u>
4270.10. (창앞, 이 호순)

【대답】 (ㄱ) 하느님. (ㄴ) 볼기. (ㄷ) 몰래. (ㄹ) 화로. (ㅁ) 키. (ㅂ) 헝겊. (ㅅ) 갖바치 ("갖"은 "가죽"의 준 것입니다. "갖"은 살의 겉 바닥을 가리킴이니, 벗길 수 있는 "가죽"과는 뜻이 다릅니다). (ㅇ) 목욕실(沐浴室)의 뜻으로는 "목간"이요, 온 몸이 물에 씻기이는 뜻으로는 "미역"입니다. (ㅈ) "술"은 책, 종이, 피륙 따위의 쌓인 두께를 이름이요, "수실"은 "술"의 사투리요, "부피"는 무슨 물건이든지의 덩치의 크기(體積)를 이름이요, "숱"은 물건의 수량(數量)을 이름인데, 주로 머리털(毛髮)같은 것에 쓰이는 말입니다.

【물음 5】 다음 말들은 표준말 세울 때에 나오지 않았는지요? 표준말 아니라 함도 없음. (ㄱ) <u>마찬가지-매한가지.</u> (ㄴ) <u>이러니저러니-이러구저러구.</u> (ㄷ) <u>거의-거반.</u> (ㄹ) <u>터뜨리다-터떠리다.</u> (ㅁ) <u>거지-그지(乞人).</u>
4270.10. (창앞, 이 호순)

【대답】 (ㄱ) "마찬가지"는 표준말 모음 13쪽 2단에 표준말로 되어 있고, "매한가지"는 "결국 한가지"란 뜻의 말입니다. (ㄴ) "이러니저러니"는 113쪽 2단에 역시 표준말로 되어 있습니다. "이러구지리구"는 사정(査定)에 나오지 아니하였습니다마는, "이러니저러니"와 똑같은 말이라고 볼 수 없고 "이리쿵저리쿵"과도 다른 말이니, 그도 역시 독립한 한 표준말이 되겠는데 "이러하고 저러하고"의 뜻이므로, "이러고저러

고"로 하는 것이 옳을 것입니다. (ㄷ) "거의"는 50쪽 2단에 표준말로
되어 있고,"거반"은 사정(査定)에 나오지 않았으나, "거지반"의 준말인
데, "거의"에 비하면 그 쓰이는 범위가 훨씬 좁으면서, 동시에 숫자적
개념을 포함하여, "반 넘어 거의" 됨을 뜻한 말이라 하겠습니다. (ㄹ)
"터뜨리다"가 표준말이니, 6쪽 2단을 보시고, 117쪽 부록(附錄) 2항
을 참고하시기를 바랍니다. (ㅁ) "거지"는 56쪽 2단에 표준말로 되어
있습니다.

【물음 6】 다음 말 같은 따위들을 한데 몰아 넣는 것은 참으로 아깝고 섭
섭한 노릇이 아닐까요? (ㄱ) 같이(如)-가치(共). (ㄴ) 쓰다(用)-씨다
(書).
4270.10. (창앞, 이 호순)

【대답】 (ㄱ) 동감입니다마는, 동감이라는 "동"(同)을, "같은" 느낌이라고
"如"의 뜻으로 볼까요, "가치" 느낀다고 "共"의 뜻으로 볼까요? 동행(同
行)은 "같은" 일행(一行)도 되고 "가치" 간다고도 됩니다. 결국 "如"나,
"共"이나, "同"이나 다같은 "같"으로 된 말인즉, 다같이 "같이"로 씀이
도리어 편하겠지요. (ㄴ) "쓰다"는 "用"과 "書"가 그 발음으로나 어법상
활용으로나 똑같기 때문에 언어 사실을 따라 그렇게 사정(査定)된 것
입니다.

【물음 7】 "적다"를 "少"나, "小"나, "記"의 뜻으로 다 쓰는데, "즉다(少), 작
다(小), 적다(記)"로 구별하여서 쓰면 좋을 것 같은데요?
4270.10. (창앞, 이 호순)

【대답】 "적다"(少)와 "작다"(小)는 구별되어 있습니다. "즉다"라는 발음은
"읎다"(無), "을마"(幾何) 따위와 같이 경기도, 충청도 일부의 발음으
로서, 보편적 표준 발음이 아니어서, 역사적으로나 일반 분포(分布)

현상으로나 "적다"(少), "없다"(無), "얼마"(幾何) 들을 취하는 것이 옳다고 사정된 것입니다. "記"의 "적다"와 "少"의 "적다"는 하나는 동사이요, 하나는 형용사이니, 그리 혼동될 염려가 없겠지요.

【물음 8】 "않은-않는", "없은-없는"의 쓰는 본을 풀어 주십시오.

4270.10. (창앞, 이 호순)

【대답】 어간 아래에 붙는 "은"과 "는"의 구별은, 쉽게 말씀하자면 형용사 어간에는 "은"이나 "ㄴ"만 붙고, "는"은 절대로 붙지 아니하며, 동사 어간에는 동작의 끝남을 말할 때는 "은"이나 "ㄴ"이 붙고, 동작의 계속 진행을 말할 때는 "는"이 붙는 것입니다. 표로써 실례를 간단히 보이어 드리겠습니다.

표

형 용 사		동 사 (동작의 끝남)		동 사 (동작의 계속)	
어간 끝이 홀소리인때 (ㄴ)	어간 끝이 닿소리인때 (은)	어간 끝이 홀소리인때 (ㄴ)	어간 끝이 닿소리인때 (은)	어간 끝이 홀소리인때 (는)	어간 끝이 닿소리인때 (는)
크ㄴ 집	작은 집	마시ㄴ 물 (旣 飮)	먹은 밥 (旣 食)	마시는 물 (方 飮)	먹는 밥 (方 食)
희ㄴ 콩	검은 콩	지ㄴ 달 (旣 落)	돋은 달 (旣 昇)	지는 달 (方 落)	돋는 해 (方 昇)
귀하ㄴ 책	좋은 책	공부하ㄴ 책 (旣習修)	읽은 책 (旣 讀)	공부하는 책 (方習修)	읽는 책 (方 習)
크지 아니하ㄴ 집	크지 않은 집	읽지 아니하ㄴ 책 (未嘗讀)	읽지 않은 책 (未嘗讀)	읽지 아니하는 책 (方不讀)	읽지 않는 책 (方不讀)

이와 같이 형용사 어간에는 언제나 "은"이나 "ㄴ"이 붙고, 동사 어간

에는 동작의 끝남에는 "은"이나 "ㄴ", 동작의 계속에는 "는"이 붙는 것
이니, 이제 물으신 "않은, 않는"의 "않"은, 형용사로 되는 경우면 반드
시 "은"만이 붙을 것이요, 동사로 되는 경우면 동작의 끝남에는 "은",
동작의 계속에는 "는"이 붙을 것입니다. 이로써 "않은"과 "않는"의 구별
을 아실 줄 압니다. 그런데, "없다"란 말은 그 자체가 우선 품사 결정
이 어려운 말입니다. 때로는 형용사로 활용하면서 때로는 동사와 같은
활용도 하기 때문입니다. 지금 물으신 "없은"과 "없는"이 그것입니다.
그러나, 다른 여러 가지 점으로 보아서 "없다"는 원칙상 형용사로 잡
아, "없은"을 원칙적 활용으로 치고, "없는"으로 동사처럼 활용하는 것
은 한 특례로 볼 수 밖에 없습니다.

【물음 9】 다음의 말은 뜻이 다릅니까? (ㄱ) 으로서-으로써. (ㄴ) 갖은-
가진.   4270.10. (창앞, 이 호순)

【대답】 (ㄱ) "으로서"는 "…되어서"의 뜻이요, "으로써"는 "을 가지고"의 뜻
입니다. 이를 테면 "사람으로서 어찌 그런 일을 하랴?" "닭으로써 꿩을
대신한다"와 같이 다릅니다. (ㄴ) "갖은"은 형용사 "갖다"(具備)의 어
간 "갖"에 "은"이 붙은 것이요, "가진"은 동사 "가지다"(持)의 어간 "가
지"에 "ㄴ"이 붙은 것입니다.

【물음 10】 "대중말"을 "표준말"이라고 책 겉에 쓰신 것은 퍽 섭섭한 일인
가 합니다. "대중없다", "대중하다"하는 말들은 상류, 중류, 하류 사회
에서 두루 흔히 쓰는 말이요, "표준"이라는 말은 유식자들이나 아는
말이 아니겠습니까? "대중"할 만한 말이라면 "대중말"이라고 이름 붙일
것을 어찌하여 그리 하셨을까요?   4270.10. (창앞, 이 호순)

【대답】 좋은 말씀입니다. 그러나, "대중없다, 대중하다"라고 하는 말은 널

리 쓰이는 말이지마는, "대중말"이라 하면 결코 널리 쓰이는 말이 아닙니다. "대중말"이라 하나 "표준말"이라 하나 "유식자"라야 알기로는 마찬가지겠지요. 다만 이상(理想)으로는 "대중말"을 "대중"으로 잡고 오늘날의 현실을 돌아보아 우선 "표준말"로 "표준"을 삼아 둔 것입니다.

【물음 11】 "그려"? "구려"? 어느쪽이 표준말입니까?

4270.10. (고원, 천 혁)

【대답】 말끝 마치어진 밑에 덧붙는 토로는 "그려"입니다. "좋소그려, 비가 옵니다그려, 어서 가게그려, 갑시다그려" 들과 같습니다. 그리고 이와 혼동하기 쉬운 것으로 "구려"가 아니라, "구료"가 있는데, 이것은 어간에 직접 붙는 어미입니다. "좋구료, 크구료, 어서 가구료, 먹구료" 들과 같습니다.

【물음 12】 "안잠자기"? "안잠재기"? 어느 쪽이 옳습니까?

4270.10. (고원, 천 혁)

【대답】 "안잠자다, 안잠자고, 안잠자는", 이와 같이 "안잠자"가 어간인데, 흑보기(睨視人), 보름보기(片眼人), 소매치기, 똥싸기, 돈내기, 부넘기(火躍口), 쓰레받기, 돋보기(凸視鏡), 이와 같이 "기"가 어미(語尾)가 되어 "안잠자"에 "기"가 붙어서 된 말이니, "안잠자기"로 함이 옳습니다.

【물음 13】 ① "홀"과 "홑"? "홀"("홀아비, 홀어미, 홀로" 들과 같이)은 인물 등을 가리킬 때 쓰는 말이요, "홑"("홑것, 홑옷, 홑으로" 들과 같이)은 물건 등을 말할 때 쓰는 것이 아닌가 합니다. 그러므로 표준말 모음 69쪽 2단에 "홑몸"(單身)은 "홀몸"의 틀림이 아닌가요?

② "초"(醋)를 "단것"이라고 69쪽 1단에 사투리로 적혀 있는데, "단것"이 아니라 "신것"이라는 말이 아닐는지요?

4270.10. (동래, 이 인기)

【대답】 ① "홀"은 상대방의 없음을 뜻하는 말이니, 한자의 "獨"에 해당하며, "홑"은 겹이 아님을 뜻하는 말이니, 한자로 "單"에 해당하다 하겠습니다. 다시 말하면 "홀"(獨)은 "뭇"(衆)에 대되는 말이요, "홑"(單)은 "겹"(複)에 대되는 말이니, 홀이라 뭇이라 함은 개체의 수효로 말함이요, 홑이라, 겹이라 함은 개체의 됨됨이로 말함이라 하겠습니다. 그래서, 사람이나 물건이나를 물론하고, 상대방이 없는 경우임과, 겹으로 되지 아니한 경우임을 따라, "홀"(獨)과 "홑"(單)이 달리 쓰입니다. 이를 테면 "홀아비, 홀어미, 홀소리, 독신(獨身), 독목(獨木)" 들은 대상되는 다른 개체가 없이 저 혼자의 것이라는 뜻으로 쓰인 말들이요, "홑사람, 홑몸, 단신(單身), 단엽(單葉), 단세포(單細胞)" 들은 형태나 됨됨이가 여러 겹으로 되지 않은 한겹만으로의 것이라는 뜻으로 쓰인 말들입니다. 그런데, "홑몸"(單身)이라는 말은 무슨 말이냐 하면 "포태(抱胎)하지 아니한 몸", 또는 "딸린 수원(隨員)을 데리지 않고 단순하게 가는 몸"을 뜻한 말이요, 상대방의 있고 없음을 연상하는 말이 아니니, "홀몸"이 아니라 "홑몸"이 옳습니다. 만일 상대방의 없는 "홀"(獨)의 뜻으로, "남편 없는 몸"이나, "아내 없는 몸"이나, 또는 "형제 없는 몸"이나를 가리킬 경우, 곧 "독신"의 뜻으로 일컬을 때는 "홀몸", 요새 흔히 쓰는 말로는 "혼잣몸"이라고 합니다. 다시 간단히 말씀하면 단신으로는 "홑몸", 독신으로는 "혼잣몸"이라 합니다. "홀몸"이라 하면 "혼잣몸"이란 말과 같은 말이 되어 "홑몸"과는 다른 뜻이 됩니다.

② "초"(醋)를 "단것"이라함은 서울 사투리인데, 왜 "단것"이라 하며, 그 말이 어느 시대부터 시작되었느냐 함에 대하여는 분명한 확증이 없으나, 말로 들은 바에 의하면 추측일는지 사실일는지 모르되, 이러

하다 합니다. 아무 시대 아무 사회에서도 있는 일이지마는, 특히 예의
관념이 과도로 발달된 한양조(漢陽朝) 중엽(中葉) 이후의 우리 사회
에서는 언어에 대하여 조심하고 기휘(忌諱)하는 경우가 심히 많았을
것 아닙니까? 더구나 체면을 차릴 남녀 간이라든지 존비(尊卑) 간이
라든지에는 더욱 그러하였겠지요. 그런데 "초"라는 것은 신맛(酸味)의
대표물이므로, 누구든지 "초"란 말을 들으면 반드시 신것을 얼른 연상
하게 되는데, 서울 사회에서는 "시다" 하는 그 말이 원래 어감에 좋지
못한 말이므로 따라서 "초"라는 말도 어느 경우에는 함부로 쓰기가 미
안할 때가 있어서, 바로 "초"라 함을 피하여 그 맛이 다소 단맛도 있
으므로 "단것"이라 한 것이 차차 "초"의 대용 명칭으로 된 것이리라는
것입니다. 아마 그럴는지도 모르겠습니다. 하여간 서울서 "초"를 "단
것"이라고 통칭하는 것이 사실이며, 또 "시다"하는 말을 될 수 있는 대
로 함부로 쓰지 아니함도 사실입니다. 그러나, "초"라는 말, 또는 "시
다"라는 말을 아니 쓰는 것은 아니고, 역시 정확하게 "시다"할 것은
"시다"합니다. 그러므로 사정한 표준말에도 "초"(醋)는 "초"로, "시다",
"달다"는 각각 "시다", "달다"로 표준한 것이고, "초"를 가리켜 "단것"이
라고 하는 말은 버리기로 한 것입니다. "초"란 말을 "신것"이라고 부르
는 일은 없습니다.

【물음 14】 말씀-말슴, 벌써-벌서, 훨씬-훨신, 올씨다-올시다, 할쑤록-할
수록, 실쏙-실속, 할쑤-할수 따위는 어느 쪽이 옳습니까?

4270.12. (고원, 천 혁)

【대답】 "말씀, 벌써, 훨씬, 올씨다, 할쑤록" 들이 옳고 "실속, 할 수"가 옳습
니다, "속"과 "수"는 따로 뜻이 있다는 말이니까 뜻이 있게 써야 하고,
"말씀, 벌써, 훨씬, 올씨다, 할쑤록" 따위는 두 말이 겹친 것이 아니고
단순히 소리가 본디 그러한 것이니, 소리대로 쓰는 것이 옳습니다.

【물음 15】 둘받침들의 이름을 가르쳐 주십시오. ㄲ, ㄳ, ㄵ, ㄶ, ㄺ, ㄻ,
ㄼ, ㅀ, ㅁ, ㅄ, ㅆ.   4271.1. (지성. 김 정흡)

【대답】 받침으로거나, 첫소리로거나를 물론하고, ㄲ, ㄸ, ㅃ, ㅆ, ㅉ 들은
"쌍기역, 쌍디귿, 쌍비읍, 쌍시옷, 쌍지읒" 이라 하고, 그 밖의 것은
다 본이름대로입니다. 곧 ㄳ=기역시옷, ㄵ=니은지읒… 따위와 같습
니다.

【물음 16】 "있읍니다"와 "잇습니다"의 어느 쪽이 옳은지요? 즉 쌍시옷 받
침은 어떤 경우에 쓰는지요?   4271.1. (지성. 김 정흡)

【대답】 쌍시옷을 받침으로 쓰는 것은 꼭 세 가지 경우 뿐이니, ① "있다"
의 "있"과, ② 과거 표시의 "었" 혹은 "았, 였, 렀"과, ③ 미래 표시의
"겠"이 그것입니다.

    ① 있다. 있고, 있으니, 있으면, 있어도, 있어야.
    ② 과거. 먹었다. 먹었고, 먹었으니, 먹었으면, 먹었어도, 먹었어야.
      ("막았다, 하였다, 이르렀다" 들도 다 과거임).
    ③ 미래. 먹겠다. 먹겠고, 먹겠으니, 먹겠으면, 먹겠어도, 먹겠어야.

   이 세 가지 경우 외에는 "쌍시옷"이 받침으로 되는 말이 없습니다.
경기 지방은 물론, 다른 여러 지방에서도 대개 이 세 가지 경우에만은
"쌍시옷"으로 발음함이 일반 보편적이므로, 이 세 가지에 한하여만은
쌍시옷 받침이 표준된 것입니다.

【참고】 과거의 "었"은 그 위에 오는 어간의 홀소리를 따라, "았, 였, 렀"
들로 될 경우가 있으니, 그 구별은 이러합니다. (ㄱ) 어간의 끝 음절
홀소리가 소위 혀높은 홀소리인 "ㅓ, ㅕ, ㅜ, ㅠ, ㅡ, ㅣ, ㅐ, ㅔ, ㅚ,

ㅟ, ㅢ"일 때는 "었"으로 되니, 이를 테면, "먹었다, 열었다, 죽었다, 늘었다, 믿었다, 개었다, 베었다, 되었다, 뛰었다, 희었다" 들이요, (ㄴ) 어간의 끝음절 홀소리가 소위 혀낮은 홀소리인 "ㅏ, ㅑ, ㅗ, ㅛ" 일 때는 "았"으로 되니, 이를 테면, "막았다, 얇았다, 보았다, 좋았다" 들이요, (통일안 부록 3항 참조), (ㄷ) 어간이 "하"로 된 말의 밑에서 는 항상 "였"으로 되니, 이를 테면, "말하였다, 생각하였다, 착하였다, 넉넉하였다" 들이요, (통일안 10항 6 참조), (ㄹ) 어간이 "푸르(靑), 누르(黃), 이르(至)" 일 때는 "렀"으로 되니, 이를 테면, "푸르렀다, 누르렀다, 이르렀다" 들이요 (통일안 10항 참조), (ㅁ) 편의상 말을 줄이어 준말로 할 때, "았, 었, 였" 들의 홀소리 "아, 어, 여"가 그 위에 오는 어간의 홀소리와 어울러져 버리고 "ㅆ"만이 과거를 표시하는 셈이 되니, 이를 테면, "갔다(가았다), 섰다(서었다), 했다(하였다), 컸다(크었다), 그렸다(그리었다), 가졌다(가지었다), 됐다(되었다)" 따위입니다. (통일안 55항 참조).

　그리고 "읍니다"와 "습니다"에 대하여는 자세한 설명을 하자면 좀 복잡하고 길어지겠으므로 간단히 요령만 말씀하겠습니다. 우선 어법상으로 보아서는 모든 동사나 형용사가 활용할 때에, 어간 끝 음절에 받침이 있으면 그 어간과 아래 어미와의 사이에 조음 관계로 소위 조음소(調音素) "으"를 더하여 되는 어미가 있으니, 이를 테면, 먹으니, 신으면, 믿을, 검은, 잡으라, 웃으오, 찾으나, 쫓으온들, 같으므로, 갚으마, 좋으련만… 들과 같습니다. 만일 어간에 받침이 없으면 "으"가 들지 아니하니, 가령 가니, 오면, 볼, 흰, 뛰라, 두오, 쏘나, 온들, 다르므로, 주마, 나쁘련만…… 들과 같음). 이와 마찬가지로, "읍니다"는 "ㅂ니다"에 "으"가 더하여 받침 있는 어간 밑에 쓰이는 어미입니다. 그러므로 "먹읍니다, 신읍니다, 믿읍니다, 있읍니다, 먹었읍니다, 먹겠읍니다"로 되는 것이니 더 문제가 없을 것입니다.

그러나, 이렇게 "먹읍니다, 신읍니다, 믿읍니다……" 들이 있는 동시에, 또 "먹습니다, 신습니다, 믿습니다……" 들도 있습니다. 이 "습니다"는 옛적부터 쓰이어 온 "사옵나이다"가 줄어서 된 말인데, 현대의 언어 사실로 보건대, "읍니다"보다 "습니다"가 더 많이 쓰이고 있는 형편입니다. 그런즉 "있, 었, 겠" 들 밑에도 물론 "읍니다"와 "습니다"가 다 붙을 수 있습니다. 다만 이 경우에는 위에 "ㅆ"이 있기 때문에 아래에 "읍니다"로 쓰나 "습니다"로 쓰나 발음으로 똑같을 뿐입니다. 그런즉 받침 있는 어간 밑에 "읍니다"와 "습니다"가 다 붙는 것이 오늘날의 언어 사실이니 만일 이 두 가지가 뜻이나, 어감이나, 용도 등이 똑같을 것 같으면, 둘 중에 어느 하나로만 표준을 정하여야 할 것이나, 만일 조금이라도 다른 점이 있다면 두 가지가 다 각각 한 표준말로서 분간 있게 쓰일 것입니다. 그런데 이 "읍니다"와 "습니다"를 세밀히 살피어 보면, 그저 똑같은 것이라고 하여, 하나를 취하고 하나를 버릴 수는 없습니다. 나 개인의 의견으로 간단히 말씀하면, 어감상으로 "읍니다"는 범연함에 대하여 "습니다"는 좀더 친절한 맛과 더 공손한 맛이 있으며, 용도상으로 "읍니다"는 통용적임에 대하여 "습니다"는 좀더 현실적이며 당면적이라 할 수 있습니다. 마치 "으옵고"와 "사옵고"의 관계와 비슷하니, 가령, "먹으옵고, 먹읍니다"보다 "먹사옵고, 먹습니다" 하는 편이 좀더 친절 공손한 맛이 있고, 좀더 당장 현행(現行)하는 뜻이 표시됩니다. "신습(읍)니다, 믿습(읍)니다, 검습(읍)니다, 대단히 춥습(읍)니다, 물이 깊습(읍)니다, 이와 같습(읍)니다, 고맙습(고마읍)니다, 그렇지 않습(읍)니다……" 들이 다 그러합니다. 그러면 받침 없는 어간 밑에는 다만 "ㅂ니다" 하나 뿐인 것이 어찌하여 받침 있는 어간 밑에는 이렇게 두 가지 어미로 쓰일까 하는 것이 의문이겠으나, 이는 "읍니다, 습니다" 뿐만 아니라, "으옵고, 사옵고"도 그러하니 받침 없는 어간 밑에 쓰이는 "오니"는 하나인데 받침 있는 어간 밑에는 "으

오니"도 쓰이는 동시에 또 따로 "사오니"도 쓰이어, "가오니, 크오니"에
대하여 "먹으오니, 많으오니"와 "먹사오니, 많사오니"의 두 가지가 다
쓰이는 것입니다. 다시 바꿔 생각하면 받침 없는 어간에서는 "오니"
하나가, 받침 있는 어간에서 쓰이는 "으오니"와 "사오니"를 겸하여 대
신함과 마찬가지로, 받침 없는 어간 밑의 "ㅂ니다"는 받침 있는 어간
밑의 "읍니다"와 "습니다"를 겸하여 대신하는 것이라 하겠습니다. 그런
즉 결국 "읍니다"와 "습니다"는 둘 다 각기 쓰이는 표준말이 된다는 말
씀인데, 그 차이인즉 그리 현저(顯著)한 것이 아니므로 말에서도 항상
혼용(混用)이 되며 따라서 문자상에서도 흔히 혼용합니다마는, 아무쪼
록 같은 경우 같은 문장 안에서는 한결로 써야 할 것이니, 가령 "먹읍
니다, 믿읍니다,……" 들로 쓸 경우이면 역시 "있읍니다, 없읍니다,……
…"와 같이 "읍니다"로 일매지게 쓸 것이요, "먹습니다, 믿습니다…" 들
로 쓸 경우이면 역시 "있습니다, 하였습니다…"와 같이 "습니다"로 일
매지게 쓸 일입니다. 한 문장 안에서 "읍니다"로 했다가 "습니다"로 했
다가 하는 것은 좋지 못합니다.

【물음 17】 통일안 21항의 "히"와 "이"의 쓰는 구별을 잘 설명하여 주십시
오.   4271.1. (나남, 강 덕문)

【대답】 "하다"가 붙을 수 있는 어근(語根)에 "히"가 붙어서 명사로 되는 말은
없고, "이"가 붙어서 명사로 되는 말은 통일안 21항의 예 (2)와 같고,
"히"나 "이"가 붙어서 부사로 되는 말은 "히"를 원칙으로 하고, 다만 "히"소
리가 절대로 아니 나고 "이"소리로만 나는 것은 "이"로 하는 것입니다. 자
세한 규정은 통일안 부록 제 5항을 참고하시기를 바랍니다.

【물음 18】다음의 표준말을 가르쳐 주십시오.　　　　4271.2. (남 해몽)

　　　(1) 뚜렷이. 또렷이. 두렷이.
　　　(2) 애처롭다. 아처롭다. 애처룹다.
　　　(3) 즉접(直接). 직접.

【대답】(1) "뚜렷이"와 "또렷이"는 어감의 크고 작음의 차이로 둘 다 독립
된 표준말이요, "두렷이"는 "뚜렷이"에 대하여 어감 강약(强弱)의 차이
로 또한 독립된 표준말입니다. 다시 말하면 세 말이 다 각각 표준말입
니다. (2) "애처롭다"가 표준말, "직접"이 표준말입니다.

【물음 19】"끓는 물"(沸湯)? "끓른 물"? 어느쪽이 옳습니까?
　　　　　　　　　　　　　　　　　　　4271.2. (고창. 이 강문)

【대답】"끓는 물"입니다. 동사의 활용에 계속하는 뜻을 나타내는 어미는
언제든지 "는"입니다. "흐르는, 가는, 오는, 자는, 뛰는, 먹는, 신는,
잡는, 웃는, 찾는, 쫓는, 붙는, 갚는, 놓는, 깎는, 앉는, 끊는, 끓는,
핥는, 읊는,…" 들을 미루어 보십시오. 하나도 "른"으로 되는 법은 없
습니다. 만일 부주의하여 "거른 술, 다른 사람, 마른 논, 빠른 시간,
흐른 물…" 들의 "른"을 보고서 "른"이 한 어미인 것처럼 생각해서는
안됩니다. 이것들은 "거르, 다르, 빠르, 흐르…" 들 어간에 "ㄴ"이 붙은
것이니, "간 사람, 온 사람, 본 책, 깬 꿈…" 들에서 "가, 오, 보, 깨
…"가 어간인데, 거기에 "ㄴ"이 붙어 가지고 "간, 은, 본, 깬…"으로 된
것임과 마찬가지인 "른"이니, 본디 "른"이라는 어미는 없는 것입니다.
다시 말하면 "흐른 물"은 "흐르"에 "ㄴ"이 붙은 것이요, "흐르는 물"
이라 하면 "흐르"에 "는"이 붙은 것이며, "끓은 물"이라 하면 "끓"에 "은"
이 붙은 것이요, "끓는 물"이라 하면 "끓"에 "는"이 붙은 것입니다. 그

래서 "끓른 물"로는 될 수가 도저히 없는 것입니다.

【물음 20】 첫재? 첫째? 어느 쪽이 맞습니까?   4271.2. (고창. 이 강문)

【대답】 "첫째"가 맞습니다. "둘째, 열 한째, 열 두째, 스무째, 천째, 만째" 들을 생각해 보십시오. "재"로 되지 않고 모두 "째"로만 됩니다.

【물음 21】 "웃으니", "웃음"과 마찬가지로, "웃읍다"로 쓰는 것이 옳을 텐데, 어찌 "우습다"로 쓰게 마련입니까?   4271.2. (고창. 모양 거사)

【대답】 "웃으니", "웃음" 들에는 "웃"이 어간이요, "우습다"에는 "우습"이 어간이기 때문입니다. "우습"을 다시 분석하여 어원까지 밝히려면 "웃읍"이 되겠지요마는, "웃"을 밝히기 위하여 무의미한 "읍"을 쓰게 되니, 모든 말을 이렇게 처리하자면 무리가 많이 생깁니다. 가령 모든 용언을 명사로 만드는 데 쓰이는 "~기", "~음(혹 ~ㅁ)", "~이…" 들이라든지, 부사로 만드는 데 쓰이는 "~게", "~이", "~히" 들과 같이 일률로 혹은 대체로 규칙적 공통성을 가진 것이면 그것을 밝히어 쓰는 것이 유리하고 또 편리하지마는, 일반으로 규칙적 공통성이 없는 "~읍, ~업, ~브, ~앟, ~엏, ~엄, ~애, ~웅, ~엥이, ~앵이, ~애미, ~암지, ~아지, ~아리…" 따위를 모두 밝히어 쓰려면 한이 없을 뿐 아니라, 도리어 그 어원 되는 어근을 무리하게 추궁하여 가정할 수 밖에 없게 되는 결과에 이릅니다. 그러므로 "웃다"라는 동사에는 "웃"이 어간이고 "우습다"라는 형용사에는 "우습"이 어간일 뿐이니, 그 이상 더 분석하는 것은 이론의 영역(領域)에 속할 것이고, 실제상에서는 아무 필요가 없으며, 또 무리한 일이 될 뿐입니다. 그리고 "웃음"의 "음"은 위에 말씀한 규칙적 공통성을 가진 것으로서, 용언을 명사로 만드

는 작용을 하는 것이니, "울음, 믿음, 얼음, 엮음, 묶음…" 들과 마찬
가지로 "웃음"으로 써야 하지마는, "우습다"의 "읍다"는 다른 용언에는
두루 붙는 것이 아니므로 "웃읍다"로 쓸 필요가 없는 것입니다.

【물음 22】 "같이"의 발음은 "가치"가 되는데, "가"에 "ㅊ" 받침을 아니하고
"ㅌ" 받침을 해야 할 필요가 무엇입니까? – 단지 어미 "으니"를 붙여
서 "가트니"가 된다는 이유입니까?   4271.2. (고창, 모양 거사)

【대답】 "ㄷ"이나 "ㅌ" 받침을 가진 명사나 형동사의 어간 밑에 종속적으로
쓰이는 "이"나 "히"가 올 때는 그 "ㄷ"이나 "ㅌ"이 구개음(口蓋音)으로
되는 것이 현대의 언어 사실이니, "밭(田)이, 볕(陽)이, 밑(底)이, 솥
(鼎)이, 굳(固)이, 곧(直)이, 해돋(昇)이, 미닫(閉)이, 바람받(受)이,
닫(閉)히다, 굳(固)히다, 훑(扱)이다, 핥(舐)이다…" 들이 다 그렇지
않습니까? 이런 경우를 모두 받침을 임시 임시로 달리 하여 "ㅊ"이나,
"ㅈ"으로 쓴다고 상상하여 보시면 그 불편과, 무모와 혼잡함을 짐작하
실 줄 압니다. "ㄷ, ㅌ"을 그대로 두고도 그 말의 조직만 알면 "지, 치"
소리로 읽을 줄을 아무나 다 알 것이니, 마치 "국물"을 "궁물"로 읽을
줄 알며 "옷안"을 "옫안"으로 읽을 줄 알 뿐 아니라, "잣엿"을 "잔녓"으
로 "앞일"을 "암닐"로 "흙일"을 "홍닐"로 읽을 줄까지도 언어 조직과, 우
리말의 발음 법칙을 깨친 이면 다 저절로 알게 될 것입니다. 세계 어
느 나라의 말에든지 그 나라 특수한 발음 법칙, 다시 말씀하면, 그 나
라의 습관음과 그 나라의 언어 조직을 모르고, 그 글자만 쓰인 대로
읽는다면 발음이 많이 달라지는 것이니, 요컨대, "같으니"의 경우와
"같이"의 경우에 발음이 같지 않음을 이야기하실 때는, 먼저 우리말
조직상 어떠한 경우에 "ㅌ"이 구개음으로 된다는 특수 사실을 전제하
셔야 될 것입니다. (통일안 5항을 참조하시기 바랍니다).

【물음 23】 북도 말에 "ㆁ"을 첫소리로 하는 말이 많음 (어이없다, 고얘=猫, 체예=處女 따위)으로 미루어, 다른 지방에도 "ㆁ" 첫소리가 없지 않을 듯한데, "ㆁ"을 첫소리로 아니 씀은 어찌 된 일입니까?

4271.3. (함흥, 김 병호)

【대답】 함경도 이외에는 그런 발음이 없을 뿐 아니라, 함경도의 발음으로도 당신이 말씀한 그 말들의 첫소리가 꼭 "ㆁ"에 맞는 소리라고 단정할 수 있을른지 의문입니다. 정말 "ㆁ"의 소리는 혀뿌리로 목구멍을 막고 콧구멍으로 내는 소리인데, 함경도의 초성 콧소리는 목구멍은 열린 대로 두고 다만 보통 홀소리에 콧소리를 주어 내는 것이니, 정말 "ㆁ"과는 소리가 다를 뿐 아니라, 또 그 소리로 나는 말들도 자고로 쓰여 오던 정말 "ㆁ"으로 된 말들과는 아무 관련이 없는 함경도 독특한 사투리 소리입니다. 제주(濟洲)의 "ㆍ" 소리 같은 것은 역사적 관계로나 최근까지 문자상에 많이 쓰여 오던 관계로나 상당한 근거와 가치가 있지만도 지금은 전연 아니 쓰게 되지 않았습니까? 함경도에 콧소리의 첫소리가 있다고 해서 이때까지 아니 쓰던 "ㆁ" 첫소리를 가지고 콧소리를 띤 홀소리의 표기로 쓴다는 것은 될 수가 없는 일입니다.

【물음 24】 훈민 정음 사진판에 왜 닿소리 ◇이 없습니까?

4271.3. (함흥, 김 병호)

【대답】 ◇은 원래 훈민 정음에는 없는 글자입니다. 최 세진의 훈몽 자회 옛 판에 비로소 그런 글자가 나타났으나, ㅇ에 비슷한 소리로 썼었고, 박 성원의 화동 정음 통석 운고에는 ㅂ, ㅍ, ㅁ의 비슷한 소리로 나타났었는데, 유 희(柳僖)의 말에, 박 성원의 ◇은 곧 ㅱ이라 하였고, 주 시경(周時經) 선생도 ◇은 ㅱ의 대신이라고 말했습니다. 당신이 물으신 ◇은 어떠한 소리의 것으로 말씀한 것인지 모르나, 만일 이 ㅱ의

대신인 것이라면, <u>훈민 정음</u>에 "ㅇ을 입술소리의 밑에 붙이어 쓰면 입
술가벼운소리가 된다" 한 말이 있고, ㅱ, ㅸ, ㅃ, ㆄ 들의 글짜가 <u>훈민
정음</u> 및 여러 옛글에 많이 있습니다.

【물음 25】 음절(音節)이 많은 말보다 음절이 적은 말이 의사 표시에 적
당하지 못함은 우리가 일상 경험하는 바인데, <u>사정한 표준말</u>에 "마음",
"세음"과 같은 것을 "맘", "셈"으로 한 것은 어떠한 이유에서입니까?

4271.3. (함흥, 김 병호)

【대답】 표준말은 표준말 될 조건의 갖추이고 못 갖추임에 따라 결정될
것이요, 음절의 많고 적음으로써 좌우될 것이 아닙니다. "마음"은 "마
음"으로 표준말을 삼고, "맘"을 준말(略語)로 또한 표준 잡았으며, "세
음"은 실제 널리 쓰이는 발음을 좇아 "셈"으로 표준된 것입니다.

【물음 26】 "<u>받침</u>"은 "<u>바침</u>"으로 쓰는 것이 좋을 것 같은데 "받침"으로 쓰
게 된 까닭을 모르겠습니다. 혹 밑에서 떠받는다는 뜻의 "받"이면 "침"
은 무엇이겠습니까?   4271.3. (동경, 한 갑수, 박 천, 장 재헌)

【대답】 동사에는 뜻을 바꾸지 않고 (즉 피동이나 사역으로 되지 않고)
다만 말을 힘주기 위하여 "치"가 붙는 말이 많으니, "다그(치)다, 깨
(치)다, 깨우(치)다, 뻗(치)다, 밀(치)다, 들(치)다, 넘(치)다, 덮(치)
다, 엎(치)다, 놓(치)다…" 들과 마찬가지로 "받다", "떠받다"도 "받(치)
다", "떠받(치)다"로 되는 것이니, "받침"은 "받치"에 "ㅁ"을 <u>받치</u>어 명
사로 된 말입니다.

【물음 27】 "<u>있오</u>"? "<u>있소</u>"? 어느 것이 옳습니까?

4271.3. (신의주, G.Y.O)

【대답】 받침 있는 어간 밑에는 "오"는 붙지 못하고, "으오"나 "소"가 붙습니다. "먹으오, 먹소, 믿으오, 믿소, 검으오, 검소, 좁으오, 좁소, 웃으오, 웃소, 찾으오, 찾소, 쫓으오, 쫓소, 같으오, 같소, 높으오, 높소, 좋으오, 좋소, 깎으오, 깎소, 앉으오, 앉소, 많으오, 많소, 옳으오, 옳소, 핥으오, 핥소, 읊으오, 읊소, 없으오, 없소, 있으오, 있소…," 이와 같이 "있으오, 있소"로는 되어도 "있오"로는 되지 못합니다. 그런즉 물으신 두 가지 중에는 "있소"가 옳습니다. 다만 명령의 경우에는 "있으오"를 쓸 것입니다.

【물음 28】 "이것은", "하는 것이다"의 발음을 "거슨", "거시다"로 읽어야 합니까? "거든", "거디다"로 읽어야 합니까?   4271.3. (마포, 낭 독 생)

【대답】 "거슨", "거시다"로 읽어야 합니다. ㅅ 받침 붙는 다른 말들을 생각해 보십시오. "갓(冠), 낫(鎌), 옷(衣), 못(釘)" 같은 말에다가 "은"이나, "이"나, "에"나, "으로" 같은 토들을 붙여 읽어 보시면 모두 "-슨, -시, -세, -스로, …" 들로 됨을 아실 것입니다. "-든, -디, -데, -드로 …" 들로 읽음은 절대로 잘못입(=잘모십)니다.

【물음 29】 "지나다"? "지내다"? "놀라다"? "놀래다"?
    "한글"지에 "지나(過)다"로 쓴 데도 있고, "지내다"로 쓴 데도 있으며, "놀라(驚)다"와 "놀래다"도 두 가지로 쓰여 있으니 어찌 일정한 표준이 없습니까?   4271.4. (철원, 김 학형)

【대답】 일정한 표준이 있습니다. "지나다"는 시간과 처소에 쓰이고, "지내다"는 생활이나 일에 쓰이며, "놀라다"는 자동사요, "놀래다"는 타동사입니다. 실례를 들면:

지나다 { 삼 년이 지났다. 삼 년을 지났다. (시간)
         사람이 지나간다. 집 앞을 지나간다. (처소)

지내다 { 그는 꽤 잘 지낸다. 몇 해를 가난하게 지냈다. (생활)
         장례를 지내고, 제사를 지낸다. (일)

놀라다   깜짝 놀라서 일어났다. (자동)
놀래다   남을 놀래지 말아라. (타동)

【물음 30】 "-러", "-려고", "-려"?

"표준말 모음" 13쪽 3단의 "-러"와 18쪽 1단의 "-려고"의 구별을 묻사오며, "한글지"에 흔히 나오는 "-려"와는 각각 어떠한 구별이 있습니까?   4271.4. (의주통, 서 문주)

【대답】 "-러"는 "가고, 오고, 다니는" 행동의 직접 목적을 나타내는 것인데, 그 아래 오는 말은 으레 "오다", "가다" 및 이에 비슷한 말로서, 짧고 간단한 어구를 요하니, 이를 테면,

무엇하러 왔느냐?
너를 보러 왔다
밥 먹으러 가거라.
학교로 공부하러 가자.

들과 같고, "-려고"는 장차 할 뜻이나 자세(姿勢)를 나타내는 것으로, 그 아래 오는 말은 어떠한 말이든지 다 되나, 남을 시키는 말에나, 꾀는 말에는 쓰이지 아니합니다. 가령,

무엇하려고("러"도 됨) 왔느냐? ("왔느냐"에 대하여는 "려고"도 되고 "러"도 됨).
너를 보려고("러"는 아니됨) 그저께부터 마음을 먹었었다. ("오다, 가다" 따위가 아니므로, "러"는 아니됨). (또 시키는 말로 "밥먹으려고

가거라"나, 꾀는 말로 "공부하려고 가자"는 아니됨).

들과 같으며, "-려"는 "-려고"의 준말(略語)인데, 그 아래오는 말은 "-려고"의 경우와 대개 같으나, 특히 "하다"가 많이 쓰이며, 그와 반대로 "하다"는 "-러"의 아래는 도무지 아니 쓰임이 특수한 점이니, 이를 테면 아래와 같습니다.

> 꽃을 보려(=보려고) 한다. (좋음)
> 꽃을 보러 한다. (안됨)
> 비가 오려(=오려고) 한다. (좋음)
> 비가 오러 한다. (안됨)

【물음 31】 "-던지"와 "-든지"? "던, 더니, 더라"는 "더"로, "거든, 든지"는 "든"으로 쓰게 된 줄 알고 있는데, "한글"지에 "던지"로 쓴 것을 확실히 보았는데, 혹 오자인지요?   4271.4. (성북동, 자칭 문사)

【대답】 "던지"를 쓸 경우가 없는 것이 아니니, 그 본문을 보지 않고는 옳게 쓴 것인지 잘못 쓴 것인지를 말할 수 없으나, "든지"와 "던지"는 같은 말이 아닙니다. "든지"는 물론 말씀하신 바와 같으니, 더 말할 필요가 없거니와, "던지"는 "던가"와 같은 종류의 말이니,

> 그가 벌써 왔던지(=왔던가) 모르겠습니다.
> 내가 왜 그랬던지(=던가) 몰라.
> 아까 본 것이 무엇이던지(=던가)요?

이와 같이 "던지"는 지난 일을 돌이켜 생각함에 쓰이는 것이니, 저 "누구든지 오너라, 소든지 말이든지 타고 가자" 들에서 쓰이는 "든지"와는 아주 다른 것입니다. 그런즉 지금 물으신 "던지"가 과연 이러한

뜻으로 쓴 것이었던지, 혹은 "든지"를 잘못 써서 "던지"로 되었던지, 본문을 보아야 알겠습니다.

【물음 32】 "오빠"? "누나"? "오빠"라는 말이 존칭입니까, 아닙니까? 그리고 사내 형에게만 쓸 뿐 아니라, 사내 아우에게도 쓸 수가 있습니까? 또 사내형 된 자신이 누이 동생에 대하여서 자칭 "오빠"라고 할 수 있습니까? 아울러 "누나"와 "누이"의 구별을 가르쳐 주시고 "누나님", "누나동생", "누이님", "누이동생"의 말들을 다 쓸 수 있을는지 가르쳐주십시오.   4271.5. (평양, 한 독자)

【대답】 당신이 물으신 "오빠"는 존칭은 아니고 "어머니"를 "엄마", "아버지"를 "아빠"라 하듯이 존비의 구별을 가릴 줄 모르는 어릴 적에 쓰는 말입니다. 그러나, 어른이 된 뒤에도 습관상 친근하게 이 "오빠"를 씁니다. 그리고 이 말의 높낮이의 등분을 표시한다면, 아주높임을 "오라버님", 예사높임을 "오라버니", 낮춤을 "오라범", 아주낮춤을 "오라비"라 합니다. 남에게 대한 경우라면 습관상 "오빠"라 하지 않고 흔히 "오라비"라 하는데, 이것도 절대로 남을 대면해서 부를 때에 쓰는 것은 아니고, 가령 "내 오라비도 갔다"와 같이 남에게 이야기할 때에나, "그 사람의 오라비도 갔다"와 같이 제삼자로 이야기할 때에만 씁니다. 사내형 된 자신이 누이동생에게 대하여서 자칭 "오빠"라고 함은 편지에 밖에는 아니 씁니다. "누이"와 "누나"의 구별은 원칙적으로는 "누나"는 어릴 적에 쓰는 말이고, "누이"는 자란 뒤에 쓰는 말입니다. "누나님", "누나동생"은 쓰지 않으나 "누이님" "누이동생"은 씁니다. 이것도 "누이님"만은 글에서나 쓰고 입말로는 "누님"이라고 합니다.

【물음 33】"아니"? "않이"? "아니"와 "않이"는 어떠한 구별이 있는지 알고
자 합니다.   4271.5. (니남, 강 덕문)

【대답】"아니"는 단순히 부정하는 부사요, "않이"는 "아니하게"라는 말이
줄어서 이루어진 "않게"와 같은 말입니다. 아래의 실례를 보시면 잘
구별될 것입니다.
    아니 먹었다. 먹지 아니하였다.
    아니 보인다. 보이지 아니한다.
    적지 않이(=않게) 먹었다. 좋지 않이(=않게) 여긴다.

【물음 34】자모의 이름? ㅈ, ㅊ, ㅋ, ㅌ, ㅍ, ㅎ 들의 이름을 "지읒, 치
읓, 키읔, 티읕, 피읖, 히읗" 들로 통일안에 정하여 있는데, 그 읽는
법을 똑똑히 가르쳐 주시기를 바랍니다.   4271.6. (개천, 송골산인)

【대답】홀소리 토를 붙이어 읽으면 똑똑히 알 수 있고, 닿소리 토를 붙이
거나, 또는 아무 토로 붙이지 않고 읽을 때는 "지읏, 치읏, 키윽, 티
읏, 피읍, 히읏" 들과 같이 됩니다.

【물음 35】만국 음성 기호? 만국 음성 기호라 하는 것은 ① 어떠한 것
이며, ② 한글을 그것으로 옮겨 적는 법은 어떠합니까?
                                                 4271.6. (개천, 송골산인)

【대답】① 만국 음성 기호는 서기 1889년쯤에 프랑스의 파리에서 모인
만국 음성 학회에서 협정한 순수한 표음 기호로서, 한 개의 소리에 반
드시 한 개의 부호로 되어, 이리저리 맞춤으로써 무슨 소리든지 표시
할 수 있도록 만든 것입니다. 그러므로 이것으로써 어떤 나라의 말이
든지 그 소리대로 적을 수가 있게 된 것입니다. ② 한글을 그것으로
옮겨 적는 법과, 그것을 한글로 옮겨 적는 법은 여러 해 전부터 조선

어 학회에서 조사 심의하여 오는 중이니 오래지 않아 세상에 발표될 것입니다. (뒤에 붙임: 4273년에 "외래어 표기법 통일안"이 나왔음).

【물음 36】훈민 정음 이전의 글자? 훈민 정음 이전에도 우리 글자가 있었겠는데, 그 때의 글자는 어느 분이 만들었으며, 어떠한 것이었는지요?   4271.6. (길주. 김 여진)

【대답】길고 긴 여러 시대를 통하여, 글자도 또한 여러 가지가 있었는데, 그 중에는 너무 오래 되어 그 내용이 지금까지 전하여지지 못하고 이름만 남은 것이 대부분이요, 겨우 몇 가지만 그 내용이 전하여져 왔으니, 앞엣것으로는, ① 삼황 내문(三皇內文), ② 신지 비사문(神誌秘詞文), ③ 왕문문(王文文), ④ 각목문(刻木文), ⑤ 고구려 글자(高句麗文字), ⑥ 백제 글자(百濟文字), ⑦ 향찰 글자(鄕札文字), ⑧ 발해 글자(渤海文字) ⑨ 고려 글자(高麗文字) 들이요, 뒤엣것으로는 ① 이두 글자(吏讀文字), ② 구결 글자(口訣文字) 들이 그것입니다.

【물음 37】"갸륵하다"? "사뭇"? "갸륵하다"란 말과 "사뭇"이란 말의 뜻을 가르쳐 주시오.   4271.6. (길주, 김 여진)

【대답】"갸륵하다"=썩 착하고 장하다.

　　(예: 남편은 충신이요, 아내는 열녀요, 아들은 효자라니, 참 갸륵한 집안이다).

"사뭇"=중간에서 지체함이 없고 곧장. 아무 거침 없이 막 함부로.

　　(예: 원산에 내리지 말고 사뭇 서울까지 가거라.
　　　　이놈 저놈 가릴 것 없이 사뭇 두드려 주었다).

【물음 38】 "욕감태기", "심줄", "조약돌"? "표준말 모음" 가운데 ① 욕감태기(累辱), ② 심줄(筋), ③ 조약돌(小圓石) 등이 표준말로 되었는데, 각각 그 어원을 찾아 보건대,

① "욕감태기"는 "욕"이란 말에 "삼태기"(簣)란 말이 합하여 된 말일 것이니, "욕삼태기"가 표준말 되지 않을까요?
② "심줄"은 "힘"(力)이란 말에 "줄"이 합하여 된 말이니, "힘줄"이 표준말 되지 않을까요?
③ "조약돌"은 "조각"(片)이란 말에 "돌"이 합하여 된 말이라고 볼 수 있으니, "조각돌"이 옳지 않을까요?

4271.6. (용천, 곡천 생)

【대답】 ① "감태기"는 머리에 쓰는 "감투"를 이르는 말이니, "욕감태기"란 말은 욕을 막 머리로부터 흠빡 뒤집어 씀과 같다는 뜻으로 된 말이라고 보는 편이, 욕을 삼태기에 담은 것과 같다는 뜻으로 보는 편보다 합당할 뿐 아니라, 실제로도 "욕삼태기"보다 "욕감태기"라고 더 많이 합니다.
  ② "심줄"의 어원을 "힘"(力)으로 볼 수 있음이 물론인 동시에 또한 "속에 심이 들었다"는 "심"으로도 볼 수 없는 것이 아닙니다. 또 가령 "힘"(力)으로 본다 할찌라도 "뱃심 좋다", "아귓심 세다", "입심 좋다", "심부름(助力)" 등과 같이 따로 아주 익어 버린 말들은 구태 어원을 찾을 필요가 없습니다.
  ③ "조약돌"은 "조각으로 된 돌"이 아니라, 알밤(裸栗)이나, 주악(小圓餠)이나처럼 잘고 동글동글한 돌들을 이름이니, "조각돌"이라 할 수 없을 뿐 아니라, 가령, "조각으로 된 돌"이라 할찌라도 실지 말에 결코 "조각돌"이라고는 하지 아니하는 것을 어찌 억지로 말을 고쳐 만들어서 되겠습니까? 주악(小圓餠)과 같다 하여 "주악돌"이라고 하자는 이도 있

습니다마는 또한 언어 사실을 무리하게 굽히는 일이 될 뿐입니다.

【물음 39】 "중의"? "고의"? "중우"(아래 홑옷)를 왜 한자로 "中衣", "褌衣"
로 씁니까?   4271.7. (울산, 한 독자)

【대답】 "중우"는 남도의 사투리이고, 서울에서는 "중의" "고의" "속것" 세
가지로 일컫습니다. "중의"라, "속것"이라 함은, 이왕에는 소위 행세한
다는 집 사람들은 아무리 여름에라도 홑옷 하나만 입는 법이 없고, 홑
옷은 속으로만 입고, 그 위에 겹옷을 입는 것이었으니, "속에 입는 옷"
이라는 뜻으로, "속것", "중의"(中衣)란 말이 되었을 것이요, "고의"(褌
衣, 袴衣)는 그 한자의 본 뜻으로는 "아랫도리에 입는 옷"이란 뜻으로
되, 겹것이나 솜것은 특히 "바지"란 말로 일컬음에 대하여, "고의"(褌
衣)는 홑것만을 일컫는 말로 써 온 것입니다. "속것", "중의", "고의"의
세 말 중에 표준말은 "고의"로 되었습니다.

【물음 40】 "어간"과 "어근"? 어간과 어근과의 다른 점을 밝히어 주십시
오.   4271.7. (마산, 김 명규)

【대답】 "어간"은 동사나 형용사의 어미(활용부)를 떼어 낸 나머지 부분
전체를 이름인데, 어떤 때는 거기에 "보조어간"이라는 것이 덧붙을 수
가 있으며, 이 보조어간 말고서의 기본되는 어간만을 가지고 쪼갤 수
있는 데까지 쪼개어 보아 그 중의 중심되는 조각을 "어근", 나머지 조
각들을 "보조어근"이라 합니다. 아래의 예를 살펴 보시기를 바랍니다.

```
어간(어근+보조어근)+(보조어간)+어미
보                        +오
보              (+시)+오
사람+답                   +다
```

```
사람+다우          (+시)+다
높+직+하           (+옵)+나이다
보+고자+하    (+시+겠)+더라
```

【물음 41】 "아내"의 쓰는 경우? 자기의 아내를 남에게 대하여 말할 때 무엇이라고 하여야 합니까? 손위 어른에게 대하여 "제 아내"라는 말을 쓰면 실례가 되는지요?   4271.7. (남국 설산 거인)

【대답】 이왕의 습관으로는 계급을 따라 달랐습니다. 같은 보통 계급에서는, 어른에 대하여는 "제 처", "제 아내"라 하고 평교 간에는 "내 처", "내 아내", "내 내자", "내 실인"이라 하며, 아랫 계급 사람이 윗 계급 사람에 대하여는, "제 지어미", "제 계집"이라 하고, 윗 계급 사람이 아랫 계급 사람에 대하여는 "아낙에서"라 하며, 또 같은 계급에서라도 자기 가족끼리 말할 때는 일정한 말이 없고, 경우를 따라 알아들을 정도로 말을 꾸미어 말할 따름이었습니다.

【물음 42】 "돌아가시다"? 어른이 죽은 것을 말할 때 "돌아가셨다" 하는데, 또 어른더러 잘 가시라는 뜻으로 인사할 때 "안녕히 돌아가십시오" 하는 것이 괜찮은 인사 일까요?   4271.7. (고창, 유 영백)

【대답】 "안녕히 가십시오"라고 하는 것이 좋습니다.

【물음 43】 "~님"의 쓰는 경우? ① "~님"의 뜻과 그 쓰는 범위를 가르쳐 주십시오. 대면한 상대자더러 "~님" 이라고 부를 수 있는지요? ② 일본말의 "サン"이나, 영어의 "Mister"에 꼭 맞는 좋은 말을 가르쳐 주십시오.   4271.7. (의주, 장 병건)

【대답】 ① "~님"은 상대자나 제삼자를 높이어 일컫는 말로서, 종래의 쓰는 범위로 말하면, 대개로는 칭호나 보통명사의 밑에 붙임이 보통이요, 더러는 고유명사의 밑에도 쓰입니다. "공자님, 대감님, 생원님, 아버님, 형님, 아드님,…", 또는 "자사(子思)님, 예수님, 석가여래님…", 과 같습니다. 상대자를 대면하여 "~님"이라고 부를 수 있음은 칭호나 보통명사로는 물론이요, 고유명사 즉 성이나 이름 밑에 붙이어 씀도 또한 불가할 이유가 없습니다. 다만 그렇게는 우리가 종래 많이 써 보지 아니해 왔으므로 좀 귀서투른 것 같지마는, 꼭 써야 될 말이면 새로 좋게 협정하여 쓰는 것도 말의 발달에 있어 좋은 일인데, 하물며 새로 만든 말이 아니요, 종래에도 써 왔을 뿐 아니라, 또 그렇게 하는 것이 좋을 바에야 더 말할 것 있겠습니까? "김 님", "박 아무 님", 이라고 제삼자로 뿐만 아니라, 대면하여서도 또는 편지로서도 그렇게 일컫는 것이 좋을 것입니다.

【물음 44】 인사말? "Good morning" "コンニチハ", "好啊", "문더" 들의 각국 인사말이 있는데, 우리말로 이와 같은, 간단하고 편리한 말로 무엇이 좋습니까?   4271.7. (일본 병고현, 김 홍조)

【대답】 종래 우리말은 그 변천 발달한 경로가 매우 복잡 미묘하여, 무슨 표현에든지 단조함보다 변화를 좋아하고, 평범함보다 신기함을 좋아했으므로, 한 가지 사물을 말함에도 이렇게도 말하고 저렇게도 말하며, 이런 경우는 이런 말로, 저런 경우는 저런 말로 표현하려는 것이 그 언어 심리이었습니다. 인사에 있어서도 결코 한 가지 말로만은 만족지 않고 경우를 따라, 계급을 따라, 자리를 따라, 시간을 따라, 연령, 남녀별, 친소, 처지 들을 따라 각가지로 달리 하게 되었던 것입니다. 그러나, 그 중의 가장 공통성이 있는 것은 "안녕하십니까?"가 되겠습니다. 이 보다 더 공통성이 있고 더 좋게 된 말은 새로 만들어 내기 전

에는 없는 것 같습니다.

【물음 45】 이어=여? "여겨, 여겼다"의 "겨"는 "여기어, 여기었다"의 "기어"가 합하여 줄어진 것입니까? 그렇다면, "다녀, 견뎌, 뿌려, 꾸며, 비벼, 모여, 시켜, 버려, 살펴, 막혀…"들의 "ㅕ"도 다 그런 관계로 된 것입니까? 그리고 본즉 "마시어, 가지어, 떨치어"의 준말도 "마셔, 가져, 떨쳐"로 될 것이니, "마서, 가저, 떨처"와 같이 홀홀소리로 씀은 잘못이겠지요?   4271.7. (황해도, 신 옥동)

【대답】 그렇습니다. 말씀하신 대로 다 옳은 말씀입니다. 다만, "-시어, -지어, -치어" 따위만은 "-셔, -져, -쳐"를 원칙으로 하고, "-서, -저, -처"를 당분간 허용하기로 통일안에는 되어 있습니다.

【물음 46】 "~어, ~어서", "~로, ~로서"? "먹어, 먹어서", "서울은 우리 나라 수도로, 수도로서"의 "서"가 있고 없는 것이 어떻게 다릅니까?
                                                   4271.7. (황해도, 신 옥동)

【대답】 간단히 말씀하면, 뜻으로는 대개 같으나 "서"가 있는 것이 없는 것보다 말의 마디를 끊는 힘이 더 세게 됩니다.

【물음 47】 "었었다"의 뜻과 용법? "었었다"의 뜻과 용법을 설명하여 주십시오.   4271.7. (황해도, 신 옥동)

【대답】 "었다"는 지난 때를 표하고 "었었다"는 지난 때의 지난 때를 표합니다. 곧 지난 때의 전에 이미 끝나 있음을 나타냅니다. 다시 말하면, 어떤 지난 때의 일을 말하는 중에 그 때보다 먼저 앞서 된 일을 말할 경우에 쓰이는 것입니다. 다음의 예를 살펴 보십시오.

① 작년은 풍년이었다. (지난 때). 그러나 재작년까지는 연 삼년 (連三年) 흉년이었었다. (지난 때의 지난 때).

② 그 말을 한 번 들었었는데, (지난 때의 지난 때) 곧 잊어버리었다. (지난 때).

【물음 48】 "과"? "및"? "과 및"? 한글 육권 5호 첫쪽 18째 줄에 쓰인 "절약과 저축"의 "과"와, 바로 그 다음 줄에 쓰인 "절약 및 저축"의 "및"이 무슨 구별이 있으며, 신문 잡지 등에 흔히 쓰는 "~과 및…"과는 어떻게 다릅니까?   4271.7. (광주, 이 재순)

【대답】 윗 말과 아랫 말을 이어 주는 뜻으로는 마찬가지인데, 그 차이를 말한다면; ① 첫째, 품사로서 "과"는 토임에 대하여 "및"은 부사이니, 수사상(修辭上) 경우를 따라 달리 쓸 수 있고; ② 둘째, "과"는 때에 따라 위 아래의 두 말을 매우 밀접하게 결합시켜 주는 성질이 있음에 대하여, "및"은 윗 말과 아랫 말을 각각 분명하게 병립시켜 주는 힘이 있으니, 어조상 강약(强弱)의 필요를 따라 달리 쓸 수 있고; ③ 셋째, "과"(=와)는 짧은 말에는 물론이요 긴 말과 긴 말의 사이에도 보통으로 쓰임에 대하여 "및"은 특별한 경우 외에는 긴 말에는 잘 쓰이지 않습니다. 그러고, "과 및"은 첫째로, 수사상(修辭上) 겹쳐 쓰는 것이 좋을 때; 둘째로 윗 말과 아랫 말을 각각 병립시키는 힘을 강하게 하려할 때; 셋째로, 특히 긴 말과 긴 말을 똑똑하게 갈라 이어 줄 필요가 있을 때 쓰이는 것이 보통입니다.

【물음 49】 "하므로"와 "함으로"? 같은 어간 "하"의 밑에 "므로"와 "ㅁ으로"가 달리 쓰이는 구별을 설명하여 주시오.   4271.9. (하동, 박 재업)

【대답】 "므로"는 어간에 붙는 한 어미(語尾)이요, "ㅁ으로"는 "ㅁ"이 어미이고 "으로"가 토로 붙은 것입니다. 곧 어간에 "ㅁ"이 붙어 명사형이 된 데에, "으로"라는 토가 붙은 것입니다.

> 오늘은 비가 오므로, 아무데도 안 나가겠다. (어미)
> 오늘은 비가 옴으로 말미암아, 냇물이 많아졌다. (토)
> 그는 부지런히 공부하므로, 남들에게 칭찬을 받는다. (어미)
> 그는 아침마다 공부함으로써 일과를 삼는다. (토)

【물음 50】 "그러고"와 "그리고"? "한글"에 "그러고"라고 쓴 데도 있고, "그리고"라고 쓴 데도 있으니, 두 말의 뜻과 쓰이는 데가 다른지요?

4271.9. (하동, 박 재업)

【대답】 "그리고"는 "그리 하고"의 준말로서 동사로만 쓰이는 것이요, "그러고"는 "그러하고"의 준말로 형용사로도 쓰이고, "그렇게 하고"의 준말로 동사로도 쓰입니다. 그러므로, 동사인 "그리고"를 쓸 자리에 "그러고"는 쓸 수 있으나, "그러고"를 형용사로 쓸 자리에는 "그리고"를 쓸 수가 없습니다. 또 "그러고"가 형용사로 쓰일 때는 "위에 말한 것은 그러하고"의 뜻으로 말할 경우에만 쓰이어, "그러하고"의 준말의 하나인 "그렇고"와는 같지 아니합니다.

【물음 51】 "싶다"? "그럴 성싶다"의 "싶"이 옳습니까?

4271.9. (고흥, 신 덕휴)

【대답】 옳습니다. 이런 받침이 의심이 나실 때는, 우선 "어서", "으니" 같은 것을 붙여 보시면 압니다. 이를 테면 "싶어서", "싶으니"로 하여 보아 "ㅍ" 받침이 옳은 줄을 알 것입니다.

-31-

【물음 52】 "부치다"? "붙이다"? "붙치다"?

　편지나 소포나 짐 같은 것을 먼데로 보내는 뜻으로의 "부치다"가, "부치다"입니까? "붙이다"입니까? 또는 "붙치다"입니까?

4271.9. (김제, 조 영은)

【대답】 "부치다"가 옳습니다. "붙다"의 어간에 "이" 소리가 붙어서 된 말이지마는 "붙다"의 근본 뜻과는 그 뜻이 아주 딴 말로 변한 것이기 때문입니다. (통일안 25항의 규정을 보시기 바랍니다). "붙게 하는" 뜻으로의 "붙이다"는 "붙다"의 사역형(使役形)이므로 "붙이다"로 써야 할 것이 물론입니다. 그리고, "붙치다"는 도무지 뜻이 닿지 않습니다. 본래 "치다"가 붙는 동사 "놓치다", "뻗치다", "받치다", "밀치다", "엎치다" 따위는 "치다"가 붙어서 그 뜻을 조금도 변함이 없이, 다만 그 말의 힘을 세게 할 뿐인 것입니다. 그런즉 편지 따위의 "부치다"는 "붙다"를 세게 한 말이 아니므로 "붙치다"로 쓸 수 없는 것입니다.

【물음 53】 "할까"와 "할꼬"는 어떻게 다릅니까?　　4271.9. (경남, 한 독자)

【대답】 대체로 "할까?"는 주로 남에게 말할 때에 많이 쓰고, "할꼬?"는 혼잣말의 경우나 깊은 의심의 경우에 많이 씁니다. 그러므로 어감상으로 "할꼬"가 "할까"보다 깊은 의심이나 그윽한 감탄의 맛을 가진 말이라고 하겠습니다.

【물음 54】 "용언"과 "체언"의 뜻과 구별을 묻나이다.

4271.10. (황해도, 물음생)

【대답】 "용언"이란 것은 그 어미가 활용하는 형용사 동사 같은 것들을 일컫는 말이니, "활용하는 말"이라는 뜻이요, "체언"이란 것은 아예 활용

하는 어미를 가지지 않고, 토가 붙어서 말의 주체가 될 수 있는 명사 따위를 일컫는 말이니, 모든 말의 "주체가 되는 말"이라는 뜻입니다.

【물음 55】 "그만두고"? "그만 두고"? 띄어쓰기에 있어서 "그만두고"의 "그만"과 "두고"를 붙여 써야 옳습니까? 띄어 써야 옳습니까?

4271.10. (금강산 하, 답답생)

【대답】 "그만두고"는 경우에 따라 다릅니다. "그만"과 "두고"를 두 낱말로 보아야 할 경우, 곧 "그 일을 그만하고 두어라", "그 책을 그만 (거기에) 두고 왔다" 따위와 같은 뜻으로 쓸 때에는 띄어 써야 할 것이요, "모를 것은 그만두고, 알 것만 하여라", "그 따윗 인간은 그만두고 너희들의 할 일이나 해라" 따위와 같이 "그만두고"를 한 낱말로 보아야 할 경우에는 붙여 써야 할 것입니다.

【물음 56】 "엊그저께", "온갖"? 수일전이란 뜻의 "엊그저께"의 "엊"과 각종 (各種)이란 뜻의 "온갖"의 ㅅ받침이 바릅니까, 틀립니까?

4271.10. (개성, 송도생)

【대답】 둘 다 잘못 되었습니다. 왜냐 하면 "엊그저께"는 "어제그저께"란 "어제"의 끝 음절의 홀소리 "ㅔ"가 줄어지고 닿소리 "ㅈ"만 남은 것이므로 이렇게 줄어진 닿소리는 그 위의 음절에 받침으로 적는다는, 통일안의 규정에 의해서 "어"에 "ㅈ" 받침을 해야 옳습니다. 또 "온갖" 역시 "온 가지"의 끝 음절의 홀소리 "ㅣ"가 줄어지고 닿소리 "ㅈ"만 남은 것이므로 "ㅈ" 받침이라야 될 것입니다. "아기야"가 "악아", "어제저녁"이 "엊저녁", "가지고"가 "갖고", "일찌기"가 "일찍" 따위로 됨도 모두 이렇게 된 것들입니다.

【물음 57】 <u>"말"</u>과 <u>"말씀"</u>의 뜻이 같습니까, 다릅니까? 그리고 그 용법을 자세히 구별해 주십시오.　　　　　　　4271.10. (북도, 촌나기)

【대답】 "말씀"은 "말"의 옛말을 따름이나, 현금에는 "말"은 범칭으로 쓰는 말이요, "말씀"은 "말"의 존칭으로 씁니다. 곧 어른의 말이나, 성현(聖賢)의 말이나, 스승의 말이나, 존대해야 할 이의 말은 "말씀"이라 하고, 보통으로 일컬을 때에는 그저 "말"이라 하는 것입니다. 그러나 본래 예법에 있어서, 자기보다 낮은 사람을 상대로 할 때 이외에는 자기에게 속한 것은 무엇이나 그 상대방에 대하여 낮추어 말하건마는 이 "말씀"만은 자기의 말도 "말씀"이라고 쓰는 경우가 버릇으로 있습니다. 곧 존대 또는 겸손할 자리에는 자기의 말이라도 말씀이라고 자기 쪽의 겸손으로 다음의 예와 같이 씁니다. "제 말씀이 옳습니까", "말씀하(오)면 이러합니다", "말씀 드리지요" 따위가 그런 것입니다.

【물음 58】 <u>ㅎ, ㅿ, ㆁ, ㅀ 들의 소리?</u>
　(ㄱ) "흠(音)"의 "ㆆ", 　(ㄴ) "ᅌᅧ(如)"의 "ㅿ"과 "ㆁ",
　(ㄷ) "밍ㅎ(彌)"의 "ㅎ", (ㄹ) "ᄇᆞᆶ(發)"의 "ㅀ" 들은 어떠한 소리 들입니까?　　　　　　　4271.11. (경남, 한 소학 교원)

【대답】 (ㄱ) "흠(音)"의 "ㆆ"은 "아, 야, 어, 여…" 들의 "ㅇ"의 된소리이니, 가령 우리가 갑자기 아픈 소리를 낼 때에 "아야!" 하는 "아" 소리, 급히 놀랄 때에 "이!" 하는 "이" 소리, 또는 간힘을 쓸 때에 "응"하는 "으" 소리 따위가 모두 그에 가까운 소리라고 생각합니다.
　(ㄴ) "ᅌᅧ(如)"의 "ㅿ"은 <u>음성</u> 기호의 "z"나, 가명의 "ジ"에 가까운 닿음소리요, 받침의 "ㆁ"은 소리 없이 목구멍의 열림을 표하는 글자라고 생각합니다.
　(ㄷ) "밍ㅎ(彌)"의 "ㆆ"은 (ㄱ)에서 말한 바와 같이 된소리인데, 그

것이 목구멍소리이므로, 이를 다른 목구멍소리 글자의 밑에 놓아 된소리 현상으로 그치게 함을 표한 것입니다.

(ㄹ) "볐(發)"의 "ㅀ"은 ㄹ을 된소리 현상으로 그치게 함을 표하는 방식으로 쓴 것입니다.

【물음 59】 현용 조선어 교과서로 된 탓인지는 모르나, 숙어(熟語)로서 기성 한자가 많이 쓰이어 있지마는, 동사나 형용사로 쓰이는 한자의 외 글자로서는 쓰인 바가 거의 없습니다. 여기서 우리말을 보급시키고 한자라는 그것을 우리말에서 철저히 근절하게 하지 못하는 처지에 있으매, 한문이라는 것을 우리말 되게 하는 뜻에서, 風^{바람}이 吹^분다. 雲^{구름}이 飛^난다. 따위와 같이 쓰기를 제창하고 싶사온데, 이것이 한갓 망상으로 우리 어문에 해독을 끼침이 되지나 않을는지요? 어리석은 소견을 비판하여 주십시오.   4271.11. (경남, 한 소학 교원)

【대답】 한문을 우리말 되게 하는 뜻으로서 "風이 吹다" "雲이 飛다" 따위로 쓰기를 제창하고자 하신다는 말씀은, 당신의 뜻은 대단히 존경하오나, 그 방법과 그 결과를 생각한다면 도리어 당신의 뜻하신 근본 취지에 배치(背馳)되는 결과가 되고 마는 것이라고 생각합니다. 그 이유를 들면, 첫째, 우리의 한문 읽는 법은 일본 사람들의 읽는 법처럼 음과 새김의 뒤섞임이나 내리 읽고 거꾸로 읽는 복잡함이 없이, 또는 성명이나 지명(地名) 따위를 옆에다 읽는 법을 달아 놓지 않고는 알 수가 없는 그런 불편도 없이, 어떠한 경우라도 순전히 음으로만 읽는 것이 일정한 원칙으로 되어 있음은 일본의 역대(歷代) 학자들도 몹시 부러워할 뿐 아니라, 최근에는 실제 운동까지 일어나서 한자어의 새김으로 읽는 것은 한자로 쓰지 않고 순 가명으로 쓰고, 음으로 된 한자어만 한자로 쓰자고 하여 어문 전문의 여러 잡지에서는 수년 전부터, 실행

장려하고 있습니다. 그런즉 우리 글에서도 "風이 吹다"로 쓰기를 한다면 "바람(風)이 분(吹)다"인지 "풍(風)이 취(吹)다"인지, 옆에다가 일일이 읽는 법을 달아 놓지 않으면 어떻게 읽을 것인지 몰라서, 허다한 말을 쓰고 읽기에 여간 혼잡 곤란한 바가 아닐 것입니다. 둘째로, "風이 吹다"의 "吹다"만 보고는 "부다"인지, "분다"인지, "불다"인지 "부르다"인지를 알지 못할 것입니다. 그러므로 여기서는 또한 일일이 그 글자 밑에다가 토 혹은 받침을 달아야 할 것이니, 왜 이런 공연한 불편을 사자는 것입니까? 셋째로, 그런 방식으로 쓴다고 가정하면, 당신의 의사대로 한자를 우리말 되게 하는 결과가 되는 것이 아니라, 그 반대로 되는 것이니, 우리말을 우리 방식으로, "바람이 분다"로 쓸 것을 공연히 불필요한 "風"자와 "吹"자를 빌어다가 섞어 쓰게 되는 것이 아닙니까? 그러므로 당신의 의사인 "우리말 보급"은 도리어 "우리말 궤멸(潰滅)"이 되며, "한자의 근절"은 도리어 "한자의 남용(濫用)"이 되는 결과밖에 아니 되는 것입니다.

【물음 60】 한글 맞춤법 통일안 제 5장 준말 가운데에 아래와 같은 항목을 넣을 수가 있을는지요? 비판하여 주소서. 4271.11. (김제, 한 독자)

변칙 용언의 경우에 변한 홀소리 "와, 워, 여"가 줄어지는 일이 있는 때는 준 대로 적을 수도 있다. 예:

본말	준말
가까워서	가까서
무거워서	무거서
우스워서	우서서
하여	해

【대답】 새로운 제의를 하심에 대하여 경의를 표합니다마는, "와, 워"가 "아, 어"로 줄어지는 것은 지방어에서는 그렇게 되지마는 중앙 표준어

에서는 그렇게 줄어지는 일이 극히 드문 것으로서, 간혹 줄어지는 일이 있다 할찌라도 그 때의 발음은 불완전하게 내기 때문이지, 결코 으레 줄어지는 것은 아닙니다. 곧 중부지방에서는 "와, 워"가 "아, 어"로 줄어지지 아니하는 것이 원칙입니다. 그러므로 글자로 쓸 때에도 줄여서 쓸 까닭이 없는 것입니다. 그러하고 "하여"가 "해"로 주는 일은 물론 서울 시골 할 것 없이 공통되는 현상입니다. 그 뿐 아니라, "되어"가 "돼", "뵈어(謁)"가 "봬", "쉬어(休)"가 "쉐", "마는(어미)"이 "만", "괴로움"이 "괴롬", "어찌하였든지"가 "어쨌든"으로 줄어지는 따위와 같이, 이루 다 셀 수 없을만큼 준말(略語) 되는 것이 많습니다. 그러나, 한글 맞춤법 통일안에 실은 것은 다만 그 중의 몇 가지만 실례를 보임에 지나지 않은 것이니, 그리 알아 주시기를 바랍니다.

【물음 61】 "저무러", "점으러"? 어느 쪽이 옳습니까?

4271.12. (고원, 풍산생)

【대답】 둘 다 옳지 못합니다. "저물"이 어간이므로 "저물어"로 써야지요. 그런데 이 말은 "저무나, 저무니, 저뭅니다, 저무오" 따위와 같이, ㄴ이나, ㅂ이나, "오" 위에서는 "ㄹ"이 줄어지는 소위 "ㄹ 변칙"의 용언임을 주의하십시오.

【물음 62】 싯누렇다? 신누렇다? 어느 것이 옳습니까?

4271.12. (경북, 한 독자)

【대답】 "싯누렇다"가 옳습니다. 이 말의 "싯"은 "샛노랗다"의 "샛", "엇나가다"의 "엇" 따위와 같은 접두사요, "누렇다"는 원사(原詞)이므로, 이런 접두사와 원사가 어울려서 한 낱말을 이룰 적에는, 소리가 접변하거나 아니하거나를 물론하고 그 각 원형을 밝히어 적기로 되어 있습니다.

그런데 "싯누렇다"의 접두사가 "신"이 아니라는 것은 "싯꺼멓다, 싯뻘걸다, 싯퍼렇다" 따위의 "싯"이 "신"으로는 발음이 아니 되는 것을 보아 명백합니다.

【물음 63】 "가맣다"와 "거멓다"는 어떠한 차이가 있는 말인지요?

4271.12. (경북, 한 독자)

【대답】 "가맣다"와 "거멓다"는 뜻으로의 차이보다 어감상(語感上)의 차이가 있는 것입니다. 곧 어감상으로 "가맣다"는 작은 어감의 말, "거멓다"는 큰 어감의 말로 구별이 됩니다. 이와 같은 예는, "하얗다"와 "허옇다", "간간하다"와 "건건하다", "깔깔 웃다"와 "껄껄 웃다", "깜박깜박"과 "껌벅껌벅", "깡창"과 "껑청" 따위로 얼마든지 들 수 있는데, 이것이 곧 우리말의 소위 어감 표현상의 한 특징적 법칙인, "모음 상대 법칙" 중의 작은 어감과 큰 어감과의 두 가지로 분류되는 실례입니다. 여기에 대하여서 더욱 자세하게 아시려면 본 "한글"지 제 6권 9호 "모음 상대 법칙과 자음 가세 법칙"을 보십시오.

【물음 64】 "고맙다"? "고마웁다"? 어느 것이 표준말입니까?

4271.12. (구리개, 한 사람)

【대답】 "고맙다"가 표준말입니다. 어간의 끝 음절이 ㅂ으로 된 말을 "웁" 으로 내는 말이 많은데, 이런 것은 일체로 ㅂ으로 내는 것을 표준말로 하였습니다. "덥다(더웁다), 어렵다(어려웁다), 가볍다(가벼웁다), 맵다(매웁다), 쉽다(쉬웁다), 사납다(사나웁다)…" 퍽 많습니다.

【물음 65】 "가르다"? "갈르다"? 어느 것이 표준말입니까?

4271.12. (황해도, 한 글생)

【대답】 "가르다"가 표준말입니다. 어간 끝 음절이 "르"로 된 말은 "들르다"란 말 하나를 제하고는 일체로 다 이와 같이 앞 음절에 ㄹ 받침 없이 "~르"로 된 것이 표준말입니다. 그래서 그 밑에 오는 어미가 닿소리인 때는 일체로 그대로 붙고, 다만 홀소리 어미가 오는 때에만 소위 변칙으로 되어 "르"가 "ㄹㄹ"로 변합니다. 곧 어미가 닿소리인 때는 "가르다, 가르고, 가르지, 가르면, 가르기, 가르세…" 들로 되고, 어미가 홀소리인 때는 "가르아"가 "갈라"로 됩니다. 이와 같은 말이 퍽 많습니다. "다르다, 마르다, 바르다, 불사르다, 자르다, 거르다, 너르다, 서투르다, 어르다, 고르다, 모르다, 오르다, 조르다, 구르다, 두르다, 무르다, 부르다, 그르다, 으르다, 흐르다, 기르다, 지르다…" 따위요, 이밖에도 많습니다.

【물음 66】 "합니다"와, "합니다"와, "함이다"가 각각 어떻게 다릅니까?

4272.1. (경남, 한 독자)

【대답】 "합니다"와 "함니다"는 발음도 같고 뜻도 같은 말로서, 다만 글자로 적을 때, "ㅁ"으로 쓰는 것이 옳으냐? "ㅂ"으로 쓰는 것이 옳으냐? 하는 단순한 맞춤법 문제뿐인데. 이에는 다른 여러 경우들을 살펴 보건대, "합시오, 합지요, 합디다,…합니다" 이렇게 "ㅂ"으로 공통됨을 볼 수 있으니, 이는 "하옵시오, 하옵지요, 하옵시다, 하옵디다, 하옵니다" 들의 "오"가 줄어서 된 말이라고 볼 수 있습니다. 그러나 "ㅁ"으로는 일률로 공통이 되지 아니하고 "~니다"의 "ㄴ"소리 때문에 "ㅂ"이 "ㅁ"소리로 일시 변음된 것뿐(소위 "닿소리 접변"이라는 것)입니다. 그러므로 "합니다"와 "함니다"는 뜻으로는 한가지 말인데 맞춤법으로는 "합니다"가 옳습니다. 그러고 "함이다"는 아주 다른 말입니다. "함"은 어간인 "하"에 "ㅁ"이 붙어서 명사형이 된 것이니, 가령 "날이 감을 따라"의 "감"과, "앉아 계심이 어떠하오"의 "계심"과, "눈으로 봄만 같지 못하다"

의 "봄"과, "일이 잘 됨에 따라"의 "됨" 들과 같이 어떠한 어간에든지
받침이 없을 때는 "ㅁ"이 붙고, 받침이 있을 때는 "음"이 붙어서 (먹
음, 믿음, 울음, 웃음… 들과 같이) 명사형이 되는 것입니다. 그러므
로 "함"은 "하"의 명사형 된 것입니다. 따라서 "함이다"는 "책이다, 집이
다, 꿈이다"와 마찬가지로 명사형에 "이다"가 붙은 것입니다. 발음도
"합니다"와는 다릅니다. "함이다"의 발음은 "하미다"로 나고 "합니다"의
발음은 "함니다"로 납니다.

【물음 67】 "시오"? "시요"? 어느 것이 옳습니까?   4272.2.(함남. 적 예건)

【대답】 "시오"는 "오"라는 어미 앞에 "시"라는 존경사가 쓰인 것이요, "시요"
는 "요"라는 토의 앞에 "시"라는 존경사가 쓰인 것으로서 이 양자는 서
로 같지 아니한 말입니다. 다음에 용례를 들어 설명하여 드리겠습니다.
    첫째, "오"의 어미의 용례를 들어 보면, "가오", "보오", "사오", "오오",
"기다리오", "잡으오" 따위와 같이 얼마든지 들 수 있는데, 이제 거기에
다가 "시"를 붙이면 모두 존경하는 말이 아니 됩니까? "가시오", "보시
오", "사시오", "오시오", "기다리시오", "잡으시오". (시키는 말이 됨)
    둘째, "요" 토의 용례를 들어 보면 "아버지요", "어머니요", "심하요",
"영웅이요" 따위와 같은 것인데, 거기에 "시"를 붙이면 모두 존경하는
말이 되지 않습니까? "아버지시요", "어머니시요", "신하시요", "영웅이
시요". 성명의 말이 됨.

【물음 68】 "이오"? "이오"? 어느 것이 맞습니까?   4272.2.(함남. 적 예건)

【대답】 "이오"는 "이요"로 통일하기로 되었고 "이요"는 뜻이 앞의 물음에서
대답해 드린 "요" 토와 꼭같은 토입니다. 여기서 주의하실 것은 "요" 토
와 "이요" 토의 용도상 다른 점이니, 이것은 다만 그 용도에 있어서 바

로 그 위에 오는 말이 받침이 있는 것이면 "이요"를 쓰게 되어 있고, 받침이 없는 것이면 간단히 "요"로 쓸 수 있는 것입니다. 예를 들면,

요 —— 아버지요, 어머니요.
이요 —— 임금이요, 백성이요.

【물음 69】 "할라치면"은 무슨 말입니까?   4272.2. (함남, 적 예건)

【대답】 "할라치면"은 어원적으로 보면 "한다고 치면"일 것이나 실제로는 "하면", "할 때에는", "할 것 같으면" 따위의 뜻으로 쓰는 것입니다.

【물음 70】 "만은", "마는"? 어느 것이 옳습니까?   4272.2. (함남, 적 예건)

【대답】 "만은"은 "만" 토와 "은" 토가 합한 것이요, "마는"은 그냥 토의 하나로서, 뜻이 전연 다릅니다. 용례를 보십시오.

만은: 나만은 겨우 살아 나왔다.
      우리만은 아무 걱정이 없다.
      오늘만은 춥지 않다.
마는: 그렇지요마는 할 수 없소.
      괴롭지마는 참아야 한다.
      어렵소마는 생각하여 보오.

【물음 71】 "도저히"? "도저이"? 어느 것이 옳습니까?

                                                4272.2. (함남, 물음 생)

【대답】 "도저히"란 말은 어원적으로 보아 "하다"가 붙을 수 있는 것이므로 "도저히"가 옳습니다. (통일안 부록 Ⅰ의 5항 참조).

【물음 72】 "기념"과 "기렴"? 어느 것이 옳습니까? 4272.2. (영남. 물음 생)

【대답】 "기념"이 옳습니다. 두 홀소리 사이에서는 "ㄴ"이 "ㄹ"로도 나는 일
이 있으되 그것은 본음대로 적는다는 통일안 조항에서 그러합니다.
(통일안 50항 참조).

【물음 73】 "의"와 "에"? 어떻게 구별하여 씁니까? 4272.3. (안동, 일 독자)

【대답】 "의"는 소유를 나타내는 토이니 아랫 명사가 윗 명사와 소속 관계
(所屬關係)로 된 때에 그 두 명사 사이에 "의"가 쓰이어 윗 명사로 하
여금 관형어(冠形語) 노릇을 하게 하는 것이니, 예를 들면 "나의 집,
친구의 집, 사람의 집" 들과 같으며, "에"는 군데를 나타내는 토이니,
어느 곳이나 또는 때를 지정하는 명사에 붙어서 그 명사로 하여금 부
사 노릇을 하게 하는 것입니다. 예를 들면, "나는 서울에 있다. 고기
는 물에 산다. 오늘 아침에 눈이 왔다." 들과 같습니다. 간단히 말씀
하면 "의"가 붙은 말은 관형사 노릇을 하고 "에"가 붙은 말은 부사 노
릇을 합니다.

【물음 74】 "계, 례, 몌, 폐, 혜" 들의 한자 음은 어찌해서 "ㅔ"로 쓰지 아
니하고 "ㅖ"로 쓰기로 하였습니까? 그 한자들의 발음을 현대 우리가
과연 분명히 "ㅖ"로 내고 있습니까? 4272. 3. (안동, 한 독자)

【대답】 "계, 례, 몌, 폐, 혜" 들의 한자 음을 몇몇 지방에서는 "ㅔ"로 혼동
하여 발음하지마는 서울이나, 중부지방의 대부분은 이 음들을 완전히
"ㅖ"로 발음하고 있습니다. "ㅔ" 음의 한자는 분명히 "ㅔ"로, "ㅖ" 음의
한자는 분명히 "ㅖ"로 냅니다.

【물음 75】 중간 "ㅅ"은 씁니까? 쓰지 아니합니까? 4272.3. (풍산, 한 독자)

【대답】 복합명사 사이에서 나는 중간 "ㅅ" 소리는 홀소리 아래에서 날 적에는, 위의 홀소리에 "ㅅ"을 받치고, 닿소리와 닿소리 사이에는 쓰지 아니합니다. (통일안 제 30항 참조).

【참조】 이 물음 대답은 4272년 당시의 통일안에 따라 한 것인데, 그 뒤 4273년 10월부터는 "ㅅ"을 일체로 중간에 쓰기로 개정되었고, 4279년 9월부터는 다시 그전대로 이 대답과 같이 쓰기로 되었음. (이 책을 엮으면서 붙이어 적음).

【물음 76】 "디"와 "데"? 표준말에 "디"와 "데"를, "어디" 만은 "디"로 쓰고, "한 군데, 두 군데" 하는 "데"나, "헌 데, 아픈 데" 하는 "데" 들은 "데"로 하였으니, 어찌 된 일입니까? 어느 것으로든지 통일하는 것이 어떨까요?   4272.3. (풍산, 한 독자)

【대답】 표준말은 쓰는 말들 중에서 제일 널리 쓰이는 말을 표준해서 쓰기로 한 것이지, 이론적이나 또는 합리적이라고 해서 안 쓰이는 말, 또는 극히 적게 쓰이는 말로 통일하는 것이 아닙니다. "어디"는 "디"로 나기 때문에 "디"로 표준한 것이요, "군데, 헌 데, 아픈 데" 들은 "데"로 나기 때문에 "데"로 표준한 것입니다.

【물음 77】 "할 나위 없다"라는 말은 무슨 뜻입니까? 4272.4. (고원, 천 혁)

【대답】 "할 여지나 필요가 없다"는 뜻이니, 이를 테면, "더 할 나위가 없다"는 "더 할 여지가 없다"의 뜻이요, "물어 볼 나위도 없다"는 "물어 볼 필요도 없다"와 같은 뜻입니다.

【물음 78】 "붙들다"와 "붇들다"? 어느 것이 옳습니까?

4272.4. (고원, 천 혁)

【대답】 "붙들다", "붙잡다"를 지방에 따라서는 "붙여들다", "붙여잡다"라고도 하는데, "손을 그 물건에 붙이어서 들다 또는 잡다"라는 뜻이니까 "붙들다", "붙잡다"로 쓰는 것이 옳습니다. 만일 "붇들다", "붇잡다"로나 "붓들다", "붓잡다"로나 쓴다면 아무 의미가 없는 표기법이니, 그럴 바에는 차라리 순표음주의로 "부뜰다", "부짭다"로 쓰는 것이 철저하겠지요. 그러나 "받들다", "걷잡다"를 "바뜰다", "거짭다"로 쓰지 않고 "손에 받치어 들다", "거두어 잡다"라는 뜻을 표의시키기 위하여 "받들다", "걷잡다"로 쓰는 것과 같이, "붙들다", "붙잡다"도 어원을 밝히는 것이 좋습니다.

【물음 79】 밎이다(及)? 미치다? 어느 쪽이 옳습니까?

4272.4. (고원, 천 혁)

【대답】 "미치다"가 옳습니다. 마치 "갖이다(持)", "가지다"에서 "가지다"가 옳고, "않이다", "아니다"에서 "아니다"가 옳음과 마찬가지입니다. 만일 "밎", "갖", "않" 들을 근본 어간으로 잡고 거기에 각각 "이"가 더하여 "밎이", "갖이", "않이"로 된 것인 줄 안다면 큰 잘못입니다. 근본 어간에 "이"가 더한 경우는 뜻이 변하는 경우, 즉 형용사가 동사로 된다든지, 자동이 타동으로 된다든지, 타동이 사동이나 피동으로 된다든지 할 경우에 붙는 것이지, 결코 무의미하게 "이"가 붙기도 하고 아니 붙기도 하는 것이 아닙니다. 그러면 "밎다", "갖다", "않다"라는 말들은 무엇이냐 하면 그것은 "미치다", "가지다", "아니하다" 들의 준말일 따름이요 조금도 뜻의 다름은 없는 것입니다.

"이"가 붙어서 뜻이 변하는 법.

높다(形)→높이다(動)
녹다(自)→녹이다(他)
먹다(他)→먹이다(使)
쌓다(他)→쌓이다(被)

이와 같이 뜻의 변화가 있어야 "이"가 붙는 것이지, 그렇지 않는 말에는 절대로 "이"라는 글자를 어간의 일부로 삼아 써서는 아니됩니다.

【물음 80】 가로 글씨에도 ㅇ을 쓰자. 조선어 학회에서 제정한 가로글씨 임시안에는 소리값 없는 "ㅇ"을 아니 쓰고, 우, 오, ㅣ 들을 새로 만들어 쓰게 되었으니, 한 가지 수고를 덜기 위하여, 그것을 배우고 쓰기에 수배의 노력을 더하게 됨이 아닐까요?   4272.4. (경남, 한 독자)

【대답】 가로글씨 임시안이 백퍼센트 완전한 것이라고는 할 수 없습니다. 그 이상 더 완전한 명안이 나오기를 기다립니다. 그러나 소리값 없는 "ㅇ"의 쓰고 아니 씀에 대한 이해를 따진다면 아니 씀이 유리할 것은 문제삼을 것도 없이 명확한 일입니다. 우, 오, ㅣ 들의 사용은 결코 새로 배우는 노력을 요하는 글자들이 아니요, 이미 있는 ㅜ, ㅗ, ㅣ 들을 조금씩 변통하는 것일 따름이며, 쓰기에도 "ㅇ"보다 훨씬 적게 쓰이는 것이니, 말씀하신 것 같이 "수배의 노력"을 더하게 된다고 할 수는 없겠지요.

【물음 81】 "홀소리"와 "닿소리"라는 말의 뜻을 간단히 알려 주시오.
4272.4. (대판, 한 독자)

【대답】 "홀소리"는 입안에서 아무 데도 닿지 않고 홀로 나오며, 또 그 글자가 저 홀로 한 소리를 이룰 수 있으므로 "홀소리"라 하고, 닿소리는

입안의 어디든지 닿고 나오는 소리이며, 또 그 글자가 홀소리 글자에
닿아서야 한 소리를 이룰 수 있으므로 "닿소리"라 합니다.

【물음 82】 "도로"와 "도리어"? 표준말에 "도로"와 "도리어"가 각각 표준말
로 사정되었으니, "도로"와 "도리어"는 어떻게 다릅니까? 그러고 한자
로 표시하는 데도 "反"으로 썼으니 말뜻도 똑같지 않습니까?

4272.4. (대판, 한 독자)

【대답】 "도로"는 시간상 반대됨을 나타내는 말이요, "도리어"는 사리상 반
대됨을 나타내는 말입니다. 가령, 내가 어떤 사람의 물건을 가져왔다
가 그 후에 다시 그 사람에게 그 물건을 주었을 때는 "도로 주었다"고
할 것이요, 가령 형보다 아우가 키가 클 때는 "도리어 아우가 크다"고
할 것이니, 이 두 말의 같지 않음을 알 수 있지 않습니까? "표준말 모
음"에 한자를 밑에 단 것은 그 말의 대체적 표시에 불과한 것이요 결
코 말 뜻의 해석이 아님을 알아 주시기 바랍니다.

【물음 83】 물음? 무름? "물음"이라는 말은 맞춤법 통일안의 어느 조항을
보아야 해득하겠습니까? 4272.5. (송화, 이 용진)

【대답】 통일안 제 11항 ㄷ 받침 변칙 용언의 "묻다"가 그 원형이니, 어간
"묻"의 아래에 홀소리로 시작된 "음"이 오므로 "ㄷ"이 "ㄹ"로 변한 것인
데(제 10항 제 4참조), 제 12항 제 3에 의하여 "무름"으로 아니 쓰고
"물음"으로 쓰는 것입니다. 걸음(步), 달음질(走), 깨달음(覺), 일컬음
(稱) 들과 같은 예입니다.

【물음 84】 "ㅣ"의 이름? 모음의 옆에 붙여 쓰는 "ㅣ"의 이름이 무엇입니
까? "딴이"가 표준말 됩니까? 4272.5. (송화, 이 용진)

【대답】 "ㅣ"는 홀소리 옆에 쓰거나 닿소리 옆에 쓰거나 글자 자체는 매한 가지이므로 이름은 언제나 "이"입니다. 다만 경우를 따라 구별해 부를 필요가 있을 때는, 혹은 "외"라고도 하고, 혹은 "딴이"라고도 하는데 서울에서는 "외"라고만 부르지마는, "ㅚ"의 이름도 "외"이니까 "ㅣ"와 "ㅚ"가 혼동되어 재미 없고 "딴이"라 함은 혼동의 염려가 없을 뿐 아니라, 여러 지방에서 널리 쓰이는 이름이요, 또 "이"는 "이"인데 "딴", "이"라는 의미이니 매우 적당한 이름입니다. 그러므로 "ㅣ"의 원 이름은 "ㅣ"이요, 독립으로 쓰는 "ㅣ"와 구별하여 부를 때의 이름은 "딴이"로 하는 것이 표준될 만합니다.

【물음 85】 "·"음을 쓰는 것이 어떻습니까? "·"는 음가로 보아서 "만국 음 성기호"의 "ə"에 해당하지 않습니까? 우리말에는 그 음이 현재에는 없더라도 외래어 표기에는 퍽 필요한 것 같은데요. 그리고 이와 같은 조건으로 "ㅿ", "ㆆ" 들도 쓰는 것이 어떻습니까? 4272.5. (경북, 한 독자)

【대답】 "·" 음이 "ə"에 해당한다는 말씀은 너무 속단이 아니신가 생각됩니다. "ㅿ", "ㆆ" 들의 음가에 대해서는 아직 더 연구할 여지가 있다고 생각합니다. 또 가령 어떤 외국 말의 음에 해당한다고 치더라도, 외국 말을 표기하기 위해서 모어에 안 쓰이는 글자를 다시 쓸 필요는 없지 않습니까?

【물음 86】 "이를 테면"? "일을 테면"? 어느 쪽이 옳습니까?
4272.6. (함남, 천 혁)

【대답】 "이를 테면"이 옳습니다. "이르다, 이르고, 이르면, 이르니(謂)…" 이와 같이 "이르"가 어간입니다. 다만 "일러", "일렀다" 할 적에는 변칙으로 활용된 것입니다.

【물음 87】 "<u>신령</u>"? "<u>실령</u>"? 신령(神靈)의 음은 "신령"이 옳습니까? "실령"이 옳습니까? 실지 발음으로 보아서는 "실령"이 더 가까울 것 같은데요? 4272.7. (박 영은)

【대답】 "신령"으로 쓰는 것이 옳습니다. 닿소리 접변의 법칙에 의하여 "ㄴ+ㄹ=ㄹ+ㄴ=ㄹ+ㄹ"으로 발음 되는 것이 우리말의 한 법칙으로 되어 있습니다. "안락"(安樂)이 "알락", "편리"가 "펼리", "팔년"(八年)이 "팔련"으로 발음됨과 같습니다.

【물음 88】 <u>不"자의 음은 "부"? "불"?</u> "부대(不對)"의 음은 "부대"가 옳습니까, "불대"가 옳습니까? 4272.7. (박 영은)

【대답】 "부대"가 옳습니다. 발음대로 쓰는 것이니까요. "불"자의 음은 그 밑에 닿소리 "ㄷ", "ㅈ"을 만나면 "ㄹ"이 묵음(默音)되는 것이 상례(常例)입니다.

> 예: ㄷ, 不當=부당, 不動産=부동산, 不等邊=부등변……
> ㅈ, 不在=부재, 不淨=부정, 不注意=부주의……

【물음 89】 "<u>진열</u>"? "<u>진렬</u>"? "진열"(陳列)의 음은 "진열"이 옳습니까? "진렬"이 옳습니까? 4272.7. (박 영은)

【대답】 자음대로 본다면 "진렬"이 옳겠지요마는 실제 발음으로는 "진열"로 내는 것이 일반 현상이니까, 발음을 좇아 "진열"로 쓰는 것이 타당하겠지요. "列"자의 실제 발음을 살펴 보건대 아래와 같습니다.

> ① 첫소리인 때와, 홀소리나 ㄴ의 밑에서는 "열"로 남. 列國=열국, 列車=열차, 羅列=나열, 排列=배열, 分列=분열, 陳列=진열, ② ㄴ이외

의 닿소리 밑에서는 "렬"로 남. 行列＝행렬, 整列＝정렬, 爵列＝작렬…

【물음 90】 "었다"와 "았다"가 다르게 쓰이는 경우를 말씀하여 주십시오.

4272.8. (박 신)

【대답】 "었다"와 "았다"의 다르게 쓰이는 경우는 "었다"는 그 위에 있는 홀소리가 "ㅓ, ㅕ, ㅜ, ㅠ, ㅡ, ㅣ" 따위로 된 때에 쓰이고, "았다"는 그 위에 있는 홀소리가 "ㅏ, ㅑ, ㅗ, ㅛ"로 된 때에 쓰입니다. 이제 그 쓰이는 예를 보면, "얻었다, 엮었다, 웃었다, 늙었다, 익었다, 개었다, 베었다, 되었다, 휘었다, 희었다" 따위는 "었다"로 되고, "받았다, 얕았다, 보았다, 좋았다" 따위는 "았다"로 됩니다.

【물음 91】 "여자(女子)", "소녀(少女)" 등의 발음.
　여자(女子), 소녀(少女) 이렇게 쓰면 같은 한자에 음이 두 가지로 나게 되니, 그 표준음을 알려 주십시오. "작년(昨年)", "연세(年歲)"등도 마찬가지겠지요?

4272.9. (개천, 한 독자)

【대답】 우리의 입으로 내는 발음이 분명히 두 가지로 달리 나니까, 표음 문자로 적자면 부득불 두 가지로 달리 적을 수 밖에 없습니다. 한글로나 가명으로나 나마자로나 다 그럴 수 밖에 없지 않습니까? 적는 글자를 일치되게 하기 위하여 실제의 어음에 어그러지게 할 수는 없기 때문입니다. "여자(女子)", "여인(女人)"의 경우는 "여"가 표준음이요, "소녀(少女)", "남녀(男女)"의 경우는 "녀"가 표준음으로 되어 있음이 실제의 사실입니다.

【물음 92】 "-나니"와 "-노니"? "기다리나니"와 "기다리노니"는 어떻게 다릅니까?

4272.10. (도화동, 김 태식)

【대답】① "-나니"는 진리나 또는 원칙적인 사실을 연역(演繹)하여 말할 때 쓰는 어미(語尾)이니, 이를 테면, "각시네 꽃을 보소. 피는 듯 이우<u>나니</u>, 옥 같은 얼굴인들 청춘이 매양일까."(영조 때 이 정보의 시조). 참고로 "-나니라(=-느니라), -나니이다" 들과 관련하여 생각해 보십시오.

② "-노니"는 말하는 이가 자기의 동작을 베풀어 말할 때 쓰는 어미이니, 이를 테면, "새로 스믈 여듧 자를 밍ㄱ<u>노니</u>, 사룸마다 히^여 수비 니겨 날로 쁘매 편안킈 ㅎ고져 홇 ᄯᄅᆞ미니라." (훈민 정음). "내 날로 세 가지로 내 몸을 살펴<u>노니</u>, 사룸을 위하여 모(謀)홈애 충티 몯ᄒᆞᆫ가…" (논어 언해). 참고로 "-노라, 노이다" 들과 관련하여 생각해 보십시오.

【붙임】 "나니"는 옛말에서는 위에 말한 뜻 외에 다른 뜻, 곧 "느냐"의 뜻으로 쓰이는 것도 있으니, 위에 말한 것은 끝맺지 아니하고 그 아래에 반드시 다른 말이 잇달아 들어오지마는, "느냐"의 뜻으로는 반드시 말을 끝맺는 데 쓰이니, 아래와 같은 따위가 그것입니다.

"나의 미평(未平)한 꼴을 일월(日月)께 묻잡노니, 구만리 장천에 무삼 일 배아파서 주색에 몹쓸 매인 몸을 쉬이 늙게 하<u>나니</u>?" (옛 시조).

【물음 93】 <u>"~던"과 "~든"</u>? 어떻게 구별합니까? 이를 테면, "하던" 혹은 "하든", 또는 "먹던" 혹은 "먹든", 어느 것을 취하는지요?

4272.12. (동경, 나그네 강)

【대답】 "~던"과 "~든"이 다른 말입니다. "~던"은 지나간 일을 도로 생각하여 말할 때 관형사적으로 쓰는 어미(語尾)요, "~든"은 아무렇게 하여도 상관없음을 나타낼 때 부사적으로 쓰는 어미 "~든지"의 준말

입니다. 이를 테면 ① 그 이의 하던 말을 그대로 말해 보아라. 너 먹던 밥을 어디다 두었니? ② 그 일을 하든(지) 말든(지) 나는 모르오. 무엇을 먹든(지) 네 맘대로 먹어라.

【물음 94】"~었다"와 "~였다"? 발음은 "~였다"로 되는 말도 글로는 "~었다"로 쓰는 경우가 있으니, 어찌 된 일입니까?

4272.12. (동경, 나그네 강)

【대답】원칙부터 말씀하고 변칙되는 일을 말씀하여 드리겠습니다. 어간 끝 음절의 홀소리가 "ㅏ, ㅑ, ㅗ, ㅛ"인 때는 "~았다"로 되고, 그 밖의 홀소리인 때는 다 "~었다"로 되는 것이 원칙이니, "막았다, 얇았다, 보았다, 좋았다." 따위는 "~았다"로 되고, "먹었다, 열었다, 주었다, 늘었다, 익었다, 개었다, 되었다, 튀었다, 희었다" 따위는 모두 "~었다"로 되는 것입니다. 다만 개었다, 되었다, 튀었다, 희었다 들의 경우에는 "었다"의 "어"음이 어간 홀소리 끝의 "ㅣ"에 직접 잇달아 나는 관계로 "여"(ㅣ+어=여)와 같이 연발되니까 "~였다"로 되는 것 같지마는 이런 것들은 "~였다"가 아니고 모두 원칙인 "~었다"에 속한 것입니다. 그리고 정말, "~였다"로 되는 경우가 있으니, 어간 끝 음절이 "하"로 된 말은 모두 "였다"(옛날에는 "얐다")로 되므로 이것을 소위 변칙이라 하여 언제나 "~였다"로 쓰게 됩니다. 예를 들면, "하였다, 말하였다, 튼튼하였다, 어슴푸레하였다, 말씀하였다" 들과 같습니다. 그리고 또 준말(略語)로서 "~였다"로 되는 경우가 있으니, 명사 밑에 "이었다"가 붙을 때 "이+어=여"로 되어 "였다"로 연발되므로 이 경우에는 "여" 소리 속에 분명히 "이"와 "어"가 들어 있는 것이니까 준말대로 쓰려면 "였다"로 아니 쓸 수 없습니다. 이를 테면, 소(牛)였다(=소이었다), 개(犬)였다(=개이었다), 학교였다(=학교이었다) 들과 같습

니다. 요약하여 말씀하면, "~였다"는 ① "하"의 밑이나 ② 명사 아래
의 "이었다"의 준말인 경우에만 쓰입니다.

【물음 95】 <u>"에의"</u>의 뜻을 알고자 합니다.   4273.1. (동경, 나그네 강)

【대답】 "에"도 토요, "의"도 토인데, "에의"는 "에" 토에 다시 "의" 토를 붙
인 것입니다. "에"로써 <u>처소</u>나 <u>위치</u>를 나타내고 다시 "의"로써 거기에
<u>소속됨</u>을 나타내는 것인데, 이는 문법적의 형식이요, 실제의 말에서는
이런 경우의 "의" 토는 "ㅅ"으로 대용하여 "에의"를 "엣"으로 넘이 보통
입니다. 이를 테면, 위엣 것(=위에의 것=위에 있는 것), 배안엣 머
리(=배안에의 머리=배안에서부터 난 머리털), 집엣 돈(=집에의 돈
=집에 있는 돈), 솥엣 물(=솥에의 돈=솥에 담긴 물), 부뚜막엣 소
금(=부뚜막에의 소금=부뚜막에 있는 소금) 들과 같습니다.

【물음 96】 <u>ㅌ의 글자 모양?</u> ㅌ 자를 보통 ㄷ, ㄷ, ㅌ 따위 각가지로 쓰
는데 어느 것이 옳습니까?   4274.11. (마산 생)

【대답】 <u>훈민 정음</u> 원본에는 "ㅌ"으로 되어 있습니다. "ㄷ"은 "ㄹ"과 혼동되
기도 쉽고, "ㄷ"은 모양이 아름답지 못합니다. 글자 만들 때 "ㄴ, ㄷ,
ㅌ"의 모양으로 만든 것이고, 보기에도 똑똑하니, 원본대로 "ㅌ"으로
쓰는 것이 좋습니다.

【물음 97】 <u>"ㄳ, ㄵ, ㄼ…" 들의 이름?</u> 맞춤법 통일안에 "ㄲ, ㄸ, ㅃ, ㅆ,
ㅉ" 들을 "쌍기역, 쌍디귿, 쌍비읍, 쌍시옷, 쌍지읓"이라 하였는데,
"ㄳ, ㄵ, ㄶ, ㄺ, ㄻ, ㄽ, ㄾ, ㄿ, ㅀ, ㅄ" 들의 쌍받침 글자들은 왜 이
름이 없습니까?   4274.11. (연구생)

【대답】 이는 자모 순서대로 "기역시옷", "니은지읏" 들로 부를 뿐이요, 따로 이름지을 필요가 없기 때문입니다.

【물음 98】 "깁더"의 뜻? 김 두봉 지은 "깁더 조선 말본"의 "깁더"라는 말은 무슨 뜻인가요.   4275.1. (이 원옥)

【대답】 처음에 "조선 말본"이라는 책을 지은 후 그를 다시 깁고 더하여 발행한 것이 "깁더 조선 말본"인데, 덜된 데를 깁(補)고 모자라는 것을 더(增)하여 지었다는 뜻으로 "깁"과 "더"를 가지고 만든 말이겠지요.

【물음 99】 이튼날? 이틋날? 조선어 학회에서 지은 국어 교본에 보면, "이튼날" "섣달"로 쓰이어 있는데, 맞춤법 통일안 제 6항의 아무 까닭이 없이 "ㄷ" 받침 소리로 나는 말은 "ㅅ"으로 통일하여 적는다는 규정에 의하여, "이틋날", "섯달"로 적어야 할 것이 아닐까요?

4279.5. (서울, 정 대환)

【대답】 "이튼날", "섣달" 들의 ㄷ 받침 소리는 아무 까닭 없이 된 것이 아닙니다. "이틀"(二日), "설"(臘) 들의 "ㄹ" 소리가 "ㄷ" 소리로 바뀐 것입니다. 원래 "ㄷ"과 "ㄹ"은 그 소리 나는 자리가 같기 때문에(혀끝을 윗이틀의 안 쪽에 붙이는 것이 꼭 같음) 두 소리가 서로 넘나드는 일이 흔히 있으니, 가령 "들으니", "물으니", "걸으니", "깨달으니", " 일컬으니 ……" 따위는 "ㄷ"이 "ㄹ"로 바뀐 것들이요, "이튼날", "사흗날", "나흗날", "섣달", "숟가락", "숟막……" 따위는 "ㄹ"이 "ㄷ"으로 바뀐 것들입니다.
　　그러면 "ㄷ" 받침은 그 소리가 "ㅅ"과 다름이 없은즉, 위에 든 여러 말들을 모두 "ㅅ"과 "ㄹ"의 넘나드는 것으로 치고 다 "ㅅ"으로 적어도 좋지 아니하냐고 할 수도 있을 것입니다. 그러나 "ㅅ"은 원래 소리 나는 자리가 "ㄹ"의 소리나는 자리와는 달라서, 혀의 앞바닥으로 입천장의 앞바닥에 대고 내는 것이기 때문에 "ㄹ"과는 딴 성질의 소리인즉, "ㅅ"과 "ㄹ"이 서로 넘나든다고 하는 것보다, "ㄷ"과 "ㄹ"이 서로 넘나든다고 하는 것이 옳기 때문입니다.

【물음 100】 돌떡? 돐떡? 조선어 학회에서 지은 국어 교본에 "돌떡"으로 쓴 것은, "돐떡"으로 써야 옳지 아니할까요?   4279.5. (서울, 정 대환)

【대답】 "돌"과 "돐"은 뜻이 다릅니다. "돌"은 반드시 "생일"에 대해서만 쓰는 말이요, "돐"은 일반으로 "주기"(週期)를 뜻하는 말입니다. 가령, "오늘이 우리 어린애 돌"이라 하든지, "금년 시월 구일이 우리 한글의 오백째 돌"이라 하는 말들은 "생일"의 뜻으로서 "돌"이라 하고, "어제 지붕 위에 올라왔던 해가 오늘 제 돐에 또한 지붕 위에 올라왔다" 하든지, "올 봄에 왔던 제비가 내년 제 돐이 되면 또 올 것이라" 하든지 "팔십 사년을 한 돐으로 하는 천왕성"이라 하는 말들은 일반적으로 "주기"(週期)의 뜻으로서 "돐"이라 하여, "돌"과 "돐"이 다르게 쓰입니다. 그러면 "돌떡"은 아기의 "첫 생일 떡"의 뜻일 것이니까 "돌떡"으로 쓴 것이 옳게 된 것이지요.

【물음 101】 아가? 악아? 통일안 52항에 "아가"로 쓰지 말고 "악아"로 쓰라고 정하여 있는데, 조선어 학회에서 지은 국어교본에는 "아가"로 쓰이었으니, 무슨 이유입니까?   4279.5. (서울, 정 대환)

【대답】 "아가"와 "악아"는 말이 다릅니다. 통일안의 "악아"는 "아기야"의 준말(略語)을 이른 것이요, 교본의 "아가"는 거저 명사(名詞)로서, "엄마, 아가, 맘마……" 따위와 같이 어린애들의 쓰는 말을 흉내 삼아 하는 말이니, 동요(童謠)나 아동어(兒童語)에 흔히 쓰입니다. 교본 제 2 과의 제목으로 쓴 "아가"는 단순한 명사이고, 그 본문(本文)의 "아가"

들은 거저 명사로만 보아도 좋고, "아가야"의 "야"라는 토를 줄인 것으
로 보아도 좋을 것입니다.

【물음 102】 반가이? 반가히? 통일안 부록(附錄) 표준어(標準語) 5에
"반가이", "즐거이"로 쓰이어 있는데, "반가"와 "즐거"에는 "하다"가 분명
히 붙을 수가 있는데, 왜 "히"를 아니 붙이고 "이"를 붙여 씁니까?

4279.5. (서울, 정 대환)

【대답】 "반가하다", "즐거하다"는 바른 말이 아닙니다. "반가와하다", "즐거
워하다"가 바른 말입니다. "추워하다", "무서워하다", "미워하다" 들도
같은 종류의 말들이요, "좋아하다", "싫어하다", "기뻐하다", "아파하다",
"보고 싶어 하다", "딱해 하다", "초조해 하다" 들도 또한 같은 종류의
말들로서, 감각이나 감정을 나타내는 형용사의 부사형(副詞形) 어미
(語尾) "아"나 "어"의 밑에 "하다"가 붙어서 동사(動詞)로 된 것입니다.
그러니까 "반갑", "즐겁" 들의 변칙활용(變則活用)으로 된 부사형(副詞
形) "반가와", "즐거워"에라야 "하다"가 붙는 것이지, "반가", "즐겨"만으
로는 본어간(本語幹)도 아니요, 활용형(活用形)도 아니어서, 그대로는
"하다"가 붙는 법이 없습니다. 그러므로 "히"를 붙일 수는 없습니다.
　"반가이", "즐거이" 들의 말 된 법은 ㅂ변칙(變則) 형용사(形容詞)의
ㅂ이 줄고 "이"가 붙어서 부사(副詞)로 된 것들이니, "가까이, 고이,
가벼이, 새로이" 들이 다 그러한 종류의 말들입니다.

【물음 103】 "암만 하고자 한들 되나"의 문법적 설명?
　최 현배 선생의 지은 중등 말본에 보면 "하고자"는 동사(動詞) 접속법
(接續法)의 의도형(意圖形)인데, ① "한들"은 동사(動詞)입니까, 조동
사(助動詞)입니까? 동사라면 무슨 법 무슨 형이며, 조동사라면 무슨
조동사인지요? ② "ㄴ들"은 조사(助詞)로 볼 수도 있는데, 조사는 동

사에는 아니 붙는 것이 원칙이 아닙니까? ③ "되나" 이것도 조동사가 아닙니까?   4279.5. (서울, 정 대환)

【대답】물으신 <u>중등 말본</u>의 문법 체계로써 설명한다면, 이러합니다. ① "한들"은 동사(動詞) 접속법(接續法)의 불구형(不拘形)이요, (하더라도, 할찌라도, 한들 따위). ② "ㄴ들"은 물론 어미(語尾)요 (어간+(으)ㄴ들). ③ "되나?"는 독립(獨立)한 동사입니다.

【물음 104】<u>"숟가락"의 "숟"의 어원(語源)?</u> "숟가락"의 "숟"의 "ㄷ"은 그 어원(語源)이 어디에 있는 것인지요?   4279.5. (종로 삼가, 김 종문)

【대답】"술"의 폐쇄음(閉鎖音)된 것입니다. "ㄷ"과 "ㄹ"의 서로 넘나드는 관계는 이미 정 대환 님의 물음〔물음99〕에서 말씀하였으니, 얼러 보시기를 바라오며, "술"은 곧 "숟가락"과 같은 말이니, "한술(一匙), 두 술(二匙), 술적심(沈匙), 술총(匙柄)" 들의 "술"이 그것입니다.

【물음 105】<u>"되"와 "데"?</u> "소리대로 적되"의 "되"와 "길을 가는데"의 "데"가 그 쓰이는 경우가 어떻게 다릅니까?   4279.5. (종로 삼가, 김 종문)

【대답】"되"와 "데"의 문제가 아니라, "되"와 "는데"의 문제입니다. ① "되"는 동사(動詞)나 형용사(形容詞)의 어간(語幹)에 다 붙는 어미(語尾)로서, 가령 "소리대로 적되, 어법에 맞도록 적는다"와 같이 윗 말의 내용을 아랫 말로써 조건을 붙이어 제한(制限)할 경우와, 또는 "바람은 불되, 비는 아니 온다"와 같이 윗 말의 내용과는 다르게 된 일을 아래에 말할 경우에 쓰이는 것이요, ② "는데"는 동사 어간에만 붙는 (형용사 어간에는 "(으)ㄴ데"가 붙음) 어미(語尾)로서, 가령 "길을 가는데, 날이 더워 땀이 나더라"와 같이 윗 말의 내용에 잇달아서 더 생기

는 일을 배풀어 말할 경우나, 또는 "비올 바람은 부<u>는데</u>, 비는 아니
온다"와 같이 아래에 말할 사실이 윗 말의 내용에 부합(符合)되지 아
니함을 의심(疑心)스러이 말할 경우에 쓰이는 것입니다.

【물음 106】 "<u>하랴</u>"와 "<u>하려</u>"? "어떻게 하랴"? "어떻게 하려고" "어디로 가
랴"? "어디로 가려고" 이와 같이 "랴"와 "려"가 경우에 따라 다르게 쓰
이는지, 또는 "랴"와 "려"가 어느 것이 옳은지요?

4279.5. (종로 삼가, 김 종문)

【대답】 예를 드신 바와 같이 "랴"는 의문(疑問)을 나타내는 경우 "려"는
의도(疑圖)를 나타내는 경우에 각기 달리 쓰입니다.

【물음 107】 "<u>으므로</u>"와 "<u>음은</u>"? "하였으므로"의 "므로"로 통일한다면 "하였
음은"이라하는 것도 "하였으믄"으로 써야 할 텐데요?

4279.5. (종로 삼가, 김 종문)

【대답】 "므로"로 통일한다는 법은 없습니다. "하였으므로"와 "하였음은"은
다 옳고 "하였으믄"은 옳지 아니합니다. 이것을 설명하기 전에 먼저
어떤 어간(語幹)에든지 "(으)ㅁ"(받침 있는 어간에는 "음", 받침 없
는 어간에는 "ㅁ")이 붙으면 명사형(名詞形)이 된다는 것을 알아야
합니다. "읽음, 죽음, 웃음, 꾸짖음" 또는 "다름, 기쁨, 모자람, 착함
…" 따위가 다 명사형입니다. 이러한 명사형에 "으로"라는 토가 붙을
때에는 그 명사형의 끝소리 "ㅁ"과 연음(連音)이 되기 때문에 "므로"
와 같이 발음되지마는 사실은 "(으)ㅁ"+"으로"이니까 "(으)ㅁ으로"로
써야 합니다.
　　가령, "글 <u>읽음으로써</u> 일과를 삼는다", "의견이 서로 <u>다름으로</u> 인하
여 다투게 되었다" 들과 같습니다. 그러고 "(으)므로"(받침 있는 어간

-57-

에는 "으므로", 받침 없는 어간에는 "므로")는 이것과는 용법(用法)이 다른 한 어미(語尾)입니다. 가령, "그는 글을 썩 잘 읽으므로, 선생이 상을 주었다", "그는 나와 의견이 다르므로, 함께 일할 수 없다" 들과 같이, "(으)므로"는 직접으로 어간에 붙는 어미입니다. 그런즉 물으신 "하였으므로"는 "하였+으므로"이고 "하였음은"은 "하였음+은"입니다. 따라서 "하였으믄"으로 쓸 수는 없습니다.

【물음 108】 "암탉"으로 쓰는 이유? 어원(語源)으로 보아 "않닭" 혹은 "암ㅎ닭"으로 쓰는 것이 좋을 듯한데, 왜 "암탉"으로 씁니까?

4279.5. (정읍, 최 갑손)

【대답】 소리에 틀리지 않도록 쓰려면 그렇게 쓸 수 밖에 없습니다. "ㅎ"을 윗 말의 받침으로나 혹은 두 말 사이에 둔다고 해도 "닭"이 "탉"으로 발음되지는 않습니다. 윗 말의 받침 소리가 아랫 말과 연음(連音)되는 것은 아랫 말이 토나 어미(語尾) 같은 소위 "허사(虛辭)"인 경우에 그러한 것이요, 그렇지 않은 말, 곧 명사(名詞)나 형동사(形動詞) 같은 소위 "실사(實辭)"인 경우에는 윗 말과 아랫 말이 각각 독립한 발음으로 나는 것입니다. 가령, "곬+병"은 "골평"으로 아니되고 "골병"으로만 되며, "싫+증"은 "실층"으로 아니 되고, "실쯩"으로 발음되며, "꽃아래"는 "꼬차래"로 아니 되고, "꼳아래"로 발음되며, "홑옷"은 "호톳"으로 아니 나고 "혿옷"으로 발음되는 따위를 보아 알 수 있습니다. 그러니까 "않닭"이나 "암ㅎ닭"으로 적어서는 "암탉"이라고 발음되지 아니합니다. 그리고, "암"과 "수"라는 말이 "ㅎ" 받침을 가진 말이냐 함에는, 토를 붙여 보아, "암도, 암과, 수가, 수도…" 들로 됨을 보든지, "수놈, 수소,…" 들이 "숯놈(=숫놈), 숯소(=숫소)…"로 발음되지 아니함을 보아 "암", "수"에 "ㅎ" 받침 없음을 짐작할 수 있습니다.

【물음 109】 "같이"와 "가치"? "그와 같이"는 "같이"로 하고, "다가치(함께)"
는 "가치"로 쓰는 것이 좋지 않을까요?   4279.5. (정읍, 최 갑손)

【대답】 구별하여 쓰면 좋을 듯도 하나, 사실은 구별하기 어려울 경우가
많으며, 또 "다가치"란 그 뜻이 또한 "같은 때, 같은 모양으로"의 뜻인
즉 "같이"로 통일해 쓰는 편이 오히려 편리하지 않습니까?

【물음 110】 "결코"로 쓰는 이유? "겷고"로 아니 쓰고 "결코"로 쓰는 이유
는 무엇입니까?   4279.7. (김 대찬)

【대답】 "겷고"로 써야 할 이유는 무엇일까요? "겷"이란 어간(語幹)이 있어
가지고 그것이 "-다, -고, -지, -으니, -으면, -어서…" 들로 어미(語
尾) 활용하는 말이 아니요, 다만 "결코"란 말 하나가 특수하게 이루어
졌을 뿐이니까, 그저 그대로 쓸 뿐이지요.

【물음 111】 침묵(沈默)ㅎ기? 침묵(沈默)키? 침묵(沈默)ㅎ기로, 활동(活
動)ㅎ기로(ㄱ), 침묵키로, 활동키로(ㄴ), ㄱ과 ㄴ의 어느것이 옳습니
까?   4279.7. (김 대찬)

【대답】 ㄱ이 옳습니다. "ㅎ"은 "하"의 "ㅏ"가 줄고 남은 소리이니까요.

【물음 112】 쌍시옷 밑의 어미(語尾)? "초등 국어 교본"에 다음과 같이
고르지 않은 데가 있으니, 어느 것으로 통일할까요? "있었니?, 있습니
다, 있소, 있었습니다, 있어야, 있었소, 있으니까, 있으면" 이와 같이
어떠한 때에 "있"의 "ㅆ" 아래에 첫소리를 "ㅅ" 또는 "ㅇ"으로 구별하여
적습니까?   4279.7. (상주, 야학부)

【대답】 "있"은 어간(語幹), "었"은 과거(過去)를 나타내는 보조어간, "으
니, 습니다, 소, 야야, 으니까, 으면" 들은 다 어미(語尾)로서, 모두
일정한 어형(語形)으로 된 것들이니, 앞에 보이신 말들은 다 이 일정
한 어형(語形)에 맞게 잘 쓰인 것입니다. 달리 혼동하여 써서는 안됩
니다. 가령: 과거(過去)를 표하는 "었"은 어느 어간(語幹) 밑에서나,
또는 어느 어미(語尾) 위에서나 항상 "었"(혹은 "았")으로 일정하게 써
야지, "섯, 섰, 엇", 따위로 쓴다면 통일이 아니라 난잡(亂雜)이 될 것
이며, 어미인 "야야, 으니까, 으면, 읍니다,…" 들과, "소, 사오니, 습
니다,…" 들도 다 받침 있는 어간(語幹) 밑에는 어떤 어간임에 불구하
고 항상 이 어형으로 일정하게 써야지, "야야"를 "서야"로 쓴다든지,
"소"를 "오"로 쓴다면, 또한 아니됩니다. 쌍시옷 받침이거나 다른 받침
이거나 받침인 것은 마찬가지니 하필 쌍시옷 받침이나 혹은 "ᄡ" 받침
이라고 해서 다른 받침의 경우와 달리 생각해서는 안됩니다. 가령: ㄱ
받침 경우에도 "먹어야, 먹으니, 먹으면, 먹읍니다" 또는 "먹소, 먹사
오니, 먹습니다"로 되고, ㄴ 받침 경우에도 "신어야, 신으니, 신으면,
신읍니다" 또는 "신소, 신사오니, 신습니다"로 됨과 같이 어떠한 받침
밑에나 다 일정한 모양의 어미(語尾)가 붙습니다. 그런데, "읍니다"와
"습니다"는, 뜻은 같고 어감(語感)이 좀 다를 뿐입니다.

【물음 113】 다음 같은 때에는 어떻게 맞추어 쓰면 될까요? ① 웃었소.
② 배웠습니다. ③ 하겠습니다. ④ 오셨습니다. ⑤ 왔을 때에. ⑥ 왔
습니다. ⑦ 되었었니? ⑧ 했었다. ⑨ 울었습니다. 4279.7. (상주. 야학부)

【대답】 물으신 뜻을 똑똑히 모르겠으나 아마 "교본"에 쓰인 이 말들을 그
대로 쓰면 틀림이 없겠는가 하는 의문이신 듯한데, 물론 틀림이 없습
니다. ① 웃+었+소 ② 배우+었+습니다. ③ 하+겠+습니다. ④ 오
+셨(=시었)+습니다. ⑤ 오+았+을+때+에. ⑥ 오+았+습니다.

⑦ 되+었+었+니. ⑧ 했(=하였)+었+다. ⑨ 울+었+습니다.

【물음 114】 <u>습니다? 읍니다?</u> 어느 것이 옳고 그른지요? 또 어째 그러한
지요?   4279.7. (이 찬형, 이 낙운)

【대답】 둘 다 옳습니다. "먹습니다, 먹읍니다, 신습니다, 신읍니다, 닫습
니다, 닫읍니다, 넘습니다, 넘읍니다, 잡습니다, 잡읍니다, 벗습니다,
벗읍니다, 찾습니다, 찾읍니다, 쫓습니다, 쫓읍니다, 같습니다, 같읍니
다, 갚습니다, 갚읍니다, 놓습니다, 놓읍니다, 깎습니다, 깎읍니다, 있
습니다, 있읍니다, 없습니다, 없읍니다, 많습니다, 많읍니다, 밝습니
다, 밝읍니다…" 이와 같이 "습니다"와 "읍니다"는 다 표준말로 쓰이는
어미(語尾)로서 뜻은 같으나 어감상(語感上) 좀 다른 맛이 있다고 보
는 것입니다. "읍니다"는 어법상(語法上) 일반적으로 쓰이는 것이고,
"습니다"는 특수하게 관용(慣用)하는 어미(語尾)로서, 특히 대화체(對
話體)에 많이 쓰이는데, 같은 뜻으로도 좀더 친근(親近)한 맛이 있는
편으로 느끼어진다는 것입니다. 용법(用法)은 둘다 받침 있는 어간(語
幹) 밑에 쓰이기는 마찬가지입니다. 마치 "(먹)으오"와 "(먹)소"가 둘
다 표준말로 쓰임과 같은 따위입니다. 그런데 이런 것은 어느 편을 써
도 다 좋은데, 다만 주의할 일은, 한 가지 글 안에서나, 한 자리의 연
설(演說) 안에서는 어느 쪽이나 한 가지 용법(用法)으로 시종여일(始
終如一)하게 해야 할 것입니다. 가령: "좋습니다"로 말했거든, "먹습니
다, 같습니다, 많습니다, 있습니다, 고맙습니다" 들로 해야 할 것이요,
만일 "좋읍니다"로 시작하였거든 "먹읍니다, 같읍니다, 많읍니다, 있읍
니다, 고마웁니다…" 들로 해야 할 것입니다.

【물음 115】 <u>하여? 하야?</u> 어느 편이 옳고 그른지요? 또 어째 그런지요?
                                                       4279.7. (이 찬형, 이 낙훈)

【대답】 "하여"로만 쓰기로 되었습니다. 현재 표준 어음(語音)이 그러하기 때문입니다. 따라서 그 과거형(過去形)도 "하였다", 명령형(命令形)도 "하여라"로 통일하여 적게 된 것입니다.

【물음 116】 갖이다? 가지다? 어느 편이 옳고 그른지요? 또 어째 그러한 지요?　　　　　　　　　　　　　　　　　　4279.7. (이 찬형)

【대답】 "가지다"가 옳습니다. "가지"가 어간(語幹)이기 때문입니다. "갖이"로는 쓸 아무 이유(理由)도 필요도 없습니다. "갖고, 갖게, 갖다, 갖지,…" 이렇게 말할 때의 "갖"은 "가지"를 줄이어 약음(略音)으로 한 것이니, "갖"="가지"입니다. 그러니, "갖이"로 쓴다면, 이는 "갖+이" 곧 "가지+이"로 되는 어형(語形)인즉, "가지+이"가 무슨 의미가 있겠습니까? 어간(語幹)에 "이"가 붙어 되는 어형(語形)은, 가령, "죽다"(自動)가 "죽이다"(他動)로, "먹다"(他動)가 "먹이다"(使動)로, "쓰다"(他動)가 "쓰이다"(被動)로, 또는 "옥다"(形容詞)가 "옥이다"(動詞)로, 혹은 "맞다"(動詞)가 "맞이"(名詞)로나, "많다"(形容詞)가 "많이"(副詞)로 되는 따위들과 같이 "이"가 어간에 붙음으로 말미암아 어떤 어의변환(語意變換)이나 혹은 품사전성(品詞轉成)의 작용을 하는 법은 있으되, 아무 의미 없이는 "이"가 어간에 붙을 수 없는 것이니, 지금 "가지+이"라는 것은 도저히 될 수 없는 어형(語形)입니다. 그러므로 "갖이"로 쓰는 것은 잘못입니다. "가지다"로 써야 하고, 꼭같은 뜻으로 줄이어 쓰려던 "갖다"로 쓸 뿐입니다. "미치다(及)=및다, 디디다(蹈)=딛다, 비기다(無勝負)=빅다" 따위도 마찬가지로 역시 "및이다", "딛이다", "빅이다" 들로 써서는 안됩니다.

【물음 117】 "곧"(卽)의 "ㄷ"받침? 아무 까닭이 없이 "ㄷ" 받침 소리로 나는 말은 "ㅅ"으로 통일하여 적는다고 했는데, 왜 "곧"(卽)은 "곳"으로

쓰지 않습니까?   4279.7. (이 낙운)

【대답】 장소를 뜻하는 "곳"(處)과 구별하기 위한 것입니다.

【물음 118】 "보이다"의 "이"? "보이다"(可見)는 "보히다"로 써야 할 것이
아닙니까?   4279.7. (이 낙운)

【대답】 "보다"(他動), "보이다"(使動), "보히다"(被動), 이렇게 구별하여 썼
으면 좋기는 하겠지마는 "보히다"는 실제 어음(語音)에 조금도 나지를
아니하니, 일부러 법을 만들기 위하여, 아니 나는 음(音)을 만들어 쓴
다는 것은 "맞춤법 통일안"의 취지에 지나친 일이니, 일반의 언어(言
語) 현실에 비추어 발음대로 "보이다"로 쓰는 것이 타당한 방법이라
하겠습니다.

【물음 119】 "며칠"은 왜? "며칠"이라는 것은 "몇(幾)일(日)"이라고 어원이
분명하지 않습니까? "일"(日)이라는 것은 한어(漢語)에서 우리말이 되
지 않았습니까?   4279.7. (이 낙운)

【대답】 "며칠"이란 말은 원래 "하루, 이틀…" 들과 같이 순전한 우리말로 볼
수 밖에 없습니다. 만일 "며칠"의 끝 소리 "일"을 한자(漢字) "日"의 음
으로 된 것이라고 하여, "몇＋일＝며칠"로 발음된 것이라고 한다면, "몇
(幾)월(月)"의 어음(語音)은 "며쵤"이 될 것이요, "몇(幾)열(十)"의 어음
(語音)은 "며쳘"이 될 것이며, "몇(幾)아이(兒)"는 "며차이", "몇(幾)윷"
은 "며춫", "몇(幾)이레(七日)"는 "며치레…" 들로 말이 되었을 것이 아
닙니까? 그러나 실제 어음(語音)은 "몇＋월＝면월, 몇＋열＝면녈, 몇＋
아이＝면아이, 몇＋윷＝면늦, 몇＋이래＝면니레…" 들로 되었으니, 이와
마찬가지로 "몇＋일"은 "면닐"로 될 것입니다. 그러면 "며칠"이란 말은

"몇+일"로 된 것이 아님을 알 수 있습니다. 원래 <u>우리말</u> 음운 법칙(音韻法則)에 윗 말의 끝 닿소리가 아래에 오는 명사(名詞)의 첫 홀소리에 넘어가 어울리지를 못하는 법이기 때문에, "일"을 "日"이라고도 친다면 "몇"의 "ㅊ"이 "일"의 "이"에 어울러지지 못하므로 "칠"소리가 나올 수가 없습니다. 만일 "몇+일=며칠"로 된다면 "앞+일=아필"로, "꽃+잎=꼬짚"으로, "밭+이랑=바티랑"으로 "앞+이(齒)=아피,…" 들로 될 것이 아닙니까? 그런즉 "며칠"은 "몇+일"이 아님을 넉넉히 알 수 있습니다.

【물음 120】<u>"갓난애"? "간난애"?</u> 이 말은 발음대로 "간난애"로 씀이 좋지 않을까요?   4279.8. (청주, 오 병구)

【대답】"갓"은 부사로나 접두어로 쓰이는 말입니다. "시골서 갓 왔다", "돈을 갓 받았다", "나이 갓스물, 갓서른…" 들과 같습니다. "갓난애"는 "갓 난 아이"의 뜻이니, "갓난애"로 쓰는 것이 옳습니다.

【물음 121】<u>"해님", "햇님"?</u> 어느 쪽이 맞습니까? 4279.8. (청주, 오 병구)

【대답】이것은 표준말 문제인데, (ㄱ) "아버님, 어머님, 아우님, 조카님, 학자님, 진사님, 공자님, 예수님, 성주님, 해님…", (ㄴ) "아벗님, 어멋님, 아웃님, 조캇님, 학잣님, 진삿님, 공잣님, 예숫님, 성줏님, 햇님…" 어느 편이 표준말로 될까, 널리 종합하여 보면, (ㄱ)의 편이 표준말이 되겠습니다. 그러니, "해님"이 맞겠습니다.

【물음 122】<u>"한글 맞춤법 통일안"에 설측음(舌側音) "ㄹ"을 "ㄹㄹ"로 적는다는 말 뜻</u>을 분명히 모르겠습니다.   4279.9. (대전, ㄱ,ㅂ,ㅣ)

【대답】말 뜻을 설명하기 위하여는 먼저 "ㄹ"의 음가(音價)부터 설명할

필요를 느낍니다. (甲) "달" 할 적의 "ㄹ" 소리와 (乙) "달아" 할 적의 "ㄹ" 소리를 비교하여 보시기를 바랍니다. 혀의 모양과 혀의 동작을 잘 비교해 보십시오. (甲)의 경우에는 혀끝을, 윗이틀(齒槽) 안쪽에 단단히 붙이는 동시에 혀의 양편 옆을 트게 하여, 그 트인 양편으로 소리를 내는 것이기 때문에 이것을 설측음(舌側音=혀옆 소리)이라 하고, (乙)의 경우에는 혀끝을 윗이틀 안쪽에 붙이지 아니하고 다만 붙일듯 말듯한 정도에서 한번 굴리어 내는 소리이므로 전설음(轉舌音 =혀굴림 소리)이라 하여, (甲)의 경우의 "ㄹ"은 음성기호(音聲記號) 의 "ㅣ", (乙)경우의 "ㄹ"은 "r"에 각각 해당(該當)한 소리로 되어, 두 경우가 소리가 다릅니다.

그럼 다시 우리 글에 있어 "ㄹ"이 설측음(舌側音)으로 되는 경우는 어떠한 경우며, 전설음(轉舌音)으로 내는 경우는 어떠한 경우인가를 살펴 보시기를 바랍니다. "달, 물, 달밤, 물통,…" 들과 같이 끝막는 받침으로나, 또는 모든 닿소리(子音) 앞에 있는 때는 설측음으로 나고, "달아, 달은, 물아래, 물오리…" 들과 같이 홀소리의 앞, 곧 두 홀소리의 사이에 있는 때는 전설음으로 나게 됩니다. 그러면 만일 두 홀소리 사이에 설측음 "ㄹ" 소리로 된 말이 있을 때는 어떻게 써야 할 것이냐가 문제 될 것입니다. 이런 경우를 재래에는 대개 "홀노, 얼는 …" 들과 같이 "ㄹㄴ"으로 썼지마는 "ㄴ"은 설측음이 아니므로 적당하지 아니하니, "ㄹㄹ"로 적는 것이 옳다 한 것입니다. 곧 "홀로"(ㅎㅗㄹ ㄹㅗ) "얼른"(ㅓㄹ ㄹㅡㄴ)… 이와 같이 두 홀소리 사이에 "ㄹㄹ"로 적는다는 말입니다.

【물음 123】 "ㄷ, ㅌ"으로 끝난 말 아래에 종속적(從屬的) 관계를 가진 "이"나, "히"가 올 때에 <u>구개음화(口蓋音化)하는 이유</u>를 간단히 설명하여 주시오.　　　　　　　　　　　　4279.9. (대전, ㄱ, ㅂ, ㅣ)

【대답】간단히 말씀하자면, 발음 습관으로 인한 것이라 할 수 밖에 없습니다. 원래 "댜, 뎌, 됴, 듀, 디, 탸, 텨, 툐, 튜, 티" 따위의 소리는 소리를 내기에나 듣기에나 그다지 보드럽고 만만하지 못한 소리이므로, 내기로나 듣기로나 편하고 쉽게 하려는 발음 심리(發音心理)로서 그리 된 것이라고 생각합니다. 한자음(漢字音)의 "텬(天), 디(地)…" 따위라든지, 순 우리말의 "뎔(寺), 둏다(好)…" 따위를 일부에서는 "텬, 디, 덜, 둏다…" 들로 내고, 표준말에서는 "천, 지, 절, 좋다…" 들로 내는 것도 마찬가지의 실례(實例)입니다.

【물음 124】"ㄷ" 받침과 "ㅅ" 받침의 구별하는 방법을 간단히 가르쳐 주시오.   4279.9. (대전, ㄱ.ㅂ.ㅣ)

【대답】그 밑에 홀소리로 시작하는 토나 어미(語尾)를 붙여 보면 곧 알 것입니다. 곧 그 말이 명사(名詞)이거든 토(은, 을, 으로, 에, 이…)를, 동사(動詞)나 형용사(形容詞)의 어간(語幹)이거든 어미(語尾)(어, 으니, 으면…)를 붙여 보는 것입니다. 가령: "낟(穀)은, 낟을, 낟으로 …, 낫(鎌)은, 낫을, 낫으로, 낫에…" 또 "벋(延)어, 벋으니, 벋으면…, 벗(脫)어, 벗으니, 벗으면…" 이와 같이 하여 구별할 것입니다.

【물음 125】"않습니다"? "안씁니다"? 어느 것을 취할까요?
                                    4279.10. (제주, 애월 학교)

【대답】"않습니다"가 옳습니다. "아니하+ㅂ니다"의 경우에는 어간(語幹) 끝에 아무 받침이 없으니까 "ㅂ니다"가 붙고, 그 어간(語幹) "아니하"가 줄어서 "않"으로 된 경우에는 받침 있는 어간(語幹)이 되니까 "습니다"나 "읍니다"가 붙는 것입니다. 어떤 말이나, 다 어간에 받침이 없으면 "ㅂ니다"가 붙고, 받침이 있으면 "습니다"나 "읍니다"가 붙는 것입니

다. 가령: "가+ㅂ니다", "갚+습(읍)니다", "나+ㅂ니다", "낳+습(읍)
니다", "자+ㅂ니다", "잡+습(읍)니다…" 들과 같습니다. 그리고 그
"않습니다"의 발음이 "안씁니다"처럼 되는 것은 "습"의 앞에 "ㅎ"이 있기
때문입니다. "ㅎ"이 "ㄱ, ㄷ, ㅂ, ㅈ"의 앞에 있을 때는 그 아래 소리가
"ㅋ, ㅌ, ㅍ, ㅊ"으로 되지마는, 그 밖의 닿소리 앞에 있을 때는 "ㅅ"과
같아서 그 닿소리들을 된소리로 나게 합니다. 가령 "놓네, 놓는, 놓세,
놓소…" 또는 "좋소, 좋습니다", "많소, 많습니다" 들과 같습니다.

【물음 126】 "맞이하여", "마지하여"? "갖이고", "가지고"?
"마지하여(迎), 가지고(持)"가 옳은가, "맞이하여, 갖이고"가 옳은가?
4279.10. (제주, 애월 학교)

【대답】 "맞이하여"의 원형(原形)은 "맞다"이니 "맞"이 그 어간(語幹)이고,
"가지고"의 원형(原形)은 "가지다"이니 그 어간(語幹)은 "가지"입니다.
그리고 "맞이하여"란 말은 "맞이"라는 명사(名詞)에 "하여"가 붙은 말입
니다. 마치 "운동하여, 공부하여, 말하여, 일하여, 이야기하여,…" 따
위와 같습니다. 그럼 "맞이"라는 명사(名詞)는 어떻게 된 것인고 하면,
마치 "먹이(食料), 벌이(勞得), 풀이(解釋), 놀이(遊)…" 따위와 같이,
어간 "맞"에 "이"가 붙어 명사(名詞) 된 것이니, "통일안" 제 12항에 의
하여 "맞이"로 쓰고, 따라서 거기에 "하다"가 붙은 말이니 "맞이하다"로
써야 합니다. 그리고, "가지고"는 그 어간(語幹)이 "가지"이니까 "가지
다, 가지고, 가지어, 가지면, 가지지, 가지시오, 가지어라, 가지었다
…" 이와 같이 언제나 "가지"로 쓸 것이요, "갖이"로 쓸 까닭은 없습니
다. 마치 "이기다(勝), 다니다(行), 디디다(蹈), 내리다(下), 꾸미다
(飾), 비비다(揉), 마시다(飮), 지지다(煎), 미치다(及), 지키다(守),
버티다(撑), 살피다(察)" 따위로 공연히 "익이다,단이다, 딛이다, 낼이
다, 꿈이다, 빕이다, 맛이다, 짖이다, 및이다, 직이다, 벌이다, 삶이

다"로 써서는 잘못인 것과 마찬가지입니다. 정말 "이"가 들어가서 된 말은 따로 있습니다. "먹이다, 줄이다, 붙이다, 높이다, 쌓이다…" 따위가 그것이니, 이것은 "이"가 들어감으로 인하여 그 말의 뜻이 어법 상으로 다른 말로 변하는 것입니다. 즉 "먹다(他動), 먹이다(使動), 줄다(自動), 줄이다(使動), 붙다(自動), 붙이다(使動), 높다(形容詞), 높이다(他動), 쌓다(他動), 쌓이다(被動)" 이와 같이 "이"가 까닭이 있 어 들어간 것은 "이"로 써야 하지마는 "가지다"를 "갖이다"로 쓴다면 "가지다"의 뜻과 다를 것이 없는 말을 공연히 그렇게 쓰는 것 밖에 아니 됩니다. 아주 "이"를 빼버리고 거저 "갖다"로 쓴다면 그것은 원말 과 꼭 같은 뜻의 준말(略語)로 되어 실용상 표준말과 같이 허용(許 容)이 됩니다. 즉 "갖다, 갖고, 갖지, 갖는…" 들은 "가지다, 가지고, 가지지, 가지는…" 들과 같은 뜻의 준말로 쓸 수 있습니다. 이와 같이 "갖=가지"인즉 만일 "갖이고"로 쓴다면 이는 "<u>갖이고=가지이고</u>"가 되 는 것이니 그런 말이 있을 수 있겠습니까? 그러고 준말이라 하여 "가 지니, 가지면, 가지어, 가지었다…" 따위를 "갖으니, 갖으면, 갖어, 갖 었다…"와 같이 써서는 안됩니다. "가지니, 가지면"은 각각 세 개의 음 절(音節)인데, "갖으니, 갖으면"도 또한 각각 세 개의 음절인즉 조금도 줄었다고 할 수 없고 도리어 쓰는 획 수가 더 늘었을 뿐이니 도저히 "준말"이라 할 수 없는 것이고, "갖어, 갖었다"는 "가지어, 가지었다" 보다 한 음절(音節)이 줄기는 하였으나, 같은 값이면 "가지어=가져", "가지었다=가졌다"와 같이 쓰는 것들이 원형(原形)에 더 가깝고 다른 말들과의 공통성(共通性)으로 보아도 더 편리합니다. "이겨, 다녀, 견 뎌, 그려, 꾸며, 비벼, 마셔, 지져, 미쳐, 지켜, 버려, 살펴…" 따위와 마찬가지입니다. 그러므로 "갖이고"는 잘못이고, "가지고"로 하여야 옳 습니다.

【물음 127】 "하므로"? "함으로"? 어느 것을 취하며, 그 이유는 어떠한가?
4279.10. (제주, 애월 학교)

【대답】 "하므로"와 "함으로"가 각각 다릅니다. "하므로"는 "하니까"와 같이 어간 "하"에 어미 "므로"가 붙은 것이니, "일이 그러하므로(하니까), 좋은 수가 있겠다." 이런 경우에 쓰는 말이고, "함으로"는 어간 "하"에 어미 "ㅁ"이 붙어 명사형(名詞形)이 된 것에 "으로"라는 토가 붙은 것이니, "일이 그러함(=그러한 것)으로 보아서 좋은 수가 있을 줄로 생각된다." 이런 경우에 쓰는 말입니다. 이와 같이, 말하는 법이 다릅니다. "마음이 기쁘므로 (=기쁘니까) 노래를 하였다" 하는 말과, "마음이 기쁨(=기쁜 것)으로 인하여 노래를 하였다."하는 말과는 그 말하는 법이 다르지 않습니까? "공부를 잘 하므로(=하니까), 늘 칭찬을 받는다"의 "하므로"와, "공부를 잘 함(=하는 것)으로써 부모의 마음을 기쁘게 해야겠다"의 "함으로"를 비교하여 보십시오. (물음 49 참조)

【물음 128】 "이다"와 "아니다"? "이것은 사람이다. 이것은 사람이 아니다." 같은 토씨로서 "이다"는 붙여 쓰고 "아니다"만 띄어 쓰는 뜻을 풀이해 주시오. 4279.10. (부산 두메, 징검다리)

【대답】 "이다"와 "아니다"를 같은 토씨라 하신 당신의 말씀을 잘 알 수 없습니다. 문법 학자의 각각 견해에 따라 혹은 "이다"를 토로, "아니다"를 형용사로 잡는 이도 있고, 혹은 "이다"와 "아니다"를 잡음씨로 잡는 이도 있고, 또 다른 의견을 가진 이도 있는데, 이 두 말을 다 토씨라고 말씀하신 뜻을 잘 모르겠습니다. 어쨌든지 통일안의 규정으로는 "아니다"는 단어(單語)이니 띄어쓰고, "이다"는 가령 단어로 인정한다 하더라도 토와 같은 종류의 단어로밖에 볼 수 없다는 견지(見地)에서 일반의 토나 마찬가지로 붙여 쓰게 된 것입니다.

【물음 129】 우리 말의 <u>움직씨, 어떻씨의 정의</u>를 말씀해 주시오.

4279.10. (부산, 징검다리)

【대답】 말씀하신 술어(術語)로 보아 <u>최 현배</u> 님의 문법에 의하여 물으신 모양이니, 최 님의 "<u>중등 조선 말본</u>"에 보인 정의를 그대로 적어 드리 겠습니다.

"움직씨" 읽다, 오다, 흐르다, 일하다, 불다, 쓰다(用), 씨다(書), 갈다, 늘다 들과 같이, 일과 몬(物)의 움직임을 나타내는 낱말을 움직씨라 한다.
"어떻씨" 푸르다, 검다, 희다, 따뜻하다, 길다, 높다, 아름답다, 바르다, 있다, 없다 들과 같이, 일과 몬의 바탕(性質)과 모양과 있음의 어떠함을 나 타내는 낱말을 어떻씨라 한다.

그 두 말의 정의는 이러합니다.

【물음 130】 "<u>전라도</u>"? "<u>절라도</u>"? 전라도를 "절라도"로 쓰는 사람이 많은 데, 귀회(貴會)에서는 어떻게 생각하십니까? 4279.10. (부산, 징검다리)

【대답】 <u>통일안</u> 44항의 규정에 의하여 "전라도"로 씁니다. 이와 같은 한자 의 변음된 말, 더구나 한자의 본 뜻과는 아무 관계가 없는 땅 이름 같 은 것에까지 본음을 꼭 지키는 일은 한자 교육을 전제로 하지 않고는 매우 어려운 일인즉 차라리 48항의 규정에 의하여 "전주(全州)"는 "전 주", "전라도(全羅道)"는 "절라도"로 적는 것이 오히려 마땅한 일이라고 생각할 수도 있습니다. 그러나 한자를 아주 아니 쓰게 된다면 물론 일 일이 한자의 본음을 찾아서 쓴다는 것이 도저히 어려운 일이지마는, 아직은 한자를 상당히 많이 쓰고 있는 것이 사실이매, 전연 무시하기 도 어려운 일이므로 아직 "라주"(羅州)는 "나주"로 두음 법칙(頭音法 則)에 의하여 쓰고 "전라도(全羅道)"는 "전라도"로 접변법칙(接變法則)

에 의하여 발음함을 인정하는 정도로 하는 것이 온당한 일이라고 하
겠습니다.

【물음 131】 "ㄲ, ㄸ, ㅃ, ㅆ, ㅉ" 들의 이름? 각각 "끼윾, 띠끋, 삐븝, 씨
옺, 찌읐"으로 하는 것이 실제 교수상 얼마큼의 효과가 더 있을 것을
확신하는데요.   4279.10. (대전, ㅅ.ㅗ.ㅅ)

【대답】 여러 가지 이유를 들어 좋은 의견을 제의하심에 대하여, 먼저 경
의를 드립니다. 말씀하신 이유는 다 옳은 말씀입니다마는, 자모의 이
름을 그와 같이 부르는 것이 도리어 재미없는 점이 있다는 것도 고려
하지 아니할 수 없습니다.

　무릇 무슨 사물에든지, 같은 종류 중에 비슷한 이름이 많이 있으면
서로 혼동하기가 쉬운 것이어서, 한글 자모의 이름에도 이미 불러 오
는 "기역, 디귿, 비읍, 지읒…" 들의 이름과 "키읔, 티읕, 피읖, 치읓
…" 들의 이름이, 그 부르고 듣고 할 때 자칫하면 혼동되기가 쉬운데,
게다가 또 "끼윾, 띠끋…" 들까지 지어서 쓰자면, 더욱 혼동되는 일이
많게 될 것입니다. 다수의 사람을 상대로 하여 강의나 강연을 할 경우
라든지, 또는 라디오나 축음기를 통하여 이런 이름들을 들을 경우에
더욱 구별하여 알아듣기가 어려울 때가 많을 것입니다. 우리의 실제
경험한 바로도 "디귿, 지읒, 치읓, 읕" 따위의 이름들이 비슷하기 때문
에 강의 중에 잘못 알아듣는 예를 많이 보는 바이며, 라디오로 영어
글자의 "A, J, K" 들이 듣기에 구별되기 어려우며, "B, P, V, C, E,
D, T, G" 따위가 또한 가끔 혼동되어 들리는 것도 그 소리의 됨됨이
가 비슷비슷하기 때문입니다.

　또 가령 그러한 폐해가 없다 치더라도, 그와 같은 이름들은 부르기
에도 매우 순편하지 못하여, 잘 부르기가 힘들겠습니다. 그 이름의 밑

에 토를 붙여 말을 하려면 "끼읶이, 띠긆이…" 이 얼마나 불편한 일입니까? 더구나 "ㄸ, ㅃ, ㅉ" 석 자는 실제의 말에서 받침으로는 도무지 쓰이지 않는데, 말에 없는 받침으로 말을 만들어 글로 쓰자는 것이 매우 무리한 일이라 아니할 수 없습니다.

【물음 132】 아래의 말들은 어느 편이 옳은지 가르치심을 바랍니다. 간단히 이유도 적어 주시오.
① 같이-가치. ② 셨습니다-섰습니다-셨읍니다. ③ 왔스니-왔으니. ④ 있소-있오. ⑤ 없음으로-없으므로. ⑥ 함으로-하므로. ⑦ 하시앞-하시압. ⑧ 옛(昔)-옜. ⑨ 하고 싶다-하고 십다. ⑩ 듣으니-들으니. ⑪ 좁으므로-좁음으로. ⑫ 걷으니(步)-걸으니. ⑬ 몰읍니다-모릅니다. ⑭ 뽕잎-뽕닢. ⑮ 그럼으로-그러므로. ⑯ 예쁘지-예뿌지. ⑰ 씌었다(書)-씌었다. ⑱ 떠오를-떠올을.　　4279.11. (용산, ㄱ,ㅈ,ㅁ)

【대답】 ① "같이"가 옳습니다. "같다"(如, 同)의 어간 "같"에 "이"가 붙어서 부사로 된 것인데 구개음화(口蓋音化)하여 "가치"로 발음된 것입니다. 그런데 어떤 이는, 이것을 "如"의 뜻으로는 "같이"로 쓰고 "同"의 뜻으로는 "가치"로 쓰는 것이 좋겠다고 하는 분이 있으나, 말이 원래 같이 된 말이요, 쓰이기도 같이 쓰일 때가 많아서 실제로는 구별이 똑똑하게 되지 아니하니, 다같이 "같이"로 쓰는 것이 오히려 편합니다. 가령: "형과 아우가 같이 자란다"든지 "우리 다 같이 만세를 부르자" 이러한 경우의 "같이"는 다 "같은 모양으로"의 뜻이니 "같이"로 쓰는 것이 타당할 것이요, 만일 한 걸음 나아가서 순전히 "공동"(共同), "동시"(同時)의 뜻으로만 쓸 경우면 "같이"라고 하는 것보다 "함께"라고 하는 것이 좋을 것입니다. ② "셨습니다"와 "셨읍니다"는 옳고 "섰습니다"는 혹 편의를 따라 허용할 수 있습니다. "시+었"의 두 음절(音節)이 한 음절

로 줄어져서 "셨"으로 된 것인데, 발음의 편의를 따라 "셨"으로 내는
일이 많으므로 허용(許容)은 하지마는 원칙으로 "셨"으로 내는 것이
표준입니다. "습니다, 읍니다"는 다 옳습니다. 본지(本誌) 칠월 호(이
책으로는 물음 114)를 참고하십시오. ③ "왔으니"가 옳습니다. "으니"
는 받침 있는 어간에 붙는 어미요, "스니"란 어미는 없는 것입니다.
"먹으니" "읽으니" "많으니…" 들의 "으니" 대신에 "스니"가 쓰일 수 있
는가를 시험해 보십시오. ④ "있소"가 옳습니다. "소"는 받침 있는 어
간 밑에 붙는 어미이고, "오"는 받침 없는 어간 밑에 붙는 어미인데,
만일 "오"를 받침 있는 어간 밑에 붙이려면 "으오"로 하여야 됩니다.
"먹소"나 "먹으오"는 되어도, "먹오"는 안 됩니다. 받침 있는 모든 어간
을 가지고 시험해 보시기를 바랍니다. ⑤ "없음으로"는 "없음"(명사형)
+"으로"(토), 즉 "없는 것+으로"의 뜻이요, "없으므로"는 "없"(어간)+
"으므로"(어미), 즉 "없+으니까"의 뜻이니, 쓰는 경우가 다릅니다. 자
세한 것은 본지(本誌) 애월 학교의 물음(이 책으로는 물음 127)에 대
답한 것을 참고하시오. ⑥ "함으로"는 "함"(명사형)+"으로"(토), 즉 "하
는 것+으로"의 뜻이요 "하므로"는 "하"(어간)+"므로"(어미) 즉 "하+니
까"의 뜻입니다. 전항(前項)과 똑같은 경우인데, 다만 전항(前項)은
어간이 "없"으로 받침이 있고, 본항(本項)은 어간이 "하"로 받침이
없으므로 "없"의 경우는 그 아래 오는 어미에 "으"가 들고 "하"의 경
우는 "으"가 들지 않음이 다릅니다. 즉 그 명사형(名詞形)인 "없음"(=
없+으ㅁ)과 "함"(=하+ㅁ)과에서나, 그 접속형(接續形)인 "없으므
로"(=없+으므로)와 "하므로"(=하+므로)와에서 보는 바와 같이 받
침 있는 밑에는 "으니, 으니까, 으며, 으면, 으매, 으므로, 으ㄴ, 으르,
으ㅁ…" 따위의 어미가 붙고 받침 없는 밑에는 "으"가 들지 않고 바로
"니, 니까, 며, 면, 매, 므로, ㄴ, ㄹ, ㅁ…" 따위가 붙습니다. 그런즉
본항(本項)과 전항(前項)은 이 성음상(聲音上) 차이(差異)뿐이요, 말

의 구조(構造)로는 똑같은 성질의 것입니다. ⑦ "하시앞"으로 쓸 이유
는 조금도 없으며, "하시압"도 현대 말로는 거의 안 쓰이는 말이라 하
겠습니다. "하시오"로 쓰는 것이 좋겠지요. ⑧ "옛"(昔)이 옳습니다.
발음이 그렇습니다. "옜"으로는 도무지 들어 보지 못하였습니다. 다만
발음상 "옏"으로 쓸 수는 있겠지요마는 이런 말은 그 밑에 토나 어미
가 붙지 않기 때문에 "ㅅ"을 붙이나, "ㄷ"을 붙이나 마찬가지이므로,
마찬가지일 바에는 재래(在來)의 습관대로 쓰는 것이 편하고 쉽다는
이유로 "ㅅ"으로 쓰게 된 것입니다.(통일안 제 6항을 참고하십시오).
⑨ "하고 싶다"가 옳습니다. "싶으니" "싶어서"의 경우에 "십으니, 십어
서"로 되지 않고 "ㅍ" 소리가 나니, 그 어간이 "싶"인 것을 인정할 수
밖에 없기 때문입니다. ⑩ "들으니"로 써야 합니다. 현실로 쓰이는 언
어(言語) 사실을 불구하고 획일적(劃一的)으로 법칙에만 맞게 쓰려면
"듣으니"로 쓰는 것이 보기에는 좋을(?)는지 모르나 실제 발음으로는
이미 변칙이 되어 "들으니, 들어서"로 말하는 것이니, 말을 따라 쓰는
것이 마땅한 일이지요. 그렇다고 해서 아주 "드르니, 드러서"로 쓴다
면, 그것은 너무 법을 무시하는 일이 되어 독서(讀書)에 불편하게 되
므로 "듣다, 듣고"의 "ㄷ" 받침만 "ㄹ"로 바꾸어 쓰면 어간이 과히 변
형(變形)되지는 않아서 어미와의 관계도 법대로 되어, "드르니, 드러
서" 보다는 매우 합리적(合理的)이 됩니다. (통일안 제 10항 참조).
⑪ "좁으므로"는 "좁"(어간)+"으므로"(어미), 즉 "좁+으니까"의 뜻이
요, "좁음으로"는 "좁음"(명사형)+"으로"(토), 즉 "좁은 것+으로"의 뜻
이니, 위에 말씀한 ⑤, ⑥항과 같은 경우입니다. ⑫ "걸으니"로 써야
합니다. 앞에 말한 ⑩항의 "들으니"와 같은 경우입니다. ⑬ "모릅니다"
가 옳습니다. 그 어간이 "몰"이 아니고 "모르"이기 때문입니다. "모르
다, 모르고, 모르지…" 들과 같은 "모르"에 "ㅂ니다"라는 어미가 붙은
것입니다. 만일 "몰+읍니다"로 본다면 어간을 "몰"로 인정해야 할 것
인데 "몰다, 몰고, 몰지…"로 되지 아니 한즉 "몰"이 어간이 아님을 알

수 있습니다. "모른=모르+ㄴ, 모를=모르+ㄹ, 모름=모르+ㅁ, 모릅니다=모르+ㅂ니다, 모릅디다=모르+ㅂ디다…" 들을 잘못 알고, "몰+은, 몰+을, 몰+음, 몰+읍니다, 몰+읍디다…"로 써서는 안됩니다. 그런데 "몰라, 몰랐다"의 경우에 "ㄹ" 받침을 하는 것은 변칙에 의한 것이니, "가르다, 오르다, 고르다, 찌르다, 흐르다…" 들과 같이 어간의 끝 음절이 "르"로 된 말은 대개가 다 이러합니다. ⑭ "뽕잎"으로 쓰기로 되었습니다. 금년 구월 호에 발표한 "통일안 개정"의 규정을 참고하시오. ⑮ "그럼으로"와 "그러므로"의 다름은 위에 말씀한 6항 "함으로"와 "하므로"의 설명을 다시 보아 주시기를 바랍니다. ⑯ "예쁘지"가 옳습니다. 어간의 끝 음절이 "쁘"나 "프"로 된 말은 다 마찬가지로, "예쁘, 바쁘, 슬프, 고달프…"와 같이 끝 홀소리가 "ㅡ"로 된 듯도 하고 "예뿌, 슬푸, 고달푸…"와 같이 "ㅜ"로 된 듯도 한데, "예뻐, 바빠, 슬퍼, 고달파…" 또는 "예삐, 바삐, 슬피, 고달피…" 들의 말 됨을 살피어 보건대, 우리말에 어간 끝이 "ㅡ"로 된 것은 "어, 아, 이" 들의 앞에서 줄어지는 것이 보통이지만, 어간 끝이 "ㅜ"로 된 것은 줄지 않는 것이 원칙("푸다"(汲) 하나만은 예외이지만)이니, "예뻐…" 들이나 "예삐…" 들에 모두 어간의 끝 음절이 줄어 된 것으로 보아 그 끝음절의 홀소리가 "ㅜ"가 아니고 "ㅡ"임을 알 수 있습니다. 그러므로 "예뿌지"가 아니고, "예쁘지"로 쓰는 것이 옳습니다. ⑰ 원말로는 "쓰이었다"인데 준말로 쓰려면 "씌었다"로 쓰는 것이 원칙이고, 준말로서 특별히 "쓰"를 강조(強調)할 경우에는 "쓰였다"로 쓸 수도 있을 것입니다. 대개 어간에 피동(被動)이나 사역(使役)의 뜻으로 붙는 "이"는 그 어간에 받침이 없는 때는 어간의 홀소리를 동화(同化)시키어 한 음절로 됨이 보통이요, 어간에는 받침이 있고, 그 아래에 오는 어미나 종속(從屬) 음절이 홀소리로 들어올 때는 그 홀소리를 동화(同化)시키어 한 음절로 됨이 보통입니다. 앞엣 것으로는 "뵈어, 띄어, 틔어, 씌어, 꾀어, 폐어, 째어…" 따위가 그러한 것이요, 뒤엣 것으로는 "녹여, 꺾여, 붙여, 끓여, 높여…" 따위가 그러한 것입니다. 이와 같이 "씌었다"는 앞엣 것과 같이 쓰는 것이 원칙입니다. 다만 특별히 그 어간의 본 발음을 또렷하게 드러낼 필요가 있을 경우에는 뒤엣 것의 예와 같이 본 어간은 그대로 두고 아래 음절을 동화음(同化音)으로 삼아, "보여, 뜨여, 트여, 쓰여, 꾸여, 펴여, 짜여…"와 같이 써도 좋을 것입니다. ⑱ "떠오를"이 옳습니다. "떠오르"가 어간이기 때문입니다. 위에 말한 ⑬항의 "모릅니다"에 대한 설명을 보아 주시기를 바랍니다.

【물음 133】 (1) "일어나다"의 어원 표시? 통일안 13항에는 어간에 "이, 음" 이외의 홀소리가 붙은 것은 어원을 밝히지 않는다고 하였으면서, "일어나다" "들어가다" "떨어지다" "넘어지다" 따위는 무슨 까닭으로 어원을 밝혀 적기로 되었습니까?

(2) "-나이가?" "-나이까?" 중등 조선 말본에는 "-나이가, -ㅂ(읍, 습)니가"로 되어 있고, 다른 책들에는 "-나이까, -ㅂ(읍,습)니까"로 되어 있는데, 어떤 것이 옳습니까?

(3) "만은"과 "마는"? 달리 쓰이는 경우를 가르쳐 주십시오.

(4) "글자, 글ㅅ자, 글짜" 어느 것이 옳습니까?

4279.3. (춘천. ㅜ,ㄴ,ㅎ)

【대답】 (1) "일어나다, 들어가다, 떨어지다, 넘어지다" 따위는 모두 동사 두 개가 복합(複合)되어서 된 말들입니다. 즉 "일어(어간어미)+나다(어간어미), 들어(어간어미)+가다(어간어미), 떨어(어간어미)+지다(어간어미), 넘어(어간어미)+지다(어간어미)"로 된 것입니다. 그리고 13항의 규정은 어간에 "이,음" 이외의 홀소리가 붙어서 타사(他詞)로 전성(轉成)한 것을 말함이니, 곧 어간의 무슨 접미어(接尾語) 따위가 붙어서 명사나 혹은 부사로 된 것을 이른 것입니다. 그러니 앞에 말씀

한 어례(語例)들은 이 13항 규정과는 아무 관계가 없는 것입니다. 으례로 제 8항 규정에 따라 어간과 어미를 구별하여 적어야 합니다.

(2) "-나이까, -ㅂ(읍,습)니까"가 옳습니다. "-나이가, -ㅂ니가"로 하는 것이 좋겠다고 함도 일리가 있겠지요마는, 그것은 실제 표준 어음에 도무지 없는 발음이요, 또 어법상으로도 반드시 합리적이라고 할 수는 없는 것입니다. 묻는 말끝에 "가" 소리가 쓰이는 예는 극히 적고 오히려 "까" 소리가 훨씬 더 많고, 그 밖에 "나, 냐, 뇨, 니, 디, 리, 랴, 리요…" 따위의 소리가 또한 많이 쓰이는데, 특히 존대(尊對)에 쓰는 말에는 반드시 "까"만이 쓰이며, "가"나 또는 다른 소리들은 존대(尊對)에는 전연 쓰이지 않고 반드시 하대어(下對語)에만 쓰이는 것입니다. 그리고 그 많이 쓰이고 적게 쓰이는 것은 고사하고, 도대체 "가"나 "까"나 또는 "냐, 뇨…" 들이 각각 한 개의 어미로서의 존재가 아니라, "-나이까" "-ㅂ니까"로 되어야 비로소 한 개의 어미가 되는 것이니 거기에 "가"든지 "까"든지만으로는 아무 어법적 의의(意義)를 가진 것이 아닌즉 실제 어음대로 적을 것뿐이지, 거기에 무슨 구구한 이유를 붙이어 일부러 어음에 틀리게 적을 필요는 없는 것입니다.

(3) "만은"은 "만"이라는 토와, "은"이라는 토를 거듭하여 쓰는 말이요, "마는"은 말의 한 마디가 완전히 끝나 가지고, 그와 상반(相反)되는 다른 말을 하기 위하여 그 앞엣 마디 끝에 붙이는 경우에만 쓰는 토입니다. 예를 들면: "다른 분들은 다 찬성합니다마는, 김군만은 반대합디다"와 같습니다.

(4) 이 문제는 옳고 그른 문제가 아니라, 어느 쪽으로 할까 하는 선택 문제인데, 지난 9월 8일 본회 정기 총회에서 그전에 "글ㅅ자"로 쓰기로 했던 것을, 앞으로는 "글자"로 쓰기로 정하였습니다. 개정한 내용은 본지 11권 제 4호와 5호에 발표한 것을 참조하십시오.

【물음 134】 "나다"와 "낳다"? 초등 국어 교본 중권 46쪽에는 "나았는데"
로 되어 있는데, "낳"의 ㅎ이 줄어서 "나"로 된 것입니까?

4280.5. (충남 거성 학교, 김 중구)

【대답】 "나다"는 자동사(自動詞)요, "낳다"는 타동사(他動詞)입니다. 가령:
"풀이 나고", "새끼가 나면", "금이 많이 납니다", "성인이 나자 용마가
난다" 따위와 같은 이런 경우는 자동사이니, 그 앞의 명사(名詞)가 주
어(主語)로서 반드시 "이" 토나 "가" 토가 붙는 법이고, "알을 낳고",
"새끼를 낳지", "아기를 낳는다" 따위와 같은 이런 경우는 타동사이니,
그 앞의 명사가 객어(客語)로서 반드시 "을" 토나 "를" 토가 붙는 법입
니다. 이와 같이 "나다"와 "낳다"는 같은 말이 아니라, 서로 다른 말입
니다. 혼동하지 마시기를 바랍니다.

【물음 135】 "힘껏"? "힘끝"? 어느 쪽이 옳습니까? 4280.5. (경남 하동, 서 근수)

【대답】 "힘껏"이 옳습니다. "기껏", "맘껏", "한껏", "정성껏", 또는 "실컷"
("싫껏"의 소리대로) 들의 말을 미루어 보십시오. "껏"은 "꺼정(=까
지)"의 준말일 것입니다.

【물음 136】 된소리로 쓰는 경우? 된소리가 나는 말을 어떤 때는 된소리
로 적고 어떤 때는 아니 적으니, 잘 알 수 없습니다. 더욱이 한문 말
인 "內科", "眼科" 따위는 어떻에 적어야 합니까?

4280.5. (경남 사천, 김 기열)

【대답】 그 말 자체가 독자적으로 "된소리"로 된 것은 언제든지 된소리로
쓸 것이고(가령: 꿀, 땀, 뿔, 쌀, 쪽, 진땀, 쇠뿔, 동쪽, 발끈, 몽땅,
흠뻑, 말씀, 슬쩍, 따위), 그 말 자체는 "된소리"로 되지 않은 것이 다

른 말과 합쳐서 한 덩이의 낱말 노릇을 할 때, 그 합쳐지는 사이에서
"된소리"로 되는 것은 한문말이거나 순전한 우리말이거나를 물론하고
그 합치는 두 말 중의 윗 말 끝에 아무 받침도 없으면 ㅅ(시옷)을 받
치어 적고, 무슨 받침이든지 있으면 그냥 본 말대로만 두 말을 붙이어
적기로, 작년 구월에 작정하였습니다. 가령 : 냇과(內科), 뒷담, 촛불,
햇살, 찻잔… 안과(眼科), 앞담, 등불, 물살, 술잔….

【물음 137】 "어간(語幹), 어근(語根), 어원(語源)"이 각각 어떻게 다릅니
까?   4280.5. (경남 사천, 김 기열)

【대답】 ① 어간은 동사나 형용사 따위의 용언(用言)에 있어서 소위 어미
(語尾)라는 것(활용되는 부분)을 떼어 낸 원줄기, 곧 활용되지 않는
부분을 일컫는 말이니, 가령 "보다, 보니,…"에서의 "보", 또는 "가득하
다, 가득하고, 가득하니…"에서의 "가득하" 따위를 "어간"이라 하고, ②
어근은 무슨 낱말에 있어서든지, 한 낱말의 속 알맹이 되는, 뜻이 들
어 있는 부분을 일컫는 말이니, 가령 "보다"에서는 "보", "가득하다"에
서의 "가득" 또는 "싸라기"에서의 "쌀" 따위를 "어근"이라 하고, ③ 어원
은 무슨 낱말에 있어서든지, 그 말의 본디 생기어 나온 근본 상태를
가리키는 말이니, 가령 "싸라기"의 어원은 "뿔+ㅇ기"인 따위입니다.
다시 말하면, 어간은 어법상 형태적으로 일컫는 것이요, 어근은 내용
상 실질적으로 일컫는 것이요, 어원은 역사적 연혁상으로 일컫는 것이
라 하겠습니다.

【물음 138】 "하려"와 "하러"가 다른가요, 같은가요?
                                          4280.5. (경남 사천, 김 기열)

【대답】 비슷하지만 다릅니다. "하려"는 의식적이거나 무의식적이거나를

물론하고 아직 실현되지 아니한 어떤 동작의 장차 실현될 것을 전제로 하고 움직이는 뜻을 나타내는 것이요, "하러"는 반드시 의식적인 목표를 가지고 그 목표를 실행할 곳을 향하여 몸을 옮기는 경우를 나타내는 것이니, 이 "~러"는 "~려"와 같이 아무 경우에나 쓰이는 것이 아니라, 그 아래에는 반드시 "오다, 가다, 다니다" 따위의 동작(몸을 옮기는 동작)을 말할 경우에만 쓰이는 것입니다. 그리고 "~려"는 "고"를 붙이어 "~려고"로도 쓰이지마는 "~러"는 "고"가 붙지 않는 것도 서로 다릅니다. 두 말의 쓰이는 경우를 비교해 보십시오. 가령:

~려: 날이 새려(고) 하다. 비가 오려(고하)나보다. 글을 읽으려고 책을 편다.
~러: 꽃구경하러 같이 가자. 서울로 살러 왔다가, 시골로 무엇하러 또 가나? 살기 좋은 곳을 찾으러 다닌다.

이 밖에도 많은 경우를 비교해 보시기를 바랍니다.

【물음 139】"일찌기"와 "일찍"에 대한 문법적 설명을 하여 주시오. "일즉이" "일즉"은 어째 안될까요?   4280.5. (안양, 서 수옥)

【대답】문법상으로는 문제 될 것이 없습니다. 다만 표준어 문제인데, "일찌기"가 표준말이고, "일찍"은 그 준말(略語)로서 쓰이는 표준말이요, "일즉"이나 "일즉"은 표준말이 아닙니다.

【물음 140】① 색씨? 색시? 어느 편으로 써야 할까요? "새악씨"의 준말일 터이니 "색씨"로 쓰는 것이 어쩌할까요? ② 뚫리다? 뚫이다? 뚫히다? 어느 편으로 써야 할까요? "뚫다"의 피동형(被動形)이니 "뚫이다"로 쓰는 것이 옳지 않을까요? ③ 해빨? 물껼? 발딸? 이런 따위는 "햇발, 물

ㅅ결", "발ㅅ달" 이와 같이 쓰면 안될까요? ④ <u>피동과 사역의 액선트?</u> 똑같은 말이라도 액선트의 바뀜에 따라 피동형도 되고 사역형도 되지 않을까요? 가령: "맡기다"란 말은 "맡"에 액선트를 주면 사역형이 되지 마는 "기"에 액선트를 주면 피동형이 되지 않을까요? ⑤ <u>비치다? 빛이</u> <u>다?</u> "빛이다"로 쓰지 못하는 까닭은 무엇인지요? 4280.5. (삼가, 손 동인)

【대답】 ① "색시"거나 "새악시"거나 "시"의 소리는 그 앞의 ㄱ 받침 때문에 "시"로 쓰든지 "씨"로 쓰든지, "씨"로 발음되기는 마찬가지입니다. 그런 데 "새악"이란 말이 있고, "씨"란 말이 있어 합쳐서 이룬 말이 아니라, 그저 "새악시" 혹은 "색시"가 한 낱말일 뿐이니, (만일 "새색시"라면 두 낱말의 합친 것이지만) 발음상으로나 어법상으로나 틀림이 없을 바에 는 구태여 어렵게 쓸 필요가 없이 "색시"로서 족합니다. ② 어간의 밑 에 붙어서 뜻바꿈을 나타내는 "이, 히, 기, 리…" 따위는 다 피동에도 쓰이고 사역에도 쓰이니, 각각 실제 말의 소리에 맞는 대로 좇아서 쓸 뿐입니다. "뚫이다"로 써야 피동형이 된다 할 이유는 없는 것입니 다. 발음과 어형에 겸하여 맞도록 쓰려면 "뚫리다"로 쓸 수 밖에 없습 니다. (통일안 9항을 보십시오). ③ 작년 구월 개정한 <u>통일안</u> 규정에 따라, "햇발, 물결, 발달" 이와 같이 쓰게 되었습니다. ④ 우리말에는 액선트에 따라 말의 뜻바꿈이 달라지는 일은 없고, 말할 경우 경우를 따라 그 중점(重點)이 달라지기만 합니다. 가령: "돈을 맡기었다" 하 는 말에 "돈"에 액선트를 두면 다른 것을 맡긴 것이 아니고 그 맡긴 것이 "돈"이라 함에 중점을 둔 것이 되고, "맡"에 액선트를 주면 돈을 거저 주거나 빌려 준 것이 아님을 밝히기 위함에 중점을 둔 것이 됩 니다. 그러나 "맡"에 액선트를 줌과 "기"에 액선트를 줌에 따라서 "맡기 다"의 뜻이 두 가지로 달라지는 일은 없습니다. "맡기다"는 "맡게 하다" 의 뜻으로 사역형 밖에는 아니 됩니다. 만일 이 말을 피동형으로 만들

어 쓰려면 "맡기어지다"로 밖에는 할 수가 없습니다. 억지로 문법 형식에 맞추기 위하여는 "맡기이다"로 할 수가 있겠지요마는 이는 실제의 말로는 쓰이지 않는 말입니다. ⑤ 가령: "빛다, 빛고, 빛지, 빛는 …"과 같이 "빛"이라는 어간이 있어 가지고 뜻바꿈하는 "이"가 들어가서 피동이나 사역으로 된 말 같으면 "빛이다"로 써야 하겠지마는, 그런 것이 아니고 단순히 "비치다, 비치고, 비치지, 비치는…"과 같이 "비치"가 한 개의 어간일 뿐이기 때문입니다. 명사에 "이"가 붙어서 동사 되는 법은 없습니다.

【물음 141】 ① 빼앗다? 뺏다? 어느 쪽이 옳습니까? ② 나앗다(優)? 낫다? 어느 쪽이 옳습니까? ③ 우으로? 위로? 어느 쪽이 옳습니까? ④ 서(西)으로? 서로? 어느 쪽이 옳습니까? ⑤ "넘어지다" "떨어지다" 이런 말은 "넘다", "떨다"와는 성질이 다른 뜻이니, 소리대로 "너머지다" "떠러지다"로 쓰는 것이 어떠할까요?   4280.5. (대동 신문, 강 문좌)

【대답】 ① "빼앗다"가 표준말로서 "뺏다"는 그 준말이니, 다 옳습니다. ② "낫다"가 옳습니다. 그런데 병이 덜림을 나타내는 동사 "낫다"는 과거로 쓸 때는 "나았다"로 됩니다. "나앗다"는 아무 것도 아닙니다. ③ "위로"가 옳습니다. ④ 어법상으로는 "서로"가 옳은데 이와 저와의 관계를 뜻하는 "서로"(相互)라는 말과 소리가 같아서 혼동되기 쉬우므로 실제 말할 때에는 "서으로"로 함이 보통이니, 쓰기도 그에 따라 할 것이요, "서로"로 하여도 뜻이 분명할 경우면 그대로 말하고 그대로 씀이 물론 옳습니다. 가령: "동으로 갔다. 서로 갔다"와 같은 경우는 그대로 써도 좋습니다. ⑤ 이런 말들은 작정하기에 달렸습니다. 말을 규정짓는 데는 아무리 하여도 천연적인 한계선이 있는 것이 아니기 때문에 가이 동 가이서로 이렇게도 할 만하고 저렇게도 할 만한 경우는 필경에 약속적으로 정할 수 밖에 없습니다. 큰 모순이나 폐해가 없는 한, 약속

된 대로 씀이 옳은 일이 아닐까 합니다.

【물음 142】 "임"과 "님"? "박회임"(朴 會任)의 이름을 실제 부르기는 "박
회님"이라고 하는데, "회임"으로 써야 할까요, "회님"으로 써야 할까요?
또 담임(擔任)도 보통 발음이 "단임" 혹은 "담님"인데 어떻게 쓰는 것
이 옳습니까?   4280.7. (충북 남이 학교. 이 재전)

【대답】 "朴會任"의 이름을 본디 한문 글자로 지은 것인지 혹은 우리말로
"회님"이라고 지은 것을 한자로 취음하여 "會任"으로 쓴 것인지요? 만
일 본디 한자로 지은 것이라면 "회임"으로 불러야 옳고, 만일 본디 "회
님"이라고 지은 것이면 한자의 "會任"은 취음(소위 當字)에 불과한 것
이니 그것에 얽매이어서 제 본디 이름을 틀리게 불러서는 안 됩니다.
"任"으로 쓰거나 "壬"으로 쓰거나 또는 "妊"(임), "姙"(임), "林"(림),
"臨"(림), "恁"(님), "賃"(님)… 무슨 자로 쓰거나 관계할 것 없이 본디
이름이 "회님"이면 "회님"으로 쓰는 것이 옳습니다. 또 "擔任"을 "단임"
이나 "담님"으로 내는 것은 아주 잘못입니다. "단"의 ㄴ 또는 "님"의 ㄴ
소리를 넣어 발음하는 것은 일본말의 "ダンニシ"에 버릇된 영향이 아
닌가 합니다. "任"은 언제 든지 "임"일 뿐입니다. "擔任=담임, 常任=
상임, 職任=직임, 重任=중임, 被任=피임, 赴任=부임, 辭任=사임,
轉任=전임, 委任=위임…" 들입니다.

【물음 143】 "죽음"과 "주검"? "막음"과 "마감"? 어떤 것이 옳으며, 어떤
것이 그릅니까?   4280.7. (충북 남이 학교. 이 재전)

【대답】 "죽음"은 죽는 일, "주검"은 죽은 몸이요, "막음"은 막는 일, "마감"
은 셈 같은 것의 끝을 닫는 일을 일컫는 말입니다.

【물음 144】"할까"?와 "할가"? 어느 것이 옳으며 왜 그런가요?

4280.7. (충북 남이 학교, 이 재전)

【대답】"할까"가 옳습니다. "ㄹ까"가 한 어미이기 때문입니다.

【물음 145】"벌어다가"-"벌어 닥아"? "콩서리하다가"-"콩서리하 닥아"? 어느 것이 옳으며, 그 이유는 무엇인지요? 4280.7. (충북 남이 학교, 이 재전)

【대답】"벌어다가", "콩서리하다가"가 옳습니다. ① "벌어다가"의 "다가"는 토이니, "거기(에)다가, 학교에다가, 누구에게다가" 들의 "다가"는 다른 토 밑에 붙는 경우요, "잡아다가, 가져다가, 벌어다가" 들의 "다가"는 동사 어미의 밑에 붙는 경우입니다. 마치 "학교에서, 학교에도, 학교에야" 들의 "서"라든지, "도"라든지, "야"라든지의 토가 다른 토 밑에 붙기도 하는 동시에 "벌어서, 벌어도, 벌어야"와 같이 동사 어미의 밑에 붙기도 하는 것과 마찬가지입니다. 그런데 일부에서는 이 "다가"를 "닥아"로 쓰는 일도 있는 모양입니다. 그의 이유로는 아마 이 "다가"를 토로 잡지 아니하고 보조동사로 잡고 그 어간을 "닥"으로 인정하는 모양입니다. 그러나, 가령 보조동사로 잡는다 치더라도 그 어간을 "닥"으로 쓸 수는 없는 것입니다. 보통 동사로 쓰일 경우에도 "닥고, 닥는, 닥소, 닥습니다…"로 되는 일은 절대로 없고, 오히려 "다그고, 다그는, 다그오, 다급니다…"로 날 수 있는 것으로 치는 것이 온당합니다. 그래서 마치 "고프+아=고파"와 같이 "다그+아=다가"로 되는 것이라고 하여야 마땅합니다. 그런데 이 "다근다"는 말은 "앞으로 잡아 당긴다"는 뜻의 말인데 "다가"라는 토가 가령 어원적으로 보아 이 "다그"(동사 어간)에서 온 것으로 볼 수가 있다고 치더라도 이미 그 어원과는 뜻이 멀어진 딴 말이 된 것이니, "벌어다가, 학교에다가…" 들의 경우에까지 보조동사로 잡는 것은 너무나 무리한 일이요, ("부터, 마저, 조

차" 따위를 보조동사로 잡지 않고 토로 잡음과 마찬가지임) 또 가령 보조동사로 잡는다 치더라도 "닥아"로 써야 할 이유는 아무런 근거가 없는 것입니다. 결국 "닥"이라는 어간이 없으니 "닥아"로 쓸 수 없고, 또 보조동사가 아니니 띄어 쓸 수 없습니다. 그저 "벌어다가"로 쓰는 것이 옳습니다. ② "콩서리하다가"의 "다가"는 어미입니다. "닥아"로 쓸 이유가 조금도 없습니다. 더구나 띄어 쓰기까지 한다는 것은 아주 잘 못입니다. 앞에 말한 "다그+아=다가"와는 아무 관계 없는 전연 딴 성질의 것인데, 공연히 앞엣 것을 "닥아"로 쓰려는 데서 뒤엣 것까지 잘못 쓰는 착오를 일으키게 된 것입니다.

【물음 146】 "팔을 벌리다"와 "팔을 벌이다"? 어느 쪽이 옳은지요?

4280.8. (충북 남이 학교, 이 재전)

【대답】 이 두 말은 혹은, 뜻 같은 말로 똑같이 쓰이기도 하고 혹은 뜻 다 른 말로 각각 달리 쓰이기도 하니, 이는 표준어 사정 문제입니다. 그 런데, 같이 쓰이는 말이라도 조금이라도 다른 점이 있거나, 혹은 달리 할 필요가 있는 것은 아무쪼록 있는 말을 없애지 말고 적당히 구별하 여 쓰는 것이 좋을 것입니다. "넓다", "너르다"가 같은 말이로되 실제 로는 좀 달리 쓰이며, "작다"-"적다", "놀음"-"놀이", "굽히다"-"구부리 다", "돌리다"-"돌이키다", "늘리다"-"늘이다" 따위가 다 그러함과 같이 "벌리다"-"벌이다"도 실제로 좀 달리 쓰임을 인정할 수 있습니다. 곧 "벌리다"는 오무러져 있는 물체를 벌게 하는 뜻으로, "벌이다"는 여러 가지 물건을 죽 펴 늘어 놓은(羅列) 뜻으로 쓰이는 것으로 구별할 수 있습니다. 아마 이 같이 구별해 쓰는 것이 좋을 줄 압니다. 따라서 팔 다리는 "벌리다"로 함이 좋겠습니다.

【물음 147】 "셋째-세째" "넷째-네째"? 어느 쪽이 옳으며, 그 이유는 무엇 일까요?   4280.7. (충북 남이 학교, 이 재전)

【대답】 "세째", "네째"로 쓰는 것이 옳습니다. 수를 수로만 이름지어 일컫 는 말은 "하나, 둘, 셋, 넷, 다섯, 여섯, 일곱, 여덟, 아홉, 열, 스물, 서른…"이라 하지마는 다른 사물의 이름 위에서 그 사물의 수를 표시 하여 말할 때는 (곧 관형사로 될 때는) "한, 두, 세, 네, 다섯(혹은 닷), 여섯(혹은 엿), 일곱, 여덟, 아홉, 열, 스무, 서른…"이 됩니다. 이와 같이 수를 "이름"으로 쓸 경우와 관형사로 쓸 경우가 더러는 같 은 것도 있지마는 "한, 두, 세, 네, 닷, 엿, 스무"로 된 것은 관형사인 특징입니다. 그런데 "째"(순서를 나타내는)의 앞에는 의례 관형사가 쓰입니다. "열 한째, 열 두째, 세째, 네째, 다섯째, 여섯째, 일곱째, 아홉째, 열째, 스무째, 서른째…"로 됩니다. 다만 처음의 "둘째"만은 "두째"로 아니하고 "둘째"로 함은 서울 말의 특례일 뿐이고, 열 두째, 스물 두째, 서른 두째… 들은 서울 말로도 다 "두"로 합니다. 이로 보 아서 "째"(순서를 나타내는)의 앞에는 관형사가 쓰임을 알 수 있습니 다. "한 개, 두 개, 세 개, 네 개…, 한 집, 두 집, 세 집, 네 집…, 한 시, 두시, 세 시, 네 시…, 한 사람, 두 사람, 세 사람, 네 사람… 한 아름, 두 아름, 세 아름, 네 아름…" 모두 그러합니다. 다만 "째"의 경 우에는 "한 두, 세, 네…" 들의 관형사를 "째"와 띄어 쓰지 않고 붙여 쓰는 것은 "째"와 어울리어 특별히 익어진 한 말로 잡는 것이 편리하기 때문일 뿐입니다.

　그런데 참고 말씀을 하나 붙여 하겠습니다. "째"라는 말이 그 자격이 명사로 되는 것과, 접미사로 되는 것의 두 가지가 있는데, 위에서 말한 것은 명사인 경우(순서를 나타내는 경우)입니다. 접미사로 쓰이는 경 우를 말씀하면 "째" 자체가 명사가 아니라, 반드시 다른 어떤 명사의 밑에 붙어서 그 물건까지 미치어 포함하는 뜻을 나타내는 말이 됩니다. 가령, "사과를 껍질째 먹는다. 나무를 뿌리째 뽑았다. 떠난 지 두 주일째 된다. 만나 본 것이 네 사람째다. 사과를 지금 몇 개째 먹느냐? 세 개째다. 셋째다. 열 하나째다.…" 이와 같이 "째"가 접미사인 경우는 그 앞엣 말은 관형사가 아니라 명사입니다. 그러므로 이 경우는 "세째, 네째"가 아니라 "셋째, 넷째"입니다. 잘 구별하시기를 바랍니다.

【물음 148】 "밟다", "넓다" 따위의 둘 받침이 닿소리 앞에서 소음(消音) 되는 경우가 많은데, 이에 관한 법칙은 없으며, "넓다" 같은 것은 실제 엔 "널따"라고 발음을 하는데 어떻게 해야 맞을까요?

4280.7. (충북 남이 학교, 이 재전)

【대답】 둘 받침의 발음은 서울 말에서는 아래와 같습니다. (토나 어미를 붙이지 아니하고 단독으로만 내는 소리).

① ㄳ, ㄵ, ㅀ, ㅄ, ㄽ, ㄼ, ㄾ, ㅀ 들은 앞 받침 소리만 나고, ㄺ, ㄻ, ㄿ 들은 뒷 받침 소리만 납니다. 다만 "ㄼ"에는 완칙으로는 넓=널, 떫=떨, 섧=설, 짧=짤, 애닲=애달, 여덟=여덜… 들과 같이 앞 받침 소리만 나되, "밟=밥"만은 뒷 받침 소리로 나고, "넓"도 "넓적" "넓죽"의 경우만은 뒷 받침 소리로 나는 특례가 있습니다. 물으신 "넓다"는 "넓"만으로는 원칙대로 "넓=널"과 같이 앞 받침 소리만 납니다. 그리고 어미를 붙이어 "넓다"를 발음할 때는 ㅂ 소리가 분명하게 드러나지는 않지마는 그렇다고 단순한 "널다"는 아닙니다. 소리로서는 "널따"와 같이 냅니다. 이는 그 ㅂ이 된소리 작용을 하기 때문입니다. "넓다, 짧다, 섧다, 애닲다…" 들도 모두 그러합니다.

참고 말씀을 하나 드립니다. "넓다"라는 말은 또 "너르다"란 말이 따로 있습니다. 그래서 "넓어"와 "널러"가 다르고 "넓직하다"와 "널찍하다"가 다르며 "넓히다"와 "널리다"가 다릅니다. "넓다"는 평면적이며 물체적이요, "너르다"는 공간적이며 범위적입니다. 얼굴이나, 종이쪽 따위는 "넓다" 하고, 방이나, 들이나, 세상은 "너르다" 합니다.

【물음 149】 "반드시"와 "반듯이"? 어느 쪽이 옳습니까?

4280.7. (충북 남이 학교, 이 재전)

【대답】 "반드시"와 "반듯이"는 다른 말입니다. "반드시"는 "어김 없이 꼭" (必)의 뜻이요, "반듯이"는 "비뚤어지지 않고 반듯하게"(正平)의 뜻입니다.

【물음 150】 "말갛게"는 "맑앟게"로 쓰면 어떨까요?

4280.7. (충북 남이 학교, 이 재전)

【대답】 "맑앟다"로 쓰면 어근과 접미사가 구별되어 좋을 것 같지마는 "파랗다", "뻘겋다", "노랗다", "기다랗다"… 따위를 모두 어떻게 하겠습니까? 무용한 괴로움만 생길 뿐이요, 또 "앟다, 엏다, 얗다, 엫다"는 어미가 아니니, 반드시 일정한 모양을 지키려고 애쓸 필요도 없는 것입니다.

【물음 151】 "사람을 놀라게 하다"는 "놀래게 하다"로 해야 홀소리 고름에 맞지 않을까요? 4280.7. (충북 남이 학교, 이 재전)

【대답】 "놀라게"가 옳습니다. 이는 홀소리 고름으로 그런 것이 아니라, "놀라다"는 자동사요, "놀래다"는 타동사이기 때문입니다. 곧 "놀래다" 는 "놀라게 하다"라는 뜻의 말입니다. 이를 테면 "ㄱ이 ㄴ을 놀래니, ㄴ이 깜짝 놀라더라" 이렇게 됩니다.

【물음 152】 "이루다"(成)-"일우다"? "미루다"(延)-"밀우다"? "거두다"(收)- "걷우다"? 어느 쪽의 것들이 옳습니까? 4280.7. (충북 남이 학교, 이 재전)

【대답】 다 뜻이 어원과 멀어진 말들이니, 통일안 25항 규정에 따라, "이루다", "미루다", "거두다" 들로 쓰는 것이 옳습니다.

【물음 153】 다음의 외래어들을 어떻게 쓸까요? Berlin. Olympic. start. pitch. pitcher. metre. Christmas. 4280.9. (충북 남이 학교, 이재전)

【대답】 4273년에 조선어 학회에서 제정 발표한 외래어 표기법 통일안에 좇아 아래와 같이 쓸 것입니다.

Berlin＝베를린. Olympic.＝올림픽. start＝스타트. pitch＝피치. pitcher＝피처. metre＝메트르. Christmas＝크리스머스.

【물음 154】 (어머니께) "뵈었다"? "보였다"? 어느 쪽이 옳습니까?

4280.7. (충북 남이 학교, 이 재전)

【대답】 ① 어른에게 절하고 인사하는 뜻으로는 "뵈었다"이고, ② 남에게 무엇을 보게 하는 뜻으로는, "보이었다"의 준말로는 "뵈었다", "보였다" 둘 다 괜찮습니다. 통일안의 예로서는 "보이었다"의 준말도 "뵈었다"로 함이 원칙이라 하겠습니다마는, 절하고 인사하는 뜻으로 잘못 오해할 염려가 있을 경우나, 또는 특히 "보"에 힘을 주기 위한 경우에는 "보였다"로 함이 오히려 효과적이 될 것입니다.

【물음 155】 "며칠"과 "몇일"을 통일할 수 없을까요?

4281.2. (연안 여학교, 황 종관)

【대답】 "며칠"로 통일되어 있습니다. "몇일"(발음으로는 몇닐)이란 말은 없는 것입니다. "몇날"이란 말은 있으나, 이것은 "몇"이란 낱말과 "날"이란 낱말 즉 두 낱말이고, "며칠"은 한 낱말로 된 것입니다. 자세한

것은 "한글" 11권 3호 (4279년 7월호)의 "물음과 대답" 〔이 책 물음 119〕을 보아 주십시오.

【물음 156】 한글 독본에 "놓친 기회"로 쓰인 데도 있고, "빼놓지 않고"로 쓰인 데도 있으니, 어느 쪽이 옳은지요?

4281.2. (연안 여학교, 황 종관)

【대답】 두 쪽이 다 옳습니다. "놓다, 놓고, 놓지, 놓으니, 놓으면…" 이와 같이 "놓"이 어간입니다. 그리고 이 어간에 힘줌(强勢)을 나타내는 보조어간 "치"가 붙어서 "놓치다, 놓치고, 놓치지, 놓치니, 놓치면…" 이와 같이 "놓치"가 어간이 됩니다. 그럼 "놓지 않고"와 "놓치지 않고"를 비교해 보십시오. "놓"도 한 어간이요, "놓치"도 한 어간임을 알 수 있습니다. 참고로 "밀지-밀치지, 접지-접치지, 뻗지-뻗치지, 부딪지-부딪치지, 물리지-물리치지…" 따위의 말들을 비교해 보시기를 바랍니다.

【물음 157】 "좋지 않다"? "좋치 않다"? 어느 쪽을 취할까요?

4281.2. (연안 여학교, 황 종관)

【대답】 "좋지 않다"를 취하십시오. "좋"이 어간이고, "지"가 어미입니다. "치"는 아무 것도 아닙니다. 형용사 어간에는 "치"가 붙을 수 없고, 또 가령 동사인 "놓"으로 바꾸어 가지고 생각해 보더라도 "놓치 않다"로 될 수가 없습니다. 왜 그런고 하면, "놓치"는 어간일 뿐으로서 어미가 없으니 낱말이 되지 못하기 때문입니다. "놓지 않다" 하든지, "놓치지 않다" 하든지 하여야 될 것이니, 그와 같이 "좋"으로 다시 바꾸어 생각해 보십시오. "좋지 않다" 하든지, "좋치지 않다" 하든지 해야 될 것인데 "좋치지"란 말은 절대로 있을 수 없는 것입니다. 그러므로 "좋지 않다"래야 옳은 것입니다.

【물음 158】 "짊어지다"의 어원적 설명을 해 주십시오.

4281.2. (울산, 정 인석)

【대답】 "지게에 짊어 가지고 등에 친다"는 말입니다. 짊는 것은 물건을 지게에 싣는 것이요, 치는 것은 물건을 등에 얹는 것입니다. 그러므로 "짊어지다"는 "짊다"의 부사형(副詞形)이 "지다"와 어울리어 한 덩이의 합성 동사가 된 것입니다.

【물음 159】 "없애 버리다" "없앨 수 있다"에서의 "애"와 "되매"에서의 "매"가 어미인 모양인데 문법상 구별이 어떠합니까? 4281.2. (울산, 정 인석)

【대답】 "매"는 어미입니다마는 "애"는 어미가 아닙니다. "매"는 "니, ㄴ즉" 따위와 비슷한 뜻으로, 어떤 사실을 베풀어 가지고 그 다음에 올 말의 내용을 구속하려 할 때 쓰는 어미이니, "봄이 오매(=오니) 꽃이 핀다", "내가 내일 갈 것이매(것인즉) 꼭 기다리고 있거라" 따위와 같이 쓰이는 것입니다. 그리고 "없애다"란 말은 특수하게 된 말입니다. 본디 "없이 하다"가 줄어서 된 말로서 그 어간은 "없이+하"="없야"(발음으로 "업샤")로 되어야 할 것인데, 우리 발음 습관에 흔히 편리를 좇아, "샤→새, 셔→세, 쇼→쇠, 슈→쉬"로 변하는 일이 많아서, "서양철→생철, 샹긋샹긋→생긋생긋, 하시어요→하셔요→하세요, 쇼천→쇠천, 슈염→쉬염…"으로 발음되기가 쉽습니다. 이와 같은 발음 습관으로 "없이하→없야→없애"로 변하여 굳어져 버린 것이라고 해석할 수밖에 없습니다. 지금 물으신 말에 "없앨"은 "없애"에 어미 "ㄹ"이 붙은 것이요, "없애 버리다"의 "없애"는 거기에 마땅히 붙을 어미 "어"가 줄어진(省略된) 것입니다. 이것은 "없이하여→없이해→없애"로 할 수도 있는 것입니다.

【물음 160】 <u>"지음"과 "지은"?</u> 책 거죽에 지은 사람의 이름 밑에 혹은 "지음"이라 쓰고, 혹은 "지은"이라 쓴 것들을 보았는데, 어느 쪽이 옳습니까? 4281.6. (함양. 권 오웅)

【대답】 "지음"은 명사형으로 된 말이요, "지은"은 관형사형으로 된 말이니까 쓰는 자리가 다릅니다. 책 이름의 앞에 쓸 때는 "지은"으로 될 것이요, 책 이름의 뒤에 쓸 때는 "지음"으로 될 것입니다. 가령: <u>"조선어 학회 지은 조선 말 큰 사전"</u>, 혹은 <u>"조선 말 큰 사전 조선어 학회 지음"</u>. 이렇게 그 쓰는 자리가 다릅니다.

【물음 161】 <u>"아닙니다"와 "않입니다"?</u> "않이"는 "않게"와 같이 쓰이는 말로, 가령 "적지 않이(=않게) 먹었다" 함과 같이, "않"은 그렇지 않다는 뜻을 나타내어, "않"이란 어원이 분명한 데도 불구하고, 많은 책들에 "않입니다"로 쓰지 않고 "아닙니다"로 씀은 무슨 까닭입니까? 4281.6. (한양. 권 오웅)

【대답】 "않"은 "아니하"의 준 것이라는 것은 여러번 말씀한 바이니, 더 긴 말씀을 드리지 않거니와, 이것이 한 어간이라는 것도 주의하셔야 합니다. "않이"는 이 어간 "않"에 "이"가 붙어서 부사로 된 것(통일안 12항)이니 "적지 않이 먹었다", "좋지 않이 여긴다" 따위의 "않이"가 그것이요, "아닙니다"의 "아니"는 부사가 아니라 그것이 어간입니다. 아니하(=않)의 기본이 되는 어근입니다. 이 경우의 "아니"는 결코 "않(=아니하)+이"인 부사가 아님을 주의하시기 바랍니다. 여기에 붙여 말씀할 것은, "아니"가 독립으로 부사 되는 경우가 있으니, "아니 간다, 밥을 아니 먹었다…" 따위의 경우인데, 이 부사 "아니"는 저 "않+이"로 된 부사 "않이"와는 다른 것입니다. "아니"는 언제든지 독립으로 쓰이는 부사요, "않이"는 "-지"의 아래서만 쓰이는 부사입니다. 어쨌든, 지

금 말씀하신 "아닙니다"는 어간 "아니"에 어미 "-ㅂ니다"가 붙은 것이
지, 부사인 "않이"나 "아니"에 "-ㅂ니다"가 붙은 것이 아닙니다. 어미는
반드시 어간에만 붙는 것임을 주의하시기 바랍니다. "아니다, 아니고,
아니지, 아니면, 아니더라, 아닐찌라도, 아닌들, 아닙니다…" 들을 살
펴 보십시오.

【물음 162】 "볕"과 "빛"? 같은 광선을 뜻하는 말이니, 같은 받침으로 하
여, "볕, 빝"으로 하든지, "볓, 빛"으로 하든지 한결로 통일함이 좋지
않을까요?   4281.6. (함양, 권 오웅)

【대답】 뜻도 다르고(볕은 태양의 광과 열이요, 빛은 일반으로 광채나 색
채임) 발음도 다른 말인데 억지로 통일할 수가 있습니까? 또 통일할
필요도 없습니다. 통일이란 필요할 경우도 있고, 불필요할 경우도 있
으니, 무조리하게 흐트러진 것이면 통일하는 것이 필요하고, 구별이
있도록 분화되어 있는 것은 그대로 구별하는 것이 도리어 필요합니다.

【물음 163】 "몬지"와 "문지"의 어감. 몬지는 그 물건이 불결한 것이니까
같은 값이면 그 어감을 좇아 어두운 소리로 "문지"를 표준말로 삼는
것이 어떨까요?   4281.6. (함양, 권 오웅)

【대답】 표준말은 "몬지"가 아니라 "먼지"입니다. 당신의 뜻에 맞도록 어두
운 소리로 되었습니다. 그러나 더러운 물건이라고 해서 어두운 소리로
된 것은 아닙니다. 중앙 표준 발음이 "몬지"보다 "먼지"로 함이 더 보
편적이기 때문입니다. "먼지"보다 더 더러운 것도 밝은 소리로 된 것
이 있고, 더 깨끗한 것도 어두운 소리로 된 것이 있으니, 오직 그 실
제의 표준 어음을 좇을 뿐이지, 더럽고 깨끗함으로써 표준을 억지로
삼을 수는 없는 것입니다.

...

【물음 164】다음 말들의 다른 점을 알려 주십시오. 4281.6. (함양. 권 오용)

(ㄱ) 어서, 얼른, 빨리, 속히, 닝큼, 퍼뜩, 얼핏.
(ㄴ) 아가씨, 아기씨, 아씨, 새아씨, 새악씨, 각시.
(ㄷ) 싸이다, 쌓이다.
(ㄹ) 그리고, 그러고.

【대답】모두 비슷비슷한 말이요, 쓰이기도 거의 다 혼동하여 쓰이는 말이어서, 명확한 구별을 짓기가 매우 어렵습니다. 그러나 그 공통되는 중심 개념을 가지고도 어감상 다 각각 조금씩 다른 특징이 있음을 캐어 보건대, 대강 아래와 같지 않을까 생각합니다. (자세한 것은 더 연구해 보겠으며, 또한 독자 여러분의 밝으신 가르침이 계시기를 바랍니다. 각각 어감상 차이되는 점만을 극히 소략하게 적어 보겠습니다).

(ㄱ) "어서"는 재촉함에 쓰임.

"얼른"은 동작을 오래 미루지 않음에 치중함.

"빨리"는 동작을 느리지 않게 함에 치중함.

"닝큼"은 동작을 가볍게 민첩하게 함에 치중함.

"퍼뜩"은 의식할 사이 없이, 곧 반사적으로 함에 치중함.

"얼핏"은 "얼른"과 같이 쓰되, "퍼뜩"의 뜻을 겸함.

유사한 말이 더 있겠으나 물으신 것에만 그칩니다.

(ㄴ) 이 말들은 표준말 모음 106쪽 끝 단을 보아 주십시오.

아가씨: 어린 계집애를 귀하게 일컫는 말.

아기씨: 나이가 꽤 찬 계집애를 존대하여 일컫는 말.

아씨: 젊은 부인을 구습에 그 하인이 존대하여 일컫는 말.

새아씨: 새로 혼인하여 어른이 된 젊은 여자를 구습에 그 하인이 존대하여 일컫는 말.

새악씨: 혼례식을 하게 된 여자, 또는 혼인할 나이가 된 여자.

각씨: 장난감으로 만들어 놓은 계집애.(또는 "새악씨"의 시골말).

(.ㄷ) 간단히 예를 들어 드리겠으니 비교해 보시기를 바랍니다.

　　싸이다: 책보로 과실을 싸고 본즉, 과실이 책보에 싸이었다.

　　쌓이다: 담을 한참 쌓고 본즉, 담이 높이 쌓이었다.

(ㄹ) 이것은 한글 6권 8호 "물음 대답" 난[이 책의 물음 50]을 보아 주십시오.

【물음 165】 "조각"과 "쪼각"? 이것은 순 우리말이므로, 그 소리 남을 따라 "쪼각"으로 통일함이 어떻습니까?　　　　4281.6. (함양. 권 오용)

【대답】 그 소리 남이 "쪼각"으로도 나지마는, 표준 어음으로는 "조각"으로 되므로, 그 소리 남을 따라 "조각"으로 통일되어 있습니다. 표준말 모음을 보아 주십시오.

【물음 166】 아래의 말들은 어느 쪽이 옳은지 가르쳐 주시기를 바랍니다.

　　(1) 선생이 제자더러(다려) 말하되.
　　(2) 라디오(나지오) 소리가 똑똑히 들린다(듣긴다).
　　(3) 내일은 비가 올는지(올른지) 모른다.
　　(4) 어제 김군과 같이(가치) 남산에 올라갔었다.
　　(5) 푸른 하늘을 마음대로 날르는(나르는) 새야.
　　(6) 원ㅎ건대(컨대) 용기를 가지고 일어서시오(서시요).
　　(7) 솥엣(에) 물. 강원도엣(에) 금강산. 하늘엣(에) 별. 책상 위엣(에) 오뚜기.("에 있는"을 표시하는 말은 다 "엣"인지요?)
　　　　　　　　　　　　　　　　　　　　　4281.6. (시골, 한 글생)

【대답】 (1) 더러. (2) 라디오. 들린다. (3) 올는지. (4) 같이(혹은 "함께"). (5) 나는(혹은 "날아 다니는"). (6) 원ㅎ건대. 서시오. (7) 솥엣 물. 강원도의 금강산. 하늘의 별. 책상위의(혹은 "엣") 오뚜기 들이 옳습니다. "엣"은 "에의"를 뜻한 말인데 언제나 다 "엣"을 써야 하는 것은

아닙니다. 습관으로 이루어진 각 말에 따라서 쓰이는 경우도 있고, 안
쓰이는 경우도 있을 것입니다. 특히 존재가 일정한 것에는 쓰이지 않
는 원칙인 것 같으니, "강원도엣 금강산"이라든지, "하늘엣 별"이라든
지는 하지 않고, 여러 곳에 있을 수 있어서, 그 어디 있는 것임을 표
시하여야 알게 될 경우에 쓰이는 것 같습니다. "앞엣 것, 뒤엣 것, 솥
엣 물, 그릇엣 물, 부뚜막엣 소금" 따위들이 그러합니다. 또 "에 있는"
을 "에"로만 할 경우도 있습니다.

【물음 167】"까무러져가는" "보태어 가면서" 이런 경우의 "가는"과 "가면
서"를 붙이는 것과 띄는 것이 어느 편이 옳습니까? 또 "돌아오자", "돌
아보건대"를 큰 사전 머리말에 모두 붙여썼으니 무슨 까닭입니까?
4282.1. (부산 상업 학교, 한 상돈)

【대답】"까무러져 가는", "보태어 가면서"의 "가다"는 보조동사이니 맞춤법
개정안에 따라 띄어 쓰는 것이 옳고, "돌아오자", "돌아보건대"의 "오
다"는 보조동사가 아니라, 그것이 원 동사이고 그 앞의 "돌아"라는 것
이 부사형인 동사로서 아래의 "오다"나 "보다"와 어울리어 한 개의 합
성어 "돌아오다" 또는 "돌아보다"로 된 것이므로 붙여 써야 합니다.

【물음 168】"거름"(肥料)? "걸음"? 통일안 12항 규정에 의하여 걸다(땅
이 비옥하다)의 어간 "걸"에 "음"이 붙어 명사로 된 것이니, "거름"이
아니라, "걸음"으로 써야 옳겠는데, 큰 사전에 "거름"으로 되었음은 무
슨 까닭입니까?
4282.1. (부산 상업 학교, 한 상돈)

【대답】 걸어간다는 "걸음"이란 말과 구별하기 위하여, 어원을 밝히지 않
기로 한 것입니다.

【물음 169】 아래의 말들은 어느 편이 옳은지 가르쳐 주시기를 바랍니다. 간단히 이유도 적어 주십시오.   4282.1. (청원군 금계 국민 학교, 곽 종명)

(1) 여덟째-여덜째?

【대답】 "여덟째"입니다. 수명사와 수관형사의 다른 것은 "하나-한", "둘-두", "셋-세(서, 석)", "넷-네(너, 넉)", "다섯-다섯(닷)", "여섯-여섯(엿)", "스믈-스무" 들이고, 그 밖에는 다 수명사와 수관형사가 같은 어형으로 쓰입니다. "여덟"의 수관형사가 "여덜"인 듯싶지마는 "여덟 해"로 됨을 보아 "여덟"의 수관형사가 역시 "여덟"이지 "여덜"이 아님을 알겠습니다. 그러므로 "여덟째"가 옳습니다. 발음은 "여덜째"로 냅니다.

(2) 설흔-서른?

【대답】 발음대로 "서른"입니다.

(3) 깨묵-깨목?

【대답】 둘 다 아니고, 표준 발음으로, "깻묵"입니다.

(4) 몸둥이-몸뚱이?

【대답】 "몸뚱이"입니다.

(5) 우럴어-우러러?

【대답】 "우럴어"는 옛말이고(어간이 "우럴"), 현대 말로는 "우러러"입니다. (어간이 "우러르").

(6) 륙(六)-육?

【대답】 "륙(오륙)", "육"(육백, 육십 육), "유"(유월), "뉴"(오뉴월) 네 가지로 됩니다.

(7) 벌떡-벌덕?

【대답】 "벌떡"입니다. 발음대로입니다.

(8) (으)ㄹ까-(으)ㄹ가?

【대답】 "(으)ㄹ까"입니다. 발음대로입니다.

(9) (으)ㄹ수록 (으)ㄹ쑤록?

【대답】 "(으)ㄹ쑤록"입니다. 발음대로입니다.

(10) 잎-잎사귀?

【대답】 "잎"은 범칭으로 쓰는 말이고, "잎사귀"는 잎의 개체에 대하여 설명할 때 쓰는 말입니다.

(11) 박 로임(朴魯任)-박 노임?

【대답】 "박 노임"입니다. "박"도 단어, "노임"도 단어입니다.

(12) 내리다-나리다?

【대답】 "내리다"입니다.

【물음 170】 ㄹ 덧거듭 소리는 제 음가대로 교수함이 어떤가? 여러 덧거듭 소리 중에 특히 "ㄹ 덧거듭 소리" 곧 "ㄺ, ㄻ, ㄼ, ㄾ, ㄿ, ㅀ" 따위만은 실제 발음에 있어서 닿소리 앞에서도 "닭도, 닮지, 넓다, 훑고…"와 같이 다 제 음가대로 발음할 수 있으며, 국민 학교 아동들도 상급생은 대부분 발음합니다. 그러니, 실제 교수에 있어 "ㄹ 덧거듭 소리"만은 될 수 있는대로 음가대로 발음하도록 지도함이 좋지 않겠습니까?   4282.1. (의령 국민 학교, 전 창수)

【대답】 발음할 수 있다는 것과 언어 사실에서 발음하는 것과는, 반드시

같이 볼 수는 없습니다. 가령 구개음화(口蓋音化)한 것도 구개음 안 되게 발음할 수 있으며, 닿소리 접변(接變)도 접변 안 되게 발음할 수 있으며, 변칙 용언(變則用言)도 변칙 안 되게 발음할 수 있습니다마는, 언어 사실에 그대로 발음하지 않기 때문에 혹은 특례도 인정하고, 혹은 접변도 인정하며 또 혹은 변칙도 인정할 수 밖에 없지 않습니까? 말씀하신 몇몇 말을 언어 사실로 본다면, "닭도"는 "닥도"로, "닭지"는 "담찌"로, "넓다"는 "널따"로, "핥고"는 "할꼬"로… 낼 뿐이요, 제 음가대로 내지 아니함이 사실입니다. 곧 "ㄹ" 없는 다른 쌍받침의 경우나 마찬가지입니다. 그러므로 말씀하신 "ㄹ 덧거듭 소리"만을 음가대로 교수 지도하자 함은 생각은 좋으시나 그리 필요하다고 할 수 없습니다.

【물음 171】"ㅣ"(딴이)의 출처? ㅐ, ㅔ, ㅚ… 따위의 ㅣ는 자모(자모) 중에 없는 것인데, 그 출처가 어디인지요? 글자 모양만은 ㅣ(이)와 같으나, 음가의 내용으로는 ㅏ, ㅓ, ㅗ 들과 ㅣ와 합하여 ㅐ, ㅔ, ㅚ… 들로 된다고는 이해하기 어렵지 않습니까? 4282.1. (의령 국민 학교, 전 창수)

【대답】그렇습니다. ㅣ(딴이)의 출처에 관하여는 아직까지 밝혀지지 못한 문제의 하나입니다. 현대 발음으로 내는 ㅐ, ㅔ, ㅚ,… 들과 같은 홑홀소리(單母音)가 훈민 정음 시대에 있었으며 응당 그 발음에 해당한 자모를 만들었을 것인데, 그런 음의 자모가 없음을 보아 그 당시에는 그러한 홑홀소리가 없었고 그 때의 ㅐ, ㅔ, ㅚ… 들은 거듭소리(重母音)인 ㅏ+ㅣ=ㅐ, ㅓ+ㅣ=ㅔ, ㅗ+ㅣ=ㅚ… 들이었던 것이, 시대의 변천을 따라서 차차 홑홀소리로 된 것이라고 추측할 수 밖에 없습니다. 옛 문헌들에서나 또는 여러 방언이나 준말(略語)들에서 이렇게 변천된 말을 많이 볼 수도 있습니다.

그러나, 이 ㅣ가 "딴이"(혹은 "외이", 혹은 "외")라는 존재로 이름주어지게 된 역사적 출처에 대하여는 아직 확실히 알 수 없습니다. 세상에서 이른바 반절(反切) 혹은 본문(本文)이라는 것이 어느 때 누구의 손으로 된 것인지도 알 수 없지마는, 그 반절 첫머리에 "ㄱ ㄴ ㄷ ㄹ ㅁ ㅂ ㅅ ㅣ ㅇ", 혹은 "ㄱ ㄴ ㄷ ㄹ ㅁ ㅂ ㅅ ㅇ ㅣ" 이렇게 적어 "ㅣ"를 마치 받침의 하나와 같이 잡았으나, 그 음가에 있어서는 거듭소리로의 끝소리인 ㅣ인지 혹은 홀홀소리 ㅒ, ㅖ, ㅚ… 들을 이루는 한 표로서 쓴 것인지는 확실히 알 수 없고, 이것이 비로소 확실하게 홀홀소리 ㅒ, ㅚ… 들을 이루는 한 표로서의 존재로 문헌에 나타나기는 지금으로부터 약 200년 전인 영조 27년(서기 1751) 홍 계희(洪啓禧)의 지은 삼운성휘(三韻聲彙) 범례에 중중성(重中聲)이란 이름으로 따로 내세우고 그 음가를 설명하되 "횡"(橫), "색"(色)들의 가운뎃소리(中聲)라 하고, "침"(侵)의 가운뎃소리와 다르다 한 것이 있습니다. 이 "횡"의 "ㅚ"와 "색"의 "ㅒ"는 확실히 홀홀소리임을 알겠으나 앞에서 말씀한 바와 같이 ㅒ, ㅖ, ㅚ… 들이 어느 시대부터 홀홀소리로 되어 왔는가 하는 문제, 다시 말하면 "딴이"로서의 "ㅣ"가 어느 때 어디서부터 생겼는가 하는 문제는 아직 확실히 알 수 없습니다.

【물음 172】"지꺼리다"? "지껄이다"? 조선말 큰 사전 8쪽 "가담항의"(街談港議)의 주석에 "지꺼리는"으로 쓰여 있고, 저도 "지꺼리다"로 쓰고 있습니다마는, 표준말 모음 98쪽에 "지껄이다"로 되어 있고, 또 "지껄지껄"이라고도 말할 수 있을 것 같으니, 맞춤법 통일안 24항에 의하여 "지껄이다"로 적는 것이 어떠할까 합니다마는, 어느 것이 어떠한 이유로 옳은지 자세히 가르쳐 주십시오. 4282.1. (경남 삼천포, 강 기태)

【대답】"지껄이다"로 맞춤법 통일안 24항에 따라 적어야 할 것입니다. "지꺼리다"로 적은 것은 잘못일 것입니다. 통일안에 "이다"가 붙어서 된 용언이란 것은 "거리다"가 붙을 수 있는 말을 의미한 것입니다. 다

시 말하면 그 어근(語根)이 두 번 겹쳐질 수 있는 말을 뜻한 것이니, "번쩍번쩍", "번득번득", "움직움직"… 이러한 말인데, 그 어형(語形)이 너무나 또렷하기 때문에, 이를 깨뜨리는 것은 시각상(視覺上) 곧 표의상(表意上) 너무 불리(不利)하므로 그 어근을 밝히는 것이 좋겠다는 의미로 그리 된 것입니다.

【물음 173】"웃"과 "윗"? 통일안에 "웃옷"은 "웃"으로 하고, "윗 말"은 "윗"으로 하였으니, 그 구별이 어떻게 된 것입니까?

4282.1. (돈암동, 한 독자)

【대답】 접두사(接頭辭)로 익은말이 된 "웃옷", "웃어른", "웃도리", "웃청…" 따위는 익은 그대로 "웃"으로 되고, 명사로서는 "위"가 표준말이므로, "위"라는 명사와 다른 명사와 연결될 때 사이 "ㅅ"의 소리가 나는 경우에 그 사이 "ㅅ" 소리를 앞의 명사인 "위"에 받치어(통일안 개정안에 따라), "윗"으로 쓰게 된 것이니, "윗 말", "윗 음절", "윗 글자…" 따위가 다 그러한 것입니다.

【물음 174】"믿며느리"? "밑며느리"? 이 말에 두 가지 이론이 있는데, 한 편은 "믿며느리"("미리 며느리"의 준말)이라 하고, 한 편은 "밑며느리"("밑절미 되는 며느리"의 뜻)라 하니 어느 편이 옳습니까?

4282.1. (돈암동, 한 독자)

【대답】 두 이론이 다 그럴 듯하나, 또 두 이론이 다 그렇지 않을 듯합니다. "믿며느리"도 아니요, "밑며느리"도 아니고, 소리 그대로, 또는 뜻 그대로 "민며느리"일 것입니다. "민머리, 민대가리, 민짜, 민패…"의 "민"일 것입니다. 곧 머리를 올리지 않고 "민머리"로 데려 온 "며느리"라는 말이라고 보는 것이 가장 타당할 것입니다.

【물음 175】 "굽이굽이"? "구비구비"? 또는 "굽이치다"? "구비치다"? 어느 쪽이 옳습니까?   4282.1. (돈암동, 한 독자)

【대답】 "굽다"의 어간 "굽"에 "이"가 붙어 명사 "굽이"가 된 것이고, 그 명사가 거듭 겹쳐서 부사 "굽이굽이"로 된 것입니다. 만일 받침이 있으면 겹친 뒤에 다시 "이"가 붙어서 부사로 됨이 예사이지마는, "굽이"는 끝에 받침이 없기 때문에 겹치기만 하여 부사가 된 것입니다. 가령, "곳곳이, 사람사람이, 틈틈이, 겹겹이…" 들은 "이"가 붙어서 부사가 되고, "군데군데, 동네동네, 하루하루, 가지가지, 끼리끼리…" 들은 "이"가 붙지 않고 그대로 부사가 된 것입니다.

【물음 176】 "관계치 않다"(큰 사전에 실린 것)는 "관계ㅎ지 않다"로 써야 옳지 않습니까?   4282.1. (순천 여중, 목 일신)

【대답】 "관계하지 않다"라고는 말하지 않으니 "관계ㅎ지"로 쓸 필요가 없습니다. "결하고"로 쓰지 않고, "결코"로 씀과 마찬가지입니다.

【물음 177】 "개으르다"와 "게으르다"? 큰 사전에 이 두 말에 다 해석 설명을 꼭같이 하였는데, 표준말로는 "게으르다"가 맞지 않습니까?
                                               4282.1. (순천 여중, 목 일신)

【대답】 뜻으로는 꼭 같고, 어감(語感)으로 "개으르다"는 작은말이요 "게으르다"는 큰말입니다. 그러므로 두 말이 다 표준말입니다.

【물음 178】 "ㅟ, ㅓ, ㅕ"의 음가(音價)?
    (1) "ㅟ"의 음가는 홑홀소리인 경우와 거듭홀소리인 경우가 있는데, 거듭홀소리로 표준을 삼는다 하오니, 그러면 홑홀소리로 발음되는

"귀"(耳), "쥐"(鼠) 따위의 말도 모두 거듭홀소리로 교육을 하여야 할 까요?

(2) "ㅓ, ㅕ" 들의 음가도 각각 두 가지씩 있어서 "어디", "여우" 따위의 경우와, "어른", "열쇠" 따위의 경우가 달리 되는데, 이런 것들도 어느 한 가지로만 표준하여야 할는지, 혹은 두 가지로 내는 것을 다 인정할 것인지, 명백히 가르쳐 주시기를 바랍니다.

4282.1. (음성 덕생 국민교, 김 갑년)

【대답】 언어 사실을 무시하고 억지로 한 곳으로만 국한할 수는 없습니다. 그러나 또 너무 함부로 대중 없이 변해 가는 현상을 무제한으로 다 시인할 수도 없는 것입니다. 지금 말씀하신 ㅟ, ㅓ, ㅕ 들로 적는 말들에 각각 두 가지 현상으로 발음되는 말이 있음은 현재 표준말에서 인정하는 바입니다. 그러나 ㅟ, ㅓ, ㅕ 들의 글자가 각각 두 가지 음가를 가진 것이라고 할 수는 없습니다. 우리 한글의 자모 중에 "ㄹ"만은 두 가지 음가를 가진 것이라 할 수밖에 없지마는, 일반으로 한 자모는 반드시 한 소리를 가진 것이 원칙인데, 만일 음성학상으로 엄밀하게 말하자면 자모 한 개를 몇 가지든지 달리 발음할 수 있습니다. 우리가 말하는 무슨 자모의 음가는 무엇이라 하는 것은 다만 그 대표되는 음가를 일컫는 것입니다. 그러니 한 자모에 대표 음가가 두 가지라고 할 수는 없습니다. 따라서 ㅟ, ㅓ, ㅕ 들의 대표 음가는 각각 하나뿐이요, 그 대표 음가 이외의 소리로 된 말을 적을 때 그 소리에 해당한 자모가 없으므로, 그 가까운 대표 음가의 자모로써 적는 것일 따름입니다. "냐, 녀, 뇨, 뉴, 니" 들의 구개음으로 된 말을 적을 때 ㄴ의 구개음 글자가 없으므로 부득이 ㄴ으로 적는 것과 마찬가지입니다.

【물음 179】 "한글"이란 이름의 유래? 이 이름을 주 시경, 최 남선 두 분이 지었다고 들었는데 과연 그렇습니까? 4282.1. (합천 삼가 학교, 손 동인)

【대답】 똑똑히 알 수 없습니다마는, 기록에 보인 것으로는 신문관(新文舘)에서 발행한 "아이들 보이"라는 잡지 끝에 가로글씨의 글재로서 "한글"이라 한 것이 있는데, 그 때 신문관은 그 두 분이 함께 주재하던 것이니까 두 분 중의 누가 그렇게 지은 모양 같은데, 가로글씨는 주시경 선생의 독창적 주장이었던 것인만큼, "한글"이란 말은 주 선생의 창의에서 나온 것이 아닌가 생각됩니다.

【물음 180】 갓난 애? 갖난 애? "갓"과 "갖"의 어느 쪽이 맞습니까?

4282.4. (부산 동학교, 이 기우)

【대답】 "갓"이 표준말입니다. "갖"으로 쓰는 이는 사투리의 "가제"라는 말을 연상하고 쓰는 모양입니다마는 표준말의 입장으로서는 "갖"의 ㅈ을 이해할 수 없는 것입니다.

【물음 181】 "목포 여관"? "해동 려관"? 어느 쪽이 옳습니까? 혹은 두 쪽이 다 옳습니까?

4282.4. (강진, 노 성태)

【대답】 "목포여관"은 옳고 "해동 려관"은 그릅니다. "여관"은 완전한 한 낱말이므로 언제나 "여관"입니다. 한자의 "旅"의 본음이 "려"이니까 "行旅" "逆旅"의 경우에는 "행려", "역려"입니다마는 "해동 여관"의 경우에 발음이 "해동 려관"처럼 되는 것은 "旅=려"이기 때문에 그리 되는 것은 아닙니다. 가령 "해동 영어 학교", "중등 영문 독본", "운봉 영장", "암 여우"(牝狐), "콩엿", 또는 "해동 양화점", "해동 영화관" 등등의 경우에 모두 "여"가 "려"처럼 되는 것입니다. 이것은 모두 "여관"과 같이 독립한 낱말의 첫소리인 "야, 여, 요, 유, 이" 따위가 윗 말과 어울리는 관계로 된소리 현상이 생기어 "냐, 녀, 뇨, 뉴, 니" 따위의 소리처럼 되기 때문이요, "旅"의 본음인 "려" 때문이 아님을 알 수 있습니다.

【물음 182】 "ㄹ"의 이름? 한글 자모 가운데 "ㄹ"의 이름인 "리을"을 어떻게 읽습니까? 우리말에는 첫소리에 ㄹ 소리를 안 내는데, "리을"만은 제 소리대로 내야 합니까? 혹은 다른 경우와 같이 "이을"로 읽어야 합니까?   4282.4. (강진, 노 성택)

【대답】 "이을"로 읽으려면 아예 이름을 "이을"로 지을 것이지, "리을"로 지을 까닭이 없지 않습니까? 보통 말에는 ㄹ 첫소리가 없지마는, 표음 문자의 자모의 이름인만큼 그대로 "리을"로 읽어야지요.

【물음 183】 "이요"와 "이오"? 최 현배 선생의 중등 조선 말본에는 "말본으로서는 접속형 "이요"와 종지형 "이오"와를 구별함이 옳지마는 종지형도 "이요"로 적음이 일반으로 허용되어 있다" 하였고, 김 병재 선생의 한글 맞춤법 해설에는 "접속형으로는 "이요"로 분명히 발음되지마는 종지형으로는 "이오"와 같이 소리 나는 것 같으나, 역시 "이요"로 통일한 것이다. 그러나 "오"는 서술, 의문, 명령을 나타내는 받침 없는 어간에 쓰이는 어미다" 하였으니, 그러면 종지형도 "이요"로 통일하였다면서 왜 서술, 의문, 명령에 "오"가 어미라 함은 무슨 말이며, 어찌 두 선생의 말씀이 서로 틀리는가? 자세히 설명하여 주시기를 바랍니다.
                                4282.4. (마산, 권 오갑)

【대답】 두 분의 말씀이 실제상에 있어서는 틀리지 않습니다. 한글 맞춤법 통일안에 접속형이나 종지형이나 다 "이요"로 통일한다고 규정된 것이니까 두 분이 다 그것을 인정한 것이고, "오"가 어미라 함도 두 분이 다 같습니다. "가오, 오오, 보오, 크오, 푸르오" 따위의 "오"를 뜻한 것입니다. 그러하기 때문에 중등 조선 말본에 "말본"으로서는 종지형에는 "이오"가 옳다 함이 그 뜻이니, 이는 그 책에서는 "이오"의 "오"를 어미로 잡기 때문입니다. 알기 쉽게 말하면 "가오"가 동사(動詞) "가

다"의 활용형임과 같이, "이오"가 지정사(指定詞) "이다"의 활용형이라는 뜻입니다. 그러므로 "오"도 어미인 점에는 두 분의 말씀이 서로 틀림은 없는데, 다만 <u>중등 조선 말본</u>에는 "이오"의 "오"도 어미이기 때문에 말본으로서는 "이오"가 옳다고 한 것이고, <u>한글 맞춤법 해설</u>에는 명사 밑에 붙는 "이요"는 접속형이나 종지형이나 마찬가지로 "이요"이고, "가오, 크오" 들의 "오"는 활용하는 말의 어간에 붙는 "어미"이니, "콩이요, 팥이요"의 말에는 "이요"이고, "가오, 크오"의 말에는 "오"라고 그런 뜻으로 말한 것 같습니다. 그러므로 실제 쓰는 데 있어서는 마찬가지로 됩니다.

【물음 184】 "<u>슲으다</u>"? "<u>슬프다</u>"? 어느 쪽이 옳으며, 왜 그렇습니까?

4282.4. (논산, 조 중귀)

【대답】 "슬프다"가 옳습니다. "슲"은 어간이 되지 못하고(슲다, 슲고, 슲지 …와 같이 아니 됨), "으다"도 어미가 되지 못하기(먹으다, 믿으다, 잡으다, 웃으다…와 같이 아니 됨)때문입니다. "슬프"가 어간이고(슬프다, 슬프고, 슬프지, 슬프어=슬퍼…와 같이 됨), "다"가 어미입니다. (먹다, 믿다, 잡다, 웃다…와 같이됨), "으고"나 "으지"도 어미가 아니고 언제든지 "다, 고, 지" 따위가 가장 알기 쉬운 어미이니, 이런 어미들을 붙여 보시고 그 다음에 "어"(혹은 "아")를 붙여 보시면 어간을 확실히 아실 것입니다.

【물음 185】 "<u>하매</u>"와 "<u>함에</u>"? 어느 쪽이 맞습니까? 문법에 비추어서 설명해 주십시오.

4282.4. (경북 영해교, 박 원낙)

【대답】 "매"는 어간 밑에 붙는 어미이고, "에"는 명사 밑에 붙는 토입니다. 그러므로 "매"는 "하"에 직접 붙고 "에"는 "하"의 명사형인 "함"에 붙는

것입니다. 가령 "그는 성적이 우수하매 선생들의 칭찬이 자자하다", "한 번 시험해 보매 그 실력을 가히 알겠더라" 이런 경우는 어미로서의 "매" 가 쓰이고, "그는 성적이 우수함에 따라 상급도 많이 받는다", "한번 시험해 봄에 지나지 않는다" 이런 경우는 토로서의 "애"가 쓰입니다.

【물음 186】 "희망"? "희망"? 어느 쪽이 맞습니까?

4282.4. (경북 영해교, 박 원낙)

【대답】 "희망"이 맞습니다. 한자 음의 "희"와 "의"는 본음대로 됩니다.

【물음 187】 "음악"(音樂)은 왜 "음락"이 안되나? 첫소리에는 "악기" "악대" 로 되지마는 밑으로 갈 때는 본음대로 "음락"이 될 텐데 왜 "음악"으로 되는지요?

4282.4. (경북 영해교, 박 원낙)

【대답】 "樂"자는 뜻이 두 가지임을 따라 음도 두 가지입니다. "풍류"의 뜻 으로는 "악"이고, "즐겁다"의 뜻으로는 "락"입니다. 앞엣 것으로는 "악 기" "음악"이요, 뒤엣 것으로는 "낙원" "화락"으로 됩니다.

【물음 188】 "장껨뽀"에 대한 우리말? 아이들이 주먹을 폈다 쥐었다 하면 서 "장껨뽀!" "장겐쇼!" 하는 것을 볼 때마다 우리말로 가르쳐 주고 싶 어도 적당한 말을 몰라 답답합니다. 무슨 좋은 말이 없을까요?

4282.4. (순천, 야루 가람)

【대답】 요새 서울 아이들은 "주먹 가위 보!"라고 대개 하는 모양입니다. 내 생각에는 "돌 가위 보! 멩이 가위 보!" 하는 것이 괜찮을 것같이 생각됩니다. 주먹을 내면서 "주먹"이라 함보다 "돌멩이"로 함이 좋겠 고, 부르는 음조로서 한 번은 "돌"로, 한 번은 "멩이"로 함이 재미있지

않을까 생각됩니다.

【물음 189】다음의 말들은 어떻게 써야 합니까? ① 흔하다, 흔ㅎ다, 흖다. ② 부지런하다, 부지런ㅎ다, 부지렇다. ③ 이상하다, 이상ㅎ다, 이샇다. ④ 불쌍하다, 불쌍ㅎ다, 불쌓다.　4282.4. (밀양 무안교, 박 형표)

【대답】한글 맞춤법 통일안 56항에 따라 ①의 "흔하다"는 본말, "흔ㅎ다"는 준말 쓰는 법의 원칙, "흖다"는 준말 쓰는 법의 허용한 것이니, 다 좋습니다. ②, ③, ④도 다 그러합니다.

【물음 190】"학자이다"-"학자다"? 어느 쪽이 옳습니까? 받침 없는 말 밑에는 "이"가 안 붙는 것이 원칙이 아닐까요?

4282.4. (부산 철도국, 조 춘경)

【대답】원칙으로는 "이"가 언제나 붙는 것입니다. 받침 없는 말 밑에서 흔히 "이"를 내지 아니하는 것은 편의상으로 줄인 것이지, 원칙은 아닙니다. 만일 받침 없는 말 밑에 "이"가 안 붙는 것이 원칙이라면, "학자였다, 학자연마는, 학자여서, 학자임…" 들로 될 수가 없을 것인데, "학자였다"는 "학자이었다"의 준말이요, "학자연마는"은 "학자이언마는"의 준말이요, "학자여서"는 "학자이어서"의 준말임이 분명하지 아니합니다. 보통 말에 흔히 편의상 "이"를 뺄 수 있는 말이라도 똑똑히 말할 때는 "이"를 넣어서 말해야 말이 분명하고 정확하여집니다. "-였다, -연마는, -여서, -임…" 따위의 경우에 "이" 소리를 빼서는 절대로 말이 안되지마는, "학자다, 학잔들, 학잘까…"와 같이 "이"를 뺄 수 있는 경우에 "이"를 넣어서 말이 안 되는 일이 없습니다. 그러므로 "학자이다"가 원칙입니다.

【물음 191】 "싸이다(積)"? "쌓이다"? 어느 쪽이 맞습니까?

4282.4. (부산 철도국, 조 춘경)

【대답】 "쌓이다"가 맞습니다. "쌓다, 쌓고, 쌓지" 이와 같이 "쌓"이 어간이고 "이"가 보조어간으로 붙어서 피동(被動)의 말로 된 것입니다. 만일 "싸이다"라 하면 그것은 "싸다"(包)의 어간 "싸"에 보조어간 "이"가 붙은 것으로 "포위(包圍)당하다"의 뜻인 "싸이다"(被包)라는 말이 됩니다. (물음 164의 ㄷ 참고).

【물음 192】 "써야겠다"(書)-"쓰야겠다"? "바릅니까"(正)-"바럽니까"? "바빠서"(忙)-"바쁘서"? 어느 편이 옳습니까? "ㅡ"와 "ㅓ"의 구별은 어떻게 됩니까?

4282.4. (부산 철도국, 조 춘경)

【대답】 "쓰다", "바르다", "바쁘다"에 각각 "쓰", "바르", "바쁘"가 어간인데, "써야겠다"는 "쓰어야겠다"의 준말로 "쓰어=써"로 된 것이고, "쓰야겠다"로는 발음되지 않고 말도 아니 됩니다. "바릅니다"는 "바르"에 "ㅂ니다"가 붙은 것이니, "바럽니다"로는 될 수가 없는 것입니다. 발음도 그리 되지를 않습니다. 그리고 "바빠서"는 "바쁘어서→바뻐서→바빠서" (홀소리 고름에 따라)로 된 것입니다. "바쁘서"는 발음도 그리 되지 않고 말법으로도 그리 될 수 없습니다. 곧 "쓰야겠다"와 "바쁘서"는 말이 안 되고 "바럽니다"도 말이 안 됩니다. 왜 그러냐 하면 "쓰야"의 "야"나 "바쁘서"의 "서"는 절대로 그와 같이 어간에 직접 붙는 것이 아니고 반드시 "어(혹은, 아)"와 어울려야 어간에 붙는 법이기 때문입니다. 곧 "어(아)야" 또는 "어(아)서"로 되어야 말이 되는 것이니 "먹어야, 먹어서, 보아야, 보아서, 쓰어야(→써야), 바쁘어서(→바뻐서→바빠서), 또는 바르어서(→발러서→발라서)" 들로 되는 것입니다. 그러면 "가야겠다, 서야겠다", 또는 "가서, 서서" 들에는 왜 "야"나 "서"가

직접 어간에 붙는가? 하는 의문을 가지실는지 모르나, 그것도 역시 직접 붙은 것이 아닙니다. "가아야겠다, 서어야겠다" 또는 "가아서 서어서" 들의 소리 줄임으로 된 것입니다. "가아"는 같은 홀소리 "ㅏ"가 겹치므로 "ㅏ" 하나가 줄고, "서어"는 같은 홀소리 "ㅓ"가 겹치므로 "ㅓ" 하나가 줄어서 "가아→가, 서어→서"로 된 것입니다. 그러니 주의하실 것은 "-야, -서, -도, -라(직접 명령의 경우)" 따위는 반드시 "어(혹은 아)"와 어울리어야 어간에 붙는 법이이라는 것을 명심하여 주시기 바랍니다. 그리고 "바릅니다"의 "ㅂ니다"는 받침 없는 어간에는 직접 붙고, 받침 있는 어간에는 "읍니다"나 "습니다"로 되어 가지고 붙습니다. 곧 "갑니다, 봅니다, 먹읍니다, 먹습니다"와 같습니다. 그러니까 "바럽니다"는 아무 말도 아닙니다. "읍니다"는 "(으)나, (으)니, (으)라(간접 명령의 경우), (으)리라, (으)마, (으)매, (으)며, (으)면, (으)므로, (으)ㄴ, (으)ㄹ, (으)ㅁ, (으)ㅂ니다, (으)ㅂ디다, (으)ㅂ시다…" 들과 같이 받침 없는 어간에는 "으" 없이 바로 붙고 받침 있는 어간에는 소리 고루기 위하는 "으"가 들어가는 것이 법칙으로 되어 있습니다. 이와 같이 "으"는 다만 어떤 몇몇 어미(語尾)가 받침 있는 어간에 붙을 때 소리 고루기 위하여 들어가는 단순한 소리조각이요, "어"나 "아"는 "막아, 크어" 또는 "먹어, 보아" 들에서 알 수 있음과 같이 저 자체가 한 어미로서 어떤 어간에든지 제대로 붙어서 쓰이는 한 개의 말조각입니다.

【물음 193】 "<u>놀라다</u>"와 "<u>놀래다</u>"? "놀라다"가 자동(自動)이고 "놀래다"가 사역(使役)이라면 "적의 간담을 놀라게 하다"라 하여야 옳습니까?

4282.4. (부산 철도국, 조 춘경)

【대답】 그렇습니다. (물음 151 참고).

【물음 194】 "띄우다"? "띄이다"? "한 간 띄일 것"은 피동(被動)이고, "한 간 띄울 것"은 사역(使役)이라고 할까요? 4282.4. (부산 철도국, 조 춘경)

【대답】 이런 경우의 "띄이다"는 "띄다"의 잘못 이르는 말입니다. 그런데 "띄다"는 두 가지가 있으니 하나는 "뜨이다"(被見)의 준말인 것과, 하나는 "띄우다"(使離)의 준말인 것입니다. "한 간 띌 것"의 경우는 "띄울 것(使離)"의 준말입니다. 만일 "눈에 띄는 것"이라 할 때면 "뜨이는 것"(被見)의 준말이 됩니다. 어떤 쪽으로나 "띄이다"는 틀리는 말입니다.

【물음 195】 "더불어"? "더부러"? 어느 쪽이 옳습니까?

4282.4. (부산 철도국, 조 춘경)

【대답】 "더불고"라고도 하니 "더불어"로 해야 할 것입니다.

【물음 196】 "갔더랬다"? "갔었다"? 어느 쪽이 옳습니까?

4282.4. (부산 철도국, 조 춘경)

【대답】 "갔었다"가 옳습니다.

【물음 197】 "들르다"의 쓰이는 법? "종종 들르겠습니다", "서울 들르는 사람" 이런 말에는 "어"가 중간에 들지 않는지요?

4282.4. (부산 철도국, 조 춘경)

【대답】 "어"라는 것은 "어" 자체가 한 어미라는 것을 앞에 말씀했습니다. 그러므로 "먹어", "주어", "쓰어"와 같이 저대로 한 구실을 가지고 어간에 붙는 것이지, 공연히 어떤 어간과 어미의 중간에 들어가는 것이 아

님니다. "어"가 어떤 어간에 붙으면 벌써 완전한 한 개의 말(동사나 형용사)이 되는 것이고, 그 뒤에는 다른 완전한 말(동사나 형용사)이 들어오는 것이요, 결코 어떤 어미가 앞의 어간에 붙기 위하여 "어"가 중간에 드는 법은 없습니다. 그러므로 어간인 "들르"에 "어"가 붙으면 그것은 "들르어→들러"로 완전한 한 동사가 되어 버리니, 그 밑에 어떻게 "겠"(보조어간)이나 "는"(어미) 따위가 붙을 수 있겠습니까? 또 "겠"과 "습니다"의 중간에도 들어갈 수 없음이 물론입니다.

【물음 198】"만드다-만들다", "간다-가다"? 받침이 붙고 안붙는 데에 어떤 차이가 있습니까?　　　　　4282.4. (부산 철도국, 조 춘경)

【대답】 "만드다"는 "만들다"의 "ㄹ" 소리가 줄어진 것인데 표준말에서는 어미 "ㄴ, ㅂ, 오"의 앞에서와 존경의 "시"와 미래의 "ㄹ" 앞에서만 그 어간의 "ㄹ"이 주는 것으로 하고 그 밖에는 모두 "ㄹ" 있는 대로 표준하기로 되었으니, "만드다"는 표준말이 못 되고 "만들다"가 표준말입니다. "간다, 가다"에 있어서는 "가다"는 기본형이고 "간다"는 어간 "가"에 어미 "ㄴ다"가 붙어서 현재의 진행을 나타내는 것입니다. "만들다"(기본형)의 현재진행은 "만드+ㄴ다=만든다"로 되는 것도 아울러 생각해 보십시오.("만드"는 "만들"의 ㄹ이 ㄴ의 앞에서 줄어진 것).

【물음 199】"부활"(復活)? "복활"? 철도에서는 "복활 운전(復活運轉)"이라 쓰고 있는데 무생물에 대해서는 복활이라 합니까?

4282.4. (부산 철도국, 조 춘경)

【대답】 한자의 뜻으로는 어느 편으로 하여도 통합니다마는 말의 쓰임으로 보면, "부활"은 자연적이요, "복활"은 타동적인 것 같습니다. 곧 "부활"하도록 하는 것이 "복활"이라고 하겠습니다. 그러므로 다시 살아나

는 것은 "부활"이라 하겠고, 다시 살리는 것은 "복활"이라 하겠습니다.

【물음 200】 "<u>못 오를 리</u>"? "<u>못 오를 이</u>"? "리"를 띄어 쓰면 "이"로 써야
될 터인데 "이"로 하면 "사람"이란 뜻이 되어 혼동되지 않을까요?

4282.4. (부산 철도국, 조 춘경)

【대답】 붙여 쓴다고 "리"로 하고, 띄어 쓴다고 "이"로 한다는 것은 이론이
되지 아니합니다. 불완전 명사로 한 단어이니까 띄어 쓰고 말 자체가
언제나 "리"로만 되는 말이요 또한 "이"라는 말이 다른 말로서 있으니
까 "리"대로 쓰는 것이 마땅합니다.

【물음 201】 <u>평양? 편양? 읽는 법?</u> "평양, 통영, 동양, 중앙" 따위를 흔히
"편양, 토영, 도양, 주앙" 들로 읽는데, 어떻게 읽는 것이 옳은지요?

4282.7. (남해 국민교, 고 재천)

【대답】 소리나는 자리가 서로 가까운 두 가지 소리를 함께 잇달아 낼 때
에는, 듣는 이에게 알아 들을 수 있을 정도에서 될 수 있는대로, 그
쉽고 편한 소리로 내려고 하는 것이 일반의 언어 심리입니다. ㅇ은 닿
소리로되 홀소리와 같이 울림있는 소리(有聲音)인 동시에 그 소리나
는 자리가 또한 홀소리의 통해 나오는 목구멍에 가까운 여린 입천장
(軟口蓋=뒷입천장)이기 때문에, ㅇ 소리를 내고 곧 잇달아 목구멍을
열어 홀소리를 내려 할 때는, ㅇ 소리 나는 여린 입천장(뒷입천장)을
채 완전히 다 막지 아니하고 곧 열게 되므로 ㅇ 소리가 그다지 똑똑히
드러나지 아니함이 보통입니다. 이것을 좀더 쉽고 편하게 하느라고 여
린 입천장을 아예 닫지 아니하고 소리만 울리어 곧 홀소리에 잇대어
버리고 마는 일이 있으나(펴양, 토영, 따위와 같이), 이런 것은 너무
게으름에 흐른 버릇소리라 하겠습니다. 어디까지든지 "평양, 통영…"

들로 내야 합니다.

【물음 202】 <u>륙십, 년대, 릿수?</u> 국어 교본에는 수나 수의 단위를 나타내는 말의 첫소리에 "ㄴ, ㄹ"로 된 것을 모두 본음으로 하여, "<u>륙십, 년대, 릿수</u>" (六十, 年代, 里數) 따위로 썼는데, 그럴 필요가 있겠습니까?   4282.7. (남해 국민교, 고 재천)

【대답】 이것은 <u>통일안</u>에는 모순됩니다. 또한 우리 겨레의 고유한 말법칙에 위반됩니다. 또 실제에도 불가능합니다. ① 첫째, 통일안에 모순됨은 두말할 것도 없으니, 이는 "통일"에서 다시 "분렬"을 자아낼 염려가 있을 뿐 아니라, ② 둘째, 우리 말의 고유한 "첫소리 법칙"에 위반됨도 두말할 것 없으니, 국어 음운(音韻)의 혼란을 자아낼 우려가 있으며, ③ 세째, 본음대로 쓴다면 "리수"라 할 것이지, "릿수"가 무슨 본음이 되며, "오뉴월 염천"을 "오륙월 염천"으로, "시월 상달"을 "십월 상달"로 "시왕(十王)"을 "십왕"으로 "두 냥 오 푼"을 "두 량 오 푼"으로, 또는 "년하 되는 사람이 년상 되는 이에게 년세를 묻는다" 따위로 써야 될 것이니, 이 어찌 가능할 일이겠습니까? 소리 글씨를 쓰는 다른 나라에도, 그렇게 무리한 일을 하지 아니하고 실제 되어 있는 말에 따라 씁니다. 같은 단위이지만 단수인 Foot는 Foot로, 복수인 Feet는 Feet로 쓰며, Penny로 말할 때와 Pence로 말할 때를 따라서, 쓰기도 또한 말과 같이 달리 쓰며, 또 같은 수를 적음에 있어서도 Five에는 v로 적고 Fifty에는 f로 쓰며, Three와 Thirteen 또는 One과 Eleven 따위로, 모두 그 되어 있는 말에 따라 쓸 뿐이지, 결코 말을 떠나 억지로 똑같은 글자로 쓰지는 아니합니다. 더구나, 순 우리말을 쓰는 데는 "서말, 석섬, 세 개", "너돈, 넉자, 네모" 따위로 경우를 따라 말이 다른 대로 달리 쓰며 "너덧, 예닐곱, 여남은" 들과 같이, 일체로 표준 발음에 따라 쓰게 마련이면서, "오뉴월"은, "오륙월"로, "시월"은 "십월"로 써야 할 까

닭이 어디 있겠습니까? 한자(漢字)의 본음을 쓰되 실제의 말소리에 틀림이 없는 한에서 할 일이지, 말과 틀리게 억지로 형식을 만들어 가지고 쓰는 것은, 한갓 생명이 없는 우상이 될 뿐이거나, 그렇지 않고 그것을 생명 있게 여기려면 말을 죽이는 수 밖에 없을 것입니다.

【물음 203】"강릉, 종로"를 본음대로? 닿소리 접변으로 "독립"을 "동립", 또는 "동납"으로 읽으니, "동립"으로 읽을 수 있음과 같이, "강릉, 종로" 따위도 "강능, 종노"와 같이 읽지 말고, 제 본음대로 읽어도 무방할 줄로 생각하는데요?   4282.7. (남해 국민교, 고 재천)

【대답】할 수 있다는 것과, 실제로 하는 것과는 딴 일입니다. "강릉, 종로", 따위로 제 본음대로 낼 수가 있음은 물론입니다마는, 실제에 있어서는 반드시 "강능, 종노"로만 내기 때문에 이것을 우리말의 "닿소리 접변"이라는 한 개의 음운 법칙으로 이르게 된 것입니다. 사실에 있어 이 "ㅇㄹ"의 연접 발음은 꼭 제 본음대로 내기는 퍽 거북한 일입니다. ㅇ은 혀뿌리를 여린입천장(뒷입천장)에 붙여야 되고, ㄹ은 혀끝을 위로 올려 떨어야 되므로, 한 혀로서 이 두 소리를 각각 다 완전히 내려면, 붙였던 혀뿌리를 일단 떼야만 되겠는데, 그러면 곧 홀소리가 생기어 "강으릉, 종으로"와 같이 되기가 쉽고, 만일 혀뿌리를 떼지 않고 그대로 연접하여 ㄹ을 내려면 혀끝이 잘 떨리지 않아서 ㄷ 소리 비슷하게 되기가 쉬우므로, "ㅇㄹ" 두 소리가 다 완전하게 드러나기는 어렵습니다. 그러므로 우리말의 받침 법칙, 곧 홀소리가 따르지 않는 경우의 닿소리는 절대로 끝을 열지 아니하는 우리말에 있어서는 "강, 종" 따위가 "강으" "종으"로 낼 수 없이 그대로만 끝날 뿐이요, 아래의 ㄹ은 부득이 첫소리 법칙으로 날 수 밖에 없어서 자연히 ㄴ으로 나게 되는 것입니다. 그러므로 "강릉, 종로" 또는 "독립, 협력" 따위가

"강으릉, 종으로"로나, "도그립, 혀브력" 따위로나 또는 "강등, 종도,
독딥, 협덕" 따위로 나지 아니하고, 반드시 "강능, 종노, 동닙, 혐녁"
들로 나게 됩니다.

【물음 204】 "고울시고"? 어느 책에 쓰인 노래에 "아침 해 고울시고"라는
말이 있는데 무슨 말인지요? "곱다"의 존대말인 "고우시고"가 아닌가
요?   4282.7. (남해 국민교, 고 재천)

【대답】 아닙니다. "ㄹ씨고"가 한 어미(語尾)입니다. "좋을씨고" "장할씨고"
따위와 같이 감탄으로 쓰는 어미입니다. "고울씨고"로 쓸 것이며, 그
뜻은, "아침 해가 곱기도 곱다" 하는 뜻입니다. 보통 노래에 흔히 감탄
사로 부르는 "얼씨고 절씨고, 지화자 좋을씨고" 하는 것이 이와 같은
따위입니다.

【물음 205】 "열 둘째"란 말의 품사는 무엇이며 띄어쓰기는 어떻게 하는
것이 옳습니까?   4282.7. (개성, 순신)

【대답】 품사 가르는 방법에 따라서, ① 명사, 대명사, 수사 들로 각각 나
누는 체계에서는 "수사"로 치고, ② 수사를 대명사의 속에 포함시키는
체계에서는 "대명사"로 치고, ③ 대명사까지도 명사의 속에 포함시키
는 체계에서는 "명사"로 칩니다. 그리 하여 "명사" 속에서 "본명사, 대
명사, 수명사"로 구별합니다. 띄어쓰기는 "열 두째"로 하는 것이 실용
상으로 타당합니다. 순전한 이론으로만 따진다면, "두째"란 말이 본질
적으로 "수사"(혹은 수명사)가 아니라, "열 두"는 관형사요, "째"는 불
완전 명사이니, 각각 띄어서 "두째"로 써야 할 것이라고 하겠지마는,
이는 도리어 실용상 불편하게 됩니다. 수사(혹은 수명사) 안에 "하나,

둘, 셋, 넷…" 따위의 기본수사와 "첫째, 둘째, 세째, 네째…" 따위의
차서수사와의 두 가지로 잡아 다루는 것이 타당합니다.

(주의 1) 물으신 말씀 가운데 "열 둘째"라고 쓰신 것은 표준말이
아닙니다. 표준말로는 "열 두째"입니다. "스물 두째, 서른 두째, 마흔
두째…"와 같이 모두 "몇 두째"라고 합니다. 다만 "첫째"의 다음에서
만은 특례로 "둘째"라고 합니다.

(주의 2) "째"의 구실이 두 가지인데, "첫째, 둘째, 세째, 네째, 열 한
째, 열 두째…, 스무째, 스물 한째…" 들과 같이 차서수사를 이루는 경
우의 "째"는, 위에서 말한 바와 같이, 그 본질이 "명사"이므로 그 앞에는
관형사인 "첫, 한, 두, 세, 네, 스무…" 따위가 붙고, "사과를 이제 둘째
(=두 개째) 먹는다", "새끼를 셋째(=세 마리째) 낳는다", "집을 열 하
나째(=열 한 채째)짓기 시작한다" 들과 같이 앞의 말과 어울리어 부사
어(副詞語)를 이루는 경우의 "째"는 명사가 아니라, 앞의 말에 붙는 접
미사(接尾詞)이므로, 앞의 말은 관형사가 아니고, 항상 "둘, 셋, 하나…"
혹은 "개, 마리, 채…" 따위와 같이 명사라야 합니다. "껍질째 먹는다,
뿌리째 뽑아라, 통째 삼킨다…" 따위의 째도 마찬가지 접미사입니다.

【물음 206】 "어원적 어근"(語根)? 맞춤법 통일안에 "어원적 어근"이라고
한 데가 있고(23항: 딱하다, 착하다, 따위) 또 거저 "어근"이라고만
한 데도 있는데(27항: 가맣다, 노랗다, 따위), 그 달리 쓰인 구별을
알고자 합니다.   4282.7. (전주 ㅎ,ㄱ,ㄹ, 개성, 순신)

【대답】 뜻에 있어서는 마찬가지입니다. 어원적이 아닌 어근이 있을 수 없
으니까요. 그런데 통일안에 어떤 경우에는 특히 "어원적 어근"이라고
한 것은 그 어근이 현대말인 그대로 어원 본디의 뜻을 분명하게 지니
고 있는 것을 의미하기 위한 표현일 뿐입니다. 가령, 27항의 "노랗다,

파랗다, 발갛다" 따위의 말들은 그 어근인 "놀, 팔, 밝" 따위가 곧 어
원 그대로가 아니라, 각각 "누르, 푸르, 붉"에서 변하여 된 어근이어
서, 그 어근만으로는 또렷한 개념이 들어 있지 아니하므로, 따라서 그
어근과 밑에 붙는 접미사와의 구별이 분명하게 나타나질 성질로 되어
있지 아니합니다. 17항의 "고달프다, 가쁘다, 예쁘다" 따위도 그러합
니다. 그러므로 이런 말들의 경우에는 "어원적 어근"이란 말을 구태여
쓰지 아니하고 거저 "어근"이라고만 한 것이요, 23항의 "딱하다, 착하
다" 따위의 말들은 그 어근인 "딱, 착" 따위가 다른 어원에서 변하여
된 것이 아니고 그 자체가 어원대로의 본 뜻을 지니고 있는 어근이어
서, 그 어근에는 각각 또렷한 개념이 들어 있고, 따라서 그 어근과 밑
에 붙는 접미사와의 구별이 분명하게 될 수 있습니다. 그러므로 이런
말들의 경우에는 특히 "어원적 어근"이라고 한 것입니다. 24항의 "움
직이다, 번쩍이다, 번득이다" 따위도 그러한 말들입니다.

【물음 207】 "구개음화(口蓋音化)"? 우리말에 "구개음"은 몇 가지나 있으
며, 또 "구개음화"의 현상은 몇 가지로나 되는지요? 좀 자세히 알기
쉽도록 가르쳐 주시기를 바랍니다.   4282.7. (전주 ㅎ, ㄱ, ㄹ)

【대답】 구개음(입천장 소리) 및 구개음화의 현상에 대하여 그 종류를 말씀
하기 위하여는, 먼저 우리말 닿소리의 전부를 분류하여 가지고 입천장에
관계되는 소리를 말씀하겠습니다. 우리말의 닿소리는 자모로는 14자이
지마는 소리로는 22개인데 각각 그 소리나는 자리(발음 위치)로써 여섯
가지로 분류할 수 있고, 다시 각각 그 소리 내는 방법으로써, 현재 우리
말에 쓰이는 대로의 소리로서 대체로 아래와 같이 분류할 수 있습니다.

	입술소리	이틀소리 (혀끝)	앞입천장 소리(혀앞)	입천장소리 (혀몸)	뒷입천장소 리(혀뿌리)	목구멍 소 리
예사소리	ㅂ	ㄷ	ㅅ	ㅈ	ㄱ	
된 소 리	ㅃ	ㄸ	ㅆ	ㅉ	ㄲ	
거센소리	ㅍ	ㅌ		ㅊ	ㅋ	ㅎ
콧 소 리	ㅁ	ㄴ		(ㄴ)	ㅇ	
혀굴림소리		ㄹ				
혀옆소리		ㄹㄹ		(ㄹㄹ)		

이 표에서 보임과 같이 "입천장소리"는 주로 "ㅈ, ㅉ, ㅊ"세 소리를 가리켜서 이르는 것입니다. 그리고 "구개음화한다"(입천장소리 된다) 는 것은 입천장소리 아닌 다른 소리가 입천장소리로 변하여 나는 것을 이르는 것이니, 가령, 이틀 소리인 "ㄷ, ㄸ, ㅌ" 들이 "ㅈ, ㅉ, ㅊ" 소리로 나는 것이라든지, 또는 뒷입천장소리인 "ㄱ, ㄲ, ㅋ" 들이 "ㅈ, ㅉ, ㅊ" 소리로 나는 것 따위를 이르는 것입니다. 그런데 "ㄷ, ㄸ, ㄹ" 들이나 "ㄱ, ㄲ, ㅋ" 따위가 "ㅈ, ㅉ, ㅊ" 소리로 변하는 것은 언제나 그리 되는 것은 아닙니다. 홀소리 "ㅏ, ㅓ, ㅗ, ㅜ, ㅡ"를 짝할 때는 절대로 변하는 일이 없고 다만 홀소리 "ㅑ, ㅕ, ㅛ, ㅠ, ㅣ"를 짝할 경우에 혹 입천장소리로 변하기가 쉬울 뿐입니다. 곧 "댜, 뎌, 됴, 듀, 디"인 경우의 "ㄷ"이나 "땨, 뗘, 똬, 뜌, 띠"인 경우의 "ㄸ"이나 또는 "탸, 텨, 툐, 튜, 티"인 경우의 "ㅌ"이 각각 "ㅈ, ㅉ, ㅊ"으로 소리 나는 일과, "갸, 겨, 교, 규, 기"인 경우의 "ㄱ"이나 "꺄, 껴, 꾜, 뀨,끼"인 경우의 "ㄲ"이나, "캬, 켜, 쿄, 큐, 키"인 경우의 "ㅋ"이 또한 각각 "ㅈ, ㅉ, ㅊ"으로 소리나는 일이 흔히 있는 것입니다. 이것은 그 소리나는 자리가 본디 서로 가까운 데다가 "ㅑ, ㅕ, ㅛ, ㅠ, ㅣ" 따위의 소리를 내기 위하여는 "혀몸"을 "입천장"으로 향하여 올리게 되므로 "ㄷ, ㄸ, ㅌ"의 혀끝이나, 또는 "ㄱ, ㄲ, ㅋ"의 혀뿌리가 도리어 아래로 떨어지기가 쉽기 때문에 이틀소리가 뒤로 다가져서 입천장소리로 되기 쉽고,

뒷입천장소리도 앞으로 다가져서 입천장소리로 되기가 쉬운 까닭입니다. 예를 들면, 옛날 말의 "뎔"(寺)이 "절"로, "둏다"가 "좋다"로, "굳이"가 "구지"로, "홀띠니라"가 "할찌니라"로, "텬지"(天地)가 "천지"로 되는 따위라든지, 또는 남도 지방에서 "갸륵하다"를 "자륵하다"로, "까웃이"를 "짜웃이"로, "겨를"을 "저를"로, "껴안는다"를 "쩌안는다"로, "귤"(橘)을 "줄"로, "길"(道)을 "질"로, 또는 "케케 묵었다"를 "체체묵었다"로, "키"(舵)를 "치"로 내는 따위가 모두 "구개음화"의 현상입니다. 다만 그 구개음화하는(입천장소리 되는) 현상을 어느 정도까지 표준어로 인정하고 어느 정도까지를 사투리로 치는 것은 표준어 사정 방법에 매인 것이니, 그것은 별문제입니다. 이와 같이 "이틀소리"나 "뒷입천장소리" "입천장소리"로 변하는 것은 그 소리나는 자리가 서로 가깝기 때문인데, 이 밖에 자리가 상당히 멀면서도 구개음화의 현상이 일어나는 것이 있으니, "목구멍소리"인 "ㅑ, ㅕ, ㅛ, ㅠ, ㅣ"와 어울릴 경우에 "앞입천장소리"인 "ㅅ, ㅆ" 소리로 변하는 일입니다. 가령, "향나무"를 "상나무"로, "형님"을 "성님"으로, "효자"를 "소자"로, "흉내"를 "숭내"로, "힘줄"을 "심줄"로, 또는 "혀"(舌)를 "서", "써", "쎄"로, "흉악하다"를 "숭악하다"로 내는 따위는 모두 "목구멍소리"를 "앞입천장소리"로 내는 것들입니다. 이것은 그 자리는 좀 멀지마는 그 소리 내는 성질이 다같이 "마찰음"(摩擦音＝갈이소리)이기 때문입니다. 저 "이틀소리"인 "ㄷ, ㄸ, ㅌ"이 "ㅑ, ㅕ, ㅛ, ㅠ, ㅣ"와 어울릴 때에 "입천장소리"보다 더 가까운 "앞입천장소리"인 "ㅅ, ㅆ"으로 되지 아니하고 "입천장소리"인 "ㅈ, ㅉ, ㅊ"으로 되는 까닭도 그 성질이 다 같은 "파렬음"(破裂音＝터짐소리)이기 때문입니다.

이 밖에 또 "이틀소리"인 "ㄴ"과 "ㄹ"이 "입천장소리"로 되는 일이 있습니다. 이 또한 홀소리 "ㅑ, ㅕ, ㅛ, ㅠ, ㅣ"와 어울릴 적에 일어나는 현상인데, 가령 "그냥, 저녁, 누구뇨, 시늉, 하니" 따위의 "냐, 녀, 뇨, 뉴, 니"의 "ㄴ"은 그 본 자리인 "이틀"에다가 혀끝을 대어 내지 않고,

"입천장"에다가 혀끝을 대어 내게 되며, "놀랴", "놀려고", "놀료", "일률"(一律), "멀리" 따위의 "랴, 려, 료, 류, 리"의 "ㄹ"도 그러합니다. 이런 것도 또한 "입천장소리" 아닌 것이 "입천장소리"로 변하여 나는 것들입니다. 그럼, 물으신 우리말의 "구개음화 현상"의 개수를 말씀하면, ① 이틀소리 "ㄷ, ㄸ, ㄹㄹ" 들이 "ㅈ, ㅉ, ㅊ"으로 되는 것, ② 이틀소리 "ㄴ, ㄹㄹ" 들이 입천장으로 나는 것, ③ 뒷입천장소리 "ㄱ, ㄲ, ㅋ" 들이 "ㅈ, ㅉ, ㅊ"으로 되는 것, 따위의 네 가지라 하겠습니다. (물음 123 참고).

【물음 208】 "舌側音 ㄹ"?
"설측음 ㄹ"이란 뜻을 똑똑히 알기 쉽도록 가르쳐 주시기를 바랍니다.
4282.7. (전주, ㅎ,ㄱ,ㄹ)

【대답】 우리 한글의 자모는 다 각각 그 가진 소리가 일정하여 한자에 반드시 한 가지 소리로 되어 있음이 원칙이요, 다만 어떠한 특수 관계로 혹 달리 날 경우가 특례로 있을 뿐인데, 오직 "ㄹ" 한 자모만은 현재에는 두 가지 소리에 쓰게 되어 있습니다. 곧 앞의 물으심에 대하여 보여 드린 표에 있음과 같이 혀를 굴리는 경우의 소리와 혀의 양 옆을 틔우고 내는 소리를 다 "ㄹ" 한 자모로 쓰게 되었으니, "라, 다래, 달아" 들의 경우는 혀를 굴리는 소리, 곧 혀끝을 이틀에 붙이지 아니하고 다만 한 번 떨어 스치면서 내는 소리인데 이를 "혀굴림소리"(혹은 "전설음"=顫舌音)이라 합니다. 그런데 같은 "달"이라도 "달"할 때나 "달도, 달만"할 때는 "혀옆소리"로 나는데, "달이, 달은, 달아" 할 때는 "혀굴림소리"로 납니다. 곧 홀소리가 따를 때는 반드시 "혀굴림소리"로만 나는 것이 정칙으로 되어 있습니다. "라, 랴, 러, 멀어,… 꿀은, 꿀에, 꿀이" 들이 다 그러합니다. 그러므로 "혀옆소리"를 "혀옆소리"인 대

로 내고도 아래에 오는 홀소리를 잇달아 낼 수는 없습니다. 홀소리가 따르면 혀옆소리가 혀굴림소리로 금방 바뀌어지기 때문입니다. 그런데, 실제의 말에는 "혀옆소리"와 "홀소리"와가 한데 잇달아 나는 말이 많으니, 그런 것을 어떻게 적느냐 하는 것이 문제가 됩니다. 이것을 맞춤법 통일안에서 "ㄹㄹ"로 적도록 마련하여 "알락, 덜렁, 홀로, 얼른, 빨리" 들로 적게 된 것입니다. 이런 것을 만일 "ㄹ" 하나로만 적을 것 같으면, "알악, 덜엉, 홀오, 얼은, 빨이"로나, 혹은 "아락, 더렁, 호로, 어른, 빠리" 들로 되어 "혀옆소리"가 나지 아니하게 될 것입니다. 이와 같이 앞의 홀소리와의 홀소리와의 사이에서 "혀옆소리"로 나는 "ㄹ" 소리를 "설측음" "ㄹ"이라고 한 것이고, 그 소리를 적는 방법으로는 "ㄹㄹ"로 적기로 한 것입니다.(물음 122 참고).

【물음 209】 "덮이다" "덮히다"? "덮이다"(시킴) "덮히다"(입음), "쓰이다"(시킴), "쓰히다"(입음)의 "이" "히"는 통일안에 "이"로 다 허용되어 있는데, 국민 학교 교본에 시킴 "이", 입음 "히"를 발음이 같이 되는 말에도 불구하고 구별하여 적은 것은 아동에게 너무 과중한 요구가 아닐까요?   4282.7. (진주 사범교, 민 영현)

【대답】 일정한 법칙으로 된 것이며 아동에게 요구하는 것이 과중한 부담이 아니라 도리어 부담을 가볍게 하는 일이 되지마는 시킴 입음에 있어는 "이"도 양편에 다 쓰이고 "히"도 그렇고 또 "기"도 있고, "리"도 있고, "구", "우" 따위도 있어 대개 양편에 다 쓰이는데, 그 중에서 "이", "히"가 다른 것들보다 많이 쓰일 뿐이고, 또 그 "이, 히" 중에서 시킴에는 "히"보다 "이"가 더 쓰이고, 입음에는 "이"보다 "히"가 더 쓰일 뿐이지, 반드시 시킴에는 "이"만으로 되고, 입음에는 "히"만으로 되는 것이 아니니, 이로써 한 법칙으로 잡을 수가 없습니다. 따라서 아동에게 그러한 구별을 요구하는 것은 과중하다기보다 무리한 것이라 하겠

습니다. 차라리 아동에게 요구할 것은 "이, 히, 기, 리, 구, 우" 따위
를 기억하게 하고, 이들 글자를 시킴 입음에 있어 소리에 잘 맞도록만
쓰기를 요구하면 좋을 것입니다.

【물음 210】 표음 문자의 모순? 한글은 표음 문자인만큼, 언제나 음을 중
심하여야 될 것인데, 모순되는 점이 있습니다. 가령 "안"과 "앉"과는
글자 형태는 다르나 발음은 같으니, 표음 문자로서는 모순이 아닙니
까?   4282.7. (청송 안던 학교, 권 만기)

【대답】 한글은 말씀하신 바와 같이 "표음 문자"입니다. 그러므로 단순한
"표음 기호"는 아닙니다. "문자"는 뜻이 있는 것이요, "기호"는 뜻이 없
는 것이니, 문자가 만일 뜻에 관계가 없이 단순히 음만을 충실히 적음
에 그친다면 그것은 "발음 기호"에 지나지 못한 것입니다. 생활이 단
순한 옛날에 있어서는 "기호"의 형식으로도 만족할 수 있겠지마는, 적
어도 현대 생활에 있어서는 "뜻"을 단위로 하지 않는 단순한 "기호"의
형식만으로서는 도저히 문자로서의 가치와 능률을 낼 수가 없는 것이
니, 가령, "사라믄밤마느로서사느거시아니라"와 같은 식으로서는 활동
사진의 필름처럼 빠르고 바쁘게 돌아가는 현대인의 눈에는 도저히 상
대가 되지 아니하니, 암만해도 뜻을 나타내는 방식으로 표현되지 않아
서는 아니 될 것이므로, "사람은 밥만으로서 사는 것이 아니라"의 식
으로 되어야 비로소 단순한 "기호"의 영역을 벗어난 문자로서의 문자
가 될 것입니다. "안"과 "앉"과의 발음이 단순한 소리만으로는 같을찌
라도, 보는 이의 눈에 비치는 형태의 차이에 있어서 소리로 나타내지
못하는 그 뜻이 번개같이 지나가는 눈결에서도 능히 붙잡을 수 있는
것이니, 표음에 가장 우수한 우리 한글이 표의에까지 이러한 우수성을
겸할 수 있음이 우리 글의 이상적 장점이라 할 것이지, 어찌 모순이라
할 것입니까?

【물음 211】 <u>"글씨 씨다"의 명령형?</u> "글씨 쓰다"를 "글씨 씨다"로 하면 그 명령형은 어떻게 될 것인지요?   4282.7. (개성, 홍 삼인)

【대답】 "치다"의 명령형이 "쳐라"로 되고, "짐을 지다"는 "져라"로, "솥에 찌 다"는 "쪄라"로 되니, "씨다"로 한다면 그 명령형은 "써라"가 되겠지요.

그리고 "쳐, 져, 쪄" 들이 "처, 저, 쩌" 들로 허용됨과 같이 "써"도 "써"로 허용될 수 있겠지요.

【물음 212】 <u>"보통명사"와 "고유명사"?</u>

"하늘, 달, 해" 따위를 보통명사라거니 고유명사라거니 하는데, 과연 어느 쪽인지 밝히어 주시기를 바랍니다. 4282.10. (충남 태안 중학, 문 연석)

【대답】 "하늘, 달, 해" 따위는 다 보통명사입니다. 그 개체가 각각 하나씩 밖에 없지마는, 그러한 개체가 만일 더 있다 할찌라도, 그 이름으로 일컬을 것이니, 곧 같은 종류에 두루 쓸 수 있는 이름이므로 보통명사 입니다. 고유명사란 것은 같은 종류 가운데에서 다른 개체와 구별하기 위하여 특별히 일컫는 이름이고, 결코 종류를 일컫는 이름은 아닙니 다. 가령, 같은 사람 종류 가운데에서 어떤 한 사람을 일컫는 이름이 라든지, 같은 나라 종류 가운데에서 어떤 한 나라를 일컫는 이름이라 든지, 또는 같은 책 종류의 가운데에서 어떤 한 가지 책을 일컫는 이 름 같은 것이 이른바 고유명사입니다. 그러므로 한 종류 안에 개체가 여럿이 있든지 하나만 있든지를 물론하고 그 종류를 일컫는 말은 고 유명사가 아닙니다. 곧 "사람", "나라, 책" 따위는 고유명사가 아니며, 그와 마찬가지로 "하늘, 달, 해" 따위도 고유명사가 아닙니다.

【물음 213】 <u>"가짢다"?</u> <u>"같잖다"?</u>

"아주 답지 못하다"의 뜻인 "가짢다"를 <u>큰 사전</u>에는 "같잖다"로 되어

있는데, "젊지 않다"와 뜻이 멀어진 "점잖다"를 어원을 밝히지 않는 것
과 같이, "가쟎다"도 "같지 않다"와는 뜻이 멀어진 말이니, 어원을 돌
아볼 것 없이, "가쟎다"로 함이 당연하지 않습니까? 만일 어원을 밝힐
바에는 "같잖다"로 써야 할 것인데, 어찌 "같쟎다"로 되었는지 매우 의
문이 됩니다.   4282.10. (경산, 지 준모)

【대답】 "아주 답지 못하다"는 그 뜻이 "같지 않다"는 뜻에서 아주 멀어진
것이라고 하기는 너무 어원을 무시함 아닐까요? 물론 "같잖다"라는 말
이 "같지않다"란 말과 같은 뜻은 아니지요마는, 그래도 대부분 그 뜻
을 지니고 있음은 사실입니다. "점잖다"라는 말이 "젊지 않다"라는 말
과 거의 아무 관련이 없을 만큼 달라진 것과는 같이 볼 수가 없습니
다. 그러므로 어원을 표시하는 것이 시각상으로도 좋고, 통일안에 비
추어서도 어간 아래에 닿소리 음절이 붙어서 된 말이므로, "같잖다"로
함이 좋다고 생각합니다. 만일 "같쟎다"로 쓴다면, 그것은 바로 "같지
않다"의 준말이지, 아무 다른 뜻을 가진 말이라고 할 수 없습니다. 그
러므로 "같잖다"와 "같쟎다"는 같지 않은 말입니다.

【물음 214】 동사와 형용사를 구별하는 방법을 간단히 가르쳐 주시기를
바랍니다.   4282.10. (돈암동, 한글 생)

【대답】 간단한 방법으로는 먼저 어간(語幹)에 "는"을 붙여 보십시오. "먹
는, 보는, 일하는, 덜렁거리는…" 따위와 같이 "는"이 붙으면 동사요,
"작는, 높는, 착하는, 훌륭하는…" 따위와 같이 "는"이 붙을 수 없으면
동사가 아니고 형용사입니다.
    그 다음에는 말 끝맺는 방법에 ① 설명식으로의 "는다, ㄴ다"와 ②
명령식으로의 "어라, 아라"와 ③ 유인하는 식으로의 "자, 세, (으)ㅂ시

다" 들을 붙여 보십시오. 이 세 가지 방식으로 끝맺을 수 있으면 동사
요, 그렇지 못하면 동사가 아니고 형용사입니다. 곧 ① 동사는 "먹는
다, 보ㄴ다, 일하ㄴ다, 덜렁거리ㄴ다…" 따위로 되지마는, 형용사면
"작는다, 높는다, 착하ㄴ다, 훌륭하ㄴ다…" 따위로 되지 못하며 ② 동
사는 "먹어라, 보아라, 일하여라, 덜렁거리어라…" 따위로 되지마는,
형용사면 "작아라, 높아라, 착하여라, 훌륭하여라…" 따위로 명령식이
되지 못하며, ③ 동사는 "먹자, 먹세, 먹읍시다, 보자, 보세, 보ㅂ시
다, 일하자, 일하세, 일하ㅂ시다…" 따위로 되지마는, 형용사면 "작자,
작세, 작읍시다, 높자, 높세, 높읍시다, 착하자, 착하세, 착하ㅂ시다,
훌륭하자, 훌륭하세, 훌륭하ㅂ시다…" 따위로 되지 못합니다. 이와 같
은 방법으로써, "먹다, 보다, 일하다, 덜렁거리다…" 따위는 동사요,
"작다, 높다, 착하다, 훌륭하다…" 따위는 형용사임을 구별할 수 있습
니다.

【물음 215】 형용사와 관형사는 무엇으로 구별합니까?

4282.10. (돈암동, 한글 생)

【대답】 형용사는 어간(語幹)과 어미(語尾)의 두 부분으로 되어, 어미 변
화를 하여 명사의 아래에도 쓰이고 명사의 앞에도 쓰이며, 때로는 명
사 노릇이나 부사 노릇도 하게 되지마는, 관형사라는 것은 절대로 어
미 변화하는 일이 없고, 또 반드시 명사의 앞에만 쓰입니다. 가령
"새, 헛, 이, 그, 한, 두…" 따위는 어미 변화도 없고, 반드시 명사 앞
에만 쓰이므로 관형사가 되는 것입니다.

【물음 216】 관형사와 접두사는 어떻게 구별됩니까?

4282.10. (돈암동, 한글 생)

【대답】관형사는 명사 앞에만 쓰이되, 그 쓰이는 범위가 넓어서 어떤 명사의 앞에든지 거의 일률적으로 쓰일 수 있는 것을 이름이요, 접두사는 명사뿐 아니라 동사, 형용사 따위 말에도 그 머리에 붙되, 일률적으로 붙는 것이 아니라, 어떤 몇 개의 말에만 특별히 붙는 것을 이름입니다. 그래서, 관형사는 독립한 한 품사로 인정되지마는, 접두사는 독립성이 없는 쪽말에 지나지 못하므로 품사로 인정되지 못하는 것입니다. 가령, "새, 헛, 이, 그, 한, 두…" 따위는 반드시 명사 앞에만 쓰이되, 모든 명사에 두루 쓰일 수 있으므로 관형사요, "엇, 핫, 싯, 설, 돌, 개…" 따위는 혹은 명사 머리에 혹은 동사나 형용사 머리에 붙되, 어떤 몇 개의 말에만 붙을 뿐이므로 접두사입니다.

【물음 217】보조동사와 보조어간은 어떻게 다릅니까?

4282.10. (돈암동, 한글 생)

【대답】보조동사는 앞의 동사의 뜻을 돕는 낱말로의 동사요, 보조어간은 앞의 어간의 뜻을 돕는 음절로의 어간입니다. 실례를 보이건대, 아래와 같습니다.

보조동사		보조어간		
본동사	보조동사	본어간	보조어간	어미
먹어	보다.	먹 +	었	+ 다.
먹어	내다.	먹 +	겠	+ 다.
먹어	버리다.	먹 +	으시	+ 다.
먹게	되다.	먹 +	히	+ 다.
먹지	아니하다.	먹 +	이	+ 다.
먹고	말다.	먹 +	이시었	+ 다.

【물음 218】닿소리 접변이 되는 이유를 알고자 합니다.

4282.10. (돈암동, 한글 생)

【대답】닿소리 접변이 되는 근본 이유는, 받침 닿소리를 제 소리대로 다 내지 않고 끝을 막고 마는 데서 생기는 것인데, 끝을 막는 그대로 다음의 닿소리를 내려니까, 앞 음절의 받침 닿소리가 뒤 음절의 첫 닿소리를 닮게 되는데, 혹은 반대로 뒤 음절의 첫 닿소리가 앞 음절의 받침 닿소리를 닮게 되든지 하는 것입니다. 가령, 앞 음절의 무성음(울림이 없는 닿소리) 받침 ㅂ, ㅍ, ㄷ, ㅌ, ㅅ, ㅈ, ㅊ, ㄱ, ㅋ 따위가 뒤 음절의 유성음(울림이 있는 닿소리) ㅁ, ㄴ, ㄹ, ㆁ 따위를 만날 때는 그 받침이 모두 울림을 띠게 되어 "ㅂ, ㅍ"은 "ㅁ" 소리로 되고(밥맛→밤맛, 앞날→암날) "ㄷ, ㅌ, ㅅ, ㅈ, ㅊ" 따위는 "ㄴ" 소리로 되고(맏누이=만누이, 끝날=끈날, 웃는=운는, 젖내=전내, 꽃망울=꼰망울), "ㄱ, ㅋ" 따위는 "ㆁ" 소리로 되며(떡메=떵메, 부엌문=부엉문), 앞 음절의 ㄴ 받침이 뒤 음절의 ㄹ을 만나게 되면 혀의 양옆이 곧 트이어서 ㄹ소리로 되니(신라=실라), 이런 따위는 다 앞의 닿소리가 뒤의 닿소리를 닮는 것들이요, 앞 음절 받침의 입술소리 "ㅂ, ㅁ" 따위나 여린 입천장 소리 "ㄱ, ㆁ" 따위로 끝을 막은채, 곧 소리나는 자리를 떼지 않고 붙인채, 그대로 잇달아 "ㄹ"소리를 내려 할 때는 ㄹ 소리가 잘 되지 않고 혀끝만 이틀에 닿을 뿐이므로 "ㄴ" 소리로 되고 말며(십리→심니, 감람→감남, 독립→독닙, 중로→중노), 앞 음절의 ㄹ 받침으로 설측음(舌側音)을 내어 혀옆을 틔운 채로 소리를 계속하여 "ㄴ"을 낼 때는 "ㄴ"이 ㄴ 소리로 되지 않고 ㄹ 소리의 연장(延長)된 것밖에 아니 되니(칼날→칼랄), 이런 따위는 다 뒤의 닿소리가 앞의 닿소리의 영향을 받는 것들입니다. 그러므로 결국 그 접변되는 이유는, 받침 닿소리를 낼 때 그 소리나는 자리를 떼버리지 않고 붙인 대로 두기 때문으로 생기는 것입니다.

【물음 219】옷안→오단, 못하다→모타다? "옷안"이 왜 "오단"으로 발음되

며, "못하다"가 왜 "모타다"로 발음됩니까?   4282.10. (경산, 지 준모)

【대답】"옷이, 옷을, 옷에…", 또는 "잘못이, 잘못을, 잘못에…" 들과 같이, "이, 을, 에…" 따위의 소위 허사(虛辭=속뜻 없는 소리)가 어떤 받침 아래에 따를 때는 그 받침 소리가 완전히 드러나서 아래 음절로 이어 내려오지마는 (옷이→오시, 옷을→오슬, 옷에→오세, 잘못이→잘모시, 잘못을→잘모슬, 잘못에→잘모세… 들과 같음), 만일 그렇지 않을 때는 언제든지 받침은 그 소리나는 자리를 꽉 닫아 두는 것이 우리말의 발음 방식이어서, "ㅅ, ㅈ, ㅊ, ㅌ" 들의 받침이 다 "ㄷ" 받침과 같게 됩니다. 그런 까닭으로, "옷안→온안→오단, 못하다→몯하다→모타다"로 됩니다. "젖어미→전어미, 꽃아래→꼳아래, 팥알→팓알" 따위와도 아울러서 생각해 보십시오.

【물음 220】 "놀다"의 ㄹ과 "읽다"의 ㄹ? "놀다"의 ㄹ이 "노는, 노네"의 경우에 소리가 줄어지므로 줄어진 대로 쓰는데, "읽다"의 ㄹ이 "읽는, 읽네"의 경우에 줄어지는 것은 왜 줄어진 대로 "익는, 익네"로 쓰지 않고 "읽"을 밝히어 적습니까?   4282.10. (청량리, 익는 생)

【대답】 한글 맞춤법 통일안 첫머리에 이르되, "한글 맞춤법은 표준말을 소리대로 적되 어법에 맞도록 함으로써 원칙을 삼는다"고 하였습니다. 소리에도 맞고 어법에도 맞게 쓰자는 것이 근본 정신입니다. 만일 이 두 조건을 겸하여 갖출 수가 없는 경우에는 어느 쪽을 주장으로 삼아 좇을 것이냐 함에는, 물론 어법보다는 소리를 좇는 것이 표음문자의 본의이므로, "놀는, 놀네"로 아니하고 "노는, 노네"로 함이 당연하지마는, 두 조건을 겸하여 갖추게 쓸 수가 있음에도 불구하고 한 쪽 조건만 따라 쓴다면, 이는 맞춤법의 근본 정신에 틀립니다. 어법을 전연 무시하고 소리로만 따라 적으려면, "읽는, 읽네"는 고사하

고 "익는, 익네"로 쓸 필요도 없습니다. 아주 "잉는, 잉네"로 쓰는 것이 더 철저하고 명확할 것입니다. 그러나 모든 것이 이런 식으로 나간다면 그것은 글이 아니라 순전한 표음 기호에 지나지 못합니다. 요컨대, "노는, 노네"는 어법에 맞지 않는 특수한 말이니 소리에만 맞추어 쓸 수 밖에 없지마는, "읽는, 읽네"는 소리에도 맞고 어법에도 맞는 것이니 "읽"을 밝히는 것이 이상적 맞춤법이 되는 것입니다.

【물음 221】 "몇 량(兩)"-"몇 냥"? 옛날 돈의 단위에 "몇 량"입니까, "몇 냥"입니까? 또는 "몇 잎"입니까, "몇 닢"입니까?

4282.10. (논산 노성 국민교, 윤 야중)

【대답】 반드시 수관형사 밑에만 쓰이는 불완전명사인데, "냥" "닢" 들이 표준말입니다. "두 량, 스무 량"이라고는 절대로 하지 않고, 꼭 "두 냥, 스무 냥"이라고 하며, "두 잎, 세 잎"이라고 하지 않고, 꼭 "두 닢, 세 닢"이라고 합니다. 그러므로 발음대로만 쓸 뿐입니다.

【물음 222】 "낭떨어지"-"낭떠러지"? 어느 쪽이 맞습니까?

4282.10. (논산 노성 국민교, 윤 야중)

【대답】 "낭떠러지"가 맞습니다. 어간 "떨"에 "이", "음" 이외의 홀소리인 "어지"가 붙어서 명사로 된 말이니, 통일안 13항에 좇아 어간의 원형을 밝히지 아니하게 된 말입니다.

【물음 223】 "함"과 "한다"? 규약문 같은 데에 말끝을 "…함"(가령, 본회는 무슨 회라 칭함. 사무소를 서울에 둠. 회원은 이러이러한 인사로써 조직함. 회비를 낼 의무가 있음. 따위)이라 하는 것은 암만 생각해도 어법상 명사형이 될 뿐이요 종지형이 되지 못하는데, "…한다, …둔다,

···있다"와 같이 하는 것이 좋지 않을까요?

4282.10. (울산 국민교, 정 인석)

【대답】물론 좋습니다. 그러나, 간편한 방식으로 하기 위하여 명사형으로 하는 것이 나쁠 것은 없겠지요. 마치 무슨 물목이나 명부 같은 것에 모두 명사로만 그치고 아무런 종지형의 토를 쓰지 않는 것과 같은 식이라고 생각하면 괜찮을 것입니다.

【물음 224】싫증, 실증, 싫쯩, 실쯩?

"싫은증"이란 뜻의 "싫증"이란 말을 어떻게 써야 하겠는지요? "싫증"으로 쓰면 "실층"으로 발음될 것 같고, "실증"으로 하면 어원 표시도 잘 아니 되고 발음도 잘 맞지 아니하고, "싫쯩"이나 "실쯩"으로 하면 발음에는 맞을 것 같으나 어원 표시에 적당하지 않을 것 같은데, 어떻게 쓰는 것이 옳겠습니까?

4282.10. (광주, 이 대규)

【대답】"싫증"으로 쓰는 것이 옳습니다. 어원으로도 맞고, 발음으로도 맞습니다. "실층"으로 발음되지 아니함은 "몇일"이 "며칠"로 발음되지 아니함(본지 11권 3호〔물음119〕참고)과 같이, "싫증"은 실사(實辭)에 허사(虛辭)가 붙은 것이 아니고, 실사에 실사가 합친 말이기 때문에 윗말의 받침 소리가 아랫 말에 내려오지 못하여, "싫"은 "싫"로만 끊어져서 "싫"과 같은 소리로 되고, "증"은 따로 발음되므로, "싫ㅎ증" 곧 "실쯩"과 같이 발음되는 것입니다. 그러므로 어원을 밝히어 "싫증"으로 쓰는 것이 옳습니다. 만일 실제 발음이 "실증"으로 날 것 같으면 그것은 일반 통칙에 어그러진 형상이니, 그야말로 어원을 밝히지 못하고 발음대로만("골병, 며칠" 따위와 같이) "실증"으로 쓸 수 밖에 없겠지요마는, 발음이 복합어의 통칙에 따라 윗 말과 아랫 말의 사이에 된소리로 나는 것이니까 "싫증"으로 쓰는 것이 발음에 틀릴 것이 없습니다.

【물음 225】 끋끋하다, 꼿꼿하다, 꼬꼿하다?

이 말은 "곧고 곧다"는 뜻이니, "끋끋하다"로 쓰는 것이 옳지 않습니까? 만일 어원을 관계하지 않고 "꼿꼿하다"로 쓸 바에는 차라리 "꼬꼿하다"로 쓰는 것이 더 편리하지 않습니까?   4282.10. (광주, 이 대규)

【대답】 "끋끋하다"로 쓰면 어원에도 맞지 않고 소리에도 맞지 않게 됩니다. "끋"이 벌써 "곧"과는 달라진 것이니 어원을 밝힌 것이 못 되고, 이 말의 부사로 된 "꼿꼿이"는 분명히 "꼿꼬시"로 발음되니 "끋끋이"로서는 발음에 맞지 않게 됩니다. 그 다음에 "꼬꼿하다"는 그렇게 생각하실 만도 합니다마는, 이 말 하나만을 가지고 생각할 것이 아니라, 널리 미루어 생각해야 됩니다. "하다"가 붙는 말로서 똑같은 소리가 두 개 겹쳐서 된 말이 많은데, 그들을 제각각 아무렇게나 쓰는 것보다 일률적으로 공통되는 방식으로 쓰는 것이 좋을 것이니, "깜깜하다(깡깜하다), 꼼꼼하다(꽁꼼하다), 간간하다(강간하다), 넉넉하다(넝넉하다), 녹녹하다(농녹하다), 막막하다(망막하다), 만만하다(맘만하다), 빳빳하다(빠빳하다), 뻔뻔하다(뻠뻔하다), 싹싹하다(싹삭하다), 씩씩하다(씩식하다), 암암하다(아맘하다), 연연하다(여년하다), 캄캄하다(캉캄하다), 홧홧하다(화퇏하다)…" 따위를 비교해 보면 어떤 것은 소리대로만 써도 좋을 것이 없지 않습니다마는 전반적으로 볼 때는 두 소리를 똑같이 거듭 쓰는 것이 어원 관계로나 발음으로나 다 타당함을 알 수가 있습니다. 그러므로 "꼿꼿하다"로 쓰는 것이 좋습니다.

【물음 226】 "이야기 하다"? "이야기하다"? "이야기하다, 공부하다, 운동하다, 권고하다, 싸움하다, 생각하다…" 따위와 같이 "하다"가 붙는 말을 혹은 붙여 쓰기도 하고, 혹은 띄어 쓰기도 하니, 어떤 것이 옳으며, 다 옳다면 무엇으로 표준하여 달리 합니까?   4282.10. (광주, 이 대규)

【대답】붙여 쓸 경우도 있고 띄어 쓸 경우도 있습니다. 대저 "하다"란 말
은 어법상으로 네 가지 구실을 하는 것임을 알아야 합니다. ① 첫째
로, 독립한 <u>타동사</u>이니 "이야기를 한다. 공부는 아니 <u>하고</u>, 운동만 <u>한</u>
<u>다</u>. 싸움만 <u>하지</u> 말고, 생각도 좀 <u>하여</u> 보아라" 들의 경우는 다 완전
한 한 개의 타동사이요, ② 둘째로, 다른 동사의 대신 노릇을 하는
"<u>대신 동사</u>"이니, "내 말을 들어라. 예, 그리 <u>하지요</u>(=듣지요). 공원
으로 놀러 갑시다. 그렇게 <u>합시다</u>(=갑시다). 술을 한 잔만 더 하시오
(=잡수시오). 더는 할(=먹을) 수 없는데요. 모르는 것은 선생님께
배워라. 예, 그리 <u>하리다</u>(=배우리다)" 들의 경우는 다 대신 동사이
요, ③ 세째로, 다른 동사나 형용사의 아래에서 그 동사나 형용사의
뜻을 도와 주는 <u>보조 동사</u>이니, "남을 잘 살게 <u>한다</u>. 마음이 곧아야
<u>한다</u>" 들의 경우는 다 보조 동사요, ④ 네째로, 어떤 명사나 어근에
붙어서 동사나 형용사를 이루는 접미사(接尾辭)이니, "들은 대로 다
이야기<u>하시오</u>. 한글을 공부<u>한다</u>. 친구에게 운동<u>하기</u>를 권고<u>한다</u>. 싸움
<u>하려고</u> 생각<u>하지</u> 말아라. 몸이 튼튼<u>하여야</u> 정신도 건전<u>하다</u>. 간단<u>하고</u>
분명<u>하게</u> 대답<u>하여라</u>" 들의 경우는 모두 접미사입니다.

　　이와 같이, 독립한 타동사로나, 대신 동사로나, 보조 동사로는 다
한 개의 낱말로 쓰이므로 띄어 써야 하고, 접미사로는 저 혼자로 낱말
이 되지 못하고 앞의 명사나 어근에 붙어서야 한 낱말이 되므로 붙여
써야 합니다. 가령 "옛날 이야기 하시오"라 하면 "하시오"가 "이야기하
시오"로 된 접미사가 아니라, "옛날(의) 이야기(를) 하시오"라는 뜻이
니까 독립한 타동사이니, 띄어 써야 할 것이요, "옛날 일을 이야기하
시오"라 하면, "옛날 일을 이야기(를) 하시오"로 된 말이 아니라, "옛
날 일을 말하시오"(곧 말로 나타내라, 혹은 지껄이라)의 형식으로 된
말이므로 "이야기하시오"가 한데 붙어서 "일"이란 목적어에 대한 한 타
동사가 된 것이니 띄어서는 안됩니다. 곧 이 경우의 "하시오"는 접미
사이니까 붙여 써야 합니다. 또 "재미있는 이야기 하시오"라 하면 "하

시오"를 띄어 써야 합니다. "이야기하시오"를 한 동사로 칠 것 같으면, "재미있는"이란 말이 어떻게 동사 앞에 쓰일 수 있겠습니까? "이야기"를 따로 떼어서 명사로 써야 그 앞에 "재미있는"이란 말이 쓰일 수 있는 것입니다. 이제 두 가지 경우를 아래와 같이 대조하여 보십시오.

(ㄱ) 독립한 타동사(띄어 씀)
　　들은 <u>이야기</u>(를) <u>하기</u>는 쉽다.
　　한글 <u>공부</u>(를) <u>하기</u>가 재미있다.
　　힘든 <u>운동</u>(을) <u>하지</u> 마시오.
　　그런 <u>권고</u>(를) <u>하려고</u> 갔었다.
　　쓸 데 없는 <u>싸움</u>(을) <u>하지</u> 말아라.
　　무슨 <u>생각</u>(을) <u>하느라고</u> 말이 없소?

(ㄴ) 접미사(붙여 씀)
　　들은 것을 <u>이야기하기</u>는 쉽다.　　　(타동사를 이룸)
　　한글을 <u>공부하기</u>가 재미있다.　　　(　〃　　〃　)
　　몸을 너무 <u>운동하지</u> 마시오.　　　　(　〃　　〃　)
　　그렇게 <u>권고하려고</u> 갔었다.　　　　(　〃　　〃　)
　　쓸 데 없이 <u>싸움하지</u> 말아라.　　　(자동사를　〃　)
　　무엇을 <u>생각하느라고</u> 말이 없소?　　(타동사를　〃　)

　　이와 같이, 독립한 동사인가 혹은 접미사인가를 구별하여, 띄어 쓸 것인가, 붙여 쓸 것인가를 판단할 것입니다. 곧 "하다"의 바로 앞에 "를" 토를 넣어 보아서, 넣을 수 있으면, 그 "하다"는 독립한 동사이고, 넣을 수 없으면 접미사로 치면 큰 틀림이 없을 것이고, 넣을 수 있더라도 혹 편의상 접미사로 쳐서 붙이는 것이 좋을 때도 있으니, 그런 것은 글의 짜임새로 보아서 적당히 결정할 것입니다.

【물음 227】 <u>"공부 시키다"? "공부시키다"? 또는 "운동 시키다"? "운동시키다"?</u> 이런 말들도 "시키다"를 붙여 쓰기도 하고 띄어쓰기도 하는데, 어

떠한 표준으로 하여야 합니까?　　　　　4282.10. (광주, 이 대규)

【대답】"시키다"가 붙는 말도 "하다"가 붙는 말과 마찬가지로, 독립한 동
사로 쓰인 경우는 띄어 쓰고, 접미사로 쓰인 경우는 붙여 쓸 것입니
다. 가령,

　　무슨 공부 시키렵니까?
　　힘든 운동 시키지 마시오.

들의 경우는 "무슨", "힘든" 따위와 같이 명사를 꾸미기만 하는 말이
앞에 쓰이었으므로, "공부", "운동" 따위가 순전한 명사로만 되었으니
("를" 토가 생략되었음), "시키다"를 따로 떼어서 독립한 동사로 삼아
야 할 것이요,

　　자식을 <u>공부시키기</u>가 힘이 드오.
　　수학은 뇌수를 <u>운동시키는</u> 학과다.

들의 경우는, "공부시키기"가 "자식"이란 명사에 대한 한 타동사이요,
"운동시키는"이 "뇌수"라는 명사에 대한 한 타동사이어서, "시키다"를
떼어 낼 수가 없으니, 이런 경우는 접미사로서 붙여 써야 하는 것입니
다. 앞의 "하다"의 경우에 비추어 생각하시기를 바랍니다.

【물음 228】 <u>"다가 서다"? "닥아 서다"?</u> 어느 쪽으로 쓸 것입니까?
　　　　　　　　　　　　　　　　　4282.10. (개성, 홍 삼인)

【대답】 "다가"라는 말은 불완전한 동사인데, 그 활용에 있어, "더 <u>다그지</u>
말고"라고 하며, 또 힘준말로서 "좀더 <u>다그쳐</u> 붙이시오"라고 함을 보
아, 그 어간은 "다그"임을 알 수 있습니다. 절대로 "더 닥지 말고"라든
지, "좀더 닥쳐 붙이시오"라든지 하는 일은 없습니다. 그러므로, "바

빠, 고파, 담가, 따라" 들과 같이 "다가"로 쓰는 것이 타당합니다. (물음 145 참조).

【물음 229】 "따뜻하다", "잘못하다"의 "ㅅ" 소리? 통일안 6항 끝에 "ㅅ으로도 나는 받침"이라 하고, 예를 "따뜻하다, 반듯하다, 빙긋빙긋, 잘못하다" 들을 들었는데, 그 말들이 어떻게 "ㅅ" 소리가 납니까?
4282.10. (계동, 김 원옥)

【대답】 예를 들어 드립니다.

따뜻: 물을 따뜻이 데워라.
반듯: 그릇을 반듯이 놓아라.
빙긋: 그가 빙긋이 웃는다.
잘못: 그것은 나의 잘못이다.

【물음 230】 "가엾은"? "가여운"? "가엾다, 가엾은, 가엾어"로도 하고, "가엽다, 가여운, 가여워"로도 하는데, 어느 쪽이 맞습니까?
4282.10. (계동, 김 원옥)

【대답】 "가엾은, 가엾어"가 표준말입니다.

【물음 231】 "섧다, 설다, 서럽다"?
"섧다, 설워, 설운, 설움"으로도 하고, "설다, 설어, 설은, 설음"으로도 하고, "서럽다, 서러워, 서러운, 서러움"으로도 하는데, 어느 쪽이 표준말입니까?
4282.10. (계동, 김 원옥)

【대답】 "섧다"가 표준말입니다. 발음은 "짧다, 떫다" 따위와 같이 "설따"로 납니다. 그리고 "ㅂ 변칙"으로 홀소리 앞에서는 "ㅂ"이 "우"로 변합니

다. 요새 흔히 "설다"를 표준말 같이 생각들을 하는 모양입니다마는 "ㄹ" 받침 말고는 그 어미(語尾)가 "따, 꼬, 찌, 쎄"와 같은 된소리로 나는 법이 절대로 없는 것이며, 또 "ㄴ, ㅂ, 오, ㄹ, 시"의 앞에서 "ㄹ" 받침이 줄지 않는 말이 없는 것인데, "설다"라고 하면 "설다, 설고, 설지" 들이 어찌하여 다른 모든 "ㄹ" 받침 말들과는 딴판으로 유별나게 "설따, 설꼬, 설찌" 들로 발음되며, 또한 "ㄴ, ㅂ, 오, ㄹ, 시"의 앞에서도 다른 모든 "ㄹ" 받침 말들과는 딴판으로 "ㄹ"이 도무지 주는 일이 없고 꼭 "ㄹ" 소리가 있어야 됨이 무슨 까닭일까? 이것이 곧 "ㄹ" 받침의 ㅂ 변칙임을 밝게 보이는 것이라 하겠습니다. 그리고, "서럽다"도 상당히 유력하게 쓰입니다마는 "설다"가 너무 경망하게 변해진 것임에 반대로 "서럽다"는 너무 늘어지게 변한 것이라고 할 만합니다. 역사적으로나, 품위로나, 어법상으로나 "섧다"를 표준으로 하는 것이 가장 타당한 것입니다.

의문 · 해설

한 글 강 화

정 인 승 지음

판을 고치면서

이 책의 처음 이름은 "한글 문답"이란 것이었었다. 내가 일찍이 한글 학회의 "큰사전" 편찬의 실무를 책임맡은 4269년 4월 이후, 한편으로 월간지 "한글"의 편집을 주간하는 가운데 여러 독자들로부터의 각종 질의를 해답하여 오기 15년째 되던 4283년 봄에 동지들의 요청으로 그 해답을 추려 모아서 "한글 문답"이란 이름으로 엮어 낸 바 있었으나, 뒤이어 6·25동란, 한글 파동 들에 따른 학회 사업 관계 및 개인의 여러 가지 사정으로 이것을 다시 다듬거나 보태거나 해 볼 생각의 여유가 없었다.

그 동안에도 독자들로부터의 여러 가지 새로운 질의가 있을 때마다 간단한 사신으로 회답해 보내고는 잊어버리고 말곤 하였을 따름이다. 그러던 가운데 우연히 신구 문화사에서, 현하 급속도로 늘어 가는 한글 실용에 대한 정확 광범한 지식을 요구하는 사회 실정에 수응하고자 하는 뜻으로 "한글 문답"의 재판 발행을 요구하면서, 구판 발행 이후의 새로운 문답들을 보충하는 동시에 전면적인 체제를 수정해 주기를 요청하여 왔다. 그러함이 나의 뜻했던 바가 아니로되, 누차의 요청하는 고마운 성의를 굳이 사절할 것까지는 없다 싶기에, 그 요청에 의하여 구판에 없던 새로운 질의의 해답들을 대강 찾아 보태는 동시에, 일체의 해설을 오늘날의 실용에 맞도록 많은 수정을 가하고, 재료 배열의 순서를 구판의 연대순에 따르지 않고, 찾아 보기의 편의를 위하여 질의의 내용을 따라 유취 분류하고, 각각 ㄱㄴㄷ순으로 배열하였으며, 책 이름도 새로 고치었다.

그러나, 총총히 다듬느라고 소략한 점이 많을 줄 아오니, 보시는 분들께서 많이 지적해 주시기를 삼가 바라는 바이다.

4293년 7월 첫날

지 은 이 적음

머 리 말

지난 열 네 해 동안 한글지를 통하여 독자 여러분으로부터 여러 가지로 물음에 대하여 그때 그때에 따라 대답하여 드린 것을 몇몇 벗들이 일부러 주워 모아 가지고 이를 단행본으로 내기를 여러 번 요청한 바 있었으되, 그리 함이 나의 본뜻이 아니므로 굳이 거절하고 말았더니, 생각지 아니한 최근 얼마 전에 그 분들이 원고를 가지고 와서, 이미 인쇄의 준비를 대략 갖추어 놓았노라고 양해를 강청하는 지라, 일이 더 말리지 못하게 되어 부득이 승낙 아니 할 수 없었다.

그러나 내용이 변변ㅎ지 못하고, 더구나 오랜 동안에 여러 각 사람으로부터 여러 각가지 문제로 물음을 받은, 이른바 일문 일답의 것이어서, 아무 순서도 없고 체계도 없으며, 같은 문답이 여러번 거듭된 것도 있고 또는 시대의 다름에 따라 같은 물음에 대답이 달라진 것도 있으며, 그 때에 필요한 대답이 지금은 불필요하게 된 것도 있고 하여 그냥 그대로 둘 수 없겠으므로 전부 손을 다시 보지 아니하면 안되겠으나 도저히 그리 할 겨를이 없어 우선 대강 몇 군데 손보는 체하여 그대로 내게 되니, 보시는 분들에 대하여 실로 부끄럽고 미안하기 짝이 없다.

찾아 보기에 불편을 덜기 위하여, 목차를 대강 아래와 같은 여섯 가지로 나누어 붙이었고, 실은 차례는 일체 연대순으로 하였다.

1. 글자에 관한 것
2. 소리에 관한 것
3. 표준말에 관한 것
4. 맞춤법에 관한 것
5. 말본에 관한 것
6. 말뜻에 관한 것

내용이 워낙 불비한 것이매, 보시는 분으로부터 일일이 잘못된 곳을 지적하여 꾸지람하여 주시면 분외의 다행으로 알겠다.

4283년 첫 봄

지 은 이 적음

한 글 강 화 · 차 례

148

우리 글의 역사

I

I 우리 글의 역사

물음 1 훈민정음 이전의 글자?

훈민정음 이전에도 우리의 글자가 있었을 것인데, 그 때의 글자는 어떠한 것이었는지요?

(4283. 5. 개성. 김 명진)

대답 훈민정음 이전의 글자로서 후세까지 전하여 우리가 보고 아는 것으로는, 신라 이후로 한자를 이용하여 표음식으로 쓰게 된 "향찰(鄕札)", "이두(吏讀)", "구결(口訣)" 들이요, 그 이전의 것으로는 정확한 실물로의 증거가 없으나 단군 때 이른바 "신지비사(神誌秘詞)"란 것이 있었다는 기록이 여러 문헌에 있고, 또 한자나 범자가 아닌 이상한 글자의 실물로는 평양 법수교(法首橋)에서 파낸 비석의 글자(뒤에 유실되었음)라든지, 남해도(南海島) 바위에 새겨 있는 글자 따위가 있으나, 그것들이 우리의 옛 글자라고 확증할 도리는 아직 없습니다.

그리고, 일본 북해도 수궁(手宮)의 굴 속에 이상한 글자로 새겨 있는 글을 중목각(中目覺) 박사가 연구한 결과, 그 글뜻이 "나는 부하를 데리고 바다를 건너서…싸워서…이 굴에 들어왔다"란 말인데, 옛날 북해도가 숙신(肅愼＝朝鮮)의 식민지였으며, 숙신 민족이 일찍부터 토이기 글자를 변경하여 이러한 글자를 만들었던 것이라고 말하였습니다. 그러나, 그 글자가 어떠한 것인가는 유감이나마 알 수가 없습니다.

향찰, 이두, 구결 들은 다 한자를 이용하여 표음식으로 말을 적는 글자인데, 우리가 한자를 조금씩이라도 한문식 그대로 사용하기는 멀리 삼한시대 전후부터의 일이었겠지요마는, 한자의 음이나 새김을 이용하여 우리말을 소리대로 얼마든지 표기하는 방법을 의식적으로 고안하여 사용하기는 신라통일 후의 설총(薛聰) 때로부터이고, 한문 숭배가 점점 더해지는 고려 시대로 내려옴에 따라 이것이 차차 한문어의 보조용으로 축소되고 정형화하여 "이두"로 변모되고, 한편 한학장려가 극도로 고조되는 이조 시대로 내려오면서 이두보다도 더욱 축소되어 오직 순한문 낭독의 구두(句讀) 소용인 "구결"로 변모되었습니다. 이제 그것들의 모양을 비교해 봄으로써 설명에 대신하겠습니다.

향찰 (한자 전부가 향찰임)

(글)	東京	明期	月良	夜入伊	遊行如可
(말)	시볼	볼기	돌애	밤들이	노니다가
(뜻)	서울	밝은	달에	밤깊이	노닐다가

(글)	入良沙	寢矣	見昆	脚烏伊	四是良羅
(말)	들어아	자리	보곤	가롤이	네히어라
(뜻)	들어서	자리	보니	다리가	넷이로다

이두 (밑줄 부분이 이두임)

坐罪人<u>矣</u> 家口 <u>乙良</u> <u>必于</u> 入官 <u>爲去乃</u>
　　　　(의)　　　　(으란)　(비록)　　　(하거나)

犯人 <u>亦</u>　免罪 <u>爲昆</u> <u>並以</u>　免放 <u>齊</u>
　　　(이)　　　 (하곤)　(아오로)　　 (져)

이 이두문은 "대명률직해(大明律直解)"의 일절인데, 순 한문인 "대명률"의 원문은 다음과 같음.

　　　綠坐人家口雖己入官罪人得免者亦從免放

구결 (밑줄 부분이 구결임. 한문은 위의 "대명률" 원문임.)

　　　綠坐人<u>矣</u>家口<u>羅隱</u>雖己入官<u>是那</u>罪人得免者<u>飛隱</u>亦從放免<u>爲羅</u>
　　　　　　(의)　　　(란)　　　　　(이나)　　　　　　(는)　　　　(하라)

(한문 원문은 절대 변경하지 못함)

구결은 약자를 만들어 쓰기도 하니, "矣＝厶, 羅隱＝令, 是那＝尹, 飛隱＝
, 爲羅＝ "와 같음.

물음 2 한글 창제의 동기와 노력?

　어리석은 속설에 세종대왕께서 우연히 창문의 문살을 바라보고 한
글을 만들었다 하여 한글을 "문살글"이라 하기도 하고, 혹은 왕께서 뒤
를 보시다가 우연히 생각이 나서 만들었다 하여 한글을 "정낭글"(정낭
은 변소의 사투리)이라 하기도 한다고 하는데, 그건 다 무식한 소리밖
에 안 되거니와, 대체 세종께서 어떠한 동기로 한글을 만들려는 생각
이 났었으며, 그렇게 훌륭한 글을 완성하기에 얼마나한 노력과 시일이
소요되었는지 알고자 합니다.　　　　　　　　(4258, 한글날. 고창, 이 경태)

대답 훈민정음 서두에 세종대왕 친히 하신 말씀으로 "우리말이 중국글인
한문과는 맞지 않아서 우리 백성들이 마음대로 의사발표를 못하는 이가
많으므로 내가 이것을 딱하게 여기어 스물 여덟 자의 새 글을 만들어서,
사람마다 쉽게 익히어 일상생활에 편리하게 하노라" 한 것만으로도, 우리
국민들을 무식한 사람이 하나도 없이 다 자유로운 문자생활을 할 수 있도
록 하고 싶은 거룩한 생각이 그 동기가 되었음을 알 수 있습니다.
　한글을 만들어 낸 노력에 대해서는 여러 기록에 아래와 같은 사실들이
적혀 있습니다.
　(1) 연구에 너무 고심하여 안질까지 나시어 청주 초정(椒井) 약수에 치
료하러 다니신 일과, 그러한 여행 중에도 한글 연구의 서류만은 늘 가지고
다니셨다 하며,
　(2) 음운의 비교 연구를 위하여, 성 삼문(成三問)같은 학자들을 중국의
학자 황 찬(黃瓚)이 귀양살이하고 있는 요동(遼東)에까지 보내어 문의하기
를 열 세 번이나 하였으며,

162 한글 강화

(3) 부제학 최 만리(崔萬理)를 중심으로 한 완명고루한 사대주의자들의 극성스러운 반대운동을 끝끝내 물리치고 최후의 완성을 목표로 꾸준히 추진하였으며,

(4) 대왕 25년에 한글 원안의 작성이 끝난 뒤, 곧 이어서 여러 학자들을 시켜 그 해례(解例)를 자상하게 지었으며,

(5) 그 창제한 원안을 가지고 3년 동안을 두고 실제 응용의 실험으로서, 중국 운서인 "운회(韻會)"를 번역하기와, 우리 운서인 "동국정운(東國正韻)"을 짓기와, 또는 이씨 건국의 성업을 찬양하는 가사인 "용비어천가(龍飛御天歌)"를 창작하기 등, 여러 가지로 새 글의 실용상 완전무결을 기한 뒤에야, 28(서기 1446)년에 세상에 공포하였습니다.

그리고, 한글을 만들기에 얼마의 시일이 걸리었는가는 문헌에 분명한 기록이 없습니다마는, 임금 되시기 전부터 연구하기 시작했다면 적어도 30년 이상으로 보아질 것이요, 임금 된 뒤에 시작했다 하더라도 연구 도중에 성 삼문 들이 기차도 자동차도 없던 그 때에 머나먼 외국땅 요동에를 13번이나 가고 오고 의논하고 시험하고 한 사실만으로도 많은 햇수가 걸렸을 것이고, 그 전과 그 후의 세월들이 또 얼마이었는지 알 수 없으나, 아무래도 몇 10년 걸리지 않았을까 싶습니다.

물음 3 한글 초기의 장려와 연산주의 탄압?

세종대왕 이후 역대 임금들이 한글을 장려하기에 힘썼으나 연산주에 이르러 한글에 관한 책들을 모조리 불사르고, 한글 아는 사람들을 처벌하고, 누구든지 한글을 쓰거나 배우지 못하게 하였다니, 그 장려한 사적과 탄압한 실정을 구체적으로 간단히 일러 주십시오.

(4285, 12. 마산, 박 성배)

대답 새로 만든 한글을 널리 펴기 위하여, 세종께서는 학자들을 시켜 "용

- 6 -

비어천가(龍飛御天歌)", "동국정운(東國正韻)" 들과 아드님 수양대군(세조)을 시켜 "석보상절(釋譜詳節)" 및 몸소 "월인천강지곡(月印千江之曲)" 들을 지어 내었고, 세조는 "월인석보(月印釋譜)"를 엮은 외에 신하들을 시켜 많은 불경들을 번역해 내었으며, 성종은 신하들을 시켜 여러 불경들과 유명한 한적들을 번역하고, 국악의 가사들을 정리 간행하였으며,

한편, 세종 이래로 한글을 공문서에 쓰게 하고, 관리 채용에 한글을 시험 보게 하는 등 여러 가지로 한글의 장려 보급에 힘썼습니다.

연산주도 처음엔 매우 영민하여 한글 장려에도 깊은 관심을 가지고 역서(曆書)까지도 한글로 번역하여 쓰게 하였던 것입니다.

그런데, 일찌기 연산주의 어리었을 때, 그 생모 윤씨가 성질이 악독하여 성종의 얼굴을 손톱으로 할퀸 일이 있어서 성종 어머니의 명령으로 윤씨를 폐위시켰더니, 성종은 윤씨를 회개시키려고 한글로 편지를 여러번 내리다가 필경에는 사약으로 죽이었는데, 연산주가 임금 된 뒤에 그 외조모로부터 이 사실을 알고 격분하여 그때 한글 편지 전달하던 자, 및 많은 관계자들을 잡아 죽이고, 그 뒤부터 황음잔악한 일을 많이 하매, 그 10(서기 1504)년에 어떤 사람이 그 죄악을 일일이 한글로 써서 길가에 붙인 일이 있어서, 이 때문에 한글 아는 사람을 모조리 잡아 죽이고, 한글 서적을 모두 불사르고, 한글 사용을 엄금하였습니다. 이래서 한글은 세상에 나온 지 58년만에 치명적인 된서리를 맞았고, 이후 갑오경장 이전까지 약 400년 동안 큰 발전을 보지 못했던 것입니다.

물음 4   연산주 이후 갑오경장 전까지의 한글?

연산주 탄압 이후 갑오경장 이전의 약 400년 동안을 한글의 침체기(沈滯期)라 한다니, 그 기간에 한글이 어떠한 상태로 유지되어 왔는지 개괄적으로 말씀해 주시기 바랍니다.   (4283. 3. 경동중학. 오 경탁)

대답 이 400년 동안은 한글 창제의 초기처럼 위로부터의 적극적인 장려가 없고, 한학 숭배의 열이 가속도로 사회를 지배하여 감에 따라 한글은 가속도로 푸대접을 받게 되는 동시에, 자연히 그 본 모습과 표기 방식도 무궤도하게 문란해지게 되었으므로, 국어학사의 견지로서 "침체기간"이라 하기도 하지마는, 그 반면에 한글이 무세력한 대로 민간에 널리 퍼져서, 부지불식간 국민대중의 눈과 귀에 깊은 뿌리를 박아 왔음도 사실입니다.

그 기간 중에 한글이 걸어온 실태를 대략 말씀하면,

(1) 아이들에게 한문글자를 가르치기 위한 이용물로서 널리 사용되었으니, 각종 한자들에 일일이 새김(뜻)과 음을 달아 한문 초학자들에게 읽히던 훈몽자회(訓蒙字會), 유합(類合), 석봉천자문(石峰千字文) 들이 그것이요,

(2) 한학 장려의 국책적 부산물로 유교의 사서삼경 기타 한학 서적의 언해들 및 운서 따위가 많이 편찬 보급되었으며,

(3) 응용면으로 시조, 가사, 소설, 수필 들 여러 가지 문학작품의 창작들은 물론이요, 실용면으로 가정적 서간문, 민간 의약, 북서, 농예 따위의 저작 들들 매우 자유로운 발전이 계속되었으며,

(4) 한편 한글은 학문적으로 연구한 학설로는, 영조 때 박 성원(朴性源)의 정음통석(正音通釋), 신 경준(申景濬)의 훈민정음운해(訓民正音韻解), 홍 계희(洪啓禧)의 삼운성휘(三韻聲彙), 순조 때 정 동유(鄭東愈)의 주영편(晝永編), 유 희(柳僖)의 언문지(諺文志) 들들이 있어서, 뒷사람들의 한글 연구에 많은 도움을 주었습니다.

물음 5 훈몽자회에 받침을 제한한 근거와 그 영향?

세종대왕이 제창한 "훈민정음"에는 "받침에는 첫 소리를 도로 쓰라"(終聲復用初聲) 하여 받침에 제한을 두지 않았는데, 중종조 최 세진(崔世珍)의 "훈몽자회(訓蒙字會)"에는 왜 받침을 "ㄱ ㄴ ㄷ ㄹ ㅁ ㅂ ㅅ

ㅇ "의 여덟 자로 제한하였으며, 또 그러한 결과가 후세에 어떠한 영향
을 미치게 했다고 보겠습니까?   (4287. 9. 청주고교, 이 용순)

대답 "훈몽자회"는 연산주의 한글 금제 이후 24년만에 한글을 되살리어
사용한 책으로 처음 나와서 널리 한글 보급에 자료가 된만큼 한글 역사상
공로가 크다 할 만하지마는, 그 반면에 이 책 자체가 본디 한글의 장려 보
급을 위하여 저작된 책이 아니라, 한문 글자를 어린이들에게 가르치기에
보조 소용으로 이용하기 위한 것인만큼, 한글을 한글로서의 본질로써 다루
지 않고 다만 한문글자 가르치기에 편의할 정도로 다루느라고, 글자의 순
서도 괴학적 체계인 훈민정음에 따르지 아니하고, 받침도 훈민정음의 원칙
을 원칙으로 하지 않고 신하들이 붙인 해례 중의 "ㄱ ㆁ ㄷ ㄴ ㅂ ㅁ ㅅ
ㄹ 八字可足用也"라 한 것을 원칙으로 삼아, 말에 맞는 받침을 맞지 않는
받침으로 무리하게 대용하는 방편을 썼기 때문에, 그 결과로 뒷날의 우리
글과 말에 변동과 혼란이 많이 생기게 되었습니다.

물음 6 "국문연구소"의 내용과 그 업적?

    광무 때에 정부에 "국문연구소"를 두었었다니, 그 내용은 어떠하였
으며, 업적은 어떠하였던지 알고 싶습니다.   (4283. 4. 광주서중, 박 근수)

대답 갑오경장에 따른 새로운 각성은 사대정신에서 자주정신으로, 인급적
사상에서 과학적 사상으로 바뀌게 되어, 남의 것을 배우기 전에 내 것을
먼저 알아야 할 것을 깨닫고, 과거 400여 년간 거칠고 쓸쓸한 푸대접을
받아 오던 우리글에 대한 새로운 관심과 근본적인 연구의 열이 왕성히 일
어난 것이 정부의 주의를 끌게 되어, 광무 11(서기 1907)년 7월에 "국문
연구소"를 학부 안에 설립하고, 국문에 이미 연구가 깊은 십여 인의 학자
들을 위원으로 하여 아래와 같은 문제들을 연구하게 하였습니다.

1. 국문의 유래.
2. 글자의 모양과 발음의 연혁.
3. 없어진 글자 "ㆁ ㆆ ㅿ ◇ ㅱ ㅸ ㅹ ㆄ" 들을 다시 씀의 가부.
4. "ㄲ ㄸ ㅃ ㅆ ㅉ ㆅ" 들의 쓰는 법을 정할 일.
5. "·" 자를 폐지하고 "="("이으"의 합음)자를 씀의 가부. ("="자는 광무 9년에 지석영(池錫永)의 건의로 재가 발포되었던 것임).
6. "ㄷ ㅌ ㅈ ㅊ ㅋ ㅍ ㅎ" 들을 받침으로 씀의 가부.
7. 일곱 소리(엄소리, 혓소리, 입술소리, 잇소리, 목소리, 반혓소리, 반잇소리)의 청탁음(전청, 차청, 전탁, 불청불탁)과의 구별.
8. 사성표(방점)의 쓸 여부와 우리말의 높낮이.
9. 낱자(자모)의 읽는 이름.
10. 낱자의 순서와 "가나다"의 순서.
11. 맞춤법.

위원들은 그 해 9월부터 융희 3(서기 1909)년 12월까지에 회의를 거듭하기 이십 삼 회로, 회의 따마다 연구 결과를 정부에 보고하였으며, 최후로 여러 문제들의 연구 결과를 종합하여 내각에 제출하였는데, 미처 공포되기 전에 학부대신이 갈리고, 정국이 어지럽게 되어 흐지부지되고 말았습니다. 실로 유감천만이었습니다(제1회, 제2회의 연구 보고서는 김 윤경님 지은 "한국문자 및 어학사"에 실리어 있습니다).

<u>물음</u> 7 주 시경 선생의 생애와 업적?

우리 글의 새로운 터전을 닦아 주신 주 시경 선생의 생애와 업적을 대강 말씀해 주십시오.　　　　　(4287. 3. 서울 계동, 이 명규)

<u>대답</u> 주 시경 선생은 고종 13(서기 1876)년 황해도 봉산 출생으로 39세의 고귀한 일생을 한글의 부흥에 바치었습니다. 갑오경장의 해 배재학당에 입학하여, 적수공권의 고학으로 서양 학문과 함께 국어 국문의 연구에 정진하면서, 재학중이나, 졸업후 여기저기 재직중이나를 막론하고 항

상 민족 발전의 앞날을 위하여 몸과 정신의 괴로움을 아끼지 아니하고, 인쇄소의 직공 노릇이며, 독립신문의 기자 노릇도 하고, 밤으로는 야학생 을 가르치고, 일요일로는 일요강습소를 지도하며, 학부 안의 국문연구소 에 중추적 노력을 하며, 외국인 강습소에 한국어 강좌를 담당하며, 서울 각 공사립 학교의 우리말 과정을 거의 혼자 도맡아 교수하며, 광문회의 사전 편찬 실무를 담당 지도하며, "조선어 강습원"을 설립하여 국어국문의 지도자를 많이 양성해 내기에 노력하는 등등 앉은 자리가 더울 사이가 없 었으며, 그러는 중에서도 뒷날의 후진들을 위하여 틈틈이 원고를 써서 "국어문전 음학"(융희 2년 10월), "국어문법"(융희 4년 4월), "말의 소리" (서기 1914년 4월) 들의 저서를 남기고 불행히 심신의 과도한 피로에 겨 워 그 해 7월에 39세의 일기로 세상을 떠나셨습니다.

|물음| 8 "한글 학회"의 연혁?

　　"한글 학회"의 창립으로부터 오늘날까지의 연혁을 개요만이라도 알 려 주실 수 있으면 감사하겠습니다.　　　　　　(4291. 한글날. 신설동, 김 종운)

|대답| 일찌기 한일합병(4243)에 따른 왜정 초기의 폭압정책 약 10년 동 안 한국의 문화 활동은 갑자기 총정지를 당하게 되매, 당시의 국어학자들 은 와신상담 각자의 서재 또는 사립학교들에 파묻히어, 민족갱생의 길을 오직 문화의 향상 발전에서 찾으려는 유일한 신념으로 조국어의 더한층 연구와 개선에 몰두하여 오던 가운데, 4252년 3.1운동의 폭발에 깜짝 놀 란 왜제는 형식이나마 문화정치를 표방하여, 민간의 신문 잡지가 검열제로 나마 약간 허가되고, 집회결사가 엄중한 감시 밑에 조금씩 용허되게 되매, 이 기회를 이용하여 민간의 국어학자(대개 사립학교 교원) 및 유지자로 10여인이 학술 연구의 명목으로 4254년 12월 3일에 "조선어 연구회"(현 한글 학회)를 조직하였습니다.

그 뒤로 왜정의 갖은 방해 간섭과 끊임없이 심하여 가는 무시무시한 위협 속에서, 빈한하고 무력한 본학회는 오직 무저항 불퇴전의 정신으로 합법적인 온갖 꾀와 힘을 다하여 할 수 있는 대로의 일을 하나씩 하나씩 계획 실행하여 왔으니, 이제 그 한 일을 연대순으로 대강 열거하면 아래와 같습니다.

> 4259년 11월(음력 9. 29)에 "훈민정음 기념식"을 창설하고, "한글날"(첫해에는 "가갸날"이라 하였음)을 제정 선포.
> 4260년 2월에 우리말 연구잡지 "한글"을 동인지로 창간.
> 4262년 10월에 "조선어 사전 편찬회"를 조직. 사전 편찬 착수.
> 4264년 1월에 "조선어 연구회"를 "조선어 학회"로 고침.
> 4264, 4265, 4266의 3년 동안 여름마다 회원들이 전국을 순회하여 "하기 한글 강습회"를 개최.
> 4265년 5월에 "한글" 잡지를 다시 기관지로 창간.
> 4266년 10월에 "한글 맞춤법 통일안"을 초안 수정 3년만에 완성 발표.
> 4267년 10월에 "조선어학 도서 전람회"를 개최.
> 4268년 3월에 "조선 기념도서 출판관"을 창설.
> 4269년 4월에 "큰사전" 원고 보안 작성 개시.
> 4269년 10월에 "조선어 표준말 모음"을 사정 정리 3년만에 완성 발표.
> 4273년 6월에 "외래어 표기법 통일안"을 10년만에 완성 발표.
> 4275년 4월에 "큰사전" 원고 일부 조판 교정에 착수.
> 4275년 10월에 학회 간부 전원이 함남 경찰부에 검거되어, 4278년 민족 해방 직전까지 학회 사업 중단.
> 4278년 8월부터 학회 복구 즉시로, 전국의 각급 학교 학생들을 가르칠 각종의 국어 교재를 편찬하며, 동시에 각종 학과를 국어로 교수할 교사들을 훈련 양성하는 국어강습회를 연속 개최하며, 한편으로 "큰사전" 원고의 전면적 수정 사무와 "한글"지 속간 준비 들에 착수.
> 4279년 10월에 "훈민정음" 원본 (4273년 7월에 발견되어 전 형필 님에게 간직된 것)을 영인 간행.

4279년 10월에 한글 반포 500주년 기념행사의 하나로 "기념 도서 전람회"를 개최.

4280년 10월에 "큰사전" 첫쨋권 발행.

4281년 8월에 문교부 위촉으로 "중등 국어 교사 양성소"를 개설.

4282년 3월 "재단법인 한글집"을 설립.

4282년 5월 "큰사전" 둘쨋권 발행.

4282년 6월 "한글전용 촉진회"를 조직.

4282년 9월 회명을 "한글 학회"로 고침.

4283년 6월 "큰사전" 세쨋권 발행.

4283년 6월에, 한국전란으로 학회 사업 중단.

4289년 4월에, 6년 전의 난리로 파산에 이른 경제난과, 3년 전부터의 소위 한글파동의 영향으로 오래 중단되었던 학회 사업을 재개하여 "큰사전" 원고의 남은 부분 수정 실무를 개시.

4290년 10월 한글날에 여섯 권으로 된 "큰사전" 전질을 완성 발행.

4291년 6월에 단권의 "중사전"을 발행.

4293년 4월에 단권의 "소사전"을 발행.

위와 같은 사업들을 진행하는 중에 틈틈이 아래와 같은 약간의 고서를 간행한 바도 있음.

"훈민정음" 번역본(서기 1457 세조 명찬)   영인판
"훈민정음" 번역본(서기 1457 세조 명찬)   활자판
"훈민정음운해"(1750 신 경준 지음)   활자판
"언문지"(1824 유 희 지음)   활자판
"훈민정음" 원본(1446 세종 지음)   영인판
"석보상절"(1447 수양대군 지음) 6, 9, 13   영인판
"금강경 삼가해"(1482 성종 명찬) 2, 3   영인판

물음 9 "한글"의 이름?

우리글을 (1) 어째 "한글"이라고 하며 (2) 언제부터 그렇게 일컫게 되었는지요?   (4282. 1. 합천 삼가학교, 손 동인)

- 13 -

대답 (1) 한글이란 뜻은 ① 글 중에서 가장 큰(大) 글, ② 글 중에 오직 하나인(唯一) 좋은 글, ③ 온 겨레가 한결로(一致) 쓸 글, ④ 글 중에 가장 바른(正) 글(똑바른 가운데를 "한가운데"라 함과 같음), ⑤ 결함이 없이 원만한(滿) 글(입에 꽉찬 것을 "한입"이라 함과 같음)이란 뜻 들을 겸한 것입니다.

(2) 처음 우리글은 세종 28년에 "훈민정음"이란 이름으로 반포되었고, 그와 함께 그것을 언문(諺文)이라고도 하였었는데 "훈민정음"이라 함은 그 글의 특정적인 고유명칭이요, "언문"이라 함은 입으로 하는 말대로 적는 글이란 뜻으로 일컫는 광의적인 보통명칭이었으며, 세종 이후 중종 이전의 어느 때부터인지 "반절"(反切)이란 속칭이 생기었고, 또 그뒤 언제인가 "본문"(本文)이란 속칭도 생기었는데, 이들은 그 낱자(字母)의 배열표를 일컫는 칭호이었으며, 갑오경장 이후로는 "국문"이라고 일컬음이 보통이었는데, 이는 또한 특정적인 명칭이 아니고 그저 우리나라 글이라는 뜻으로 쓰는 광의적인 보통명칭일 뿐입니다.

그러던 가운데, 우리글을 "한글"이라고 처음 이름붙이기는 주 시경 선생 때부터이니, 신문관(新文館) 발행의 어린이 잡지 "아이들보이"에 주 선생이 집필한 가로글씨의 제목으로 "한글"이라 한 것이 그 효시(嚆矢)이었습니다. 그러나 그 이름이 널리 인식되지는 못하다가, 4260년 2월부터 조선어 학회 회원들의 동인지로 창간된 국어국문 연구 잡지가 "한글"이란 제호로써 월간으로 계속해 나오고, 그 전년에 창설했던 훈민정음 기념일의 명칭인 "가갸날"을 이 해부터 "한글날"이란 명칭으로 고치어 해마다 계속하는 동시에, 신문 잡지 및 강연회 강습회 들을 통하여, 또는 "한글 맞춤법 통일안"의 환영적인 보급에 의하여, "한글"이란 이름이 널리 퍼지게 되었고, 더우기 해방 후부터는 정부와 민간을 막론하고 "한글"이란 이름을 전국적으로 즐겨 쓰게 되어 자연히 우리글의 고정 명칭으로 사회적 또는 국제적 공인이 자연히 된 것입니다.

물음 10 "한글날"의 유래?

훈민정음의 탄생은 우리 문화사상 가장 큰 획기적인 사실이니, 그 탄생일을 우리가 민족적 국가적 경절로 정하여 영원무궁토록 연중행사로 기념하는 일은 너무나 당연한 일입니다. 그런데, ① 우리가 이 기념일을 제정하여 기념행사를 시작하기는 언제부터의 일이며, ② 훈민정음이 세상에 공포된 날(탄생일)은 사록에 세종대왕 28년 9월(음력)로만 기록되고 며칠날임은 명기된 바 없는데, 양력 10월 9일로 정한 것은 어떠한 근거에서이며, ③ 기념일의 명칭을 "한글날"이라고 한 것은 언제부터인지요?   (4291. 한글날. 화동. 한글생)

대답 ① 4259(병인)년은 훈민정음이 반포된 세종 28년으로부터 꼭 480년, 곧 8번째 회갑이 되는 해이었는데, 이 해에 조선어 연구회(지금의 한글 학회)에서 신민사(新民社)와 협의하여 훈민정음의 회갑잔치를 할 양으로 그 탄생일을 조사해 보매, ② 음력 9월임은 분명하되 날짜가 명기되지 않은 채로, 세종실록 9월 기사 끝에 "이 달에 훈민정음이 완성되었다"고 함이 있을 뿐이어서, 부득이 음력 9월의 끝날인 29일로 하게 되었고(아래에 다시 말하겠음), ③ 그 날 요리점 식도원(食道園)에서 수백 명이 모이어 "훈민정음 반포 480주년 기념식"을 성대히 거행한 끝에 이 기념일을 "가갸날"이라 일컫게 되었는데 다음 해(4260)부터 명칭을 "한글날"이라고 정하였습니다. 그런데, 기념일의 날짜 확정에 대하여는 그동안 많은 고심과 계단적인 변천을 거쳐 오늘에 이르렀습니다.

(1) 음력 9월 29일(4259~4264)

기념일을 음력 9월 29일로 지키기를 4264년까지 6년동안 계속하다가,

(2) 양력 10월 29일(4265~4266)

4265년부터는 세종 29년의 음력 9월 29일을 양력으로 환산하여 양력 10월 29일로 기념식을 거행하여 이듬해까지 2년 동안 그리하던 끝에,

(3) 양력 10월 28일(4267~4272)

4267년부터는 전번의 양력 환산이 옛날 서양에서 쓰던 "율리우스" 역서에 기준한 것임을 시정하여 우리가 현용하는 "그레고리" 역법을 기준하여 세종 때까지 소급 환산한 결과, 세종 28년의 음력 9월 29일은 양력 10월 28일이 되므로, 그 해(4267)부터는 양력 10월 28일로 기념행사를 하여 4272년까지 6년 동안 계속하였으며,

(4) 양력 10월 9일(4273~현재)

4273년부터는 훈민정음 원본의 발견에 의하여, 그 발문 끝에 9월 상한 (上澣＝上旬)임이 밝혀졌는데, 상한의 끝날인 초열흘날은 29일보다 19일만큼 앞선 날인즉 양력으로도 10월 28일보다 19일 앞선 날인 10월 9일이 되므로, 이 해(4273)부터는 양력 10월 9일을 기념일로 정하여 오늘까지 이르러 오는 것입니다.

글 자 문 제

Ⅱ

Ⅱ 글자 문제

물음 1 한글의 글자 만든 원리?

세종대왕께서 한글을 창제하실 때 28개의 글자 모양을 어떠한 구상(構想)으로써 그와 같이 만들게 되었는지요?

(4282. 6. 개성 송도중학, 서 병문)

대답 이에 대하여는 종래 내외국 여러 학자들의 구구한 억측들이 많았었는데, 4273년 7월에 "훈민정음"의 원본이 발견되어, 우리글에 관한 여러 가지 의문과 동시에 이 의문도 시원하게 밝혀졌습니다. "ㄱ ㅋ ㆁ, ㄷ ㅌ ㄴ, ㅂ ㅍ ㅁ, ㅈ ㅊ ㅅ, ㅇ ㆆ ㅎ, ㄹ ㅿ, ㆍ ㅡ ㅣ, ㅗ ㅏ ㅜ ㅓ, ㅛ ㅑ ㅠ ㅕ"의 28자에 대한 "제자해(制字解)"에 글자 만든 원리를 자세히 풀이하였는데, 그 요지를 대략 소개해 드리겠습니다.

정음 28자는 각각 형상을 본떠서 만들었으니, 닿소리 17자에 ① 혀뿌리소리인 "ㄱ"은 혀뿌리가 목구멍을 막는 형상을 본뜬 것이요, ② 혀끝소리인 "ㄴ"은 혀끝이 윗이틀에 붙는 형상을 본뜬 것이요, ③ 입술소리인 "ㅁ"은 입술 형상을 본뜬 것이요, ④ 입천장소리인 "ㅅ"은 이빨 형상을 본뜬 것이요, ⑤ 목구멍소리인 "ㅇ"은 목구멍 형상을 본뜬 것인데, 이 다섯 글자에 각각 그 소리의 힘줌에 따라 획을 더하여, ㄱ에서 "ㅋ"으로, ㄴ에서 "ㄷ", ㄷ에서 "ㅌ"으로, ㅁ에서 "ㅂ", ㅂ에서 "ㅍ"으로, ㅅ에서 "ㅈ", ㅈ에서 "ㅊ"으로, ㅇ에서 "ㆆ", ㆆ에서 "ㅎ"으로 하고, 다만 ㄱ의 울림소리인 "ㆁ"만은 그 소리가 ㅇ에 가깝기로 ㄱ과 좀 다르게 하였고, 반혀끝소리 "ㄹ", 반혓바닥소리인 "ㅿ"은 또한 각각 혀와 이의 형상을 본뜬 것이며, 홀소리 11자에 ① "ㆍ"는 혀를 둥글게 하여 나는 소리이므로 하늘 형상처럼 둥근 점으로 하고, ② "ㅡ"는 혀를 평평하게 하여 나는 소리이므로 땅의 형상처럼 평평하게 하고, ③ "ㅣ"는 혀를 곧게 뻗치어 나는 소리이므로 사람의 형상처럼 곧추서게 만들었는데, 이 세 글자를 기본으로 하여 "ㆍ"의 가까운 소리로 입의 오므림과 벌림에 따라 "ㅗ"와 "ㅏ"로 하고, "ㅡ"의 가까운 소리로 입의 오므림과 벌림에 따라 "ㅜ"와 "ㅓ"로 하며, 다시 "ㅣ"에서 시작하는 이 네가지의 소리로 "ㅛ, ㅑ, ㅠ, ㅕ"가 된 것이라고 설명하였습니다.

이와 같이 우리 한글은 사람의 발음 기관에 기초를 두어 이루어진 진실로 이상적인 소리글자인 것입니다.

물음 2 "ㅌ"의 글자 모양?

"ㅌ"자를 보통 ㄷ, ㄷ, ㅌ 따위 각가지로 쓰는데 어느 것이 옳습니까?

(4274. 11. 마산생)

대답 훈민정음 원본에 "ㅌ"으로 되어 있습니다. "ㄷ"은 "ㄹ"과 혼동되기도 쉽고, "ㄷ"은 모양이 아름답지 못합니다. 글자 만들 때 "ㄴ, ㄷ, ㅌ"의 모양으로 만든 것이고, 보기에도 똑똑하니, 원본대로 "ㅌ"으로 쓰는 것이 좋습니다.

물음 3 "ㄹ"의 글자가 왜 하나뿐인가?

우리말의 흐름소리(流音)에 혀굴림소리("다리"의 ㄹ[r])과 혀옆소리("달도"의 ㄹ[l])의 두 가지가 확실히 다른데, 어찌 훈민정음에 "ㄹ" 하나만 만들어 두 소리를 구별하지 아니했는지요? (4274. 9. 마포, 한글생)

대답 훈민정음 원본의 "합자해(合字解)"에 이에 대한 설명을 보면, 반혀끝소리(흐름소리)에 가볍고[r] 무거운[l] 두 가지 소리가 있지마는, 구태여 글자로 구별하지 않더라도 "ㄹ" 하나로 통용할 수가 있고, 만일 굳이 구별되게 쓰려면 그 가벼운 소리에는 "ㅀ"로 쓸 수가 있다고 하였습니다. 그래서 모든 책에 "ㄹ" 하나로 통용하고 "ㅀ"은 실용하지는 않았습니다.

물음 4 "ㆆ, ㅿ, ㆁ, ㅸ" 들은 어떻게 없어졌나?

훈민정음 28자에 "ㆆ, ㅿ, ㆁ" 들이 있었고, 포개쓰는 글자로 "ㅸ"도 있었는데, 그것들이 각각 언제부터 어떻게 없어졌고, 그 없어진 대신으로 각각 어떠한 글자로 바꾸어 쓰게 되었습니까?(4270. 12. 함흥, 김 병호)

대답 문헌상 글자로 나타난 것을 가지고 보면, "ㆆ"과 "ㅸ"은 세종 시대에만 쓰이다가 곧 없어졌고, "ㅿ"과 "ㆁ"은 선조 초기까지 쓰이다가 차차 없어졌는데, 이들 각각의 변천 상황을 따로따로 말씀하면, ① "ㆆ"은 첫소리로는 당시의 한자음에 썼을 뿐이었다가("ㅎㅏㄴ, ㅎㅗㅁ"과 같이) 뒤에 "ㅇ"으로 바꾸이게 되고, 우리말에는 오직 ㄹ받침 옆에 붙이어 ("갏길, 흟배"와 같이) ㄹ소리의 울림(有聲)을 끝막아 그치게 하는 표로 썼을 뿐이었다가 뒤에 "ㅅ"으로 바꾸거나 아주 빼버리거나 하게 되었으며, ② "ㅸ"은 ㅂ의 가벼운소리로 우리말에 꽤 흔하게 쓰이다가 세조 때 없어지면서 "오, 우" (ㅅ ㅂㅏ→ㅅ와, 더ᄫᅳᆫ→더운)로 바꾸이게 되었으며, ③ "ㅿ"은 ㅅ의 엷은 울림소리로서, 성종 때의 두시언해나 중종 때의 훈몽자회 들에 많이 쓰이고 선조 초의 야운자경언해(野雲自警諺解)같은 데도 쓰이었으나, 그 뒤에는 소리값 없는 "ㅇ"으로 바꿔 쓰게 되었으며, ④ "ㆁ"은 첫소리와 받침에 두루 쓰이기는 훈몽자회 때까지이고 받침에만 쓰이기는 선조 말기의 언해태산집요(諺解胎産集要)를 최종으로 자취를 감추고, 그 뒤로는 받침으로의 소리는 그대로 가지고서 글자만을 "ㅇ"으로 대용하게 되어 오늘에 이른 것입니다.

물음 5 훈민정음에 왜 ◇이 없나?

훈민정음 원본 영인본에 왜 닿소리 ◇이 없습니까?

(4271. 3. 함흥, 김 병호)

대답 ◇은 원래 훈민정음에는 없는 글자입니다. 최 세진의 훈몽자회 옛 판에 비로소 그런 글자가 나타났으나, ㅇ에 비슷한 소리로 썼었고, 박 성 원의 "화동 정음 통석 운고"에는 ㅂ, ㅍ, ㅁ의 비슷한 소리로 나타났었는 데, 유 희(柳僖)의 말에, 박 성원의 ◇은 곧 ㅸ이라 하였고, 주 시경(周時 經) 선생도 ◇은 ㅸ의 대신이라고 말했습니다. 당신이 물으신 ◇은 어떠한 소리의 것으로 말씀한 것인지 모르나, 만일 이 ㅸ의 대신의 것이라면, 훈 민정음에 ""ㅇ"을 입술소리의 밑에 붙이어 쓰면 가벼운소리가 된다" 한 말 이 있고, 세종, 세조 시대의 여러 책들에 우리말 소리로는 쓴 일이 없으나 한자의 음을 다는 데에 "ㅸ"으로 썼습니다.

물음 6 "ㅐ, ㅔ, ㅚ"들은 왜 겹자로 됐나?

홀소리 중에 "ㅐ, ㅔ, ㅚ"들은 각각 홑홀소리(單母音)인데, 글자로 는 어째서 각각 두 자씩 겹쳐서 쓰게 마련입니까? (4274. 9. 마포, 한글생)

대답 훈민정음 창제 당시인 이조 초기에는 "ㅐ, ㅔ, ㅚ"들이 모두 "ㅟ"나 "ㅢ"와 마찬가지로 겹소리였던 것입니다. 즉 "ㅏ+ㅣ, ㅓ+ㅣ, ㅗ+ㅣ"로 발 음하던 것들입니다. 그리고 그 당시의 말에는 현대말로의 홑홀소리인 "ㅐ, ㅔ, ㅚ"와 같은 소리는 없었던 모양이고, 만일 있었다 하더라도 당시의 표 준말로는 허용되지 않는 사투리 정도로밖에 인정되지 않았었을 것입니다. 그러기에 그러한 홑홀소리들은 정음(正音)으로서의 글자를 만들지 않았던 것이라고 생각합니다. 그러다가 그 "ㅏ+ㅣ, ㅓ+ㅣ, ㅗ+ㅣ"들 겹소리가 차차 시대의 변천에 따라서 말소리가 단축해 가면서, 이조 중엽을 전후하

여 아주 홑홀소리로 변화하게 된 것이라고 봅니다.(물음 7 참조)

물음 7 "ㅣ"(딴이)의 출처?

ㅐ, ㅔ, ㅚ… 따위의 ㅣ는 자모(字母) 중에 없는 것인데, 그 출처가 어디인지요? 글자 모양만은 ㅣ(이)와 같으나, 음가의 내용으로는 ㅏ, ㅓ, ㅗ 들과 ㅣ와 합하여 ㅐ, ㅔ, ㅚ… 들로 된다고는 이해하기 어렵지 않습니까?

(4282. 1. 의령 국민교. 진 창수)

대답 그렇습니다. ㅣ(딴이)의 출처에 관하여는 아직까지 밝혀지지 못한 문제의 하나입니다. 현대 발음으로 내는 ㅐ, ㅔ, ㅚ… 들과 같은 홑홀소리(單母音)가 훈민정음 시대에 있었으면 응당 그 발음에 해당한 자모를 만들었을 것인데, 그런 음의 자모가 없음을 보아 그 당시에는 그러한 홑홀소리가 없었고, 그 때의 ㅐ, ㅔ, ㅚ… 들은 겹홀소리(復母音)인 ㅏ+ㅣ=ㅐ, ㅓ+ㅣ=ㅔ, ㅗ+ㅣ=ㅚ… 들이었던 것이, 시대의 변천을 따라서 차차 홑홀소리로 된 것이라고 추측할 수밖에 없습니다. 옛 문헌들에서나 또는 여러 방언이나 준말(略語)들에서 이렇게 변천된 말을 많이 볼 수도 있습니다.

그러나, 이 ㅣ가 "딴이"(혹은 "외이", 혹은 "외")라는 존재로 이름지어지게 된 역사적 출처에 대하여는 아직 확실히 알 수 없습니다. 세상에서 이른바 반절(反切) 혹은 본문(本文)이라는 것이 어느 때 누구의 손으로 된 것인지도 알 수 없지마는, 그 반절 첫머리에 "ㄱ ㄴ ㄷ ㄹ ㅁ ㅂ ㅅ ㅣ ㅇ", 혹은 "ㄱ ㄴ ㄷ ㄹ ㅁ ㅂ ㅅ ㅇ ㅣ" 이렇게 적어 "ㅣ"를 마치 받침의 하나와 같이 잡았으나, 그 음가에 있어서는 겹홀소리로의 끝소리인 ㅣ인지 혹은 홑홀소리 ㅐ, ㅔ, ㅚ… 들을 이루는 한 표로서의 존재로 문헌에 나타나기는 지금으로부터 약 200년 전인 영조 27년(서기 1751) 홍 계회(洪啓禧)의 지은 삼운성휘(三韻聲彙) 범례에 중종성(重中聲)이란 이름으로 따로 내세우고 그 음가를 설명하되 "횡"(橫), "색"(色) 들의 가운뎃소리(中聲)라 하고, "침"

(侵)의 가운뎃소리와 다르다 한 것이 있습니다. 이 "횡"의 "ㅚ"와 "색"의 "ㅐ"는 확실히 홑홀소리임을 알겠으나 앞에서 말씀한 바와 같이 ㅐ, ㅔ, ㅚ … 들이 어느 시대부터 홑홀소리로 되어 왔는가 하는 문제, 다시 말하면 "딴이"로서의 "ㅣ"가 어느 때 어디에서부터 생겼는가 하는 문제는 아직 확실히 알 수 없습니다.(물음 6 참조)

물음 8 "ㆆ"자를 도로 썼으면?

겹씨(複合語)의 사이된소리는 앞의 울림소리(有聲音) 때문에 뒤의 안울림소리(無聲音)가 울림으로 됨을 방지하는 현상으로 되는 것인만큼, 목청(聲帶)의 울림을 막는 표로는 안울림의 목구멍소리(無聲喉音)인 "ㆆ"으로 함이 가장 합리적인 줄 압니다. "촛불, 잇과"와 같이 소리에 맞지 않는 "ㅅ"으로 하지 말고 "ㆆ"으로 하기를 제의합니다.

(4283. 5. 신촌역전, 한글생)

대답 퍽 좋은 말씀입니다. 그러나, 현대의 한글에 있어, 첫소리로나 예사의 받침소리로나 도무지 하나의 독립된 낱자(字母)로서 쓰이지 않는 것을 오직 사이된소리의 표시에만 쓰기 위하여 24 낱자 이외의 무엇을 마련한다면, 그것은 단순한 부호일 뿐이지 글자는 아닙니다. 그럼 글자가 아닌 것으로 표시할 바에는 하필 어려운 "ㆆ"으로 할 필요가 있습니까? 또 가령 "촛불, 잇과"의 "ㅅ"이 소리에 꼭맞지 않으니 불가하다고 하면, "대+잎"을 "댙잎", "자+눈"을 "잗눈"으로 쓰는 것도 결코 소리에 꼭 맞지는 않습니다. "문자는 순전한 기호가 아닌"만큼, 아무리 표음문자라도 꼭꼭 소리대로만 쓰는 것이 아님을 생각하시기 바랍니다.

물음 9 홀소리 "ㆍ"자를 도로 썼으면?

"ㆍ"소리는 지금도 내는 곳이 있으며, 외래어의 음을 적는데 "ɔ"를

"오"로 적기도 하고 "아"로 적기도 하고 "어"로 적기도 하며, 또 "·" 소
리를 소리로는 내면서도 글자로 적지를 못하고 있는 실정이니, 이 글
자를 도로 살리어 쓸 의사는 없으신지요?   (4292. 8. 제주, 김 두칠)

대답 표준말에 쓰이지 않는 소리이기 때문에 쓰지 않게 된 것이며, 본국
말에도 아니 쓰는 글자를 외래어를 적기 위하여 쓸 수는 없는 것이며, 소
리로 내는 것을 다 적기 위한다면 무수한 글자를 더 만들어야 할 것입니
다. "문자는 단순한 발음기호가 아니"라는 것을 잊지 마시기 바랍니다.

물음 10 겹홀소리 "ㅢ"를 썼으면?

"ㅏ, ㅓ, ㅗ, ㅜ"의 겹소리로 각각 "ㅑ, ㅕ, ㅛ, ㅠ"의 글자가 있는
데, "ㅡ"의 겹소리로는 왜 글자가 없습니까? 실제 말에 "별"(星), "영
원", "경주", "편지" 들로 쓰는 "ㅕ"는 실상은 "ㅡ"의 겹소리인데 모두
"ㅕ"로 쓰니 소리가 틀리지 않습니까? 광무 9년에 정부에서 공포한 지
석영(池錫永)씨의 신정국문(新訂國文)에 "이으"의 겹소리를 "ㅢ"로 쓰기
로 한 일이 있었다니, 이것을 살리어 씀이 어떨까요?

                                           (4283. 5. 신촌역전, 한글생)

대답 말씀하신 "별, 영원, 경주, 편지" 들의 "ㅕ" 소리는 "ㅕ"를 길게 발음
할 때 혀가 좀 높게 올라가서 나는 소리일 뿐이지, 그것이 바로 "이으"의
겹소리는 아닙니다. 지방이나 개인에 따라 정도 차이는 있으나 대개는 홀
소리를 길게 낼 때는 혀가 좀 위로 올라가는 경향이 있음은 우리말에서뿐
아니라, 외국어에서도 그렇습니다. "ㅔ"의 긴소리(셈, 계집 따위)가 "ㅣ"에
가깝고, "ㅗ"의 긴소리(돈, 동태 따위)가 "ㅜ"에 가깝고, "ㅓ"의 긴소리(거
지, 없다 따위)가 "ㅡ"에 가깝게 됨이 다 같은 경향인 것입니다. 정말 "이
으"의 겹소리를 찾는다면 "미음", "이윽고" 들을 빨리 말할 경우의 "이으" 소

리가 그것이 됩니다. 그러나 이런 몇 개의 준말(略語)의 경우를 적기 위해서 새로운 글자를 만들 필요까지는 없습니다.

물음 11 긴소리(長音)의 표시 기호?

우리글은 세계에서 유례없는 이상적인 표음문자인데, 다만 장단음의 구별이 없음이 유감입니다. 이에 대한 좋은 방안이 없을까요?

(4291. 6. 충주, 박 세기)

대답 훈민정음 창제 당시에는 모든 음의 고저장단을 글자 왼쪽에 점찍음으로써 표시하여 소리가 낮고 짧은 것은 점이 없고, 높은 것은 한 점을 찍고, 길고 높은 것은 두 점을 찍어 표하였는데, 이조 중엽 이후로는 음의 높고 낮음이 일정하지 않게 되고, 또 일일이 찍기 불편하기도 하여 그런 표기가 자연히 없어졌고, 최근에 사전 종류에서 긴소리 표로 혹 글자 머리에 가로줄을 긋거나 혹 글자 오른편에 음성기호식의 포갤점(:)을 찍거나 하며, 혹 행문에서 같은 홀소리글자를 거듭쓰는 일도 있는 형편입니다.

그런데, 장단음의 구별은 사전에서는 반드시 필요합니다마는, 보통 일용의 행문에는 일일이 구별 표시하기는 여간 불편한 일이 아니고, 표시하지 않아도 독서에 별로 장애되지는 아니합니다. 만일 특별히 꼭 표시하지 않아서는 아니될 부득이한 경우라면 그 글자에만 음성기호식으로 표시함은 무방할 것입니다마는, 홀소리글자를 거듭쓰는 일은 좋은 방법이라 생각되지 않습니다. 왜냐하면, 가령 "뉴우요옥 지방에 누운이 마않이 왔다"와 같이 쓴다면, 그건 긴소리가 아니라 한 소리를 두 소리로 내는 말들이 되어 실제 말과는 틀리기 때문입니다. 더구나, 요새 상점 간판같은 것에 간혹 일본식의 흉내로 두 글자 사이에 긴 줄을 긋는 일같은 것은 세계 어느 문자에도 없는 일일 뿐 아니라, 글자로의 "ㅡ"와 "ㅣ"를 쓰는 우리글에서는 절대로 긴소리 표로 그런 것을 써서는 아니 될 일입니다.

물음 12   한글 낱자(字母)의 이름?

　"한글맞춤법 통일안"에 한글 낱자의 이름을 정함에 있어, "기역, 디
귿, 시옷, 이응"의 넷만은 어찌 다른 자들과 일매지게 "기윽, 디은, 시
읏, 이응(혹은 이옹)"으로 아니 하고 그와 같이 불규칙하게 정하였습니
까? 또 그리고, "ㄲ, ㄸ, ㅃ, ㅆ, ㅉ"들의 이름도 각각 "끼윾, 삐읍,
씨읐, 찌읐"으로 하는 것이 실제 교수상 얼마큼의 효과가 더 있을 것
으로 확신하는데요?　　　　　　　　　　　　(4279. 10. 대전. ㅅ.ㅗ.ㅅ.)

대답   훈민정음에는 각 낱자들의 소리값만 규정했을 뿐으로 이름은 짓지
않았었는데, 중종 때 훈몽자회에 비로소 이름을 지어 "ㄱ=기역, ㄴ=니은,
ㄷ=디귿, ㄹ=리을, ㅁ=미음, ㅂ=비읍, ㅅ=시옷, ㆁ=이응, ㅋ=키,
ㅌ=티, ㅍ=피, ㅈ=지, ㅊ=치, ㅿ=싀, ㅇ=이, ㅎ=히, ㅏ=아, ㅑ=야,
ㅓ=어, ㅕ=여, ㅗ=오, ㅛ=요, ㅜ=우, ㅠ=유, ㅡ=으, ㅣ=이, ㆍ=ᄋᆞ"
들로 한 것이 일반화하여 최근까지 400여 년을 습관적으로 불러 왔고, 중
간에 갑오경장 이후 몇몇 개인의 의견으로, 혹은 "그윽, 느은, 드은, …",
혹은 "극, 는, 든, …", 혹은 "그, 느, 드, …", 또 혹은 "기, 니, 디, …" 들
들로 지어 본 일들이 있어 구구불일하였었다가, 4266년 한글학회의 "맞춤
법 통일안"에서 지금과 같이 정한 것인데, 이는 낱자의 이름 그대로가 곧
그 낱자의 소리값인 것은 아니매, 이름이야 무엇으로 부르든지 편리하면
그만인즉, 이미 400여 년이나 습관되어 굳어진 것을 구태여 버리고 달리
이러쿵저러쿵할 필요가 없으므로 그러한 것이고, 다만 "ㅈ, ㅊ, ㅋ, ㅌ,
ㅍ, ㅎ"들은 다같이 받침으로도 쓰게 된 오늘날에 있어 다른 낱자들과 차
별되게 할 필요가 없으므로 "지읒, 치읓, …" 들과 같이 한 것일 뿐입니다.
　그런데, 낱자의 이름들을 말씀하신 바와 같이 규칙적이 되게 하면 좋을
듯도 합니다마는, 그리하는 것이 도리어 재미없는 점이 있다는 것도 고려
하지 아니할 수 없습니다.

무릇 무슨 사물에든지, 같은 종류 중에 비슷한 이름이 많이 있으면 서로 혼동되기가 쉬운 것이어서, 한글 낱자의 이름에도 현재 불러 오는 "기역, 디귿, 비읍, 지읒…" 들의 이름과 "키읔, 티읕, 피읖, 치읓…" 들의 이름이, 그 부르고 듣고 할 때 자칫하면 혼동되기가 쉬운데, 게다가 또 "끼욕, 띠 읃…" 들까지 지어서 쓰자면, 더욱 혼동되는 일이 많게 될 것입니다. 다수 의 사람을 상대로 하여 강의나 강연을 할 경우라든지, 또는 라디오나 녹음 기를 통하여 이런 이름들을 들을 경우에 더욱 구별하여 알아듣기가 어려 울 때가 많을 것입니다. 우리의 실제 경험한 바로도 "디귿, 지읒, 치읓, 티 읕" 따위의 이름들이 비슷하기 때문에 강의 중에 잘못 알아듣는 예를 많이 보는 바이며, 라디오로 영어 글자의 "A, J, K" 들이 듣기에 구별하기 어려 우며, "B, P, V, C, E, D, T, G" 따위가 또한 가끔 혼동되게 들리는 것 도 그 소리의 됨됨이가 비슷비슷하기 때문입니다.

또 가령 그러한 폐해가 없다 치더라도, 그와 같은 이름들은 부르기에도 매우 순편하지 못하여, 잘 부르기가 힘들겠습니다. 그 이름의 밑에 토를 붙여 말을 하려면 "끼욕이, 띠읃이…" 그 얼마나 불편한 일입니까? 더구나 "ㄸ, ㅃ, ㅉ" 석자는 실제의 말에서 받침으로는 도무지 쓰이지 않는데, 말 에 없는 받침으로 말을 만들어 글로 쓰자는 것이 매우 무리한 일이라 아 니할 수 없습니다.

물음 13 "ㄳ, ㄵ, ㄻ…" 들의 이름?

맞춤법 통일안에 "ㄲ, ㄸ, ㅃ, ㅆ, ㅉ" 들을 "쌍기역, 쌍디귿, 쌍비 읍, 쌍시옷, 쌍지읒"이라 하였는데, "ㄳ, ㄵ, ㄶ, ㄻ, ㄼ, ㄽ, ㄾ, ㄿ, ㅀ, ㄺ" 들의 쌍받침 글자들은 왜 이름이 없습니까?

(4271. 1. 자성. 김 정흡)

대답 이는 자모 순서대로 "기역시옷", "니은지읒…" 들로 부를 뿐이요, 따로 이름지을 필요가 없기 때문입니다.

물음 14 "ㅣ"의 이름?

홀소리 옆에 붙여 쓰는 "ㅣ"의 이름이 무엇입니까? "딴이"가 표준말
됩니까?   (4272. 5. 송화, 이 용진)

대답 "ㅣ"는 홀소리 옆에 쓰거나 닿소리 옆에 쓰거나 글자 자체는 매한가
지이므로 이름은 언제나 "이"입니다. 홀소리 옆에 쓰이는 경우의 "ㅣ"를 보
통의 "ㅣ"와 구별해 부를 경우에는, 혹은 "외"라고도 하고, 혹은 "딴이"라고
도 하는데, 서울에서는 "외"라고만 부르지마는, "ㅚ"의 이름도 "외"이니까
"ㅣ"와 "ㅚ"가 혼동되어 재미 없고 "딴이"라 함은 혼동의 염려가 없을 뿐 아
니라, 여러 지방에서 널리 쓰이는 이름이요, 또 "이"는 "이"인데 "딴" "이"라
는 의미이니, 매우 적당한 이름입니다. 그러므로 "ㅣ"의 원 이름은 "이"이요
독립으로 쓰는 "ㅣ"와 구별하여 부를 때의 이름은 "딴이"로 하는 것이 표준
될 만합니다.

물음 15 한글 자맞춤의 모양?

훈민정음을 창제할 때, 닿소리글자와 홀소리글자를 맞추는 방식으
로 "ㅏ ㅑ ㅓ ㅕ ㅣ"는 옆으로 붙이고 "ㅗ ㅛ ㅜ ㅠ ㅡ"는 밑으로 붙이
게 한 것은 무슨 이유이었는지요?   (4274. 9. 마포, 한글생)

대답 훈민정음 본문에 "· ㅡ ㅗ ㅜ ㅛ ㅠ"는 첫소리 글자의 아래에 붙
여쓰고, "ㅣ ㅏ ㅓ ㅑ ㅕ"는 오른쪽에 붙여쓰라" 하였을 뿐 그 이유는 말한
바 없으나, 그 당시의 관념으로는 글자의 모양은 한문글자처럼 아무쪼록
네모 반듯함이 보기도 좋고 각 글줄 안의 글자 수를 균일하게 할 수도 있
다는 생각에서, 홀소리글자의 납작납작한 자는 밑으로 붙이고 길쭉길쭉한

자는 옆으로 붙이기로 한 것이라 믿습니다. 그때의 생각으로는 확실히 정
묘하게 고안된 방식임이 틀림없습니다마는, 오늘날의 형편으로는 인쇄에나
타이프라이터에나 불편이 막심할 뿐 아니라, 그렇게 자맞춤함은 순전히 소
리마디(音節) 본위로 한덩이 한덩이씩 묶은 것이고, 말뜻에 의한 낱말 본
위로 묶은 것이 아니기 때문에 눈으로 읽어 뜻을 알아보기에는 저 뜻본위
로 묶어진 소리글로의 서양글이나 뜻글로의 한문글자만큼 빠르지 못함이
사실입니다. 이상적으로 된 소리글인 한글의 글자들을 그 맞추는 방식까지
를 이상적으로 되게 하기 위하여는 어떤 홀소리글자든지 다같이 닿소리의
옆으로 붙이는 동시에, 뜻본위로써 한 낱말이 한덩이씩 되게 묶어 쓰는 방
식으로 해야 될 것입니다.

물음 16 가로글씨와 훈민정음의 본뜻?

　우리글을 가로풀어 쓰기로 한다면 훈민정음을 만들어 주신 세종대
왕의 본뜻에 어기게 되는 것이 아닐까요?　　　(4278. 12. 제동, 박 천일)

대답 세종대왕이 훈민정음을 만들어 낸 본뜻이 우리 국민의 문화생활에
편리를 도모하기 위한 것인데, 그 당시에는 한자와의 외형상 균형과 조화
를 고려하여 묶어쓰기로 하였지마는 시대가 달라진 현대의 형편으로는 묶
어쓰기보다 풀어쓰기로 하는 것이 인쇄 타자 들의 기계화 문제는 물론이
요, 독서의 속도와 능률이 극도로 중요시되는 현실에 적응하도록 우리글의
참다운 기능을 최대한으로 발휘할 수 있게 될 것이니, 이렇게 함으로써 우
리글이 정말 이상적인 글이 되어 세종대왕의 뜻한바 이상이 충분히 성취
될 수 있을 것입니다.(물음 15 참조)

물음 17 가로글씨에도 ㅇ을 쓰자.

　조선어 학회에서 제정한 가로글씨 임시안에는 소리값 없는 "ㅇ"을

아니 쓰고, ㅘ, ㅝ, ㅖ 들에 쓸 우, 오, ㅣ 들을 새로 만들어 쓰게 되었으니, 한 가지 수고를 덜기 위하여, 그것을 배우고 쓰기에 수배의 노력을 더하게 됨이 아닐까요?　　　　　　　(4272. 4. 경남. 한 독자)

[대답] 가로글씨 임시안이 백퍼센트 완전한 것이라고는 할 수 없습니다. 그이상 더 완전한 명안이 나오기를 기다립니다. 그러나 소리값 없는 "ㅇ"의 쓰고 아니 쏨에 대한 이해를 따진다면 아니 쏨이 유리할 것은 문제삼을 것도 없이 명확한 일입니다. 우, 오, ㅣ 들의 사용은 결코 새로 배우는 노력을 요하는 글자들이 아니요, 이미 있는 ㅗ, ㅜ, ㅣ 들을 조금씩 변통한 것일 따름이며, 쓰기에도 "ㅇ"보다 훨씬 적게 쓰이는 것이니, 말씀하신 것 같이 "수배의 노력"을 더하게 된다고 할 수는 없겠지요.

[물음] 18 만국 음성기호?

　"만국 음성기호"라 하는 것은 ① 어떠한 것이며, ② 한글을 그것으로 옮겨 적는 법은 어떠합니까?　　　　　　(4274. 6. 개천. 송골산인)

[대답] ① 만국 음성기호는 서기 1889년쯤에 프랑스의 파리에서 모인 만국 음성학회에서 협정한 순수한 표음 기호로서 한 개의 소리에 반드시 한 개의 부호로 되어, 그것들을 이리저리 맞춤으로써 무슨 소리든지 표시할 수 있도록 만든 것입니다. 그러므로 이것으로써 어떤 나라의 말이든지 그 소리대로 적을 수가 있게 된 것입니다. ② 한글을 그것으로 옮겨 적는 법과, 그것을 한글로 옮겨 적는 법은 오래전부터 조선어 학회에서 조사 심의를 거듭한 지 9년 5개월만에 작년 (4273) 6월 25일에 "외래어 표기법 통일안"이라는 제목으로 그 내용을 세상에 발표하고, 금년 1월 15일에 이를 단행본으로 발간하였으니 읽어 보시기 바랍니다. 그 책에는 만국 음성기호의 일람표 및 그 응용법도 붙어 있습니다.("한자어와 외래어" 물음 25, 30 참조)

소 리 문 제

III

Ⅲ 소리 문제

물음 1 낱자 이름들을 읽는 법?

　ㅈ, ㅊ, ㅋ, ㅌ, ㅍ, ㅎ 들의 이름을 "지읒, 치읓, 키읔, 티읕, 피읖, 히읗" 들로 통일안에 정하여 있는데, 그 읽는 법을 똑똑히 가르쳐 주시기를 바랍니다.　　　　　　　　　　　　　(4271. 6. 평북 개천, 송골산인)

대답 홀소리 토를 붙이어 읽으면 똑똑히 알 수 있고, 닿소리 토를 붙이거나, 또는 아무 토도 붙이지 않고 읽을 때는 "지읏, 치읏, 키윽, 티읏, 피읍, 히읏" 들과 같이 됩니다. 예를 들면 아래와 같습니다.

1. 홀소리 토를 붙이어 읽을 때:
　　지읒이→지으지　　지읒을→지으즐　　지읒에→지으제
　　치읓이→치으치　　치읓을→치으츨　　치읓에→치으체

2. 닿소리 토를 붙이어 읽을 때:
　　지읒도→지읏도　　지읒과→지읏과　　지읒만→지읏만
　　치읓도→치읏도　　치읓과→치읏과　　치읓만→치읏만

3. 토를 붙이지 않고 읽을 때:
　　지읒→지읏　　치읓→치읏　　티읕→티읏
　　키읔→키읔　　피읖→피읍　　히읗→히읏

물음 2 "ㄴ"과 "ㄹ"의 읽는 법?

　한글 낱자 가운데 "ㄴ"과 "ㄹ"의 이름인 "니은", "리을"을 어떻게 읽

습니까? 우리말에는 첫소리에 "니"나 "리" 소리를 안 내는데, "니은",
"리을" 만은 제 소리대로 내야 합니까? 혹은 다른 경우와 같이 "이은",
"이을"로 읽어야 합니까?   (4282. 4. 강진. 노 성택)

대답 "이은", "이을"로 읽으려면 아예 이름을 "이은", "이을"로 지을 것이지,
"니은", "리을"로 지을 까닭이 없지 않습니까? 보통 말에는 "니"나 "리" 첫소
리를 안 내지마는, 표음문자의 낱자의 이름인만큼 그대로 "니은", "리을"로
읽어야지요.

물음 3 "ㅐ, ㅔ, ㅚ" 들의 소리?

　홀소리 "ㅐ, ㅔ, ㅚ" 들은 각각 "ㅏ+ㅣ, ㅓ+ㅣ, ㅗ+ㅣ" 들로 된 것
들인데, 어째서 겹홀소리가 아니고 홑홀소리로 됩니까?

                                      (4281. 8. 음성 덕생 국민학교. 김 갑년)

대답 "ㅐ, ㅔ, ㅚ" 들이 훈민정음을 짓던 세종대왕 시대에는 모두 겹홀소
리이었던 것입니다. "ㅟ, ㅚ" 들과 마찬가지로요. 그 때의 우리말에는 지금
의 "ㅐ, ㅔ, ㅚ" 소리와 같은 홑홀소리가 없었고 모두 겹홀소리이었던 것인
데, 시대가 변천되어 내려오면서 말소리들이 점점 단축되어 가는 경향으로
인하여 "ㅐ, ㅔ, ㅚ" 따위 겹홀소리들이 홀소리로 변해져 버린 것입니다.
다시 말하면 글자로는 예전대로 겹으로 쓰지마는 소리로는 홑으로 내게
된 것입니다.(글자 문제 물음 6 참조)

물음 4 "ㅟ, ㅓ, ㅕ"의 소리값(音價)?

　(1) "ㅟ"의 음가는 홑홀소리인 경우와 겹홀소리인 경우가 있는데,
겹홀소리로 표준을 삼는다 하오니, 그러면 홑홀소리로 발음되는 "귀"
(耳), "쥐"(鼠) 따위의 말도 모두 겹홀소리로 교육을 하여야 할까요?

(2) ㅓ, ㅕ 들의 음가도 각각 두 가지씩 있어서 "어디", "여우" 따위의 경우와, "어른", "열쇠" 따위의 경우가 달리 되는데, 이런 것들도 어느 한 가지로만 표준하여야 할는지, 혹은 두 가지로 내는 것을 다 인정할 것인지, 명백히 가르쳐 주시기를 바랍니다.

(4282. 1. 음성 덕생 국민교, 김 갑년)

[대답] 언어 사실을 무시하고 억지로 한곬으로만 국한할 수는 없습니다. 그러나 또 너무 함부로 대중 없이 변해 가는 현상을 무제한으로 다 시인할 수도 없는 것입니다. 지금 말씀하신 ㅟ, ㅓ, ㅕ 들로 적는 말들에 각각 두 가지 현상으로 발음되는 말이 있음은 현재 표준말에서 인정하는 바입니다. 그러나 ㅟ, ㅓ, ㅕ 들의 글자가 각각 두 가지 음가를 가진 것이라고 할 수는 없습니다. 우리 한글의 낱자 중에 "ㄹ"만은 두 가지 음가를 가진 것이라 할 수밖에 없지마는, 일반으로 한 낱자는 반드시 한 소리를 가진 것이 원칙인데, 만일 음성학상으로 엄밀하게 말하자면 낱자 한 개를 몇 가지든지 달리 발음할 수 있습니다. 우리가 말하는 무슨 낱자의 음가는 무엇이라 하는 것은 다만 그 대표되는 음가를 일컫는 것입니다. 그러니 한 낱자에 대표 음가가 두 가지라고 할 수는 없습니다. 따라서 ㅟ, ㅓ, ㅕ 들의 대표 음가는 각각 하나뿐이요, 그 대표 음가 이외의 소리로 된 말을 적을 때는 그 소리에 해당한 낱자가 없으므로, 그 가까운 대표 음가의 낱자로써 적는 것일 따름입니다. "냐, 녀, 뇨, 뉴, 니" 들의 구개음으로 된 말을 적을 때 ㄴ의 구개음 글자가 없으므로 부득이 ㄴ으로 적는 것과 마찬가지입니다.

구체적으로 말씀하면, ㅟ의 대표음은 겹홀소리인데, 특례로 홑홀소리로 쓸 수 있으며, ㅓ, ㅕ의 대표음은 "어디, 여우"와 같이 짧게 낼 때의 것이 표준인데 "어른, 열쇠"의 경우와 같이 혀가 좀 올라가는 것은 길게 낼 때에 한하여 그리되는 것입니다. (글자 문제의 물음 10 참조)

194 한글 강화

물음 5 "의"의 발음?

"의"의 읽는 법이 아래와 같은 여러 가지가 있는데, 어느 것이 바르
게 읽는 법이 되는지요?

"으이"의 겹친 소리. (어떤 선생의 주장)
"으". (경상도 전라도의 방언)
"이". ("의복", "의사" 들을 "이복", "이사"라고 하는 것)
"에". ("나의 집", "너의 집"을 "나에 집", "너에 집"이라고 하는 것)

(4270, 9. 산청, 이 서호)

대답 "으이"의 겹친 소리로 내는 것이 표준 발음입니다. 곧 "으"의 입모양
을 지어 가지고 소리를 내면서 곧 혀를 빨리 앞으로 내밀어 "이"의 소리로
옮기면 "의"의 바른 소리가 됩니다.

물음 6 "ㆆ, ㅿ, ㅇ, ㅭ" 들의 소리?

(ㄱ) "흠(音)"의 "ㆆ", (ㄴ) "셩(如)"의 "ㅿ"과 "ㅇ",
(ㄷ) "밍ㆆ(彌)"의 "ㆆ", (ㄹ) "벓(發)"의 "ㅭ" 들은 어떠한 소리들입
니까?
(4271, 11. 경남, 한 소학 교원)

대답 (ㄱ) "흠(音)"의 "ㆆ"은 목청(聲帶)을 닫은 울림없는 소리(無聲音)로
서, 이것을 홀소리로써 터뜨리면 "아, 야, 어, 여…" 들의 "ㅇ"의 된소리라
할 수 있는 소리로 되니, 가령 우리가 갑자기 아픈 소리를 낼 때에 "아야!"
하는 "아" 소리, 급히 놀랄 때에 "이!" 하는 "이" 소리, 또는 간힘을 쓸 때에
"응"하는 "으" 소리 따위가 모두 그에 가까운 소리라고 할 만 합니다.

(ㄴ) "셩(如)"의 "ㅿ"은 "ㅅ"의 울림 소리(有聲音), 곧 음성기호의 〔z〕나,
가명의 "ジ"에 가까운 소리요, 받침의 "ㅇ"은 특별한 소리는 없이, 다만 목
구멍의 열림을 표하는 글자라고 할 만한 것입니다.

(ㄷ) "밍ᅙ(彌)"의 "ᅙ"은 (ㄱ)에서 말한 바와 같이 목청닫는 소리이니, 앞 소리의 울림을 그치게 하는 표시입니다.

(ㄹ) "벓(發)"의 "ᄚ"은 ㄹ 소리의 울림을 그치게 함을 표하는 방식으로 쓴 것입니다.

물음 7 "ᄝ, ᄫ" 들의 소리?

훈민정음에 "斗듐ᄫ字"의 "ᄝ"과 "ᄫ" 들은 어떠한 소리인지요?

(4271. 11. 경남, 한 소학 교원)

대답 입술소리 "ㅁ, ㅂ"의 입술을 아주 닫지 않고 조금 열어서 내는 소리 인데, "ᄝ"은 "ㅁ"과 같이 울림소리(有聲音)이요, "ᄫ"은 "ㅂ"과 같이 안울림 소리(無聲音)입니다. 그런데, 훈민정음 규칙에 한자의 음을 적음에는 반드 시 초성, 중성, 종성을 합하여 적는데, "斗"자의 음을 적음에 있어 "두"만으 로는 초성, 중성 뿐이고, "ㅜ"는 입술을 좁히어 내는 울림소리(有聲音)이매 종성에 그에 맞는 닿소리로는 "ᄝ"이 자연적인 것이고, 그 뒤엣 말과의 사 이에 나는 된소리를 표하기 위하여 그 울림소리인 "ᄝ"의 울림을 그치게 하는 표로서 같은 입술가벼운소리의 안울림소리인 "ᄫ"을 쓴 것입니다.

물음 8 이어=여?

"여겨, 여겼다"의 "겨"는 "여기어, 여기었다"의 "기어"가 합하여 줄어 진 것입니까? 그렇다면, "다녀, 견뎌, 뿌려, 꾸며, 비벼, 모여, 시켜, 버텨, 살펴, 막혀…" 들의 "ㅕ"도 다 그런 관계로 된 것입니까? 그러고 본즉 "마시어, 가지어, 떨치어"의 준말도 "마셔, 가져, 떨쳐"로 될 것이 니, "마서, 가저, 떨처"와 같이 홑홀소리로 냄은 잘못이겠지요?

(4271. 7. 황해도, 신 옥동)

|대답| 그렇습니다. 말씀하신 대로 다 옳은 말씀입니다. 다만 "-시어, -지어, -치어" 따위만은 "-셔, -져, -쳐"를 원칙으로 하고, "-서, -저, -처"를 당분간 허용하기로 통일안에는 되어 있을 뿐입니다.

|물음| 9 ㄹ 덧거듭 소리의 발음 교육?

여러 덧거듭 소리 중에 특히 "ㄹ 덧거듭 소리" 곧 "ㄺ, ㄻ, ㄼ, ㄽ, ㄾ, ㅀ" 따위만은 실제 발음에 있어서 닿소리 앞에서도 "닭도, 닭지, 넓다, 핥고…"와 같이 다 제 음가대로 발음할 수 있으며, 국민 학교 아동들도 상급생은 대부분 발음합니다. 그러니 실제 교수에 있어 "ㄹ 덧거듭 소리"만은 될 수 있는 대로 음가 대로 발음하도록 지도함이 좋지 않겠습니까?   (4282. 1. 의령 국민학교, 전 창수)

|대답| 발음할 수 있다는 것과 언어 사실에서 발음하는 것과는, 반드시 같이 볼 수는 없습니다. 가령 구개음화(口蓋音化)한 것도 구개음 안 되게 발음할 수 있으며, 닿소리 접변(接變)도 접변 안 되게 발음할 수 있으며, 변칙용언(變則用言)도 변칙 안 되게 발음할 수 있습니다마는, 언어 사실에 그대로 발음하지 않기 때문에 혹은 특례도 인정하고, 혹은 접변도 인정하며 또 혹은 변칙도 인정할 수밖에 없지 않습니까? 말씀하신 몇몇 말을 언어 사실로 본다면, "닭도"는 "닥도"로 "닭지"는 "담찌"로, "넓다"는 "널따"로, "핥고"는 "할꼬"로… 낼 뿐이요, 제 음가대로 내지 아니함이 사실입니다. 곧 "ㄹ" 아닌 다른 쌍받침의 경우나 마찬가지입니다. 그러므로 말씀하신 "ㄹ 덧거듭 소리"만을 음가대로 교수 지도하자 함은 생각은 좋으시나 그리 필요하다고 할 수 없습니다.

|물음| 10 "입천장소리되기(口蓋音化)"?

우리말에 "구개음"은 몇 가지나 있으며, 또 "구개음화"의 현상은 몇

가지로나 되는지요? 좀 자세히 알기 쉽도록 가르쳐 주시기를 바랍니
다.　　　　　　　　　　　　　　　　　　(4282. 7. 전주, ㅎ.ㄱ.ㄹ.)

대답 구개음(입천장소리), 및 구개음화의 현상에 대하여 그 종류를 말씀
하기 위하여는, 먼저 우리말 닿소리의 전부를 분류하여 가지고, 입천장에
관계되는 소리를 말씀하겠습니다. 우리말의 닿소리는 그 소리나는 자리(발
음 위치)로써 여섯 가지로 분류할 수 있고, 다시 각각 그 소리 내는 방법
으로써, 현재 우리말에 쓰이는 대로의 소리로서 대체로 아래와 같이 분류
할 수 있습니다.

	입술소리	이틀소리 (혀끝)	앞입천장 소리(혀앞)	입 천 장 소리(혀몸)	뒷 입 천 장 소리(혀뿌리)	목구멍 소 리
예사소리	ㅂ	ㄷ	ㅅ	ㅈ	ㄱ	
된 소 리	ㅃ	ㄸ	ㅆ	ㅉ	ㄲ	
거센소리	ㅍ	ㅌ		ㅊ	ㅋ	ㅎ
콧 소 리	ㅁ	ㄴ		(ㄴ)	ㅇ	
혀굴림소리		ㄹ				
혀옆소리		ㄹㄹ		(ㄹㄹ)		

이 표에서 보임과 같이 "입천장소리"는 주로 "ㅈ, ㅉ, ㅊ" 따위를 가리켜
서 이르는 것입니다. 그리고 "구개음화"(입천장소리 되기)라는 것은 입천장
소리 아닌 다른 소리가 입천장소리로 변하여 나는 것을 이르는 것이니, 가
령, 이틀소리인 "ㄷ, ㄸ, ㅌ" 들이 "ㅈ, ㅉ, ㅊ" 소리로 나는 것이라든지, 또
는 뒷입천장소리인 "ㄱ, ㄲ, ㅋ" 들이 "ㅈ, ㅉ, ㅊ" 소리로 나는 것 따위를
이르는 것입니다. 그런데 "ㄷ, ㄸ, ㅌ" 들이나 "ㄱ, ㄲ, ㅋ" 따위가 "ㅈ, ㅉ,
ㅊ" 소리로 변하는 것은 언제나 그리 되는 것은 아닙니다. 홀소리 "ㅏ, ㅓ,
ㅗ, ㅜ, ㅡ"를 짝할 때는 절대로 그런 일이 없고 다만 홀소리 "ㅑ, ㅕ, ㅛ,

ㅠ, ㅣ"를 짝할 경우에 혹 입천장소리로 변하기가 쉬울 뿐입니다. 곧 "댜, 뎌, 됴, 듀, 디"인 경우의 "ㄷ"이나 "땨, 뗘, 뙀, 뜌, 띠"인 경우의 "ㄸ"이나 또는 "탸, 텨, 툐, 튜, 티"인 경우의 "ㅌ"이 각각 "ㅈ, ㅉ, ㅊ"으로 소리나는 일과, "갸, 겨, 교, 규, 기"인 경우의 "ㄱ"이나 "꺄, 껴, 꾜, 뀨, 끼"인 경우의 "ㄲ"이나, "캬, 켜, 쿄, 큐, 키"인 경우의 "ㅋ"이 또한 각각 "ㅈ, ㅉ, ㅊ"으로 소리나는 일이 흔히 있는 것입니다. 이것은 그 소리나는 자리가 본디 서로 가까운 데다가 "ㅑ, ㅕ, ㅛ, ㅠ, ㅣ" 따위의 소리를 내기 위하여는 "혀몸"을 "입천장"으로 향하여 올리게 되므로 "ㄷ, ㄸ, ㅌ"의 혀끝이나, 또는 "ㄱ, ㄲ, ㅋ"의 혀뿌리가 도리어 아래로 떨어지기가 쉽기 때문에, 이틀소리는 뒤로 다가져서 입천장소리로 되기 쉽고, 뒷입천장소리는 앞으로 다가져서 입천장소리로 되기가 쉬운 까닭입니다. 예를 들면, 옛날 말의 "뎔"(寺)이 "절"로, "둏다"가 "좋다"로, "굳이"가 "구지"로, "홀띠니라"가 "할찌니라"로, "텬디"(天地)가 "천지"로 되는 따위라든지, 또는 남도 지방에서 "갸륵하다"를 "자륵하다"로, "갸웃이"을 "짜웃이"로, "겨를"을 "저를"로, "껴안는다"를 "쩌안는다"로, "귤"(橘)을 "줄"로, "길"(道)을 "질"로, 또는 "켸켸 묵었다"를 "체체 묵었다"로, "키"(舵)를 "치"로 내는 따위가 모두 "구개음화"의 현상입니다. 다만 그 구개음화하는(입천장소리되는) 현상을 어느 정도까지 표준어로 인정하고 어느 정도까지를 사투리로 다룰 것은 표준어 사정 원칙에 따를 것이니, 그것은 별문제입니다. 이와 같이 "이틀소리"나 "뒷입천장소리"가 "입천장소리"로 변하는 것은 그 소리나는 자리가 서로 가깝기 때문인데, 이 밖에 자리가 상당히 멀면서도 구개음화의 현상이 일어나는 것이 있으니, "목구멍소리"인 "ㅎ"이 "ㅑ, ㅕ, ㅛ, ㅠ, ㅣ"와 어울릴 경우에 "앞입천장소리"인 "ㅅ, ㅆ" 소리로 변하는 일입니다. 가령, "향나무"를 "상나무"로, "형님"을 "성님"으로, "효자"를 "소자"로, "흉내"를 "숭내"로, "힘줄"을 "심줄"로, 또는 "혀"(舌)를 "서", "써", "쎄"로, "흉악하다"를 "숭악하다"로 내는 따위는 모두 "목구멍소리"를 "앞입천장소리"로 내는 것들입니다. 이것은 그 자리는 좀 멀지마는 그 소리내는 성질이 다같이 "마찰음"(磨擦音=갈이소리)이기 때

문입니다. 저 "이틀소리"인 "ㄷ, ㄸ, ㅌ"이 "ㅑ, ㅕ, ㅛ, ㅠ, ㅣ"와 어울릴 때
에 "입천장소리"보다 더 가까운 "앞입천장소리"인 "ㅅ, ㅆ"으로 되지 아니하
고 "입천장소리"인 "ㅈ, ㅉ, ㅊ"으로 되는 까닭도 그 성질이 다같은 "파열음"
(破裂音=터진소리)이기 때문입니다.

이 밖에 또 "이틀소리"인 "ㄴ"과 "ㄹ"이 "입천장소리"로 되는 일이 있습니
다. 이 또한 홀소리 "ㅑ, ㅕ, ㅛ, ㅠ, ㅣ"와 어울릴 적에 일어나는 현상인
데, 가령 "그냥, 저녁, 누구뇨, 숭늉, 하니" 따위의 "냐, 녀, 뇨, 뉴, 니"의
"ㄴ"은 그 본자리인 "이틀"에다가 혀끝을 대어 내지 않고, "입천장"에다가
혀몸을 대어 내게 되며, "놀랴", "놀려고", "놀료", "홀륭", "멀리" 따위의 "랴,
려, 료, 류, 리"의 "ㄹ"도 그러합니다. 이런 것도 또한 "입천장소리" 아닌 것
이 "입천장소리"로 변하여 나는 것들입니다. 그럼, 물으신 우리말의 "구개
음화 현상"의 가짓 수를 말씀하면, ① 이틀소리 "ㄷ, ㄸ, ㅌ" 들이 "ㅈ, ㅉ,
ㅊ"으로 나는 것, ② 이틀소리 "ㄴ, ㄹㄹ"들이 입천장으로 나는 것, ③ 뒷
입천장소리 "ㄱ, ㄲ, ㅋ" 들이 "ㅈ, ㅉ, ㅊ"으로 되는 것, ④ 목구멍소리
"ㅎ"이 앞입천장소리 "ㅅ"으로 되는 것 따위의 네 가지라 하겠습니다.
(물음 11 참조)

물음 11 "ㄷ, ㅌ"의 입천장소리 되는 이유?

"ㄷ, ㅌ"으로 끝난 말 아래에 종속적(從屬的) 관계를 가진 "이"나
"히"가 올 때에 구개음화(口蓋音化)하는 이유를 간단히 설명하여 주시
오. (4276. 9. 대전. ㄱ.ㅂ.ㅣ.)

대답 "ㄷ, ㅌ"의 본자리인 이틀(齒槽)이 앞천장과 서로 가까운데, "이, 히"
의 "ㅣ"가 입천장홀소리이므로 그에 끌리어(동화되어) 입천장 쪽으로 들어
가서 나는 까닭인데, 특히 말이 주종적 관계이므로 대립적인 배척작용이
강력하지 않아서 융합하기가 쉽기 때문입니다.(물음 10 참조)

물음 12 "혀옆소리(舌側音) ㄹ"?

"설측음 ㄹ"이란 뜻을 똑똑히 알기 쉽도록 가르쳐 주시기를 바랍니다. (4282. 7. 전주, ㅎ.ㄱ.ㄹ.)

대답 우리 한글의 낱자는 다 각각 그 가진 소리가 일정하여 한 자에 반드시 한 가지 소리로 되어 있음이 원칙이요, 다만 어떠한 특수 관계로 혹 달리 날 경우가 특례로 있을 뿐인데, 오직 "ㄹ" 한 낱자만은 현재에는 두가지 소리에 쓰게 되어 있습니다. 곧 앞의 물으심에 대하여 보여 드린 표에 있음과 같이 혀를 굴리는 경우의 소리와 혀의 양 옆을 틔우고 내는 소리를 다 "ㄹ" 한 낱자로 쓰게 되었으니, "라, 다래, 달아" 들의 경우는 혀를 굴리는 소리, 곧 혀끝을 이틀에 붙이지 아니하고 다만 한번 떨어 스치면서 내는 소리인데 이를 "혀굴림소리"(혹은 "전설음"=顫舌音)이라 합니다. 그런데 같은 "달"이라도 "달" 할 때나 "달도, 달만" 할 때는 "혀옆소리"로 나지만, "달이, 달은, 달아" 할 때는 "혀굴림소리"로 납니다. 곧 홀소리가 따를 때는 반드시 "혀굴림소리"로만 나는 것이 정칙으로 되어 있습니다. "라, 랴, 러, 멀어,… 꿀은, 꿀에, 꿀이" 들이 다 그러합니다. 그러므로 "혀옆소리"를 "혀옆소리"인 대로 내고도 아래에 오는 홀소리를 잇달아 낼 수는 없습니다. 홀소리가 따르면 혀옆소리가 혀굴림소리로 금방 바뀌어지기 때문입니다. 그런데, 실제의 말에는 "혀옆소리"와 "홀소리"와가 한데 잇달아 나는 말이 많으니, 그런 것을 어떻게 적느냐 하는 것이 문제가 됩니다. 이것을 맞춤법 통일안에서 "ㄹㄹ"로 적도록 마련하여 "알락, 덜렁, 홀로, 얼른, 빨리" 들로 적게 된 것입니다. 이런 것을 만일 "ㄹ" 하나로만 적을 것 같으면, "알악, 덜엉, 홀오, 얼은, 빨이" 들로나, 혹은 "아락, 더렁, 호로, 어른, 빠리" 들로 되어 "혀옆소리"가 나지 아니하게 될 것입니다. 이와 같이 앞의 홀소리와 뒤의 홀소리와의 사이에서 "혀옆소리"로 나는 "ㄹ" 소리를 "설측음 ㄹ"이라고 한 것이고, 그 소리를 적는 방법으로는 "ㄹㄹ"로 적기로 한 것입니다.(물음 10, 13 참조)

물음 13 혀옆소리 ㄹ을 "ㄹㄹ"로 적는다는 뜻?

"한글 맞춤법 통일안"에 혀옆소리(舌側音) "ㄹ"을 "ㄹㄹ"로 적는다는 뜻을 분명히 모르겠습니다.　　　　　　　(4279. 9. 대전. ㄱ.ㅂ.ㅣ.)

대답 말 뜻을 설명하기 위하여는 먼저 "ㄹ"의 음가(音價)부터 설명할 필요를 느낍니다. (甲) "달" 할 적의 "ㄹ" 소리와 (乙) "달아" 할 적의 "ㄹ" 소리를 비교하여 보시기를 바랍니다. 혀의 모양과 혀의 동작을 잘 비교해 보십시오. (甲)의 경우에는 혀끝을 윗이틀(齒槽) 안쪽에 단단히 붙이는 동시에 혀의 양편 옆을 트게 하여, 그 트인 양편으로 소리를 내는 것이기 때문에 이것을 설측음(舌側音＝혀옆소리)이라 하고, (乙)의 경우에는 혀끝을 윗이틀에 대어 붙이지 아니하고 다만 붙일듯 말듯한 정도에서 한 번 굴리어 내는 소리이므로 전설음(轉舌音＝혀굴림소리)이라 하여, (甲)의 경우의 "ㄹ"은 음성기호의 〔l〕, (乙) 경우의 "ㄹ"은 〔r〕에 각각 해당한 소리로 되어, 두 경우가 소리가 다릅니다.

그럼 다시 우리 글에 있어 "ㄹ"이 설측음으로 되는 경우는 어떠한 경우며, 전설음으로 내는 경우는 어떠한 경우인가를 살펴 보시기를 바랍니다. "달, 물, 달밤, 물통,…" 들과 같이 끝막는 받침으로나, 또는 모든 닿소리 앞에 있는 때는 설측음으로 나고, "달아, 달은, 물아래, 물오리…" 들과 같이 홀소리의 앞, 곧 두 홀소리의 사이에 있는 때는 전설음으로 나게 됩니다. 그러면 만일 두 홀소리 사이에 설측음 "ㄹ" 소리로 된 말이 있을 때는 어떻게 써야 할 것이냐가 문제 될 것입니다. 이런 경우를 재래에는 대개 "홀노, 얼는…" 들과 같이 "ㄹㄴ"으로 썼지마는 "ㄴ"은 설측음이 아니므로 적당하지 아니하니, "ㄹㄹ"로 적는 것이 옳다 한 것입니다. 곧 "홀로"(ㅎㅗㄹㄹㅗ), "얼른"(ㅓㄹㄹㅡㄴ)…이와 같이 두 홀소리 사이에 "ㄹㄹ"로 적는다는 말입니다.(물음 12 참조)

물음 14 닿소리 이어바뀜(子音接變)?

한글 맞춤법 통일안 제 32항에 "소리가 접변하거나"라고 함은 무엇을 말한 것인지요? 그 아래 예를 든 것을 보면, "샛노랗다 → 샌노랗다", "싯누렇다 → 신누렇다", "짓이기다 → 진이기다", "엇나가다 → 언나가다" 들을 든 것으로 보아, ㅅ소리가 ㄴ소리로 변하는 것을 말한 것 같은데, ㅅ이 ㄴ으로 변하는 것만을 접변이라고 하는지, "접변"의 뜻매김과 그 범위를 분명히 알고 싶습니다. (4280. 11. 완도, 조 유경)

대답 통일안 32항에는 접두사(앞가지)로서 접변되는 예를 들자니까 흔히 쓰이는 ㅅ받침의 접두사로 예를 보이게 된 것일 뿐입니다.

일반적으로 "접변"이라는 것은 어떤 말에서든지 앞음절의 받침닿소리와 뒤음절의 첫닿소리가 만날 때 소리가 변하는 것을 통틀어 접변이라고 하는 것입니다. 일반적으로 예를 들자면 아래와 같습니다.

1. 안울림소리(無聲音)가 울림소리(有聲音)(ㄴ, ㅁ, ㄹ, ㅇ)를 만나면 제자리의 울림소리로 남.

입술자리			
	ㅂ+울림→ㅁ	잡는→잠는	입맛→임맛
	ㅍ+ 〃 →ㅁ	덮는→덤는	앞문→암문

입천장자리			
	ㄷ+울림→ㄴ	믿는→민는	맏며느리→만며느리
	ㅌ+ 〃 →ㄴ	붙네→분네	겉면→건면
	ㅈ+ 〃 →ㄴ	찾나→찬나	젖만→전만
	ㅊ+ 〃 →ㄴ	쫓는→쫀는	꽃물→꼰물
	ㅅ+ 〃 →ㄴ	웃네→운네	옷맵시→온맵시
	ㅆ+ 〃 →ㄴ	있나→인나	왔네→완네
	ㅎ+ 〃 →ㄴ	놓는→논는	찧네→찐네

여린입천장자리
$\begin{cases} ㄱ+울림→ㅇ & 먹는→멍는 & 떡메→떵메 \\ ㄲ+ 〃 →ㅇ & 껵네→껑네 & 깎낫→깡낫 \\ ㅋ+ 〃 →ㅇ & 부엌만→부엉만 & 부엌문→부엉문 \end{cases}$

2. "ㄴ"은 앞이나 뒤에 "ㄹ"을 만나면 "ㄹ"로 변함.

앞으로: ㄹ+ㄴ→ㄹ+ㄹ 칼날→칼랄   꿀내→꿀래
뒤 로: ㄴ+ㄹ→ㄹ+ㄹ 신라→실라   전라도→절라도

3. "ㄹ"은 입술소리(脣音)나 여린입천장소리(軟口蓋音)의 뒤에서는 "ㄴ" 소리로 남.

입술소리 뒤: 감람→감남   십리→십니(→심니)
여린입천장소리 뒤: 종로→종노   독립→독닙(→동닙)

4. "ㅎ"은 앞이나 뒤에 "ㄱ, ㄷ, ㅂ, ㅈ"따위를 만나면 그와 어울리어 "ㅋ, ㅌ, ㅍ, ㅊ"소리를 이룸.

ㄱ+ㅎ→ㅋ 착하다→차카다   ㅎ+ㄱ→ㅋ 놓고→노코
ㄷ+ㅎ→ㅌ 맏형→마텽   ㅎ+ㄷ→ㅌ 좋다→조타
ㅂ+ㅎ→ㅍ 급하다→그파다   ㅎ+ㅂ→ㅍ (실제 말이 없음)
ㅈ+ㅎ→ㅊ 잦히다→자치다   ㅎ+ㅈ→ㅊ 좋지→조치

물음 15 닿소리 이어바꿈(子音接變)의 이유?
닿소리 이어바꿈(접변)이 되는 이유를 알고자 합니다.
(4282. 10. 돈암동, 한글생)

대답 닿소리 이어바꿈이 되는 근본 이유는, 우리말의 발음 방법에 받침 닿소리를 제 소리대로 다 내지 않고 끝을 막고마는 데서 생기는 것인데,

끝을 막은 그대로 다음의 닿소리를 내려니까, 앞음절의 받침닿소리가 뒤음절의 첫닿소리를 닮게 되든지, 혹은 반대로 뒤음절의 첫닿소리가 앞음절의 받침닿소리를 닮게 되든지 하는 것입니다. 가령, ① 앞음절의 무성음(울림이 없는 닿소리) 받침 ㅂ, ㅍ, ㄷ, ㅌ, ㅅ, ㅈ, ㅊ, ㄱ, ㅋ 따위가 뒤음절의 유성음(울림이 있는 닿소리) ㅁ, ㄴ, ㄹ, ㆁ 따위를 만날 때는 그 받침이 모두 울림을 띠게 되어 "ㅂ, ㅍ"은 "ㅁ" 소리로 되고(밥맛→밤맛, 앞날→암날), "ㄷ, ㅌ, ㅅ, ㅈ, ㅊ" 따위는 "ㄴ" 소리로 되고(맏누이=만누이, 끝날=끈날, 웃는=운는, 젖내=전내, 꽃망울=꼰망울), "ㄱ, ㅋ" 따위는 "ㆁ" 소리로 되며(떡메=떵메, 부엌문=부엉문), 또 앞음절의 ㄴ 받침이 뒤음절의 ㄹ을 만나게 되면 혀의 양옆이 곧 트이어서 ㄹ소리로 되니(신라=실라), 이런 따위는 다 앞의 닿소리가 뒤의 닿소리를 닮는 것들이요, ② 앞음절 받침의 입술소리 "ㅂ, ㅁ" 따위나 여린입천장소리 "ㄱ, ㆁ" 따위로 끝을 막은채, 곧 소리나는 자리를 떼지 않고 붙인채, 그대로 잇달아 "ㄹ" 소리를 내려 할 때는 ㄹ 소리가 잘 되지 않고 혀끝만 이틀에 닿을 뿐이므로 "ㄴ" 소리로 되고 말며(십리→십니, 감람→감남, 독립→독닙, 종로→종노), 또 앞음절의 ㄹ 받침으로 설측음(舌側音)을 내어 혀옆은 틔운 채로 소리를 계속하여 "ㄴ"을 낼 때는 "ㄴ"이 제대로 되지 않고 ㄹ 소리의 연장(延長)된 것밖에 아니 되니(칼날→칼랄), 이런 따위는 다 뒤의 닿소리가 앞의 닿소리의 영향을 받는 것들입니다.

그러므로 결국 그 이어바뀜이 되는 이유는, 받침 닿소리를 낼 때는 그 소리나는 자리를 떼버리지 않고 붙인 대로 두기 때문으로 생기는 것입니다.(물음 14 참조)

물음 16 "강릉, 종로"를 본음대로?

닿소리 이어바뀜(子音接變)으로 "독립"을 "동립", 또는 "동닙"으로 읽으니, "동립"으로 읽을 수 있음과 같이, "강릉, 종로" 따위도 "강능, 종노"와 같이 읽지 말고, 제 본음대로 읽어도 무방할 줄로 생각하는데요?

(4282. 7. 남해 국민교, 고 제천)

대답 할 수 있다는 것과, 실제로 하고 있다는 것과는 딴 일입니다. "강릉, 종로" 따위를 제 본음대로 낼 수가 있음은 물론입니다마는, 실제에 있어서는 반드시 "강능, 종노"로만 내기 때문에 이것이 우리말의 "닿소리 이어바뀜"이라는 한 개의 음운 법칙으로 된 것입니다. 사실에 있어 이 "ㅇㄹ"의 연접 발음은 꼭 제 본음대로 내기는 퍽 거북한 일입니다. ㅇ은 혀뿌리를 여린입천장(뒷입천장)에 붙여야 되고, ㄹ은 혀끝을 위로 올려 떨어야 되므로, 한 혀로서 이 두 소리를 각각 다 완전히 내려면, 붙였던 혀뿌리를 일단 떼야만 되겠는데, 그러면 곧 홀소리가 생기어 "강으릉, 종으로"와 같이 되기가 쉽고, 만일 혀뿌리를 떼지 않고 그대로 연접하여 ㄹ을 내려면 혀끝이 잘 떨리지 않아서 ㄷ 소리 비슷하게 되기가 쉬우므로 "ㅇㄹ" 두 소리가 다 완전하게 드러나기는 어렵습니다. 그러므로 우리말의 받침 법칙, 곧 홀소리가 따르지 않는 경우의 닿소리는 절대로 끝을 열지 아니하는 우리말에 있어서는 "강, 종" 따위가 "강으", "종으"로 날 수 없이 ㅇ 그대로만 끝날 뿐이요, 아래의 ㄹ은 부득이 첫소리 법칙으로 날 수밖에 없어서 자연히 ㄴ으로 나게 되는 것입니다. 그러므로 "강릉, 종로", 또는 "독립, 협력" 따위가 "강으릉, 종으로"로나, "도그립, 혀브력" 따위로나, 또는 "강등, 종도, 독딥, 협덕" 따위로 나지 아니하고, 반드시 "강능, 종노, 동닙, 협녁" 들로 나게 됩니다.

물음 17 "따뜻하다", "잘못하다"의 "ㅅ" 소리?

통일안 6항 끝에 "ㅅ으로도 나는 받침"이라 하고, 예를 "따뜻하다, 반듯하다, 빙긋빙긋, 잘못하다" 들을 들었는데, 그 말들이 어떻게 "ㅅ" 소리가 납니까?

(4282. 10. 계동, 김 원옥)

대답 예를 들어 드립니다.

　따뜻: 물을 따뜻이 데워라.
　반듯: 그릇을 반듯이 놓아라.
　빙긋: 그가 빙긋이 웃는가.
　잘못: 그것은 나의 잘못이다.

물음 18 "옷은→오슨", "옷안→오단"?

　"옷은"은 "오슨"으로 되는데, "옷안"은 왜 "오산"으로 아니 되고 "오단"으로 발음됩니까?　　(4271. 3. 마포. 낭독생. 4282. 10. 경산, 지 준모)

대답 우리말 발음 법칙에 "이음소리"(連音)와 "끊음소리"(絶音)의 법칙을 말씀해 드리겠습니다. 임자씨(體言)나, 풀이씨(用言)의 줄기(語幹)나, 또는 모든 말의 뿌리(語根) 따위와 같은 소위 "실사"(實辭=실속뜻을 지닌 부분)에, 토(助詞)나 끝(語尾)이나 또는 뒷가지(接尾辭) 따위와 같은 소위 "허사"(虛辭=실속뜻이 없는 부분)이 붙을 때는 실사의 받침소리가 허사의 홀소리와 무난히 어울리어 "이음소리"로 나지마는, 만일 실사가 다른 실사와 만날 때는 앞 실사의 받침소리는 일단 단독발음의 경우와 같은 소리로 날 뿐이고 뒷 실사의 홀소리에 내려가 합하지 못하여 소위 "끊음소리"로 되는 것이 우리말에서의 법칙인 것입니다. 이는 실사와 허사 사이는 주종 관계이므로 소리가 잘 연합되지마는, 실사와 실사 사이는 서로 대립관계이므로 앞 실사의 소리 영향을 뒷 실사가 받아들이지 않기 때문입니다. 이제 예를 들어 보이겠습니다.

　1. 이음소리로 나는 것(실사+허사)
　　(1) 체언+토: 옷은→오슨. 젖을→저즐. 팥으로→파트로.
　　　　　　　 값이→갑시.…

　(2) 줄기＋끝: 웃어→우서. 젖어→저저. 같은→가튼.
　　　　　　　　없으니→업스니.…
　(3) 줄기＋도움줄기: 높이다→노피다. 꺾이다→꺼끼다.
　　　　　　　　없애다→업새다. 앉히다→안치다.…
　(4) 뿌리＋뒷가지: 깨끗이→깨끄시. 깊이→기피.
　　　　　　　　실없이→실업시. 몫몫이→몫목시.…

2. 끊음소리로 나는 것(실사＋실사)
　(1) 체언＋체언: 옷안→온안. 젖어미→전어미. 팥알→팥알.
　　　　　　　　앞우물→압우물.…
　(2) 체언＋용언: 겉앓다→건앓다. 젖앓다→전앓다.
　　　　　　　　값없다→갑없다. 닭울다→닥울다.…

물음 19 "사이된소리" 되는 경우와 이유?

　복합명사(겹이름씨)에 있어 두 말 사이에서 나는 된소리(硬音)는 그리 되는 것도 있고 되지 않는 것도 있는 것 같은데, 어떤 경우엔 된소리로 되고 어떤 경우에는 된소리로 아니 되는지요? 그리고 그렇게 되는 이유와 안 되는 이유를 각각 알고 싶습니다. (4280. 1. 계동, 서 병성)

대답 이름씨(名詞)가 아무 토(助詞)도 없이 직접 다른 이름씨 앞에 붙는 경우가 두 가지인데, 하나는 뒤엣 이름씨를 꾸미는(修飾하는) 경우, 곧 "의" 토를 생략한 것으로 볼 수 있는 경우요, 다른 하나는 두 이름씨가 대등되는 경우, 곧 "과(와)" 토를 생략한 것으로 볼 수 있는 경우인데, 사이에 된소리로 되는 것은 꾸미는 경우에 그리 되고 (초의 불→촛불, 상의 다리→상ㅅ다리), 대등의 경우는 절대로 된소리로 되지 아니합니다(물과 불→물불, 팔과 다리→팔다리). 그런데, 꾸미는 경우라도 앞엣 것이 동물의 경우인 때는 뒤엣 것이 된소리로 되지 아니하고("비의소리"는 "빗소리"인데, "쥐의소리"는 "젓소리"가 아님), 또 앞엣 것이 뒤엣 것에 대한 순수한

재료인 때도 된소리로 되지 아니하며("아침의밥"은 "아침ㅅ밥"인데, "콩의
밥"은 "콩ㅅ밥"이 아님), 그 밖에 약간의 예외도 있습니다. 어쨌든, 사이의
된소리로 된 겹이름씨는 모두 "의" 토의 생략된 것임만은 틀림없습니다. 만
일 "의" 토의 생략으로 되지 않은 것을 된소리로 내는 일이 있다면 그건
잘못입니다.(일부에서 "교꽈서, 효꽈, 무조껀" 들로 발음하는 따위).

  그러고, 사이에서 된소리로 되는 이유는 앞엣 꾸밈말의 영향으로 뒤엣
주되는 말의 첫소리가 흐려지지 않도록 똑똑하게 내려는 언어심리에서 힘
주어 말함으로 인하여 자연히 소리가 진하게 되는 까닭이라고 하겠습니다.
그래서 뒤엣 말의 첫소리 "ㄱ, ㄷ, ㅂ, ㅅ, ㅈ"들이 "ㄲ, ㄸ, ㅃ, ㅆ, ㅉ"
들과 같이 될 뿐아니라, 입천장 홀소리인 "ㅑ, ㅕ, ㅛ, ㅠ, ㅣ"들까지도
혀를 너무 입천장에 단단히 닿게 하여 내는 결과로 진한 "ㄴ" 소리가 나게
되어 "대의잎"이 "댓ㄴ잎"으로, "채의열"이 "챗ㄴ열"로, 또는 "물의약"이 "물ㄹ
약"으로, "들의일"이 "들ㄹ일"로 나게까지 됩니다.

  이러한 모든 "사이된소리" 들을 맞춤법으로는 앞엣 말에 아무 받침도 없
을 때에 한하여 "ㅅ"을 받치어 표하고, 무슨 받침이든지 있을 때는 아무 표
시도 않기로 우선 정해져 있습니다.("촛불, 빗소리, 댓잎, 챗열", "상다리,
아침밥, 물약, 들일"과 같음)

물음 20 "홀소리어울림(母音調和)"?

"모음조화"에 대하여 알기 쉽게 설명하여 주시기 바랍니다.

(4273. 7. 왕십리, 이 중구)

대답 혀높은 홀소리는 혀높은 홀소리끼리 잘 어울리고, 혀낮은 홀소리는
혀낮은 홀소리끼리 잘 어울림을 이른 것입니다. "ㅏ, ㅑ, ㅘ, ㅗ, ㅛ, ㅐ,
ㅚ" 따위는 혀낮은(혀가 아래로 처지는) 홀소리들이요, "ㅓ, ㅕ, ㅝ, ㅜ,
ㅠ, ㅡ, ㅣ, ㅔ, ㅟ, ㅢ" 따위는 혀높은(혀가 위로 올라가는) 홀소리들인

데, 가령 "알롱달롱"은 "ㅏ"와 "ㅗ"가 혀낮은 홀소리끼리 어울린 것이고, "얼
룽덜룽"은 "ㅓ"와 "ㅜ"가 혀높은 홀소리끼리 어울린 것이며, "보얗다"는 "ㅗ
+ㅑ"로, "부옇다"는 "ㅜ+ㅕ"로, 또 "활짝"은 "ㅘ+ㅏ"로, "훨쩍"은 "ㅝ+ㅓ"
로, 또는 "쪼로록"은 "ㅗ+ㅗ+ㅗ"로, "쭈루룩"은 "ㅜ+ㅜ+ㅜ"로, "회똑회똑"
은 "ㅚ+ㅗ+ㅚ+ㅗ"로, "휘뚝휘뚝"은 "ㅟ+ㅜ+ㅟ+ㅜ"로 각각 높높끼리와
낮낮끼리로 어울린 것입니다. 그런데 이러한 빛깔이나 모양이나 소리나 동
작이나에 관한 무수한 "시늉말"[象徵語]들은 모두 이같은 홀소리어울림으
로 되어 있으며,

또, "먹어, 주어,…"의 "어"와 "막아, 보아,…"의 "아"는 똑같은 뜻으로 쓰
이는 끝[語尾]이면서도 그 앞의 줄기[語幹]의 홀소리가 혀높은 홀소리면
"어"로 어울리고(먹어, 주어,…), 혀낮은 홀소리면 "아"로 어울리나니(막아,
보아,…), 이것도 홀소리어울림으로 된 것입니다. 다만 이 경우에는 줄기
[語幹]의 혀낮은 홀소리 중에 "ㅐ"와 "ㅚ"만은 혀낮은 "아"로 어울려야 할
것이 예외로 혀높은 "어"로("개어, 내어, 되어, 뵈어"와 같이) 어울림이 표
준말로 된 것은 현대 서울말이 그리 되었기 때문입니다.

물음 21 "큰말, 작은말", "센말, 거센말"?

"벌겋다"는 큰말이요 "발갛다"는 작은말이라는데 빛깔에 어떻게 크고
작음이 있으며, "똥그랗다"는 "동그랗다"의 센말이고, "캄캄하다"는 "깜깜
하다"의 거센말이라는데, 모양이나 상태에 어떻게 세고 거셈이 있다 할
는지요? 암만해도 석연하지 않습니다. 자세히 설명해 주시기 바랍니
다.   (4283. 5. 평택, 오 재근)

대답 "큰말, 작은말", 또는 "센말, 거센말"이라 함은, 말의 뜻을 가지고 일
컫는 것이 아니고 어감(語感)상으로 일컫는 것입니다. 뜻으로는 같으면서
도 어감이 달라서 쓰는 경우가 다르기 때문에 그 구별을 밝히기 위한 것

입니다. "큰말"이라 한 것은 그 말들의 홀소리가 모두 혀높은 홀소리(ㅓ,
ㅔ, ㅝ, ㅞ, ㅜ, ㅟ, ㅡ, ㅣ 따위)로 되어, 말하는이나 듣는이의 감정상 아
무쪼록 크게 과장되는 기분으로 쓰이고 또 그렇게 들리게 되며, 이와 반대
로 "작은말"이라 한 것은 그 말들의 홀소리가 모두 혀낮은 홀소리(ㅏ, ㅑ,
ㅘ, ㅙ, ㅗ, ㅚ 따위)로 되어, 감정상 아무쪼록 작게 얕잡는 기분으로 쓰
이고 또 그렇게 들리게 되는 것이니, 가령 같은 붉은빛을 가지고도 과장하
는 기분으로 말할 때는 "벌겋다"라 하고 얕잡아 말할 때는 "발갛다"라 합니
다. 가령, 석양의 하늘에 비친 붉은 놀을 장엄하게 형용할 때라든지, 또는
점잖은 어른의 술취한 얼굴빛을 흐뭇하게 말할 때는 "발갛다"라 하지 않고
"벌겋다"라 하며, 반대로 가령 화롯불이 처음 피어남을 가소롭게 형용한다
든지, 또는 깜찍스런 어린애의 술취한 얼굴빛을 얄밉게 말할 때는 "벌겋다"
라 하지 않고 "발갛다"라 함이 곧 어감의 다름인 것입니다. 그리고 이를 다
시 강조(强調)하는 기분으로 말할 때는 "벌겋다"는 "뻘겋다"로, "발갛다"는
"빨갛다"로 각각 그 닿소리를 된소리로 바꾸어 하는 것이니, 이것이 이른바
"센말"인 것입니다.

　같은 둥근 물체를 보고 과장하는 기분으로는 "둥그렇다"라 하고, 얕잡는
기분으로는 "동그랗다"라 하며, 이를 강조하는 기분으로는 "뚱그렇다"와 "똥
그랗다"로 말하며, "깜깜한 밤중"을 "캄캄한 밤중"이라고 하면 그 어두움이
무섭고 험한 느낌을 주는 것 같은 표현이 되니, 이것이 이른바 "거센말"인
것입니다. "센말"은 예사말의 닿소리 "ㄱ, ㄷ, ㅂ, ㅅ, ㅈ"을 "ㄲ, ㄸ, ㅃ,
ㅆ, ㅉ"으로 바꾸어 된 말이요, "거센말"은 "ㅋ, ㅌ, ㅍ, ㅊ"으로 바꾸어 된
말들입니다.

　이와 같이, 홀소리의 대칭적(對稱的)인 교환으로는 감정의 상반되는 확
대(擴大) 축소(縮小)의 묘미를 표현하고, 닿소리의 계단적인 교환으로는
감정의 발로하는 강약의 변화 차이를 나타내는 일은, 세계 어느 말에서보
다도 우리말에 가장 현저하게 또 가장 미묘하게 발달된 특징인 것입니다.

물음 22 "소리의 닮음(音의 同化)"?

"음의 동화"(소리의 닮음)란 어떠한 것입니까? 구체적으로 가르쳐 주십시오.   (4282. 1. 파주. 강 현일)

대답 어떤 소리가 다른 소리의 영향을 받아 변하는 일을 "닮음(同化)"이 라 합니다. 닮아 변하는 경우가 여러 가지인데, 실제 흔히 나타나는 것으 로 실례를 들어 드리겠습니다.

(1) 앞엣 소리 영향으로 뒤엣 소리가 변하는 것.(이를 "내리닮음〔順行同 化〕"이라 함)

① 어법을 생각지 않고 말을 할 때, "피어, 띄어, 뛰어" 따위의 발음에서 앞의 "ㅣ"의 영향으로 뒤의 "어"가 "여"로 나오고, "머리에, 뒤에" 따위 의 발음에서 "에"가 "예"로, "하시오"의 발음에서 "오"가 "요"로 나오는 일.

② 어법을 생각지 않고 발음할 때, "검은, 좁은, 기쁘다, 고프다" 따위의 발음에서 입술 오므린 "ㅁ, ㅂ, ㅃ, ㅍ"의 영향으로 뒤에 따르는 "ㅡ" 가 "ㅜ"로 나오는 일.

③ 홀소리어울림도 앞소리에 따라 뒷소리가 어울린 것임.

(2) 뒤엣 소리 영향으로 앞엣 소리가 변하는 것.(이를 "치닮음〔逆行同 化〕"이라 함)

① "굳이, 같이, 닫히다, 핥이다" 따위에서, 뒤의 입천장홀소리인 "ㅣ"를 낼양으로 미리부터 앞의 "ㄷ, ㅌ"이 입천장으로 끌려가서 "ㅈ, ㅊ"소 리로 나며(이는 표준말에서 특례로 발음만을 인정함)

② 어법을 생각지 않고 발음할 때, "밥이, 먹히다, 속이다, 웃기다, 뜯기 다" 따위의 말음에서, 뒷소리 "ㅣ"의 방향으로 미리부터 앞의 "ㅏ, ㅓ, ㅗ, ㅜ, ㅡ"들이 "ㅐ, ㅔ, ㅚ, ㅟ, ㅓ" 소리로 나오는 일.

(3) 한 소리가 앞과 뒤의 두 소리의 영향으로 달리 변하는 것.(이를 "양쪽닮음〔兩面同化〕"이라 함)

① "곱다, 덥다" 따위의 끝바꿈(語尾變化)을 홀소리인 "아"나 "어"로 할 때, 입술 오므린 "ㅂ"이 앞뒤 양쪽 홀소리의 연락관계로 입술을 좀 덜 닫아서 "오"나 "우"로 나게 되어 "고와, 더워"로 되는 일.(소위 ㅂ 변칙이라는 것)
② "깨닫다, 듣다" 따위의 끝바꿈을 홀소리인 "아"나 "어"로 할 때, 안울림 소리(無聲音)인 "ㄷ"이 앞뒤 양쪽 홀소리, 곧 울림소리(有聲音)의 영향으로 인하여 울림소리인 "ㄹ"로 나는 일.(소위 ㄷ변칙이라는 것)

(4) 두 소리가 서로 끌리어 그 중간되는 다른 소리로 변하는 것.(이를 "서로닮음〔相互同化〕"이라 함)

① "어린아이"를 준말〔略語〕로 "어린애"라고 함은 "아"와 "이"가 서로 끌려서 "아"도 아니고 "이"도 아닌 그 중간음인 "애"로 된 것이요, "어이 새끼"의 준말이 "에새끼"이며, "보이다"의 준말이 "뵈다"인 것도 같은 따위임.
② 옛말의 "ᄒᆞᄢᅴ"가 현대말의 "함께"로 되고, "손삐"가 "솜씨"로 된 따위, 곧 "ㄴ"과 "ㅂ"이 마주쳐서 "ㅁ"으로 변한 것은, 앞의 "ㄴ"은 뒤의 입술 소리 "ㅂ"을 닮고, 뒤의 "ㅂ"은 앞의 울림소리 "ㄴ"을 닮아 "ㄴ"에도 가깝고 "ㅂ"에도 가까운 그 중간되는 울림입술소리인 "ㅁ"으로 된 것임.

물음 23 "평양? 동양?"의 읽는 법?

"평양, 통영, 동양, 중앙" 따위를 흔히 "펴양, 토영, 도양, 주앙"들로 읽는데, 어떻게 읽는 것이 옳은지요? (4282. 7. 남해 국민교. 고 재천)

대답 소리 나는 자리가 서로 가까운 두 가지 소리를 함께 잇달아 낼 때에는, 듣는 이에게 알아들을 수 있을 정도에서, 될 수 있는 대로, 그 쉽고 편한 소리로 내려고 하는 것이 일반의 언어 심리입니다. ㆁ은 닿소리로되 홀소리와 같이 울림있는 소리[有聲音]인 동시에 그 소리나는 자리가 또한 홀소리의 통해 나오는 목구멍에 가까운 여린입천정(軟口蓋=뒷입천장)이기 때문에, ㆁ소리를 내고 곧 잇달아 목구멍을 열어 홀소리를 내려할 때는, ㆁ 소리 나는 여린입천장(뒷입천장)을 채 완전히 다 막지 아니하고 곧 열게 되므로 ㆁ소리가 그다지 똑똑히 드러나지 아니함이 보통입니다. 이것을 좀더 쉽고 편하게 하느라고 여린입천장을 아예 닫지 아니하고 소리만 울리어 곧 홀소리에 잇대어 버리고 마는 일이 있으나("펴양, 토영" 따위와 같이), 이런 것은 너무 게으름에 흐른 버릇소리라 하겠습니다. 어디까지든지 "평양, 통영…" 들로 내야 합니다.

물음 24 "준말"〔略語〕의 표준어 자격?

한 가지 뜻에는 한 가지 말만이 표준말로 된다는데, 국정 교과서에나 국어학자들의 글에나 아래와 같은 말들을 한 가지 뜻으로 쓰고 있으니, 그럼 그런 것은 표준말이 둘씩 되는 것인지요? 분명히 알고 싶습니다.

> 대한민국 - 한국.　　충청남도 - 충남.
> 아니하고 - 않고.　　잡히었다 - 잡혔다.

(4273. 5. 대전, 고 병문)

대답 이런 것은 각각 두 가지 말이 아니라, 각각 한 가지 말입니다. "대한민국"이란 말 안에 있는 "한"과 "국"으로써 "한국"이라고 하고, "아니하고"란 말 안에 있는 "아"와 "ㄴ"과 "ㅎ"과 "고"로써 "않고"라고 된 것이지, 그 말 밖의 다른 소리로써 된 것이 아니니, 이렇게 된 말을 "준말"〔略語〕이라 하여, 그 줄지 아니한 원 표준말과 다름 없는 같은 표준말로 인정되는 것입니다. 그러니까 만일 그 원말 자체가 표준말이 아닌 것이면 그 준말도 따

라서 표준말로 아니 됨이 물론입니다. 곧 표준말이 둘이 아니라, 한 표준
말이 길고 짧게 나타날 뿐입니다.

그런데, 준말은 실생활에 있어 사회 활동이 복잡해짐에 따라서 말의 노력
경제와 시간 절약상 필연적으로 생기게 되어 매우 간편하기 때문에, 어느 나
라 말에서든지 이를 표준말로 인정하지 않을 수 없는 것입니다. 다만 준말은
원말에 비하여 엄격하고 정중한 맛이 적어서, 말할 때 준말을 너무 많이 쓰
면 말의 무게가 가벼워지고 또 자칫하면 말에 오해를 일으킬 가능성도 많게
되므로, 아무쪼록 조심해서 필요할 정도 안에서 적당히 써야 할 것입니다.

물음 25 준말〔略語〕의 형성되는 법칙?

준말은 아무렇게나 만드는 것인지요, 혹은 어떠한 법칙이 있는 것
인지요?   (4284. 11. 양주. 최 광호)

대답 준말은 대체로 홀소리〔母音〕가 줄어서 됩니다. 이는 홀소리가 줄어
야 소리마디〔音節〕가 줄어서 말이 짧아지기 때문입니다. 간혹 약간의 편의
상 닿소리〔子音〕의 줄임으로 된 것도 있으나 일반적은 못됩니다.

우리말에서 준말이 이루어짐에 있어 소리의 줄어지는 모양은 대체로 아
래와 같이, (1) 일반적으로 규칙있게 홀소리가 주는 것과, (2) 개별적으로
불규칙하게 홀소리나, 닿소리나, 또는 홀소리와 닿소리가 함께 주는 것들
이 있습니다. 예를 대강 적어 드리겠습니다.

(1) 일반적으로 규칙있게 홀소리가 줄어 되는 것.
  ① 줄기〔語幹〕의 홀소리에 같은 홀소리가 종속적으로 붙을 때, 하나를
  줄임.
  가아→가, 가았다→갔다, 자라아→자라, 자라았다→자랐다.
  서어→서, 써었다→썼다.펴어→펴, 펴었다→폈다.
  보오→보, 여보오→여보.("보오니"의 "오"는 겸손의 뜻을 따로 가졌으

므로 줄이지 못함)

② 줄기의 "ㅡ"에 종속적인 "어"가 붙을 때, 그 "ㅡ"를 줄임.

뜨어→떠, 크어→커, 기쁘어→기뻐, 고프어→고파(홀소리어울림).

③ 줄기의 "ㅐ, ㅔ"에 종속적인 "어"가 붙을 때, 그 "어"를 줄임.

깨어→깨, 깨어라→깨라, 떼어→떼, 떼어서→떼서.

④ 줄기의 "ㅗ, ㅜ, ㅣ"에 종속적인 "아"나 "어"가 붙을 때, 각각 "ㅘ, ㅝ, ㅕ"로 합쳐 줄임.

오아→와, 주어→줘, 즐기어→즐겨.

⑤ 줄기의 "ㅚ, ㅟ"에 종속적인 "어"가 붙을 때, 각각 "ㅙ, ㅞ"로 합쳐 줄임.

되어→돼, 꾀어→꽤, 뛰어→뛔, 쉬어→쉐.

⑥ 줄기의 "ㅏ, ㅓ, ㅗ, ㅜ, ㅡ"에 종속적인 "이"가 붙을 때, 각각 "ㅐ, ㅔ, ㅚ, ㅟ, ㅢ"로 합쳐 줄임.

싸이다→쌔다, 펴이다→폐다, 보이다→뵈다, 꾸이다→뀌다, 뜨이다→띄다.

⑦ "하다"의 "하"에 종속적인 닿소리가 붙을 때, 홀소리 "ㅏ"를 줄임.

흔하다→흔ㅎ다, 흔하고→흔ㅎ고, 흔하지→흔ㅎ지.

그리고 "하여"를 준말로 하려면 "해"로 함.

흔하여→흔해, 흔하여도→흔해도, 흔하였다→흔했다.

(2) 개별적으로 불규칙하게 소리가 주는 것들.

① 홀소리의 주는 것.

다음→담, 마음→맘, 아니→안, 아니하다→않다, 이아이→이애, 고루고루→골고루, 가지고→갖고, 디디고→딛고, 어제저녁→엊저녁, 까마귀까치→까막까치, 나의→내, 너의→네, 소의고기→쇠고기,…

② 닿소리의 주는 것.

이것→이거, 무엇→무어, 어찌→어이, 번쩍거리다→번쩌거리다, 솔나무→소나무, 건넌방→거넌방,…

③ 닿소리, 홀소리의 함께 주는 것.

더군다나→더구나, 그러하나→그러나, 그러하면→그러면, 거기→게,

여기→예, 저기→제, 할적에→할제, 이것은→이건, 이것을→이걸, 나
는→난, 너를→널, 하지마는→하지만,…

물음 26 머리소리(頭音) 법칙의 예와 이제?

"라주"(羅州)를 "나주", "로인"(老人)을 "노인", "루각"(樓閣)을 "누각",
"릉묘(陵廟)"를 "능묘"라 하여 첫머리소리의 "ㄹ"을 "ㄴ"으로 냄이 우리말
의 두음(頭音)법칙이라면, "량심"(良心)은 "냥심"으로, "룡강"(龍江)은
"농강"으로, "류행"(流行)은 "뉴행"으로, "리화"(李花)는 "니화"로 돼야 할
것인데, 어찌 "량심"을 "양심", "룡강"을 "용강", "류행"을 "유행", "리화"를
"이화"로 내게 됩니까?   (4274. 9. 용강, 이 양수)

대답 우리말의 머리소리(頭音)법칙은 옛날(이조 중엽 이전)에는 "ㄹ", "ㆁ"
의 두가지 소리를 말의 첫머리에 내기를 싫어하여 한자어의 "ㄹ" 머리소리
는 일체 "ㄴ"으로 바꿔 내고 "ㆁ" 머리소리는 일체 빼어 버림이 법칙으로
되었었고, 현대로 내려오면서는 싫은 소리가 한 가지 더 늘어서 "입천장ㄴ"
("냐녀뇨뉴니"의 ㄴ) 소리를 머리소리로 내지 않게 되어, "녀자(女子), 뇨
도(尿道), 뉴대(紐帶), 니토(泥土)" 들의 "ㄴ"을 내지 아니함이 또한 법칙
으로 되어 버렸습니다. 그러므로 말씀하신 "냥심, 농강, 뉴행, 니화" 들같
은 "ㄴ" 소리가 나지 않게 된 것입니다.

물음 27 머리소리(頭音) 법칙과 외래어?

두음법칙으로 "라주"(羅州)가 "나주", "로인"(老人)이 "노인", 또는 "뉴
대"(紐臺)가 "유대", "니토"(泥土)가 "이토"로 됨을 표준말로 인정하면서,
"라디오"(Radio), "로마"(Roma), 또는 "뉴스"(News), "니켈"(Nickel) 따
위는 어찌 두음법칙대로 각각 "나디오, 노마", 또는 "유스, 이켈" 들로
표준삼지 아니합니까?   (4290. 5. 수원, 노 재윤)

[대답] 한자말이나 서양말이나 본디 우리말 아니기는 마찬가지입니다마는, 그것들이 외래어로서 우리말에 들어옴에 있어서 한자어는 이미 역사적으로 오래전부터 머리소리법칙으로 발음됨이 아주 굳어져 버린 것이요, 서양 외래어는 최근에 들어오기 시작하는데, 자꾸자꾸 많아져 가는 외래어에 〔r〕, 〔l〕음, 또는 〔ŋ〕음 따위를 모두 머리소리법칙대로 발음하면 첫째로 구별할 수 없는 동음어가 많이 생길 것이고, 둘째로 원어와의 대조 교섭상 불편이 많을 것이며, 세째로 교육 학습상 혼란과 곤란이 막심하게 될 것이기 때문에, 이런 점들을 고려하여 국어 정책상 의식적으로 서양 외래어는 머리소리법칙에 따르지 않음을 원칙으로 하게 된 것입니다. 그러므로 서양 외래어에도 이미 오래 전부터 들어와서 굳어진 것은 굳어진 대로 표준삼음은 물론입니다. 이를테면, "남포등, 누가복음" 따위는 머리소리법칙으로 굳어진 것들입니다.

[물음] 28 "ㆁ" 첫소리의 말?

함경도 말에 "어이없다, 고얘(貓), 체예(處女)" 들과 같이 "ㆁ"을 첫소리로 하는 말이 많으로 미루어, 다른 지방에도 "ㆁ" 첫소리가 없지 않을 듯한데, "ㆁ"을 첫소리로 아니 씀은 어찌 된 일입니까?

(4271. 3. 함흥, 김 병호)

[대답] 함경도 이외에는 그런 발음이 없을 뿐 아니라, 함경도의 발음으로도 당신이 말씀한 그 말들의 첫소리가 꼭 "ㆁ"에 맞는 소리라고 단정할 수는 없습니다. 정말 "ㆁ"의 소리는 혀뿌리로 뒷입천장을 막고 콧구멍으로 내는 소리인데, 함경도의 콧소리 첫소리는 혀뿌리로 뒷입천장을 막지 않아 목구멍이 열린 대로 두고 다만 보통 홀소리에 콧소리를 주어 내는 것이니, 정말 "ㆁ"과는 소리가 다를 뿐 아니라, 또 그 소리로 나는 말들도 자고로 쓰여 오던 정말 "ㆁ"으로 된 말들과는 아무 관련이 없는 함경도 독특한 사투

리 소리입니다. 제주(濟州)의 "·" 소리 같은 것은 역사적 관계로나 최근까지 문자상에 많이 쓰여오던 관계로나 상당한 근거와 가치가 있지만도 지금은 전연 아니 쓰게 되었는데, 함경도에 콧소리의 첫소리가 있다고 해서 이때까지 아니 쓰던 "ㆁ" 첫소리를 가지고 콧소리를 띤 홀소리의 표기로 쓴다는 것은 될 수가 없는 일입니다.

물음 29 입음(被動)과 하임(使動)의 액선트?

입음(피동)과 하임(사동)의 똑같은 말이라도 액선트의 바뀜에 따라 입음도 되고 하임도 되지 않을까요? 가령: "맡기다"란 말은 "맡"에 액선트를 주면 하임꼴(사역형)이 되지마는 "기"에 액선트를 주면 입음꼴(피동형)이 되지 않을까요? (4280, 5. 삼가. 손 동인)

대답 우리말의 표준말로는 액선트에 따라 말의 뜻바꿈이 달라지는 일은 없고, 말할 경우 경우를 따라 그 중점(重點)이 달라지기만 합니다. 가령: "돈을 맡기었다"하는 말에 "돈"에 액선트를 주면 다른 것을 맡긴 것이 아니고 그 맡긴 것이 "돈"이라 함에 중점을 둔 것이 되고, "맡"에 액선트를 주면 돈을 거저 주거나 빌려 준 것이 아님을 밝히기 위함에 중점을 둔 것이 됩니다. 그러나 "맡"에 액선트를 줌과 "기"에 액선트를 줌에 따라서 "맡기다"의 뜻이 두 가지로 달라지는 일은 없습니다. "맡기다"는 "맡게 하다"의 뜻으로 하임꼴(사역형)밖에는 아니 됩니다. 만일 이 말을 입음꼴(피동형)로 만들어 쓰려면 "맡기어지다"로 밖에는 할 수가 없습니다. 억지로 말본의 형식에 맞추기 위하여는 "맡기이다"로 할 수가 있겠지요마는 이는 실제의 말로는 쓰이지 않는 말입니다.

표 준 말

IV

Ⅳ 표 준 말

물음 1 "표준말"과 "맞춤법"?

어떤 때는 "표준말"이 틀렸다고 하고, 어떤 때는 "맞춤법"이 틀렸다고 함을 가끔 듣는데, 대관절 "표준말"이란 것과 "맞춤법"이란 것이 어떻게 다릅니까?

(4271. 3. 인천, 무식 생)

대답 "표준말"은 같은 뜻을 가진 여러 말들(곧 소리가 다른 말들) 가운데에서 하나만을 뽑아서 전국민이 똑같이 사용할 공통어로 정하는 것(가령 "가깝다", "가껍다", "가참다", "가직다" 들 여러 말 중에서 "가깝다" 하나만을 표준말로 정함과 같음)이고, "맞춤법"은 어떠한 말을 물론하고 그 말을 글자로 적는 방법을 규정하는 것(가령 "가깝다", "각갑다", "갂압다", "갓갑다" 들 여러 방법 중에서 "가깝다"로만 정함과 같음)입니다. 그러니까, 가령 말을 "가깝다"로 하지 않고 "가참다"로 하면 이것은 표준말이 틀린 것이고, 그로 적기를 "가깝다"로 적지 않고 "각갑다"로 적으면 이것은 맞춤법이 틀린 것입니다. 그래서 "가깝다"로 적으면 표준말로도 맞는 동시에 맞춤법으로도 맞는 것이 됩니다.

물음 2 표준말을 정하는 기준?

맞춤법은 말본[문법] 또는 음운법칙 들에 비추어서 이론적으로 또는 규칙적으로 이해할 수 있고 응용할 수도 있는데, 표준말은 어떠한 이론과 어떠한 규칙으로 결정되는 것인지 암만해도 이해하기 어렵고 응용하기도 힘듭니다. 어떻게 하면 표준말을 틀리지 않게 잘 쓸 수 있을까요?

(4291. 5. 부산, 시골 생)

대답 표준말은 일반 대중에게 가장 널리 쓰이는 말이면 됩니다. 한 가지 뜻에 말이 하나뿐인 것(현대말에서 "물, 밥, 사람, 가다, 오다" 따위와 같음)은 그것이 곧 표준말이고, 한 가지 뜻에 말이 여럿인 것("하날, 하늘, 하늘", 또는 "저것, 더것, 데것" 따위와 같음)은 일반에게 널리 쓰이는 "하늘" 또는 "저것"이 표준말로 됩니다. 그런데 그 더 널리 쓰이고 덜 널리 쓰임은 무슨 기준으로써 판단되느냐 함이 문제인데, 이것은 국민 생활의 실제 사정과 세계 고금의 공통 원칙으로서 다음의 세 가지 조건이 자연히 기준으로 되는 것이니, 곧 ① 과거나 미래가 아닌 "현재"의 말이고, ② 상류나 하류의 특수계급이 아닌 "중류사회"의 말이고, ③ 어느 한 지방에 국한되지 않고 전국 문화가 집중 교류되는 수부(서울)의 말이라는 것입니다.

우리말에서는 일찌기 한글 학회가 "큰사전"을 편찬할 기초 사업으로서 왜정의 압박을 무릅쓰고 먼저 3개년의 노력으로 "한글 맞춤법 통일안"을 4266년에 결정 발표함에 이어서, 다시 3개년의 노력으로 "조선어 표준말 모음"을 4269년에 사정 발표하였는데, 이 표준말의 사정에는 위에 말씀한 세 가지 기준에 의하여, 사정위원으로 서울(경기도) 대표 37인, 각도 대표(인구 비례로) 36인의 도합 73인이 선출되어 십여 차례에 소위원회와 세 차례의 전체 독회에 의한 세밀한 검토와 신중한 정리를 거쳐서 사회에 발표된 것입니다. 그래서 "큰사전"을 비롯한 그후의 각종 사전들은 물론이고, 국정 교과서, 검인정 교과서, 각종 서적, 신문, 잡지, 일반 공사 문서들이 모두 이에 따라 실용되고 있는 것입니다.

그러므로 표준말을 잘 알기 위하여는 이 "조선어 표준말 모음"을 늘 참고하시고 거기에 없는 말은 그 책의 부록에 비추어 응용할 수 있으며, 그 부록에도 없는 말이면 "큰사전"을 찾아 보실 수밖에 없습니다.

물음 3 서울에 없는 지방말을 표준말로?

표준말로 고쳐 쓸 수 없는 말이 제주 방언에는 퍽 많은데, 본어를 살피어 표준말로 보급 대중화시킬 수는 없으신지요? 예를 한두 개 들어 드리오니 표준말이 있으면 또 적어 보내 주십시오.

니치름: 입에서 무의식적으로 나오는 침.
맬록맬록: 어린애가 혀를 내미는 모양.

(4292. 10. 제주, 김 두칠)

대답 지방의 특유한 말로서 서울에 그와 꼭같은 뜻을 나타내는 말이 없을 경우는 그 특유한 방언이 곧 표준말로 됨이 물론입니다.

그런데, 예로 보여 주신 말들은 그 실제의 쓰는 경우들을 많이 들어 보지 않고는 분명한 개념을 잡기가 어렵습니다마는, 지금 그 말들의 밑에 붙이신 주석으로 본다면, "니치름"은 서울말의 "군침"과 같은 것이 아닌가 싶으며, "맬록맬록"은 "날름날름"과 같은 말이 아닌가 싶습니다.

물음 4 "표준말"? "대중말"?

"대중말"을 "표준말"이라고 책 겉에 쓰신 것은 퍽 섭섭한 일인가 합니다. "대중없다", "대중하다" 하는 말들을 상류, 중류, 하류 사회에서 두루 흔히 쓰는 말이요, "표준"이라는 말은 유식자들이나 아는 말이 아니겠습니까? "대중"할 만한 말이라면 "대중말"이라고 이름 붙일 것을 어찌하여 그리 하셨을까요? (4270. 10. 창앞, 이 호순)

대답 좋은 말씀입니다. 그러나, "대중없다, 대중하다"라고 하는 말은 널리 쓰이는 말이지마는, "대중말"이라 하면 결코 널리 쓰이는 말이 아닙니다. "대중말"이라 하나 "표준말"이라 하나 "유식자"라야 알기로는 마찬가지겠지요. 다만 이상(理想)으로는 "대중말"을 "대중"으로 잡되 오늘날의 현실을 돌아보아 우선 "표준말"로 "표준"을 삼아 둔 것입니다.

물음 5 "가맣다 – 거멓다"?

"가맣다"와 "거멓다"는 어떠한 차이가 있는 말인지요?

(4271. 12. 경복, 한 독자)

대답 "가맣다"와 "거멓다"는 뜻으로의 차이보다 어감상(語感上)의 차이가 있는 것입니다. 곧 어감상으로 "가맣다"는 작은 어감의 말, "거멓다"는 큰 어감의 말로 구별이 됩니다. 이와 같은 예는, "하얗다"와 "허옇다", "간간하다"와 "건건하다", "깔깔 웃다"와 "껄껄 웃다", "깜박깜박"과 "껌벅껌벅", "깡창"과 "껑청" 따위로 얼마든지 들 수 있는데, 이것이 곧 우리말의 어감 표현상의 특징적 법칙인, 이른바 "모음 상대 법칙" 중의 작은 어감과 큰 어감과의 두 가지로 분류되는 실례입니다. 여기에 대하여서 더욱 자세하게 아시려면 본 "한글"지 제 6권 9호 "모음 상대 법칙과 자음 가세 법칙"을 보십시오.

물음 6 "가엾은"? "가여운"?

"가엾다, 가엾은, 가엾어"로도 하고, "가엽다, 가여운, 가여워"로도 하는데, 어느 쪽이 맞습니까?

(4282. 10. 계동, 김 원옥)

대답 "가엾은, 가엾어"가 표준말입니다. 만일 "가엽다, 가여운, 가여워"로 된다면 "가여이"로도 돼야 할텐데, "가엾이"로밖에 안 되지 않습니까?

물음 7 "갔더랬다"? "갔었다"?

어느 쪽이 옳습니까?

(4284. 4. 부산 철도국, 조 춘경)

대답 "갔었다"가 옳습니다. (물음 56 참조)

물음 8 "으로서―으로써", "갖은―가진"의 구별?

　다음 말들은 뜻이 다릅니까? (ㄱ) 으로서―으로써. (ㄴ) 갖은―가
진.　　　　　　　　　　　　　　　　　　　　(4270. 10. 창앞, 이 호순)

대답 (ㄱ) "으로서"는 "…되어서"의 뜻이요, "으로써"는 "을 가지고"의 뜻입
니다. 이를테면, "사람으로서 어찌 그런 일을 하랴?" "닭으로써 꿩을 대신
한다"와 같이 다릅니다. (ㄴ) "갖은"은 그림씨〔形容詞〕 "갖다"(具備)의 줄기
〔語幹〕 "갖"에 "은"이 붙은 것이요, "가진"은 움직씨〔動詞〕 "가지다"(持)의
줄기〔語幹〕 "가지"에 "ㄴ"이 붙은 것입니다.

물음 9 "개으르다"와 "게으르다"?

　큰사전에 이 두 말에 다 해석 설명을 꼭같이 하였는데, 표준말로는
"게으르다"가 맞지 않습니까?　　　　　　　　(4282. 1. 순천 여중, 목 일신)

대답 뜻으로는 꼭같고, 어감(語感)으로 "개으르다"는 작은 말이요 "게으르
다"는 큰말입니다. 그러므로 두 말이 다 표준말입니다. 큰사전의 주석에
큰말 작은말로 서로 대조되어 있습니다.(물음 5 참조)

물음 10 "그리고"와 "그러고"?

　"한글"에 "그리고"라고 쓴 데도 있고, "그러고"라고 쓴 데도 있으니,
두 말의 뜻과 쓰이는 데가 다른지요?　　　　　(4271. 9. 하동, 박 재업)

대답 "그리고"는 "그리하고"의 준말로서, 움직임의 뜻을 가진 이음어찌씨
〔接續副詞〕로 쓰는 말이요, "그러고"는 "그러하고"의 준말로서, 성질 상태의
뜻을 가진 이음어찌씨로 쓰는 말입니다. 예를 들어 말씀하면,

꽃밭에 물 좀 주어라. 그리고 마당도 좀 쓸어라.
외금강이 내금강보다 좋더라. 그리고 해금강은 더 묘하더라.

이밖에 "그러하고"의 준말로 "그렇고"가 있는데, 이것은 이음어찌씨가 아
니고 그림씨 그대로의 이음꼴〔接續形〕일 뿐인 것이니, "그것은 그렇고 이
것은 이렇다"와 같이 쓰이어 "그러고"와는 다른 것입니다.

물음 11 "그려", "구려"의 구별?

어느 쪽이 표준말입니까?   (4270. 10. 고원, 천 혁)

대답 말끝 마치어진 밑에 덧붙는 토로는 "그려"입니다. "좋소그려, 비가
옵니다그려, 어서 가게그려, 갑시다그려" 들과 같습니다. 그리고 "구려"는
풀이말의 줄기〔어간〕에 직접 붙는 끝〔어미〕입니다. "좋구려, 크구려, 어서
가구려, 가시구려, 먹구려, 먹겠구려" 들과 같습니다.

물음 12 "기념"? "기렴"?

"기념"과 "기렴"? 어느 것이 옳습니까?   (4272. 2. 영남. 물음 생)

대답 "기념"이 옳습니다. 두 홀소리 사이에서는 "ㄴ"이 "ㄹ"로도 나는 일이
있으되 그것은 본음대로 적는다는 통일안 규정에서 그러합니다.

(통일안 50항 참조)

물음 13 "깃들이다"? "깃들다"?

"깃들이다, 깃들다", 혹은 "기뜨리다, 기뜰다"? 어느 것이 맞습니까?

(4292. 12. 서울. 퀴즈 생)

대답 "깃들이다"가 맞습니다. 닭의 둥우리나 소의 외양간 같은 데에 넣어 주는 짚이나 마른풀 따위를 "깃"이라 하지 않습니까? 날짐승이나 길짐승 들의 보금자리를 차리고 깃을 들이는 것이 "깃들이는" 것입니다. 사람이 깃을 넣어 주는 일은 "깃준다"라고 하고, 그 깃을 받아 들이는 일은 "깃들이다"라고 합니다. 그러므로 "깃들다"라고는 될 수가 없습니다. "깃이 들다"라고 할 수 없으니까요. 만일 "깃"을 "들인다"라는 뜻이 아니라면, 거저 소리대로 "기뜨리다"로 쓸 뿐이지마는 "깃"을 "들인다"는 말이기 때문에 "맛들이다, 정신들이다"처럼 "깃들이다"로 쓰는 것입니다.

물음 14 "나다"와 "낳다"?

초등 국어 교본 중권 46쪽에는 "나았는데"로 되어 있는데, "낳"의 ㅎ이 줄어서 "나"로 된 것입니까?　　　　(4280. 5. 충남 거성 학교, 김 충구)

대답 "나다"는 제움직씨〔自動詞〕요, "낳다"는 남움직씨〔他動詞〕입니다. 가령: "풀이 나고", "새끼가 나면", "금이 많이 납니다", "성인이 나자 용마가 난다" 따위와 같은 이런 경우는 자동사이니, 그 앞의 이름씨〔名詞〕가 임자말〔主語〕로서 반드시 "이" 토나 "가" 토가 붙는 법이고, "알을 낳고", "새끼를 낳지", "아기를 낳는다" 따위와 같은 이런 경우는 남움직씨이니, 그 앞의 이름씨가 부림말〔目的語〕로서 반드시 "을" 토나 "를" 토가 붙는 법입니다. 이와 같이 "나다"와 "낳다"는 같은 말이 아니라, 서로 다른 말입니다. 혼동하지 마시기를 바랍니다.

물음 15 "내리긋다－내려긋다"?

"내리긋다"와 "내려긋다"는 같은 말입니까, 다른 말입니까? 다르다면 어떻게 구별되는지요?　　　　(4293. 2. 제주, 이 봉순)

대답 다른 말입니다. "내리긋다"는 위에서부터 아래로 향하여 긋는다는 뜻이요, "내려긋다"는 긋는 위치를 위에다 잡지말고 좀 아래 쪽에 내려와서 긋기 시작하여 긋는다는 뜻입니다.

물음 16 "놀라다"와 "놀래다"?

"놀라다"가 제움직씨〔自動詞〕이고 "놀래다"가 남움직씨〔他動詞〕라면 "적의 간담을 놀라게 하다"라 하여야 옳습니까?

(4282. 4. 부산 철도국, 조 춘경)

대답 그렇습니다.(물음 17, 68 참조)

물음 17 "놀라게―놀래게"?

"사람을 놀라게 하다"는 "놀래게 하다"로 해야 홀소리어울림에 맞지 않을까요? (4280. 7. 충북 남이 학교, 이 재전)

대답 "놀라게"가 옳습니다. 이는 홀소리 어울림으로 그런 것이 아니라, "놀라다"는 제움직씨요, "놀래다"는 남움직씨이기 때문입니다. 곧 "놀래다"는 "놀라게 하다"라는 뜻의 말입니다. 이를테면 "ㄱ이 ㄴ을 놀래니, ㄴ이 깜짝 놀라더라" 이렇게 됩니다.(물음 16, 68 참조)

물음 18 "~님"의 뜻과 쓰는 범위?

① "~님"의 뜻과 그 쓰는 범위를 가르쳐 주십시오. 대면한 상대더러 "~님"이라고 부를 수 있는지요? ② 일본말의 "サン"이나, 영어의 "Mister"에 꼭 맞는 좋은 말을 가르쳐 주십시오. (4271. 7. 의주, 장 병건)

대답 ① "~님"은 상대자나 제삼자를 높이어 일컫는 말로서 종래의 쓰는 범위로 말하면, 대개로는 칭호나 두루이름씨〔普通名詞〕의 밑에 붙임이 보통이요, 더러는 홀이름씨〔固有名詞〕의 밑에도 쓰입니다. "공자님, 대감님, 생원님, 아버님, 형님, 아드님……", 또는 "자사(子思)님, 예수님, 석가여래님……"과 같습니다. 상대자를 대면하여 "~님"이라고 부를 수 있음은 칭호나 두루이름씨로는 물론이요, 홀이름씨 즉 성이나 이름 밑에 붙이어 씀도 또한 불가할 이유가 없습니다. 다만 그렇게는 우리가 종래 많이 써 보지 아니해 왔으므로 좀 귀서투른 것 같지마는, 꼭 써야 될 말이면 새로 좋게 협정하여 쓰는 것도 말의 발달에 있어 좋은 일인데, 하물며 새로 만든 말이 아니요, 종래에도 써 왔을 뿐 아니라, 또한 그렇게 하는 것이 좋을 바에야 더 말할 것 있겠습니까? "김 님", "박 아무님"이라고 제삼자로 뿐만 아니라, 대면하여서도 또는 편지로서도 그렇게 일컫는 것이 좋을 것입니다.

물음 19 "님"의 쓰는 경우?

제가 군에 들어갔을 때, "직속상관 관등 성명"이라 하여 "국방장관 김 정렬님, 참모총장 백 선엽님,…"을 욀 때, 어쩐지 어색하게 느껴졌습니다. 저의 생각으로는 "님"은 ① 홀이름씨에는 붙이는 것이 아니고, 두루이름씨에만 붙이는 것이라고 생각하오며, ② 두루이름씨에도 가령 "스승님"이라 하면, 스승이라 부를 수 있는 분은 많지마는 저의 머릿속에서 생각하는 가장 으뜸으로 사모하는 분을 "님"을 붙여서 "스승님"이라고 하는 것이 아닌가 생각합니다. 곧 "임"을 강하게 부른 것이 "님"으로 된 것("예"→"녜"와 같이)이라고 봅니다. 어리석은 생각을 깨우쳐 주시기를 바랍니다. (4292. 10. 신촌동, 재 춘)

대답 ① 홀이름씨에라고 "님"을 붙이지 않는다고 할 수는 없지요. "공자님, 맹자님, 자사님, 예수님" 들들과 같을 뿐 아니라, 또 붙이는 것이 불가할 이유도 조금도 없습니다. 그러고, ② 가장 으뜸으로 사모하는 분에 "님"을 붙이는 것이라고 생각하심도 타당한 생각이 아니십니다. "따님, 아드님, 아우님, 조카님", 또는 "마나님, 생원님" 심지어 "남산골 샌님" 들들, 무슨 "가장 으뜸으로 사모하는 분"에게만 "님"이 붙는 것이라고 말하기 어렵습니다. 그러고, "임"을 강하게 부른 것이 "님"이라는 생각도 부당한 생각이십니다. "임"과 "님"은 원래는 같은 말이었지마는, 현대의 언어 사실로는 "임"은 사모하는 사람을 뜻하는 완전한 이름씨로 되고, "님"은 사람을 일컫는 모든 이름씨 밑에 붙는 뒷가지〔접미사〕로 되어 있습니다. 그러고, "예~녜"에 있어서는 "예"가 표준말이고 "녜"는 사투리로 처리됩니다.

물음 20 "ㄷ" 받침과 "ㅅ" 받침?

"ㄷ" 받침과 "ㅅ" 받침의 구별하는 방법을 간단히 가르쳐 주시오.

(4279. 9. ㄱ.ㅂ.ㅣ.)

대답 그 밑에 홀소리로 시작하는 토나 끝〔語尾〕을 붙여 보면 곧 알 것입니다. 곧 그 말이 이름씨〔名詞〕이거든 토(은, 을, 으로, 에, 이…)를 붙여 보고, 움직씨〔動詞〕나 그림씨〔形容詞〕의 줄기〔語幹〕이거든 끝〔語尾〕(어, 으니, 으면…)을 붙여 보는 것입니다. 가령: "낟(穀)은, 낟을, 낟으로…, 낫(鎌)은, 낫을, 낫으로, 낫에…", 또 "벋(延)어, 벋으니, 벋으면…, 벗(脫)어, 벗으니, 벗으면…" 이와 같이 하여 보면 곧 그 구별이 분명하게 됩니다.

물음 21 "다려─더러", "듣긴다~들린다", "나르는 새─날르는 새"?

아래의 말들은 어느 쪽이 옳은지 가르쳐 주시기를 바랍니다.
1. 선생이 제자더러(다려) 말하되.
2. 소리가 똑똑히 들린다(듣긴다).

3. 푸른 하늘에 마음대로 날르는(나르는) 새야.

(4281. 6. 시골, 한글 생)

대답 (1) 더러. (2) 들린다. (3) 나는(혹은 "날아다니는") 들이 옳습니다.

물음 22 "엣"의 쓰는 경우?

다음 말들은 어느 쪽이 옳은가요?
솥엣(에) 물. 강원도엣(에) 금강산. 하늘엣(에) 별. 책상 위엣(에)
오똑이. ("에 있는"을 표시하는 말은 다 "엣" 인지요?)

(4281. 6. 시골, 한글 생)

대답 솥엣 물, 강원도의 금강산, 하늘의 별, 책상 위의(혹은 "엣") 오똑이
들이 옳습니다. "엣"은 "에의"를 뜻한 말인데 언제나 다 "엣"을 써야 하는
것은 아닙니다. 습관으로 이루어진 각 말에 따라서 쓰이는 경우도 있고,
안 쓰이는 경우도 있을 것입니다. 특히 존재가 일정한 것에는 "엣"이 쓰이
지 않는 것이 원칙인 것 같으니, "강원도엣 금강산"이라든지, "하늘엣 별"이
라든지는 하지 않고, 여러 곳에 있을 수 있어서 그 어디 있는 것임을 표시
하여야 알게 될 경우에 쓰이는 것 같습니다. "앞엣 것, 뒤엣 것, 쏠엣 것,
부뚜막엣 소금" 따위가 그러합니다. 또 "에 있는"을 간단히 "에"로만 할 경
우도 있으니, "집에 아이, 책상 위에 오똑이" 따위와 같은데, 이는 대개 홀
소리 앞인 경우입니다.("말본 관계" 물음 17 참조)

물음 23 "~던"과 "~든"?

"~던"과 "~든"을 어떻게 구별합니까? 이를테면, "하던", "하든", 또
는 "먹던", "먹든", 어느 것을 취하는지요?   (4272. 12. 동경, 나그네 강)

대답 "~던"과 "~든"이 다른 말입니다. "~던"은 지나간 일을 도로 생각하여 말할 때 매김꼴〔冠形詞形〕로 쓰는 것이요, "~든"은 아무렇게 하여도 상관없음을 나타낼 때 어찌꼴〔副詞形〕로 쓰는 "~든지"의 준말입니다. 이를테면,

① 그이의 하던 말을 그대로 말해 보아라. 너 먹던 밥을 어디다 두었니?
② 그일을 하든(지) 말든(지) 나는 모르오. 무엇을 먹든(지) 네 맘대로 먹어라.(물음 24 참조)

물음 24 "~던지"와 "~든지"?

"던, 더니, 더라"는 "더"로, "거든, 든지"는 "든"으로 쓰게 된 줄 알고 있는데, "한글"지에 "던지"로 쓴 것을 확실히 보았는데, 혹 오자인지요?

(4271. 4. 성북동, 자칭 문사)

대답 "던지"를 쓸 경우가 없는 것이 아니니, 그 본문을 보지 않고는 옳게 쓴 것인지 잘못 쓴 것인지를 말할 수 없으나, "든지"와 "던지"는 같은 말이 아닙니다. "든지"는 물론 말씀하신바와 같으니, 더 말할 필요가 없거니와, "던지"는 "던가"와 같은 종류의 말이니,

그가 벌써 왔던지(=던가) 모르겠습니다.
내가 왜 그랬던지(=던가) 몰라.
아까 본 것이 무엇이던지(=던가)요?

이와 같이 "던지"는 지난 일을 돌이켜 생각함에 쓰이는 것이니, 저 "누구든지 오너라. 소든지 말이든지 타고 가자" 들에서 쓰이는 "든지"와는 아주 다른 것입니다. 그런즉 지금 물으신 "던지"가 과연 이러한 뜻으로 쓴 것이었던지, 혹은 "든지"를 잘못 써서 "던지"로 되었던지, 본문을 다시 보시고 판단하시기 바랍니다.(물음 23 참조)

물음 25 "돌떡"? "돐떡"?

조선어 학회에서 지은 국어 교본에 "돌떡"으로 쓴 것은 "돐떡"으로 써야 옳지 아니할까요?　　　　　(4279. 5. 서울, 정 대환)

대답 "돌"과 "돐"은 뜻이 다릅니다. "돌"은 반드시 "생일"에 대해서만 쓰는 말이요, "돐"은 일반으로 "주기"(週期)를 뜻하는 말입니다. 가령, "오늘이 우리 어린애 돌"이라 하든지, "금년 시월 구일이 우리 한글의 오백째 돌"이라 하는 말들은 "생일"의 뜻으로서 "돌"이라 하고, "어제 지붕 위에 올라왔던 해가 오늘 제 돐에 또한 지붕 위에 올라왔다" 하든지, "올 봄에 왔던 제비가 내년 제 돐이 되면 또 올 것이라" 하든지, "팔십 사 년을 한 돐으로 하는 천왕성"이라 하는 말들은 일반적으로 "주기"(週期)의 뜻으로서 "돐"이라 하여, "돌"과 "돐"이 다르게 쓰입니다. 그러면 "돌떡"은 아기의 "첫 생일 떡"의 뜻일 것이니까 "돌떡"으로 쓴 것이 옳게 된 것이지요.

물음 26 "돌아가시다"?

어른이 죽은 것을 말할 때 "돌아가셨다" 하는데, 또 어른더러 잘 가시라는 뜻으로 인사할 때 "안녕히 돌아가십시오" 하는 것이 괜찮은 인사일까요?　　　　　(4271. 7. 고창, 유 영백)

대답 "안녕히 가십시오"라고 하는 것이 좋습니다.

물음 27 "띄우다"? "띄이다"?

"한 간 띄일 것"은 입음[被動]이고, "한 간 띄울 것"은 하임[使動]이라고 할까요?　　　　　(4282. 4. 부산 철도국, 조 춘경)

대답 이런 경우의 "띄이다"는 "띄다"의 잘못 이르는 말입니다. 그런데 "띄다"는 두 가지가 있으니 하나는 "뜨이다"("발견되다"의 뜻)의 준말(뜨이＝띄)인 것과, 하나는 "띄우다"("뜨게 하다"의 뜻)의 준말(띄우＝띄)인 것입니다. "한 간 띌 것"의 경우는 "띄울 것"(뜨게 할 것)의 준말입니다. 만일 "눈에 띄는 것"이라 할 때면 "뜨이는 것"(발견되는 것)의 준말이 됩니다. 어떤 쪽으로나 "띄이다"는 틀리는 말입니다.

물음 28 "디"와 "데"?

표준말에 "디"와 "데"를, "어디"만은 "디"로 쓰고, "한 군데, 두 군데"하는 "데"나, "헌데, 아픈데"하는 "데" 들은 "데"로 하였으니, 어찌 된 일입니까? 어느 것으로든지 통일하는 것이 어떨까요? (4272. 3. 풍산, 한 독자)

대답 표준말은 쓰는 말들 중에서 제일 널리 쓰이는 말을 표준해서 쓰기로 한 것이니, 이론적이나 또는 합리적이라고 해서 안 쓰이는 말, 또는 극히 적게 쓰이는 말로 통일하는 것이 아닙니다. 현재 중류사회의 서울말에서 "어디"는 "디"로 나기 때문에 "디"로 표준한 것이요, "군데, 헌데, 아픈 데" 들은 "데"로 나기 때문에 "데"로 표준한 것입니다.

물음 29 "～려"와 "～러"?

"하려"와 "하러"가 다른가요, 같은가요? (4280. 5. 경남 사천, 김 기열)

대답 비슷하지만 다릅니다. "하려"는 의식적이거나 무의식적이거나를 물론하고 아직 실현되지 아니한 어떤 동작의 장차 실현될 것을 전제로 하고 움직이는 뜻을 나타내는 것이요, "하러"는 반드시 의식적인 목표를 가지고 그 목표를 실행할 곳을 향하여 몸을 옮기는 경우를 나타내는 것이니, 이

"~러"는 "~려"와 같이 아무 경우에나 쓰이는 것이 아니라, 그 아래에는 반드시 "오다, 가다, 다니다" 따위의 동작(몸을 옮기는 동작)을 말할 경우에만 쓰이는 것입니다. 그러고 "~려"는 "고"를 붙이어 "~려고"로도 쓰이지마는 "~러"는 "고"가 붙지 않는 점도 서로 다릅니다. 두 말의 쓰이는 경우를 비교해 보십시오. 가령:

~려: 날이 새려(고) 한다. 비가 오려(고하)나보다. 글을 읽으려고 책을 편다.

~러: 꽃구경하러 같이 가자. 서울로 살러 왔다가, 시골로 무엇하러 또 가나? 살기 좋은 곳을 찾으러 다닌다.

이 밖에도 많은 경우를 비교해 보시기를 바랍니다.

물음 30 "~러", "~려", "~려고"?

"표준말 모음" 13쪽 3단의 "~러"와 18쪽 1단의 "~려고"의 구별을 묻사오며, "한글"지에 흔히 나오는 "~려"와는 각각 어떠한 구별이 있습니까? (4271. 4. 의주통. 서 문주)

대답 "~러"는 "가고, 오고, 다니고" 행동의 직접 목적을 나타내는 것인데, 그 아래 오는 말은 으례 "오다", "가다" 및 그런 따위의 말로서, 짧고 간단한 어구를 요하니, 이를테면,

무엇하러 왔느냐?
너를 보러 왔다.
밥 먹으러 가거라.
학교에 공부하러 다닌다.

들과 같고, "~려고"는 장차 할 생각이나 자세(姿勢)를 나타내는 것으로,

그 아래 오는 말은 어떠한 말이든지 다 되나, 남을 시키는 말에나, 꾀는 말에는 쓰이지 아니합니다. 가령:

>   무엇하려고("러"도 됨) 왔느냐?
>   ("왔느냐"에 대하여는 "려고"도 되고 "러"도 됨)
>   너를 보려고("러"는 아니 됨) 그저께부터 마음을 먹었었다.
>   ("오다, 가다" 따위가 아니므로, "러"는 아니 됨). (또 시키는 말로 "밥
>   먹으려고 가거라"나, 꾀는 말로 "공부하려고 가자"는 아니 됨)

들과 같으며, "~려"는 "~려고"의 준말〔略語〕인데, 그 아래에 오는 말은 "~려고"의 경우와 대개 같으나, 특히 "하다"가 많이 쓰이며, 그와 반대로 "하다"는 "~러"의 아래는 도무지 아니 쓰임이 특수한 점이니, 이를테면 아래와 같습니다.

>   꽃을 보려(=보려고) 한다. (좋음)
>   꽃을 보러 한다. (안 됨)
>   비가 오려(=오려고) 한다. (좋음)
>   비가 오려 한다. (안됨)

물음 31 "하랴"와 "하려"?

"어떻게 하랴?" "어떻게 하려고" "어디로 가랴?" "어디로 가려고." 이와 같이 "랴"와 "려"가 경우에 따라 다르게 쓰이는지, 또는 "랴"와 "려"가 어느 것이 옳은지요?　　　　　　　　　　　　　(4279. 5. 종로 삼가, 김 종문)

대답 예를 드신 바와 같이 "랴"는 의문(疑問)을 나타내는 경우, "려"는 장래(將來)를 나타내는 경우에 각기 달리 쓰입니다.

물음 32 "~르다" "~ㄹ르다"?

"가르다-갈르다", "거르다-걸르다" 어느 것이 표준말입니까?

(4271. 12. 황해도, 한글생)

대답 "가르다"가 표준말입니다. 줄기〔語幹〕의 끝소리마디가 "르"로 된 말은 "들르다"란 말 하나를 제외하고는 일체로 다 이와 같이 앞 음절에 ㄹ 받침 없이 "~르"로 된 것이 표준말입니다. 그래서 그 밑에 오는 끝〔語尾〕이 닿소리인 때는 그 "르"가 그대로 있고, 다만 홀소리가 오는 때에만 소위 벗어난 끝바꿈〔變則活用〕으로 되어 "르"가 "ㄹㄹ"로 변합니다. 곧 닿소리 끝바꿈의 경우는 "가르다, 가르고, 가르지, 가르면, 가르기, 가르세…" 들로 되고, 홀소리 끝바꿈의 경우는 "가르아"가 "갈라"로, "거르어"가 "걸러"로 됩니다. 이와 같은 말이 퍽 많습니다. "나르다, 다르다, 마르다, 바르다, 불사르다, 자르다, 너르다, 벼르다, 서투르다, 어르다, 고르다, 오르다, 조르다, 구르다, 두르다, 무르다, 부르다, 그르다, 으르다, 흐르다, 기르다, 지르다, …" 이 밖에도 많습니다.

물음 33 "마음-맘, 세음-셈"?

소리마디〔音節〕 수의 많은 말보다, 소리마디 수의 적은 말이 의사 표시에 적당하지 못함은 우리가 일상 경험하는 바인데, 사정한 표준말에 "마음", "세음"과 같은 것을 "맘", "셈"으로 한 것은 어떠한 이유에서입니까?

(4271. 3. 함흥. 김 병호)

대답 표준말은 표준말 될 조건의 갖추이고 못 갖추임에 따라 결정될 것이요, 소리마디의 많고 적음으로써 죄우될 것이 아닙니다. "마음"은 "마음"으로 표준말을 삼고, "맘"을 준말〔略語〕로 또한 표준 잡았으며, "셈"은 "세다"의 "세"에 "ㅁ"이 붙어 이름씨로 된 말일 뿐 아니라, 실제 발음으로도 "셈"

이 널리 쓰이는 발음이므로 "셈"이 표준말입니다.

물음 34 "마찬가지-매한가지", …"거의-거반"…?

다음 말들은 표준말 세울 때에 나오지 않았는지요? 표준말 아니라 함도 없음. (ㄱ) 마찬가지-매한가지. (ㄴ) 이러니저러니-이러구저러구. (ㄷ) 거의-거반. (ㄹ) 터뜨리다-터떠리다. (ㅁ) 거지-그지(乞人).

(4270. 10. 창앞, 이 호순)

대답 (ㄱ) "마찬가지"는 표준말 모음 13쪽 2단에 표준말로 되어 있고, "매한가지"는 "결국 한가지"란 뜻의 말입니다. (ㄴ) "이러니저러니"는 113쪽 2단에 역시 표준말로 되어 있습니다. "이러구저러구"는 사정(査定)에 나오지 아니하였습니다마는, "이러니저러니"와 똑같은 말이라고 볼 수 없고 "이러쿵저러쿵"과도 다른 말이니, 그도 역시 독립한 한 표준말이 되겠는데 "이러하고 저러하고"의 뜻이므로, "이러고저러고"로 하는 것이 옳을 것입니다. (ㄷ) "거의"는 50쪽 2단에 표준말로 되어 있고, "거반"은 사정(査定)에 나오지 않았으나, "거지반"의 준말인데, "거의"에 비하면 그 쓰이는 범위가 훨씬 좁으면서, 동시에 숫자적 개념을 포함하여, "반 넘어 거의" 됨을 뜻한 말이라 하겠습니다. (ㄹ) "터뜨리다"가 표준말이니, 6쪽 2단을 보시고, 117쪽 부록(附錄) 2항을 참고하시기를 바랍니다. (ㅁ) "거지"는 56쪽 2단에 표준말로 되어 있습니다.

물음 35 "죽음-주검" "막음-마감"?

"죽음"과 "주검", "막음"과 "마감"은 어떤 것이 옳으며, 어떤 것이 그릅니까?

(4280. 7. 충남 남이 학교, 이 재전)

대답 "죽음"은 죽는 일, "주검"은 죽은 몸이요, "막음"은 막는 일, "마감"은 셈 같은 것의 끝을 닫는 일을 일컫는 말입니다. 곧 "죽음" "막음"은 움직씨〔動詞〕로서의 이름꼴〔名詞〕일 뿐이요, "주검" "마감"은 아주 이름씨〔名詞〕로 이루어 진 말입니다.

물음 36 "만드다-만들다", "간다-가다"?

이러한 말에 받침이 붙고 안 붙는 데에 어떤 차이가 있습니까?

(4282. 4. 부산 철도국, 조 춘경)

대답 "만드다"는 "만들다"의 "ㄹ" 소리가 줄어진 것인데 표준말에서는 끝〔語尾〕 "ㄴ, ㅂ, 오"의 앞에서와 존경의 "시"와 미래의 "ㄹ" 앞에서만 그 줄기〔語幹〕의 "ㄹ"이 주는 것으로 하고 그 밖에는 모두 "ㄹ" 있는 대로 표준하기로 되었으니, "만드다"는 표준말이 못 되고 "만들다"가 표준말입니다. "간다, 가다"에 있어서는 "가다"는 기본형이고 "간다"는 줄기〔語幹〕 "가"에 끝〔語尾〕 "ㄴ다"가 붙어서 현재의 진행을 나타내는 것입니다. "만들다"(기본형)의 현재 진행은 "만드+ㄴ다=만든다"로 되는 것도 아울러 생각해 보십시오("만드"는 "ㄹ벗어난 끝바꿈"으로 "만들"의 ㄹ이 ㄴ의 앞에서 줄어진 것).

물음 37 "멀구슬나무"? "말구슬나무"?

"한국 식물 도감"에 "멀구슬나무"(제주, 구주목)라고 했고, "큰사전"에도 "멀구슬나무"로 되어 있는데, 원산지 원명이 제주에서이라면, 본 지방 방언을 찾아 보면 "물쿠실, 물쿠시, 무쿠실, 뭉쿠실" 들이며, 한자로는 "馬珠木, 驪珠木"이라고 쓰며, 본 지방에는 "아"를 "ㅇ"로 냄이 많아서 "말"을 "물"로 "망아지"를 "뭉생이"로 하는데, 이로 보아서 "멀구슬나무"보다 "말구슬나무"로 함이 더 나을 뿐 아니라, 실제로도 "말구슬나무"로 많이 부르고 있는데, "큰사전"에 어찌 "멀구슬나무"로 했는지 의심됩니다.

(4292. 10. 남제주 대정국민학교, 김 두칠)

[대답] 표준말은 어느 지방말임을 물론하고 서울말을 사용하는 일반이 듣고 옮기는 소리로써 정할 수밖에 없는데, 제주의 "ㆍ" 소리를 서울 사람의 귀로는 "어"로 들림이 보통입니다. 그래서 "한국 식물 도감"에 "멀구슬나무"로 된 모양이고 "큰사전"에는 모든 전문 용어는 각각 그 방면 전문가의 정한 바에 좇아 실은 것입니다.

[물음] 38 "몬지"를 "문지"로 표준말 삼자?

몬지는 그 물건이 불결한 것이니까 같은 값이면 그 어감을 좇아 어두운 소리로 "문지"를 표준말로 삼는 것이 어떨까요?

(4281. 6. 함양, 권 오중)

[대답] 표준말은 "몬지"가 아니라 "먼지"입니다. 당신의 뜻에 맞도록 어두운 소리로 되었습니다. 그러나, 더러운 물건이라고 해서 어두운 소리로 된 것은 것은 아닙니다. 중앙 표준 발음이 "몬지"보다 "먼지"로 함이 더 보편적이기 때문입니다. "먼지"보다 더 더러운 "똥, 고름, 곰팡이"는 밝은 소리로 되어 있고, 더 깨끗한 "물, 얼음, 거울"은 어두운 소리로 되어 있지 않습니까? 표준말은 오직 그 실제의 표준 어음을 좇을 뿐이지 더럽고 깨끗함으로써 표준을 억지로 삼을 수는 없을 것입니다.

[물음] 39 "~ㅂ다"? "~웁다"?

"덥다-더웁다" "고맙다-고마웁다"? 어느 쪽이 표준말입니까?

(4271. 12. 구리개, 한 사람)

[대답] "덥다" "고맙다"가 표준말입니다. 그림씨[形容詞]로서 줄기[語幹]의 끝 소리마디가 ㅂ받침으로 된 말을 "웁"으로 내는 말이 많은데, 이런 것은 일체로 ㅂ으로 내는 것을 표준말로 하였습니다. "덥다(더웁다), 어렵다(어

려웁다), 가볍다(가벼웁다), 맵다(매웁다), 쉽다(쉬웁다), 사납다(사나웁
다)" 이 밖에도 퍽 많습니다.

물음 40 "밟다, 넓다" 따위의 표준 발음?

　"밟다, 넓다" 따위의 둘 받침이 닿소리 앞에서 한 쪽이 아니 나는
경우가 많은데, 이에 관한 법칙은 없으며, "넓다" 같은 것은 실제엔 "널
따"라고 발음을 하는데 어떻게 해야 맞을까요?

(4280. 7. 충북 남이 학교, 이 재전)

대답 둘 받침의 발음은 서울 말에서는 아래와 같이 같습니다.(토나 끝을
붙이지 아니하고 단독으로만 내는 경우).

　① "ㄳ, ㄵ, ㄶ, ㅄ, ㄼ, ㄽ, ㄾ, ㅀ"들은 앞 받침 소리만 나고, "ㄺ, ㄻ,
ㄿ"들은 뒷 받침 소리만 납니다. 다만 "ㄼ"에는 원칙으로는 넓=널, 떫=
떨, 섧=설, 짧=짤, 애닯=애달, 여덟=여덜… 들과 같이 앞 받침 소리만
나되, "밟=밥" 만은 뒷 받침 소리로 나고, "넓"도 "넓적" "넓죽"의 경우만은
뒷 받침 소리로 나는 특례가 있습니다. 물으신 "넓다"는 "넓" 만으로는 원
칙대로 "넓=널"과 같이 앞 받침 소리만 납니다. 그리고 끝[語尾]을 붙이어
"넓다"를 발음할 때는 ㅂ 소리가 분명하게 들어가지는 않지마는 그렇다고
단순한 "널다"는 아닙니다. 소리로서는 "널따"와 같이 냅니다. 이는 그 ㅂ이
된소리 작용을 하기 때문입니다. "넓다, 짧다, 섧다, 애닯다…" 들도 모두
그러합니다.

　참고 말씀을 하나 드립니다. "넓다"라는 말은 또 "너르다"란 말이 따로
있습니다. 그래서 "넓어"와 "널러"가 다르고 "넓적하다"와 "널찍하다"가 다르
며 "넓히다"와 "널리다"가 다릅니다. "넓다"는 평면적이며 물체적이요, "너르
다"는 공간적이며 범위적입니다. 얼굴이나, 종이쪽 따위는 "넓다"하고, 방
이나, 들이나, 마음은 "너르다" 합니다.

-85-

물음 41 "빼앗다-뺏다", "서(西)으로-서로"?

① 빼앗다? 뺏다? 어느 쪽이 옳습니까? ② 나았다(優)? 낫다? 어느 쪽이 옳습니까? ③ 우으로? 우로? 어느 쪽이 옳습니까? ④ 서(西)으로? 서로? 어느 쪽이 옳습니까?

(4280. 5. 대동 신문, 강 문좌)

대답 ① "빼앗다"가 표준말로서 "뺏다"는 그 준말이니, 다 옳습니다. ② "낫다"가 옳습니다. 그런데 병이 덜림을 나타내는 동사 "낫다"는 과거로 쓸 때는 "나았다"로 됩니다. "나앗다"는 아무 것도 아닙니다. ③ "위로"가 옳습니다. ④ 어법상으로는 "서로"가 옳은데 이와 저와의 관계를 뜻하는 "서로"(相互)라는 말과 소리가 같아서 혼동되기 쉬우므로 실제 말할 때에는 "서으로"로 함이 보통이니, 쓰기도 그에 따라 할 것이요, "서로"로 하여도 뜻이 분명할 경우면 그대로 말하고 그대로 씀이 물론 옳습니다. 가령: "동으로 갔다. 서로 갔다"와 같은 경우는 그대로 써도 좋습니다.

물음 42 "벌리다-벌이다"?

"팔을 벌리다"와 "팔을 벌이다"는 어느 쪽이 옳은지요?

(4280. 7. 충북 남이 학교, 이 재전)

대답 이 두 말을 혹은 뜻 같은 말로 똑같이 쓰이기도 하고 혹은 뜻 다른 말로 각각 달리 쓰이기도 하니, 이는 표준어 사정 문제입니다. 그런데, 같이 쓰이는 말이라도 조금이라도 다른 점이 있거나, 혹은 달리 할 필요가 있는 것은 아무쪼록 있는 말을 없애지 말고 적당히 구별하여 쓰는 것이 좋을 것입니다. "넓다", "너르다"가 같은 말이로되 실제로는 좀 달리 쓰이며, "작다"-"적다", "놀음"-"놀이", "굽히다"-"구부리다", "돌리다"-"돌이키다", "늘리다"-"늘이다" 따위가 다 그러함과 같이, "벌리다"-"벌이다"는 오므라져 있는 물체를 벌게 하는 뜻으로, "벌이다"는 여러 가지 물건을 죽 펴

-86-

늘어 놓은(羅列) 뜻으로 쓰이는 것으로 구별할 수 있습니다. 이 같이 구별해 쓰는 것이 좋으며, 따라서 팔다리는 "벌리다"로 함이 좋을 것입니다.

물음 43 "볕"과 "빛"?

같은 광선을 뜻하는 말이니, 같은 받침으로 하여, "볕, 빝"으로 하든지, "볓, 빛"으로 하든지 한결로 통일함이 좋지 않을까요?

(4281. 6. 함양, 권 오웅)

대답 뜻도 다르고(볕은 태양의 광과 열이요, 빛은 일반으로 광채나 색채임) 발음도 다른 말인데 억지로 통일할 수가 있습니까? 또 통일할 필요도 없습니다. 통일이란 필요할 경우도 있고, 불필요할 경우도 있으니, 무조리하게 흐트러진 것이면 통일하는 것이 필요하고, 구별이 있도록 분화되어 있는 것은 그대로 구별하는 것이 도리어 필요합니다.

물음 44 "뵈다(謁) - 보이다"?

어머니께 "뵈었다"? "보였다"? 어느 쪽이 옳습니까?

(4280. 7. 충북 남이 학교, 이 재전)

대답 ① 어른에게 절하고 인사하는 뜻으로는 "뵈었다"이고, ② 남에게 무엇을 보게 하는 뜻으로는, 곧 "보이었다"의 준말로는 "뵈었다", "보였다" 둘 다 괜찮습니다. 통일안의 예로서는 "보이었다"의 준말도 "뵈었다"로 함이 원칙이라 하겠습니다마는, 절하고 인사하는 뜻으로 잘못 오해할 염려가 있을 경우나, 또는 특히 "보"에 힘을 주기 위한 경우에는 "보였다"로 함이 오히려 효과적이 될 것입니다.

물음 45 "쌓이다"(積)? "싸이다"?

어느 쪽이 맞습니까? (4282. 4. 부산 철도국, 조 춘경)

대답 "쌓이다"가 맞습니다. "쌓다, 쌓고, 쌓지" 이와 같이 "쌓"이 줄기〔語幹〕이고 "이"가 도움줄기〔補助語幹〕로 붙어서 입음움직씨〔被動詞〕로 된 것입니다. 만일 "싸이다"라 하면 그것은 "싸다"(包)의 줄기 "싸"에 도움줄기 "이"가 붙은 것으로 "포위(包圍)당하다"의 뜻인 "싸이다"(被包)라는 말이 됩니다.("말뜻" 물음 10 참조)

물음 46 "쌀"의 옛말과 방언?

"쌀"(米)의 옛말과 방언(方言)을 알고자 합니다.

(4270. 9. 수원고농, 이 춘녕)

대답 "쌀"의 옛말은 "뿔"입니다. 옛 글에 적힌 예로, 훈몽자회(訓蒙字會-서기 1527)에 "뿔"(米), "뫼뿔"(粳), "ᄎ뿔"(糯) 들이 있고, 역어유해(譯語類解-서기 1690)에 "니뿔"(大米), "조뿔"(小米) 들이 있습니다. 그러고, 그 발음은 현대 말인 "쌀"과 좀 다르던 것입니다. 계림유사(鷄林類事)에 송(宋)나라 사람이 우리말을 한자(漢字)로 적으면서 "쌀"을 "菩薩"(보살)이라 적었고, 또 일본 책 화한삼재도회(和漢三才圖會-서기 1712)에도 우리말을 가명문(假名文)으로 적는데, "쌀"을 "比佐留"(ヒサル)라고 적은 것들로 보든지 또는 우리말 우리 현대말의 "멥쌀, 찹쌀, 입쌀, 좁쌀" 들로 보아, 그 때의 "뿔"의 발음이 단순한 "쌀"과 다름을 짐작하겠습니다. 그러면 "쌀"의 옛말은 "뿔"인데, 그 발음으로는 "보살, 비살" 혹은 "보살"과 근사한 것이었으리라고 생각되는데, 아마도 ㅂ의 입모양으로부터 "술"로 발음한 것이었으리라 생각합니다. 그러고 방언으로는 경상도와 함경도 일부에서 "살"이라고 하는 외에 달리 부르는 방언이 있음을 아직 듣지 못하였습니다.

물음 47 "섧다, 설다, 서럽다"?

"섧다, 설워, 설운, 설움"으로도 하고, "설다, 설어, 설은, 설음"으로도 하고, "서럽다, 서러워, 서러운, 서러움"으로도 하는데, 어느 쪽이 표준말입니까?   (4282. 10. 계동, 김 원옥)

대답 "섧다"가 표준말입니다. 발음은 "짧다, 떫다" 따위와 같이 "설따"로 납니다. 그리고 "ㅂ" 벗어난 끝바꿈으로 홀소리 앞에서는 "ㅂ"이 "우"로 변합니다. 요새 흔히 "설다"를 표준말 같이 생각들을 하는 모양입니다마는 "ㄹ" 받침 말로는 그 끝[語尾]이 "따, 꼬, 찌, 쎄"와 같은 된소리로 나는 법이 절대로 없는 것이며, 또 "ㄴ, ㅂ, 오, ㄹ, 시"의 앞에서 ㄹ받침아 줄지 않는 말이 없는 것인데, "설다"라고 하면 "설다, 설고, 설지" 들이 어찌하여 다른 모든 "ㄹ" 받침 말들과는 딴판으로 유별나게 "설따, 설꼬, 설찌" 들로 발음되며, 또한 "ㄴ, ㅂ, 오, ㄹ, 시"의 도무지 주는 일이 없고 꼭 "ㄹ" 소리가 있어야 됨이 무슨 까닭일까? 이것이 곧 "ㄼ" 받침의 ㅂ 벗어난 끝바꿈임을 밝게 보이는 것이라 하겠습니다마는, 오늘날 서울말의 언어 사실로서는 "섧다"를 버리고서 "서럽다"를 표준말로 작정할 정도까지는 못 됩니다. 역사적으로나, 품위로나, 어법상으로나 "섧다"를 표준으로 하는 것이 가장 타당한 것입니다. "덜 익다"의 뜻인 "설다"란 말의 발음 현상과 비교해 생각하여 보십시오.

물음 48 "쓰다－씨다, 같이－가치" 들을 구별하자?

다음 말 같은 따위들을 한데 몰아 넣은 것은 참으로 아깝고 섭섭한 노릇이 아닐까요? (ㄱ) 같이(如)－가치(共). (ㄴ) 쓰다(用)－씨다(書).
                    (4270. 10. 창앞, 이 호순)

대답 (ㄱ) 동감입니다마는, 동감이라는 "동"(同)을, "같은" 느낌이라고 "如"

의 뜻으로 볼까요, "가치" 느낀다고 "共"의 뜻으로 볼까요? 동행(同行)은 "같은" 일행(一行)도 되고 "가치" 간다고도 됩니다. 결국 "如"나 "共"이나, "同"이나 다같은 "같"으로 된 말인즉, 다같이 "같이"로 씀이 도리어 편하겠지요. (ㄴ) "쓰다"는 "用"과 "書"가 그 발음으로나 어법상 활용으로나 똑같기 때문에 언어 사실을 따라 그렇게 사정(査定)된 것입니다.

(맞춤법 물음 8, 9, 10 참조)

[물음] 49 "글씨 씨다"의 시킴말?

"글씨 쓰다"를 "글씨 씨다"로 한다면 그 시킴말은 어떻게 될 것인지요? (4282. 7. 개성, 홍 성인)

[대답] "치다"의 시킴말이 "쳐라"로 되고, "짐을 지다"는 "져라"로, "솥에 찌다"는 "쪄라"로 되니, "씨다"로 한다면 그 시킴말은 "쎠라"가 된다 할 수 있고 따라서 "쳐, 져, 쪄" 들이 "처, 저, 쩌" 들로 허용됨과 같이 "쎠"도 "써"로 허용될 수 있다고 할 수 있겠지요. 그러나 실제의 표준 발음이 "쓰다"일 뿐아니라, 음운 변동에 있어서도 "져, 쪄, 쳐"는 "저, 쩌, 처"와 별 차이 없이 되지마는 "셔, 쎠"는 "서, 써"와 매우 달라서 "시어, 씨어"가 "셔, 쎠"로는 쉽게 되면서도 "서, 써"로까지 되기는 쉽지 않으니, "마시어→마셔, 부시어→부셔, 그릇을 가시어→가셔, 맛이 시어→셔" 들로는 되되, "마서, 부서, 가서, 맛이 서" 들로는 잘 아니 되니, "글씨 씨다"로 한다면 우선, "글씨 쎠"로도 안되는데 더구나 "씨어"가 바로 "써"로 될 수가 있다고 하기 어렵습니다. 그러므로 근본부터 "글씨 씨다"로 한다는 것이 무리한 일이라 하겠습니다.

[물음] 50 "습니다-읍니다"?

"습니다"와 "읍니다"는 어느 쪽이 옳고 그른지요? 또 어째 그러한지요? (4279. 7. 이 찬형, 이 낙운)

[대답] 둘 다 옳습니다. "먹습니다, 먹읍니다, 신습니다, 신읍니다, 닫습니다, 닫읍니다, 잡습니다, 잡읍니다, 벗습니다, 벗읍니다, 찾습니다, 찾읍니다, 쫓습니다, 쫓읍니다, 같습니다, 같읍니다, 갚습니다, 갚읍니다, 놓습니다, 놓읍니다, 깎습니다, 깎읍니다, 있습니다, 있읍니다, 없습니다, 없읍니다, 많습니다, 많읍니다, 밝습니다, 밝읍니다…" 이와 같이 "습니다"와 "읍니다"는 다 표준말로 쓰이는 것으로써 뜻은 같으나 어감상(語感上) 좀 다른 맛이 있는 것입니다. "읍니다"는 보통으로 평범하게 쓰이는 것이고, "습니다"는 겸손하게 관용(慣用)되어 온 말투로서 특히 대화체(對話體)에 많이 쓰이는데, 같은 뜻으로도 "읍니다"보다 좀더 친근하고 겸손한 맛이 있는 것입니다. 용법은 둘 다 받침 있는 줄기[語幹]의 밑에 쓰이기는 마찬가지입니다. 마치 "(먹)으오"와 "(먹)소"가 둘 다 표준말로 쓰임과 같은 따위입니다.

그런데 이런 것은 어느 편을 써도 다 좋은데, 다만 주의할 일은 한 가지 글 안에서나, 한 자리의 연설(演說) 안에서는 어느 쪽이나 한 가지 용법으로 일관성 있게 써야 할 것입니다. 가령: "좋습니다"로 말했거든, "먹습니다, 같습니다, 많습니다, 있습니다, 고맙습니다" 들로 해야 하고, 만일 "좋읍니다"로 말했거든 "먹읍니다, 같읍니다, 많읍니다, 있읍니다, 고마웁니다…" 들로 해야 할 것입니다.(맞춤법 물음 57 참조)

[물음] 51 "아가—악아"?

통일안 52항에 "아가"로 쓰지 말고 "악아"로 쓰라고 정하여 있는데, 조선어 학회에서 지은 국어교본에는 "아가"로 쓰이었으니, 무슨 이유입니까? (4279. 5. 서울, 정 대환)

[대답] "아가"와 "악아"는 말이 다릅니다. 통일안 52항의 "악아"는 "아기야"의 준말[略語]을 이른 것이요, 교본의 "아가"는 거저 이름씨[名詞]로서, "엄마,

아가, 누나…" 따위와 같이 어린애들의 쓰는 말을 흉내 삼아 하는 말이니, 동요(童謠)나 아동어(兒童語)에 흔히 쓰입니다. 교본 제 2과의 제목으로 쓴 "아가"는 단순한 이름씨이고, 그 본문(本文)의 "아가"들은 거저 이름씨로만 보아도 좋고, "아가야"의 "야"라는 토를 줄인 것으로 보아도 좋을 것입니다.

물음 52 "아내"의 쓰는 경우?

자기의 아내를 남에게 대하여 말할 때 무어라고 하여야 합니까? 손위 어른에게 대하여 "제 아내"라는 말을 쓰면 실례가 되는지요?

(4271. 7. 남국, 설산 거인)

대답 이왕의 습관으로는 계급을 따라 달랐습니다. 같은 보통 계급에서는, 어른에 대하여는 "제 처", "제 아내"라 하고 평교간에는 "내 처", "내 아내", "내 내자", "내 실인"이라 하며, 아랫 계급 사람이 윗 계급 사람에 대하여는, "제 지어미", "제 계집"이라 하고, 윗 계급 사람이 아랫 계급 사람에 대하여는 "아낙에게"라 하며, 또 같은 계급에서라도 자기 가족끼리 말할 때는 일정한 말이 없고, 경우를 따라 알아들을 정도로 말을 꾸미어 말할 따름이었습니다.

물음 53 "안잠자기"와 "안잠재기"?

"안잠자기"와 "안잠재기"는 어느 쪽이 옳습니까?

(4270. 10. 고원, 천 혁)

대답 "안잠자다, 안잠자고, 안잠자는" 이와 같이 "안잠자"가 줄기〔어간〕인데, 흑보기(睊視人), 보름보기(片眼人), 소매치기, 똥싸기, 돈내기, 부넘기(火踰口), 쓰레받기, 돋보기(凸視鏡) 따위 같이 "기"가 뒷가지〔접미사〕로 되어, "안잠자"에 "기"가 붙어서 된 이름씨[명사]이니, "안잠자기"로 함이 옳습니다.

물음 54 "었다-았다"?

"었다"와 "았다"가 다르게 쓰이는 경우를 말씀하여 주십시오.

(4272, 8. 박 신)

대답 "었다"는 그 앞에 있는 홀소리가 "ㅓ, ㅕ, ㅜ, ㅠ, ㅡ, ㅣ" 따위로 된 때에 쓰이고, "았다"는 그 앞에 있는 홀소리가 "ㅏ, ㅑ, ㅗ, ㅛ"로 된 때에 쓰입니다. 이제 그 쓰이는 예를 보면, "얻었다, 엮었다, 웃었다, 늙었다, 읽었다, 개었다, 베었다, 되었다, 휘었다, 희었다" 따위는 "었다"로 되고, "받았다, 얕았다, 보았다, 좋았다" 따위는 "았다"로 됩니다.

(통일안 부록 1의 3, 및 이 책 "소리 문제" 물음 20 참조)

물음 55 "애닲다, 애닯다, 애달프다"?

어느 것이 표준말입니까?   (4285, 9. 목포, 유 경수)

대답 "애닲다"가 표준말입니다.

물음 56 "없애다"의 "애"와 "되매"의 "매"?

"없애 버리다", "없앨 수 있다"에서의 "애"와, "되매"에서의 "매"가 씨끝[語尾]인 모양인데 말본으로의 구별이 어떠합니까?

(4281, 2. 울산, 정 인석)

대답 "매"는 끝[語尾]입니다마는 "애"는 끝[語尾]이 아닙니다. "매"는 "니,

ㄴ즉" 따위와 비슷한 뜻으로, 어떤 사실을 베풀어 가지고 그 다음에 올 말의 내용을 구속하려 할 때 쓰는 것이니, "봄이 오매(=오니) 꽃이 핀다", "내가 내일 갈 것이매(것인즉) 꼭 기다리고 있거라" 따위와 같이 쓰이는 것입니다. 그러고 "없애다"란 말은 특수하게 된 말입니다. 본디 "없이 하다"가 줄어서 된 말로서 그 줄기〔語幹〕는 "없이+하"→"없야"(발음으로 "샤")로 되어야 할 것인데, 우리 발음 습관에 "ㅅ" 소리에 있어서 흔히 편리를 좇아, "샤→새, 셔→세, 쇼→쇠, 슈→쉬"로 내는 일이 많아서, "서양철→생철, 샹긋샹긋→생긋생긋, 하셔요→하세요, 쇼천→쇠천, 슈염→쉬염…"으로 발음되기가 쉽습니다. 이와 같은 발음 습관으로 "없이하→없야→없애"로 변하여 "애"가 도움줄기〔補助語幹〕로 되어 버린 것이라고 해석할 수밖에 없습니다. 지금 물으신 말에 "없앨"에 끝〔語尾〕"ㄹ"이 붙은 것이요, "없애 버리다"의 "없애"는 "없애어"의 "어"가 생략된 것입니다.

이것은 "없이하여→없이해→없애"로 된 것이라고 해석할 수도 있으나, 그렇게 해석하면 "없애고, 없애지, 없애면,…" 들 경우에 설명이 맞지 않습니다.

물음 57 "오빠", "누나"의 쓰는 경우?

"오빠"라는 말이 존칭입니까, 아닙니까? 그러고 사내 형에게만 쓸 뿐 아니라, 사내 아우에게도 쓸 수가 있습니까? 또 사내 형 된 자신이 누이동생에 대하여서 자칭 "오빠"라고 할 수 있습니까? 아울러 "누나"와 "누이"의 구별을 가르쳐 주시고 "누나님", "누나동생", "누이님", "누이동생"의 말들을 다 쓸 수 있을는지 가르쳐 주십시오. (4271. 5. 평양. 한 독자)

대답 당신이 물으신 "오빠"는 존칭은 아니고 "어머니"를 "엄마", "아버지"를 "아빠"라 하듯이 존비의 구별을 가릴 줄 모르는 어릴 적에 쓰는 말입니다. 그러나, 어른이 된 뒤에도 습관상 친근하게 이 "오빠"를 씁니다. 그리고 이 말의 높낮이의 등분을 표시한다면, 아주높임을 "오라버님", 예사높임을 "오라버니", 낮춤을 "오라범", 아주낮춤을 "오라비"라 합니다. 남에게 대한 경우라면 습관상 "오빠"라 하지 않고 흔히 "오라비"라 하는데, 이것도 절대로 남을 대면해서 부를 때에 쓰는 것은 아니고, 가령 "내 오라비도 갔다"와 같이 남에게 이야기할 때에나, "그 사람의 오라비도 갔다"와 같이 제삼자로 이야기할 때에만 씁니다. 사내형 된 자신이 누이동생에게 대하여서 자칭 "오빠"라고 함은 편지에 밖에는 아니 씁니다. "누이"와 "누나"의 구별은 원칙적으로는 "누나"는 어릴 적에 쓰는 말이고, "누이"는 자란 뒤에 쓰는 말입니다. "누나님" "누나동생"은 쓰지 않으나 "누이님" "누이동생"은 씁니다. 이것도 "누이님" 만은 글에서나 쓰고 입말로는 "누님"이라고 합니다.

물음 58 "욕감태기", "심줄", "조약돌"?

"표준말 모음" 가운데 ① 욕감태기(累辱), ② 심줄(筋), ③ 조약돌 (小圓石) 들이 표준말로 되었는데, 각각 그 어원을 찾아 보건데,

① "욕감태기"는 "욕"이란 말에 "삼태기"(箕)란 말이 합하여 된 말일 것이니, "욕삼태기"가 표준말 되지 않을까요?

② "심줄"은 "힘"(力)이란 말에 "줄"이 합하여 된 말이니, "힘줄"이 표준말 되지 않을까요?

③ "조약돌"은 "조각"(片)이란 말에 "돌"이 합하여 된 말이라 볼 수 있으니, "조각돌"이 옳지 않을까요? (4271. 6. 용천, 곡천생)

대답 ① "감태기"는 머리에 쓰는 "감투"를 이르는 말이니, "욕감태기"란 말은 욕을 막 머리로부터 홈빡 뒤집어 씀과 같다는 뜻으로 된 말이라고 보는 편이, 욕을 삼태기에 담은 것과 같다는 뜻으로 보는 편보다 합당할 뿐 아니라, 실제로도 "욕삼태기"보다 "욕감태기"가 더 널리 쓰이는 말입니다.

② "심줄"의 어원을 "힘"(力)으로 볼 수 있음이 물론인 동시에 또한 "속에 심이 들었다"는 "심"으로도 볼 수 없는 것이 아닙니다. 또 가령 "힘"(力)으로

본다 하더라도 "뱃심 좋다", "아귓심 세다", "입심 좋다", "심부름(助力)" 들과 같이 따로 아주 익어 버린 말들은 구태 어원을 찾을 필요가 없습니다.

③ "조약돌"은 "조각으로 된 돌"이아니라, 알밤(裸栗)이나, 주악(小圓餅)이나처럼 잘고 동글동글한 돌들을 이름이니 "조각돌"이라 할 수 없을 뿐 아니라, 가령, "조각으로 된 돌"이라 할지라도 실지 말에 결코 "조각돌"이라고는 하지 아니하는 것을 어찌 억지로 말을 고쳐 만들어서 되겠습니까? 주악(小圓餅)과 같다 하여 "주악돌"이라고 하자는 이도 있습니다마는 또한 언어 사실을 무리하게 굽히는 일이 될 뿐입니다.

물음 59 "웃"과 "윗"?

통일안에 "웃옷"은 "웃"으로 하고, "윗 말"은 "윗"으로 하였으니, 그 구별이 어떻게 된 것입니까?　　　　　　　　　　(4282. 1. 돈암동. 한 독자)

대답 머릿가지〔接頭辭〕로 익은말이 된 "웃옷", "웃어른", "웃도리", "웃청…"

따위는 익은 그대로 "웃"으로 되고, 이름씨로서는 "위"가 표준말이므로, "위"라는 이름씨와 다른 이름씨와 연결될 때 "사이 된소리"가 나는 경우에 그 "사이 된소리"의 표시로 "ㅅ"을 "위"에다가 받치어서 (통일안 개정안에 따라), "윗"으로 쓰게 된 것이니, "윗말", "윗 음절", "윗 글자…" 따위가 다 그러한 것입니다. 곧 "웃"은 몇몇 익은 말에만 쓰이는 머릿가지이고, 그 밖의 일반의 경우는 이름씨 "위"에 "ㅅ" 소리가 덧붙어서 매김말〔冠形語〕로 쓰이는 것입니다.

물음 60 "ㅡ"와 "ㅓ"의 표준말?

"쓰야겠다"(書)―"써야겠다"? "바릅니까"(正)―"바럽니까"? "바빠서"(忙)―"바쁘서"? 어느 편이 옳습니까? "×"와 "×"의 구별은 어떻게 됩니까?　　　　　　　　　　　　　　(4282. 4. 부산 철도국. 조 춘경)

대답 "쓰다", "바르다", "바쁘다"에 각각 "쓰", "바르", "바쁘"가 줄기〔語幹〕인데, "써야겠다"는 "쓰어야겠다"의 준말로 "쓰어＝써"로 된 것이고, "쓰야겠다"로는 발음되지도 않고 말도 아니 됩니다("야"는 줄기에 직접 붙지 못하는 것임). ② "바릅니다"는 "바르"에 "ㅂ니다"가 붙은 것이니, "바럽니다"로는 될 수가 없는 것이니, 발음도 그리 되지를 않습니다("ㅂ니다"는 반드시 줄기에 직접 붙는 것임). ③ 그리고 "바빠서"는 "바쁘어서→바뻐서→바빠서"(홀소리 어울림에 따라)로 된 것입니다. "바쁘서"는 발음도 그리 되지 않고 말법으로도 그리 될 수 없습니다("서"는 줄기에 직접 붙지 못하는 것임).

곧 "쓰야겠다"와 "바쁘서"는 말이 안 되고 "바럽니다"도 말이 안 됩니다. 왜 그러냐 하면 "쓰야"의 "야"나 "바쁘서"의 "서"는 절대로 그와 같이 줄기에 직접 붙는 것이 아니고 반드시 "어(혹은, 아)"와 어울려야 줄기에 붙는 법이기 때문입니다. 곧 "어(아)야" 또는 "어(아)서"로 되어야 말이 되는 것이니 "먹어야, 먹어서, 보아야, 보아서, 쓰어야(→써야), 바쁘어서(→바뻐서→바빠서), 또는 바르어서(→발러서→발라서)" 들로 되는 것입니다. 그러면 "가야겠다, 서야겠다", 또는 "가서, 서서" 들에는 왜 "야"나 "서"가 직접 줄기에 붙는가? 하는 의문을 가지실는지 모르나, 그것도 역시 직접 붙은 것이 아닙니다. "가아야겠다, 서어야겠다" 또는 "가아서, 서어서" 들의 소리 줄임으로 된 것입니다. "가아"는 같은 홀소리 "ㅏ"가 겹치므로 "ㅏ" 하나가 줄고, "서어"는 같은 홀소리 "ㅓ" 하나가 겹치므로 "ㅓ" 하나가 줄어서 "가아→가, 서어→서"로 된 것입니다. 그러니 주의하실 것은 "-야, -서, -도, -라(직접 명령의 경우)" 따위는 반드시 "어(혹은 아)"와 어울리어야 줄기에 붙는 법이라는 것을 명심하여 주시기 바랍니다. 그리고 "바릅니다"의 "ㅂ니다"는 받침 없는 줄기에는 직접 붙고, 받침 있는 줄기에는 "읍니다"나 "습니다"로 되어 가지고 붙습니다. 곧 "갑니다, 봅니다, 먹읍니다, 먹습니다"와 같습니다. 그러니까 "바럽니다"는 아무 말도 아닙니다. "읍니다"는 "(으)나, (으)니, (으)라 (간접 명령의 경우), (으)리라, (으)마, (으)매,

(으)며, (으)면, (으)므로, (으)ㄴ, (으)ㄹ, (으)ㅁ, (으)ㅂ니다, (으)ㅂ시
다…" 들과 같이 받침 없는 줄기에는 "으" 없이 바로 붙고 받침 있는 줄기
에는 소리 고루기 위하는 "으"가 들어가는 것이 법칙으로 되어 있습니다.
이와 같이, "으"는 다만 어떤 몇몇 끝〔語尾〕이 받침 있는 줄기에 붙을 때
소리 고루기 위하여 들어가는 단순한 소리 조각이요, "어"나 "아"는 "막아,
크어", 또는 "먹어, 보아" 들에서 알 수 있음과 같이 저 자체가 한 끝〔語
尾〕으로서 어떤 줄기에든지 제대로 붙어 쓰이는 한 개의 말조각입니다.

물음 61 "들르다"의 쓰이는 법?

"종종 들르겠다", "들르는 때". 이런 말은 "어"를 넣어 "들러겠다, 들
러는 때"로는 못할까요? (4282. 4. 부산 철도국. 조 춘경)

대답 "어"라는 것은 "어" 자체가 한 끝〔語尾〕이라는 것을 누차 말씀했습니
다. 그러므로 "먹어", "주어", "쓰어"와 같이 저대로 한 구실을 가지고 줄기
〔語幹〕에 붙는 것이지, 공연히 어떤 줄기와 끝의 중간에 들어가는 것이 아
닙니다. "어"가 어떤 줄기에 붙으면 벌써 완전한 한 개의 낱말인 움직씨나,
그림씨가 되는 것이어서, 그 뒤에는 다른 낱말이 들어오는 것이요, 결코
어떤 끝이 앞의 줄기에 붙기 위하여 "어"가 중간에 드는 법은 없습니다. 그
러므로 줄기인 "들르"에 "어"가 붙으면 그것은 "들르어→들러"로 완전한 한
움직씨가 되어 버리니, 그 밑에 어떻게 "겠"(도움줄기)이나 "는"(끝) 따위가
붙을 수 있겠습니까? 또 "겠"과 "습니다"의 중간에도 들어갈 수 없음이 물
론입니다.

물음 62 "의"와 "에"?

이름씨 밑에 붙는 "의"와 "에"를 어떻게 구별하여 씁니까?
 (4272. 3. 안동. 일 독자)

대답 이름씨가 다른 이름씨를 꾸미는 매김말〔冠形語〕로 될 때는 "의"가 붙고("나의 집, 친구의 집, 복수의 아버지" 들과 같음), 이름씨가 어떤 일의 처소나 때를 나타내는 어찌말〔副詞語〕로 될 때는 "에"가 붙습니다("그가 집에 있다. 오늘 아침에 눈이 온다. 꿈에 임을 만났다" 들과 같음).

물음 63 인사말?

"Good morning", "コンニチハ", "好啊", "문더" 들의 각국 인사말이 있는데, 우리말로 이와 같은, 간단하고 편리한 말로 무엇이 좋습니까?

(4271. 7. 일본 병고현, 김 홍조)

대답 종래 우리말은 그 변천 발달한 경로가 매우 복잡 미묘하여, 무슨 표현에든지 단조함보다 변화를 좋아하고, 평범함보다 신기함을 좋아했으므로, 한 가지 사물을 말함에도 이렇게도 말하고 저렇게도 말하며, 이런 경우는 이런 말로, 저런 경우는 저런 말로, 표현하려는 것이 그 언어 심리이었습니다. 인사에 있어서도 결코 한 가지 말로만은 만족지 않고 경우를 따라, 계급을 따라, 자리를 따라, 시간을 따라, 연령 남녀별, 친소, 처지 들을 따라 각가지로 달리 하게 되었던 것입니다. 그러나, 그 중의 가장 공통성이 있는 것은 "안녕하십니까?"가 되겠습니다. 이보다 더 공통성이 있고 더 좋게 된 말은 새로 만들어 내기 전에는 없는 것 같습니다.

물음 64 "일찌기"와 "일찍"?

"일찌기"와 "일찍"에 대한 말본으로의 설명을 하여 주시오. "일즉이", "일즉"은 어째 안 될까요?

(4280. 5. 안양, 서 수옥)

대답 말본으로는 문제 될 것이 아니고 표준어 문제인데, "일찌기"가 원칙적인 표준말이고, "일찍"은 그 준말〔略語〕로의 표준말이요, "일즉이"나 "일즉"은 표준말이 아닙니다.

물음 65 "장겜뽀"에 대한 우리말?

아이들이 주먹을 폈다 쥐었다 하면서 "장겜뽀!", "장겐쇼!" 하는 것을 볼 때마다 우리말로 가르쳐 주고 싶어도 적당한 말을 몰라 답답합니다. 무슨 좋은 말이 없을까요? (4282. 4. 순천. 야루 가람)

대답 요새 서울 아이들은 "주먹 가위 보!"라고 대개 하는 모양입니다. 내 생각에는 "돌 가위 보! 멩이 가위 보!" 하는 것이 괜찮을 것 같이 생각됩니다. 주먹을 내면서 "주먹"이라 함보다 "돌멩이"로 함이 좋겠고, 부르는 음조로서 한 번은 "돌"로, 한 번은 "멩이"로 함이 재미있지 않을까 생각됩니다.

물음 66 "즉다-적다-작다" 들을 구별하자?

"적다"를 "少"나, "小"나, "記"의 뜻으로 다 쓰는데, "즉다(少), 작다(小), 적다(記)"로 구별하여서 쓰면 좋을 것 같은데요? (4270. 10. 창앞. 이 호순)

대답 "적다"(少)와 "작다"(小)는 구별되어 있습니다. "즉다"라는 발음은 "읎다"(無), "을마"(幾何) 따위와 같이 경기도, 충청도 일부의 발음으로서, 보편적 표준 발음이 아니어서, 역사적으로나 일반 분포 현상으로나 "적다"(少), "없다"(無), "얼마"(幾何)들을 취하는 것이 옳다고 사정된 것입니다. "少"의 "적다"와 "記"의 "적다"는 하나는 그림씨[형용사]요, 하나는 움직씨[동사]이니, 그리 혼동될 염려가 없겠고, 말소리로도 "少"의 "적"은 길고 "記"의 "적"은 짧습니다.

물음 67 "조각-쪼각"?

"조각"과 "쪼각"은 순 우리말이므로, 그 소리 남을 따라 "쪼각"으로
통일함이 어떻습니까?   (4281. 6. 함양. 권 오웅)

대답 그 소리 남이 "쪼각"으로도 나지마는, 표준 어음으로는 "조각"으로 되
므로, 그 소리 남을 따라 "조각"으로 표준되어 있습니다. 표준말 모음 10
쪽 1단을 보십시오.

물음 68 "지나다"-"지내다"? "놀라다"-"놀래다"?

"한글"지에 "지나(過)다"로 쓴 데도 있고, "지내다"로 쓴 데도 있으
며, "놀라(驚)다"와 "놀래다"도 두 가지로 쓰여 있으니 어찌 일정한 표
준이 없습니까?   (4271. 4. 철원. 김 학영)

대답 일정한 표준이 있습니다. "지나다"는 시간과 처소에 쓰이고, "지내다"
는 생활이나 일에 쓰이며, "놀라다"는 제움직씨〔自動詞〕요, "놀래다"는 남움
직씨〔他動詞〕입니다. 실례를 들면,

    지나다: 삼 년이 지났다. 삼 년을 지났다. (시간)
           사람이 지나간다. 집 앞을 지나간다.(처소)
    지내다: 그는 꽤 잘 지낸다. 몇 해를 가난하게 지냈다. (생활)
           장례를 지내고, 제사를 지낸다. (일)
    놀라다: 깜짝 놀라서 일어났다. (제움)
    놀래다: 남을 놀래지 말아라. (남움)   (물음 17 참조)

물음 69 "초"(醋)의 사투리 "단것"?

"표준말 모음" 69쪽 1단에 "초"(醋)를 "단것"이라고 사투리로 적혀

있는데 "단것"이 아니라 "신것"이 아닐는지요?   (4270. 12. 동래, 이 인기)

대답 "초"(醋)를 "단것"이라 함은 서울 사투리인데, 왜 "단것"이라 하며, 그 말이 어느 시대부터 시작되었느냐 함에 대하여는 분명한 확증이 없으나, 말로 들은 바에 의하면 추측일는지 사실일는지 모르되, 이러하다 합니다. 아무 시대 아무 사회에서도 있는 일이지마는, 특히 예의 관념이 과도로 발달된 한양조(漢陽朝) 중엽 이후의 우리 사회에서는 언어에 대하여 조심하고 기휘(忌諱)하는 경우가 심히 많았을 것 아닙니까? 더구나 체면을 차릴 남녀 간이라든지 존비(尊卑) 간이라든지에는 더욱 그러하였겠지요. 그런데 "초"라는 것은 신맛(酸味)의 대표물이므로, 누구든지 "초"란 말을 들으면 반드시 신 것을 얼른 연상하게 되는데, 서울 사회에서는 "시다" 하는 그 말이 원래 어감에 좋지 못한 말이므로 따라서 "초"라는 말도 어느 경우에는 함부로 쓰기가 미안할 때가 있어서 바로 "초"라 함을 피하여 그 맛이 다소 단맛도 있으므로 "단것"이라 한 것이 차차 "초"의 대용 명칭으로 된 것이리라는 것입니다. 아마 그럴는지도 모르겠습니다. 하여간 서울서 초를 "단것"이라고 통칭하는 것이 사실이며, 또 "시다"라는 말을 아니 쓰는 것은 아니고, 역시 정확하게 "시다" 할 것은 "시다"합니다. 그러므로 사정한 표준말에도 "초"(醋)는 "초"로, "시다", "달다"는 각각 "시다", "달다"로 표준한 것이고, "초"를 가리켜 "단것"이라고 하는 말은 버리기로 한 것입니다. "초"란 말을 "신것"이라고 부르는 일은 없습니다.

물음 70 "하여-하야"?

"하여"와 "하야"는 어느 편이 옳고 그른지요? 또 어째 그런지요?

(4279. 7. 이 찬형, 이 낙운)

대답 "하여"로만 쓰기로 되었습니다. 현재 표준 어음(語音)이 그러하기 때문입니다. 따라서 "하여서, 하여도, 하여야, 하여라, 하였다" 들도 다같이 통일하여 적게 된 것입니다.

물음 71 "하누님－하느님－하나님"…?

다음 말들은 표준말을 알려 주십시오. (ㄱ) 하누님－하느님－하나님. (ㄴ) 볼기－불기. (ㄷ) 몰레－몰래(隱密). (ㄹ) 화루－화리－화로(火爐). (ㅁ) 치－키(키). (ㅂ) 헌겊－헝겊－홍겊(布片). (ㅅ) 갗바치－갖바치("갖"이 피부라면 짐승의 가죽도 갖으로 안 될까요? "갖"은 "가죽"의 줄어진 것인가요?). (ㅇ) 목간－미역－목욕－메욕. (ㅈ) 술－수실－부피－숱.　　　(4270. 10. 창앞, 이 호순)

대답 (ㄱ) 하느님(예수교에서는 "하나님", 천도교에서는 "한울님", 대종교에서는 "한얼님"). (ㄴ) 볼기. (ㄷ) 몰래. (ㄹ) 화로. (ㅁ) 키. (ㅂ) 헝겊. (ㅅ) 갖바치("갖"은 "가죽"의 준 것입니다. "갗"은 살의 겉 바닥을 가리킴이니, 벗길 수 있는 "가죽"과는 뜻이 다릅니다). (ㅇ) 목욕실(沐浴室)의 뜻으로는 "목간"이요, 온 몸이 물에 씻기는 뜻으로는 "미역"입니다. (ㅈ) "술"은 책, 종이, 피륙 따위의 쌓인 두께를 이름이요, "수실"은 "술"의 사투리요, "부피"는 무슨 물건이든지의 덩치의 크기(體積)를 이름이요, "숱"은 물건의 수량(數量)을 이름인데, 주로 머리털(毛髮)같은 것에 쓰이는 말입니다.

물음 72 "해님"? "햇님"?

"해님"과 "햇님"은 어느 쪽이 맞습니까?　　　(4279. 8. 청주, 오 병구)

대답 이것은 표준말 문제인데, (ㄱ) "아버님, 어머님, 아우님, 조카님, 따님, 학자님, 진사님, 공자님, 예수님, 성주님, 해님…", (ㄴ) "아벗님, 어멋님, 아웃님, 조캇님, 땃님, 학잣님, 진삿님, 공잣님, 예숫님, 성줏님, 햇님

- 103 -

…" 어느 편이 표준말로 될까, 널리 종합하여 보면, (ㄱ)의 편이 표준말이 되겠습니다. 그러니, "해님"이 맞습니다.

물음 73 도움줄기의 "-히-, -이-"?

"덮이다"(하임), "덮히다"(입음), "쓰이다"(하임), "쓰히다"(입음)의 "이", "히" 는 통일안에 "이"로 다 허용되어 있는데, 국민학교 교본에 하임 "이", 입음 "히"를 발음이 같이 되는 말에도 불구하고 구별하여 적은 것은 아동에게 너무 과중한 요구가 이날까요? (4282. 7. 전주 사범학교, 민 영헌)

대답 일정한 법칙으로 된 것이면 아동에게 요구하는 것이 과중한 부담이 아니라 도리어 부담을 가볍게 하는 일이 되지마는, 하임, 입음에 있어는 "이"도 양편에 다 쓰이고 "히"도 그렇고, 또 "기"도 있고, "리"도 있고, "구", "우" 따위도 있어 대개 양편에 다 쓰이는데, 그 중에서 "이", "히"가 다른 것들보다 많이 쓰일 뿐이고, 또 그 "이, 히" 중에서 하임에는 "히"보다 "이" 가 더 쓰이고, 입음에는 "이"보다 "히"가 더 쓰일 뿐이지, 반드시 시킴에는 "이"만으로 되고, 입음에는 "히"만으로 되는 것은 아니니, 이로써 한 법칙으로 잡을 수는 없습니다. 따라서 아동에게 그러한 구별을 요구하는 것은 과중하다기보다 무리한 일이라 하겠습니다. 차라리 아동에게 요구할 것은 "이, 히, 기, 리, 구, 우" 따위를 기억하게 하고, 이들 글자를 하임, 입음에 있어 소리에 잘 맞도록만 쓰기를 요구하면 좋을 것입니다.(통일안 9항)

물음 74 뒷가지의 "~히, ~이"?

통일안 21항의 "히"와 "이"의 쓰는 구별을 잘 설명하여 주십시오.
(4271. 1. 나남, 강 문덕)

대답 "하다"가 붙을 수 있는 뿌리〔語根〕에 "히"가 붙어서 이름씨로 되는

말은 없고, "이"가 붙어서 이름씨로 되는 말로는 "건건이, 끈끈이, 겉똑똑
이, 배불뚝이, 코납작이" 따위이며, "히"나 "이"가 붙어서 어찌씨[부사]로
되는 말은 "히"를 원칙으로 하고("꾸준히, 넉넉히, 똑똑히, 당당히, 조용히,
마땅히, 비스듬히, 가히, 능히, 쾌히, 심히, 장히" 따위와 같음), 다만 "히"
소리가 절대로 아니 나고 "이" 소리로만 나는 것은 "이"로 하는 것입니다
("꼿꼿이, 반듯이, 번듯이, 바특이, 끔찍이, 큼직이, 뚜렷이, 지긋이, 따뜻
이, 비슷이, 너부죽이, 적이" 따위와 같음).

[물음] 75 "도저히"? "도저이"?

어느 것이 옳습니까? (4272. 2. 함남, 물음 생)

[대답] "도저"란 말은 어원적으로 보아 "하다"가 붙을 수 있는 것이므로 "도
저히"가 옳습니다.(물음 74 참조)

[물음] 76 "반가히"? "반가이"?

통일안 부록(附錄) 표준어(標準語) 5에 "반가이", "즐거이"로 쓰이어
있는데, "반가"와 "즐거"에는 "하다"가 분명히 붙을 수가 있는데, 왜 "히"
를 아니 붙이고 "이"를 붙여 씁니까? (4279. 5. 서울, 정 대환)

[대답] "반가하다", "즐거하다"는 바른 말이 아닙니다. "반가와하다", "즐거워
하다"가 바른 말입니다. "추워하다", "무서워하다", "미워하다" 들도 같은 종
류의 말들이요, "좋아하다", "싫어하다", "기뻐하다", "아파하다", "보고 싶어
하다", "딱해하다", "초조해 하다" 들도 또한 같은 종류의 말들로서, 감각이
나 감정을 나타내는 그림씨[形容詞]으 어찌꼴[副詞形]인 "~아"나 "~어"의
밑에 "하다"가 붙어서 움직씨[動詞]로 된 것입니다. 그러니까 "반갑", "즐겁"
들의 벗어난 끝바꿈[變則活用]으로 된 어찌꼴[副詞形] "반가와", "즐거워"에

라야 "하다"가 붙는 것이지, "반가", "즐거"만으로는 줄기〔語幹〕도 아니요, 어찌꼴〔副詞形〕도 아니어서, 그대로는 "하다"가 붙는 법이 없습니다. 그러므로 "히"를 붙일 수는 없습니다.

"반가이", "즐거이" 들의 말 된 법은 ㅂ 벗어난 그림씨〔變則形容詞〕의 ㅂ이 줄고 "이"가 붙어서 어찌씨〔副詞〕로 된 것들이니, "가까이, 고이, 가벼이, 새로이" 들이 다 그러한 종류의 말들입니다.

물음 77 "힘껏"? "힘껒", "힘끝"?

"힘껏, 힘껒, 힘끝"은 어느 쪽이 옳습니까?(4280, 5. 경남 하동, 서 은수)

대답 "힘껏"이 옳습니다. "기껏", "맘껏", "한껏", "일껏", "정성껏", 또는 "실컷"("싫컷"의 소리대로) 들의 말을 미루어 보십시오. "껏"은 "꺼정(＝까지)"에서 온 것이겠지마는 소리가 "껏"으로만 되어 버렸습니다.

맞 춤 법

V

V 맞 춤 법

물음 1 표음 문자의 모순?

한글은 소리글〔표음문자〕인만큼, 언제든지 소리를 중심하여야 될 것인데, 모순되는 점이 있습니다. 가령 "안"과 "앉"과는 글자 형태는 다르나 소리〔발음〕는 같으니 소리글〔표음문자〕로서는 모순이 아닙니까?

(4282. 7. 청송 안덕 학교. 권 만기)

대답 한글은 말씀하신 바와 같이 소리글〔표음문자〕입니다. 그러므로 단순한 소리표〔음성기호〕는 아닙니다. 글〔문자〕은 뜻을 가진 것이요, 표〔기호〕는 뜻을 가진 것이 아니니, 글이 만일 뜻을 떠나서 단순히 소리만을 충실히 적음에 그친다면 그것은 소리표〔음성기호〕에 지나지 못한 것입니다. 생활이 단순한 옛날에 있어서는 표〔기호〕의 형식으로도 만족할 수 있었겠지마는, 적어도 현대 생활에 있어서는 "뜻"을 단위로 하지 않는 단순한 "표"의 형식만으로서는 도저히 문자로서의 가치와 능률을 낼 수가 없는 것이니, 가령, "사라믄밤마느로서사는거시아니라"와 같은 식으로서는 활동 사진의 필름처럼 빠르고 바쁘게 돌아가는 현대인의 눈에는 도저히 상대가 되지 아니하니, 암만해도 뜻을 나타내는 방식으로 표현되지 않아서는 아니 될 것이므로, "사람은 밥만으로서 사는 것이 아니라"의 식으로 되어야 비로소 단순한 "소리표"의 영역을 벗어난 소리글로서의 글이 될 것입니다. "안"과 "앉"과의 소리〔발음〕가 단순한 소리만으로는 같을지라도, 보는 이의 눈에 비치는 형태의 차이에 있어서 소리로 나타내지 못하는 그 뜻이 번개 같이 지나가는 눈결에서도 능히 붙잡을 수 있는 것이니, 표음에 가장 우수한 우리 한글이 시각(視覺)으로 표의(表意)까지 겸할 수 있음이 우리 글의 이상적 장점이

라 할 것이지, 어찌 모순이라 할 것입니까?(통일안 총론 1 참조)

[물음] 2 "~가"? "~까"?

현행 국어 교과서에는 "~나이가, ~ㅂ니가"로 되어 있고, 다른 책
들에는 "~나이까, ~ㅂ니까"로 되어 있는데, 어떤 것이 옳습니까?

(4279. 3. 춘천, ㄱ.ㄴ.ㅎ.)

[대답] "~나이까, ~ㅂ니까"가 옳습니다. "~나이가, ~ㅂ니가"로 하는 것은
묻는 말끝을 "하는가, 무엇인가" 들과 똑같은 "가"로 했으면 좋겠다는 생각
으로 그리하는 모양 같으나, 그것은 실제 표준 어음에 맞지 않는 일이요,
또 어법상으로도 반드시 합리적이라고 할 수는 없는 것입니다. 묻는 말끝
이 "가" 소리로 되는 예는 "~는가, ~ㄴ가, ~던가" 뿐이요, "까" 소리로 되
는 예는 "~나이까, ~ㅂ니까, ~ㅂ디까, ~리까, ~ㄹ까" 들과 같이 더 많
으며, 그밖에 "나, 냐, 뇨, 니, 디, 리, 랴, 리요…" 따위의 소리가 또한 많
이 쓰이는데, 특히 존대(尊對)에 쓰는 말에는 반드시 "까"만이 쓰이며, "가"
나 또는 다른 소리들은 존대(尊對)에는 전연 쓰이지 않고 반드시 하대어
(下對語)에만 쓰이는 것입니다. 그리고 그 많이 쓰이고 적게 쓰이는 것은
고사하고 도대체 "가"나 "까"나 또는 "냐, 뇨…" 들이 각각 한 개의 끝[어
미]으로서의 존재가 아니라, "나이까", "ㅂ니까"로 되어야 비로소 한 개의
끝 노릇을 하는 것이니, 거기에 "가"든지 "까"든지만으로는 아무 어법적 의
의(意義)를 가진 것이 아닌즉 실제 어음대로 적을 것뿐이지, 거기에 무슨
구구한 이유를 붙이어 일부러 어음에 틀리게 적을 필요는 없는 것입니다.

[물음] 3 "가까와서-가까서, 무거워서-무거서, 하여-해"?

한글 맞춤법 통일안 제 5장 준말 가운데에 아래와 같은 항목을 넣
을 수가 있을는지요? 비판하여 주소서.

벗어난 풀이씨의 경우에 변한 홀소리 "와, 워, 여"가 줄어지는 일이 있는 때는 준 대로 적을 수도 있다. 예:

본말	준말
가까와서	가까서
무거워서	무거서
우스워서	우서서
하여	해

(4271. 11. 김제, 한 독자)

대답 새로운 제의를 하심에 대하여 경의를 표합니다마는, "와, 워"가 "아, 어"로 줄어지는 것은 시골에서는 흔히 그렇게 되지마는 중앙 표준말에서는 그렇게 줄어지는 일이 극히 드문 것으로서, 간혹 줄어지는 일이 있다 할지라도 그 때의 발음은 불완전하게 내기 때문이며, 결코 으레 줄어지는 것은 아닙니다. 곧 중부 지방에서는 "와, 워"가 "아, 어"로 줄어지지 아니하는 것이 원칙입니다. 그러므로 글자로 쓸 때에도 줄여서 쓸 까닭이 없는 것입니다.

그러하고 "하여"가 "해"로 주는 일은 물론 서울 시골 할 것 없이 공통되는 현상입니다. 그 뿐 아니라, "되어"가 "돼", "뵈어(謁)"가 "봬", "쉬어(休)"가 "쉐", "~마는"이 "~만", "괴로움"이 "괴롬", "어찌하였든지"가 "어쨌든"으로 줄어지는 따위와 같이, 이루 다 셀 수 없을 만큼 준말[略語]되는 것이 많습니다. 그러나, 한글 맞춤법 통일안에 실은 것은 다만 그 중의 몇 가지만 실례를 보임에 지나지 않은 것이니, 그리 알아 주시기를 바랍니다.

물음 4 "가지다(持)"? "갖이다"?

어느 쪽이 옳습니까? (4272. 4. 고원, 천 혁)

대답 "가지다"가 옳습니다. 마치 "미치다(及)", "밎이다"에서 "미치다"가 옳고, "아니다", "않이다"에서 "아니다"가 옳음과 마찬가지입니다. 만일 "갖", "및", "않" 들을 근본 줄기〔語幹〕로 잡고 거기에 각각 "이"가 더하여 "갖이", "및이", "않이"로 된 것인 줄 안다면 큰 잘못입니다. 근본 줄기에 "이"가 더한 경우는 뜻이 변하는 경우, 즉 그림씨〔形容詞〕가 움직씨〔動詞〕로 된다든지, 제움직씨〔自動詞〕가 남움직씨〔他動詞〕로 된다든지, 남움직씨가 입음〔被動〕이나 하임〔使動〕으로 된다든지 할 경우에 붙는 것이지, 결코 무의미하게 "이"가 붙기도 하고 아니 붙기도 하는 것이 아닙니다. 그러면 "갖다", "및다", "않다"라는 말들은 무엇이냐 하면 그것은 "가지다", "미치다", "아니하다" 들의 준말일 따름이요 조금도 뜻의 다름은 없는 것입니다.

　　　"이"가 붙어서 뜻이 변하는 법.
　　　높다(그림씨)→높이다(움직씨)
　　　녹다(제움직씨)→녹이다(남움직씨)
　　　먹다(남움직씨)→먹이다(하임움직씨)
　　　쌓다(남움직씨)→쌓이다(입음움직씨)

　이와 같이 뜻의 변화가 있을 때 "이"가 붙는 것이지, 그렇지 않은 말에는 절대로 "이"라는 글자를 무의미하게 만들어 써서는 아니 됩니다.
　만일 "갖이다, 및이다, 않이다" 들로 쓴다면 그것은 "가지이다, 미치이다, 아니하이다"로 되는 것이니 도무지 말이 되지 않는 것입니다.
　　　　　　　　　　　　　　　　(통일안 9항, 10항, 및 물음 5, 39 참조)

물음 5　"갖이다", "가지다"의 가부와 이유?

　　어느 편이 옳고 그른지요? 또 어째 그러한지요?　　(4279. 7. 이 찬형)

대답 "가지다"가 옳습니다. "가지"가 줄기〔語幹〕이기 때문입니다. "갖이"로는 쓸 아무 이유도 필요도 없습니다. "갖고, 갖게, 갖다, 갖지,…" 이렇게 말할 때의 "갖"은 "가지"를 줄이어 약음(略音)으로 할 것이니, "갖"="가지" 입니다. 그러니, "갖이"로 쓴다면, 이는 "갖+이" 곧 "가지+이"로 되는 어형 (語形)인즉, "가지+이"가 무슨 의미가 있습니까? 줄기〔語幹〕에 "이"가 붙 어 되는 어형(語形)은, 가령, "죽다"(自動)가 "죽이다"(他動)로, "먹다"(他動)가 "먹이다"(使動)로, "쓰다"(他動)가 "쓰이다"(被動)로, 또는 "옥다"(形容詞)가 "옥이다"(動詞)로 되는 따위들과 같이 "이"가 줄기에 붙음으로 말미암아 말의 뜻을 변화시키는 작용을 하는 법은 있으되, 아무 의미 없이는 "이"가 줄기에 붙을 수 없는 것이니 지금 "가지+이"라는 것은 도저히 될 수 없는 말입니다. 그러므로 "갖이"로 쓰는 것은 잘못입니다. "가지다"로 써 야 하고, 꼭같은 뜻으로 줄이어 쓰려면 "갖다"로 쓸 뿐입니다. "미치다(及) =및다, 디디다(蹈)=딛다, 비기다(無勝負)=빅다" 따위도 마찬가지로 역시 "및이다", "딛이다", "빅이다" 들로 써서는 안 됩니다.

(통일안 9항, 및 물음 4, 39 참조)

물음 6 "갓난애"? "갖난애"?

"갓"과 "갖"의 어느 쪽이 맞습니까?   (4282. 4. 부산 동학교, 이 기우)

대답 "갓"이 표준말입니다. "갖"으로 쓰는 이는 사투리의 "가제"라는 말을 연상하고 쓰는 모양입니다마는 표준말에서는 "가제"란 말은 없고 "갓"으로 만 쓰입니다.(통일안 6항)

물음 7 "갓난애"? "간난애"?

이 말은 발음대로 "간난애"로 씀이 좋지 않을까요?

(4279. 8. 청주, 오 병구)

대답 "갓"은 어찌씨〔副詞〕로나 머릿가지〔接頭辭〕로 쓰이는 말입니다. "시골서 갓 왔다", "돈을 갓 받았다", "나이 갓스물, 갓서른…" 들과 같습니다.
"갓난애"는 "갓 난 아이"의 뜻이니, "갓난애"로 쓰는 것이 옳습니다.

(통일안 32항)

물음 8 "같이"? "갗이"?

"같이"의 발음은 "가치"가 되는데, "가"에 "ㅊ" 받침을 아니 하고 "ㅌ"
받침을 해야 할 필요가 무엇입니까?—단지 "으니"를 붙여서 "가트니"가
된다는 이유입니까?

(4271. 2. 고창, 모양 거사)

대답 "ㄷ"이나 "ㅌ" 받침을 가진 이름씨〔名詞〕나 줄기〔語幹〕의 밑에 종속
적으로 쓰이는 "이"나 "히"가 올 때는 그 "ㄷ"이나 "ㅌ"이 입천장소리〔口蓋
音〕로 되는 것이 현대의 언어 사실이니, "밭(田)이, 볕(陽)이, 밑(底)이,
솥(鼎)이, 굳(固)이, 곧(直)이, 해돋(昇)이, 미닫(閉)이, 바람받(受)이, 닫
(閉)히다, 굳(固)히다, 훑(扱)이다, 핥(舐)이다…" 들이 다 그렇지 않습니
까? 그런 경우를 모두 받침을 임시 임시로 달리하여 "ㅊ"이나, "ㅈ"으로 쓴
다고 상상하여 보시면 그 불편과 무모와 혼잡함을 짐작하실 줄 압니다.
"ㄷ, ㅌ"을 읽을 줄 알며 "옷안"을 "온안"으로 읽을 줄 알 뿐 아니라, "잣엿"
을 "잔녓"으로 "앞일"을 "암닐"로 "흙일"을 "훙닐"로 읽을 줄까지도 언어 조직
과, 우리말의 발음 법칙을 깨친 이면 다 저절로 알게 될 것입니다. 세계
어느 나라의 말에든지 그 나라 특수한 발음 법칙, 다시 말씀하면, 그 글자
만 쓰인 대로 읽는다면 발음이 많이 달라지는 것이니, 요컨대 "같은"의 경
우와 "같이"의 경우에 발음이 같지 않음을 이야기하실 때는, 먼저 우리말
조직상 어떠한 경우에 "ㅌ"이 입천장소리로 된다는 특수 사실을 전제하셔
야 될 것입니다.(통일안 5항, 12항의 2)

물음 9 "같이"와 "가치"?

"그와 같이"는 "같이"로 하고, "다 가치(함께)"는 "가치"로 쓰는 것이
좋지 않을까요? (4279, 5. 정읍, 최 갑손)

대답 구별하여 쓰면 좋을 듯도 하나, 사실은 구별하기 어려울 경우가 많
으며, 또 "다 같이"란 그 뜻이 또한 "같은 때, 같은 모양으로"의 뜻인즉 "같
이"로 통일해 쓰는 편이 오히려 편리하지 않습니까?

(물음 8, 10, 및 "표준말" 물음 48 참조)

물음 10 "같이"? "가치"?

어느 편이 옳은지 가르쳐 주시기를 바랍니다. 간단히 이유도 적어
주십시오. (4279, 11. 용산, ㄱ.ㅈ.ㅁ.)

대답 ① "같이"가 옳습니다. "같이"[如, 同]의 줄기[어간] "같"에 "이"가 붙
어서 어찌씨(부사)로 된 것인데 입천장소리되기[口蓋音化]로 "가치"로 발
음된 것입니다.

그런데, 어떤이는 이것을 "같게"(如)의 뜻으로는 "같이"로 쓰고 "함께"
(共)의 뜻으로는 "가치"로 쓰는 것이 좋겠다고 하는 분이 있으나, 말이
원래 같이 된 말이요, 쓰이기도 같이 쓰일 때가 많아서 실제로는 구별이
똑똑하게 되지 아니하고, 다 같이 "같이"로 쓰는 것이 오히려 편합니다.
가령: "형과 아우가 같이 자란다" 든지 "우리 다 같이 만세를 부르자" 이
러한 경우의 "같이"는 다 "같은 모양으로"의 뜻이니 "같이"로 쓰는 것이 타
당할 것이요, 만일 한 걸음 나아가서 순전히 "공동"(共同), "동시"(同時)의
뜻으로만 쓸 경우면 "같이"라고 하는 것보다 "함께"라고 하는 것이 좋을
것입니다.

물음 11 "같잖다"? "가짢다"?

"아주 답지 못하다"의 뜻인 "가짢다"를 큰사전에는 "같잖다"로 되어 있는데, "젊지 않다"와 뜻이 멀어진 "점잖다"를 어원을 밝히지 않는 것과 같이, "가짢다"도 "같지 않다"와는 뜻이 멀어진 말이니, 어원을 돌아볼 것 없이, "가짢다"로 함이 당연하지 않습니까? 만일 어원을 밝힐 바에는 "같잖다"로 써야 할 것인데, 어찌 "같잖다"로 되었는지 매우 의문이 됩니다.   (4282. 10. 경산, 지 준모)

대답 "아주 답지 못하다"는 그 뜻이 "같지 않다"의 뜻에서 아주 멀어진 것이라고 하기는 너무 어원을 무시함이 아닐까요? 물론 "같잖다"라는 말이 "같지 않다"란 말과 같은 뜻은 아니지요마는, 그래도 다분히 그 뜻을 지니고 있음은 사실입니다. "점잖다"라는 말이 "젊지 않다"라는 말과 거의 아무 관련이 없을 만큼 달라진 것과는 같이 볼 수가 없습니다. 그러므로 어원을 표시하는 것이 시각상으로도 좋고, 통일안에 비추어서도 줄기[어간] 아래에 닿소리로 시작한 소리마디[음절]가 붙어서 된 말이므로, "같잖다"로 함이 좋다고 생각합니다. 만일 "같짢다"로 쓴다면, 그것은 바로 "같지 않다"의 준말이지, 아무 다른 뜻을 가진 말이라고 할 수 없습니다. 그러므로 "같잖다"와 "같짢다"는 같지 않은 말입니다.(통일안 16항)

물음 12 "거두다"-"걷우다", "미루다"-"밀우다", "이루다"-"일우다"?

어느 쪽의 것들이 옳습니까?   (4280. 7. 충북 남이 학교, 이 재전)

대답 다 뜻이 어원과 멀어진 말들이니, 통일안 25항 규정에 따라, "거두다", "미루다" 들로 쓰는 것이 옳습니다. 더구나 "걷다", "밀다"는 다 남움직씨[他動詞]인데 "우"가 들어간 "거두다, 미루다"도 또한 남움직씨이니, 말본의 형태로도 설명이 안 됩니다. 그리고 "일다"는 제움직씨요 "이루다"는 남움직씨이니까 "일우다"로 씀직도 하고 옛글에서는 그렇게 썼기도 하였습니다마는, 현대 말에서는 "일다"의 남움직씨로는 "일으키다"로 되고 "이루다"는 그것과 뜻이 다른 하나의 딴말로 쓰이고 있으니, 말밑[어원]을 돌아볼 필요가 없습니다.(통일안 25항)

물음 13 "거름"(肥料)? "걸음"?

통일안 12항 규정에 의하여 걸다(땅이 비옥하다)의 줄기[어간] "걸"에 "음"이 붙어 이름씨[명사]로 된 것이니, "거름"이 아니라, "걸음"으로 써야 옳겠는데, 큰사전에 "거름"으로 되었음은 무슨 까닭입니까?

(4282. 1. 부산 상업 학교, 한 상돈)

대답 "걸다"의 뜻이 많습니다. 죽, 술, 국물도 걸고, 입도 걸고, 반찬도 걸지요. 그러니 "걸음"으로 함이 부적당하고, 또 걸어가는 "걸음"과도 구별되게 "거름"으로 한 것입니다.

물음 14 "결코"로 쓰는 이유?

"곯고"로 아니 쓰고 "결코"로 쓰는 이유는 무엇입니까?

(4279. 7. 김 대찬)

대답 "곯고"로 써야 할 이유는 무엇일까요? 어원적으로 따진다면 "결하고"의 준말로 볼 수는 있으되, 실제로 "결코"의 뜻으로 "결하고"란 말이 있지도 아니하며, "곯"이란 줄기[語幹]가 있어 가지고 그것이 "~다, ~고, ~지, ~으니, ~으면, ~어서,…" 들로 끝바꿈[語尾活用]하는 말도 아니고, 다만 "결코"란 말 하나가 특수하게 이루어졌을 뿐이니까, 그저 그대로 쓸 뿐이지요.(통일안 7항)

물음 15 "곧"(即)의 "ㄷ" 받침?

통일안 제 6항에 아무 까닭이 없이 "ㄷ" 받침 소리로 나는 말은 "ㅅ"으로 통일하여 적는다고 했는데, 왜 "곧"(即)은 "곳"으로 쓰지 않습니까?   (4279. 7. 이 낙운)

대답 장소를 뜻하는 "곳"(處)과 구별하기 위한 것입니다.

물음 16 "꼳꼳하다, 꼿꼿하다, 꼬꼿하다"?

이 말은 "곧고 곧다"는 뜻이니, "꼳꼳하다"로 쓰는 것이 옳지 않습니까? 만일 어원을 관계하지 않고 "꼿꼿하다"로 쓸 바에는 차라리 "꼬꼿하다"로 쓰는 것이 더 편리하지 않습니까?   (4283. 10. 광주, 이 대규)

대답 "꼳꼳하다"로 쓰면 어원에도 맞지 않고 소리에도 맞지 않게 됩니다. "꼳"이 벌써 "곧"과는 달라진 것이니 어원을 밝힌 것이 못 되고, 이 말의 어찌씨 된 "꼿꼿이"는 분명히 "꼿꼬시"로 발음되니 "꼳꼳이"로서는 발음에 맞지 않게 됩니다. 그다음에 "꼬꼿하다"는 그렇게 생각하실 만도 합니다마는, 이 말 하나만을 가지고 생각할 것이 아니라, 널리 미루어 생각해야 됩니다. "하다"가 붙는 말로서 똑같은 소리가 두 개 겹쳐서 된 말이 많은데, 그들을 제 각각 아무렇게나 쓰는 것보다 일률적으로 공통되는 방식으로 쓰는 것이 좋을 것이니, "깜깜하다(깡깜하다), 꼼꼼하다(꽁꼼하다), 간간하다(강간하다), 넉넉하다(넝넉하다), 녹녹하다(농녹하다), 막막하다(망막하다), 만만하다(맘만하다), 빳빳하다(빠빳하다), 뻔뻔하다(뻠뻔하다), 싹싹하다(싹삭하다), 씩씩하다(씩식하다), 암암하다(아맘하다), 연연하다(여년하다), 훗훗하다(후툿하다), 홧홧하다(화퉛하다),…" 따위를 비교해 보면 어떤 것은 소리대로만 써도 좋을 것이 없지 않습니다마는 전반적으로 볼 때는 두 소리를 똑같이 거듭 쓰는 것이 어원 관계로나 발음으로나 다 타당함을 알 수가 있습니다. 그러므로 "꼿꼿하다"로 쓰는 것이 좋습니다.
(통일안 23항 참조)

물음 17 "관계치 않다"? "관계ㅎ지 않다"?

"관계치 않다"(큰사전에 실린 것)는 "관계ㅎ지 않다"로 써야 옳지 않습니까? (4282. 1. 순천 여중, 목 일신)

대답 "관계하지 않다"라고는 말하지 않으니 "관계ㅎ지"로 쓸 필요가 없습니다. "결하고"로 쓰지 않고, "결코"로 씀과 마찬가지입니다.
(통일안 57항)(물음 18 참조)

물음 18 "괜찮다, 귀찮다" 들?

한자의 어원으로 된 말도 소리대로 씀이 옳을까요? 가령, "귀찮다"(貴ㅎ지 않다), "괜찮다"(關係ㅎ지 않다) 따위. (4270. 9. 청도, 이 중화)

대답 한자말이거나 순 우리말이거나를 물론하고, 어원의 뜻이 아주 딴 말로 변하여 버린 것은 어원을 밝히지 아니하는 것이 통일안 제 25항에 규정되어 있습니다. "귀(貴)ㅎ지 아니한" 것이 어찌 꼭 "귀찮은" 것이라고 할 것이며, "관계(關係)하지 아니한" 것이 모두 다 "괜찮을" 수가 있습니까? "고친다"란 말은 "곧게 하다"란 말과는 뜻이 많이 변한 것이며, "점잖다"란 말은 "젊지 아니하다"란 말과는 사뭇 달라진 말인즉, 이러한 말들은 제 각각 독립한 딴 말로 행세하는 것이 당연하다는 것입니다.

아무 필요 없이 "귀ㅎ지 않다"로 쓰는 것은 공연히 귀찮기만 하며, "관계하지 않다"로 쓰지 말고 "괜찮다"로 써야 괜찮게 됩니다.(통일안 25항)

물음 19 "굽이굽이"? "구비구비"?

"굽이굽이, 구비구비"? 또는 "굽이치다, 구비치다"? 어느 쪽이 옳습니까?

(4282, 1. 돈암동, 한 독자)

대답 "굽다"의 줄기 "굽"에 "이"가 붙어 이름씨[명사] "굽이"가 된 것이고, 그 이름씨가 거듭 겹쳐서 어찌씨[부사] "굽이굽이"로 된 것입니다. 만일 받침이 있으면 겹친 뒤에 다시 "이"가 붙어서 어찌씨로 됨이 예사이지마는, "굽이굽이"는 끝에 받침이 없기 때문에 겹치기만 하여 어찌씨가 된 것입니다. 가령 "곳곳이, 사람사람이, 틈틈이, 겹겹이…" 들은 "이"가 붙어서 어찌씨가 되고, "군데군데, 동네동네, 하루하루, 가지가지, 끼리끼리…" 들은 "이"가 붙지 않고 그대로 어찌씨가 된 것입니다.(통일안 12, 14항)

물음 20 "끓는-끓른"?

"끓는 물"(沸湯)과 "끓른 물"은 어느 쪽이 옳습니까?

(4271, 2. 고창, 이 강문)

대답 "끓는 물"입니다. 움직씨의 끝바꿈[語尾變化]에 있어 진행하는 뜻을 나타내는 것은 언제든지 "는"입니다. "흐르는, 가는, 오는, 자는, 뛰는, 먹는, 신는, 잡는, 웃는, 찾는, 쫓는, 붙는, 갚는, 놓는, 깎는, 앉는, 끓는, 핥는, 읊는,…" 들을 미루어 보십시오. 하나도 "른"으로 되는 법은 없습니다. 만일 부주의하여 "거른 술, 다른 사람, 마른 논, 빠른 시간, 흐른 물…" 들의 "른"을 보고서 "른"이 한 끝바꿈인 것처럼 생각해서는 안됩니다. 이것들은 "거르, 다르, 빠르, 흐르…" 들 줄기에 "ㄴ"이 붙은 것이니, "간 사람, 온 사람, 본 책, 깬 꿈…" 들에서 "가, 오, 보, 깨…"가 줄기인데, 거기에 "ㄴ"이 붙어 가지고 "간, 온, 본, 깬…"으로 된 것임과 마찬가지로 "~르"에

"ㄴ"이 붙은 것이지, 본디 "른"이라는 한 개의 끝〔語尾〕은 없는 것입니다. 다시 말하면 "흐른 물"은 "흐르"에 "ㄴ"이 붙은 것이요, "흐르는 물"이라 하면 "흐르"에 "는"이 붙은 것이며, "끓은 물"이라 하면 "끓"에 "은"이 붙은 것이요(이미 끓은 것), "끓는 물"이라 하면 "끓"에 "는"이 붙은 것입니다(지금 끓는 것). 그래서 "끓른 물"로 될 수는 도저히 없는 것입니다.

물음 21 "낭떨어지"—"낭떠러지"?

어느 쪽이 맞습니까?　　　　　　　(4282. 10. 논산 노성 국민교, 윤 야중)

대답 "낭떠러지"가 맞습니다. 줄기 "떨"에 "이", "음" 이외의 홀소리인 "어지"가 붙어서 이름씨로 된 말이니, 통일안 13항에 좇아 줄기〔어간〕의 원형을 밝히지 아니하게 된 말입니다.(통일안 13항)

물음 22 "냥"(兩)~"량"? "닢"~"잎"?

옛날 돈의 단위에 "몇 량"입니까, "몇 냥"입니까? 또는 "몇 잎"입니까, "몇 닢"입니까?　　　　　　(4282. 10. 논산 노성 국민교, 윤 야중)

대답 "냥", "닢"들이 표준말입니다. 반드시 셈매김씨〔수관형사〕 밑에만 쓰이는 매인이름씨〔불완전명사〕인데, "두 량, 스무 량"이라고는 절대로 하지 않고, 꼭 "두 냥, 스무 냥"이라고 하며, "두 잎, 세 잎"이라고 하지 않고, 꼭 "두 닢, 세 닢"이라고 합니다. 그러므로 발음대로만 쓸 뿐입니다.
　　　　　　　　　　　　　　　　　(통일안 총론 2)

물음 23 "다가"? "닥아"?

"벌어다가"—"벌어 닥아"? "콩서리하다가"—"콩서리하 닥아"? 어느 쪽

이 옳으며, 그 이유는 무엇인지요?   (4280. 7. 충북 남이 학교. 이 재전)

대답 "벌어다가", "콩서리하다가"가 옳습니다. ① "벌어다가"의 "다가"는 토씨니, "거기에다가, 학교에다가, 누구에게다가" 들의 "다가"는 다른 토 밑에 붙는 경우요, "잡아다가, 가져다가, 벌어다가" 들의 "다가"는 움직씨끝〔動詞語尾〕의 밑에 붙는 경우입니다. 마치 "학교에서, 학교에도, 학교에야" 들의 "서"라든지, "도"라든지, "야"라든지의 토가 다른 토 밑에 붙기도 하는 동시에 "벌어서, 벌어도, 벌어야"와 같이 움직씨끝의 밑에 붙기도 하는 것과 나찬가지입니다. 그런데 일부에서는 이 "다가"를 "닥아"로 쓰는 일도 있는 모양인데, 이유로는 아마 이것을 "다가"라는 토로 잡지 아니하고, 도움움직씨〔補助動詞〕로 잡고 그 줄기를 "닥"으로 인정하는 모양입니다. 그러나, 가령 도움움직씨로 잡는다 치더라도, 그 줄기를 "닥"으로 쓸 수는 없는 것입니다. 보통 움직씨로 쓰일 경우에도 "닥고, 닥세, 닥는다,…"로 되는 일은 절대로 없고, 오히려 "다그고, 다그세, 다근다,…"로 날 수 있는 것으로 치는 것이 온당합니다. 그래서 마치 "고프+아=고파"와 같이 "다그+아=다가"로 되는 것이라고 하여야 마땅합니다. 그런데 이 "다근다"는 말은 "앞으로 잡아 당긴다"는 뜻의 말인데, "다가"라는 토가 가령 어원적으로 보아 이 "다그"(움직씨줄기)에서 온 것으로 볼 수가 있다고 치더라도, 이미 그 어원과는 뜻이 멀어진 딴 말이 된 것이니, "벌어다가, 학교에다가,…" 들의 경우에까지 도움움직씨로 잡는 것은 너무나 무리한 일이요("부터, 마저, 조차" 따위를 도움움직씨로 잡지 않고 토로 잡음과 만찬가지임), 또 가령 도움움직씨로 잡는다 치더라도 "닥아"로 써야 할 이유는 아무 근거가 없는 것입니다. 결국 "닥"이라는 줄기가 없으니 "닥아"로 쓸 수 없고, 또 도움움직씨가 아니니 띄어 쓸 수 없습니다. 그저 "벌어다가"로 쓰는 것이 옳습니다.

　"콩서리하다가"의 "다가"는 줄기〔語幹〕에 붙는 끝〔語尾〕으로서 일의 중지됨을 뜻하는 말이니, "닥아"로 쓸 이유가 조금도 없습니다. 더구나 띄어쓰기까지 한다는 것은 아주 잘못 입니다. 그것을 띄어 놓으면 그 앞의 "콩서리하"라는 것은 무엇이 될까요? 줄기[語幹]와 끝[語尾]을 띄어쓰는 법이 있을까요? 이 경우의 "다가"는 앞에 말한 "다그+아=다가"와는 아무 관계 없는 전연 딴 성질이 것인데, 공연히 앞엣 것을 닥아로 쓰려는 데서 뒤엣 것까지 잘못 쓰는 착오를 일으키게 된 것입니다.(통일안 54항 참조)

물음 24 "다가 서다"? "닥아 서다"?

어느 쪽으로 쓸 것입니까? (4282. 10. 개성. 홍 성인)

대답 이 말의 으뜸꼴[기본형]이 "다그다"인가 "닥다"인가를 살펴 보아서, "다그다"이면 "다그어→다거→다가"로("담그어→담거→담가", "따르어→따러→따라"로 됨과 같이) 되는 것이고, "닥다"이면 "닥아"로 될 것입니다. 그런데, "날짜를 다그고, 다그세, 다근다면, 다그더라도,…" 들로는 되지마는, "날짜를 닥고, 닥지, 닥세, 닥는다면, 닥더라도,…" 들로 아니 되니, 그 줄기[어간]가 "다그"임을 달 수 있습니다. 따라서, "담그+어→담가, 따르+어→따라, 바쁘+어→바빠, 고프+어→고파,…" 들과 똑같은 끝바꿈[어미변화]으로 "다그+어→다거→다가"로 되는 것임을 알 수 있습니다.

(통일안 54항, 및 [물음 23] 참조)

물음 25 "닫치다, 닫히다, 다치다"?

어느 것이 옳습니까? (4279. 10. 공주. 심 인구)

대답 셋이 다 같은 말이 아닙니다. ① "닫치다"는 "닫다"의 힘줌말[强勢語]이요, ② "닫히다"는 "닫다"의 입음꼴[피동]이요, ③ "다치다"는 연장 따위에 부딪혀서 상함을 뜻한 말입니다.

물음 26 "당ㅎ지 않다"? "당치않다"?

중학교 교과서에는 "당ㅎ지 않다"로 되어 있고, 큰사전과 중사전에는 "당치 않다"로 되어 있으니 어느 것이 옳은 것이며, 그 이유와, 이 따위 어휘의 다른 보기와, "ㅎ"을 사이에 놓는 경우에 대하여 알고자 합니다. (4293. 2. 부산. 김 영순)

대답 "당치 않다"가 옳습니다. 어원을 따진다면 "당ㅎ지 아니하다"로 분석됩니다마는, 현재의 실제 말로는 "당하다, 당하지 아니하다"라고 말하는 일이 없습니다. 만일 "일을 당한다"든지, "때를 당한다"든지, "꾸지람을 당한다"라고 말하는 그런 경우의 "당하다"란 말 같으면, 그것은 뜻이 다른 말인 것입니다. 곧 "당치 않다"의 어원인 "당하다"는 "합당하다, 마땅하다"란 뜻으로의 그림씨〔형용사〕인 것이요, "무엇을 당한다"의 "당하다"는 "만나다, 감당하다"란 뜻으로의 움직씨〔동사〕인 것입니다. 그래서 움직씨로는 실제 말에서 "당하다, 당하고, 당하지,…" 들로 활용이 됩니다마는, 그림씨의 뜻으로는 실제 말에서 그같이 활용되지 않습니다. 따라서 "당ㅎ지"("당하지"의 준말 형식)로 써야 할 필요가 없고, 그저 소리대로 "당치 않다", 또는 아주 한 낱말로 붙여서 "당치 않다"(이렇게 붙여 쓰는 것이 실용상에는 오히려 편리함)로 적을 뿐인 것입니다.

이런 말 따위의 다른 보기로 "귀치않다, 괜치않다, 하치않다" 들이 그런 종류의 말들이며, "결코, 하마터면, 요컨대" 따위도 같은 부류에 속한 것들입니다.(통일안 25항, 57항 참조)

"ㅎ"을 사이에 놓는 것은 "하"의 홀소리 "ㅏ"가 줄어지고 "ㅎ" 소리만 남은 경우에 그 줄어지고 남은 소리임을 표시하기 위한 것이니, "가하다→가ㅎ다, 흔하다→흔ㅎ다, 용하다→용ㅎ다, 얌전하다→얌전ㅎ다, 분명하다→분명ㅎ다,…" 들과 같습니다.(통일안 56항 참조)

물음 27 "더불어"? "더부러"?

어느 쪽이 옳습니까?　　　　　　　(4282. 4. 부산 철도국, 조 춘경)

대답 "더불고"라고도 하니 "더불어"로 해야 할 것입니다.(통일안 8항)

물음 28 된소리로 쓰는 경우?

된소리가 나는 말을 어떤 때는 된소리로 적고 어떤 때는 아니 적으니, 잘 알 수 없습니다. 더우기 한문말인 "內科, 眼科" 따위는 어떻게 적어야 합니까?　　　　　　　(4280. 5. 경남 사천, 김 기열)

대답 그 말 자체가 독자적으로 "된소리"로 된 것은 언제든지 된소리로 쓸 것이고(가령: "꿀, 땀, 뿔, 쌀, 쪽,…", "눈꼴, 진땀, 쇠뿔, 보리쌀, 동쪽, …", 또는 "발끈, 몽땅, 흠뻑, 말씀, 슬쩍,…" 따위), 그 말 자체는 "된소리"로 되지 않은 것이 다른 말과 합쳐서 한 덩이의 낱말 노릇을 할 때, 그 합쳐지는 사이에서 "된소리"로 되는 것은 한문말이거나 순전한 우리말이거나를 물론하고 그 합치는 두 말 중의 윗 말 끝에 아무 받침도 없으면 ㅅ(시옷)을 받치어 적고, 무슨 받침이든지 있으면 그냥 본 말대로만 두 말을 붙이어 적기로, 작년(4279) 구월에 다시 작정하였습니다. 가령: "냇과(內科), 뒷등, 촛불, 햇살, 찻잔…, 안과(眼科), 손등, 등불, 물살, 술잔,…"

물음 29 "뚫이다, 뚫리다, 뚫히다"?

어느 편으로 써야 할까요? "뚫다"의 입음꼴(被動形)이니 "뚫이다"로 쓰느 것이 옳지 않을까요?　　　　　　　(4280. 5. 삼가, 손 동인)

대답 줄기〔어간〕의 밑에 붙어서 뜻바꿈을 나타내는 "이, 히, 기, 리,…"

따위는 다 입음〔피동〕에도 쓰이고 하임〔사동〕에도 쓰이니, 각각 실제 말의
소리에 맞는대로 좇아서 쓸 뿐입니다. "뚫이다"로 써야 입음꼴〔피동형〕이
된다 할 이유는 없는 것입니다. 발음과 어형에 겸하여 맞도록 쓰려면 "뚫
리다"로 쓸 수밖에 없습니다.(통일안 9항, 표준말 물음 73 참조)

물음 30 "듯하다"와 "~듯 하다"의 구별?

국어 교과서에 쓰인 여러 군데의 예를 살펴 보면, ① "본듯하다, 보
는 듯하다, 볼 듯하다", 또는 "잡은 듯하다, 잡는 듯하다, 잡을 듯하다"
들과 같이 "줄기+ㄴ(은), 줄기+는, 줄기+ㄹ(을)" 들의 경우는 "듯하
다"를 따로 띄어 쓰고, ② "보듯 하다, 잡듯 하다, 치듯 하다, 비오듯
하다,…" 들과 같이 줄기에 직접 붙는 경우에는 "~듯"을 줄기에 붙이고
"하다"를 띄어 쓴 모양인데, 그 구별의 어떠함과 써야 할 이유를 설명
해 주시기 바랍니다.   (4273. 2. 제주, 이 봉순)

대답 먼저 말뜻으로의 구별을 말씀하면, ①의 "본 듯하다,…", 또는 "잡은
듯하다,…" 따위는 어떤 불확실한 것을 말할 경우에 그 말하는 사람 자기
의 추측적인 생각을 주관적으로 나타내는 것이고, ②의 "보듯 하다,…" 또
는 "잡듯 하다, …" 따위는 어떤 실제의 사실을 말할 경우에 그 사실을 다
른 어떤 객관적인 사실로써 비유하여 나타내는 것이니, 가령 "너는 왜 그
사람이 오는데, 소 닭 보듯 하느냐?", "도둑놈을 쥐잡듯 한다", "벙어리 꿀
먹듯 한다", "게눈 감추듯 한다", "눈물이 비오듯 한다" 들과 같습니다.
다음엔 그렇게 써야 할 이유를 설명해 드리겠습니다. ①의 경우에 "본,
보는, 볼", 또는 "잡은, 잡는, 잡을" 따위는 그것들이 각각 "보+ㄴ, 보+는,
보+ㄹ", 또는 "잡+은, 잡+는, 잡+을"로서, 곧 "줄기〔語幹〕+끝〔語尾〕"으
로서 한 개의 낱말〔單語〕이 이루어졌고, "듯하다"도 "듯하+다", 곧 "줄기+
끝"으로서 또한 한 개의 낱말이 된 것이니까 각 낱말은 띄어쓰는 원칙에

의하여 "본 듯하다, …" 들과 같이 써야 합니다. 그러고, ②의 "보듯 하다",
"잡듯 하다"… 따위는 "보, 잡, …" 들은 낱말이 못 되는 줄기〔語幹〕일 뿐인
데 거기에 뒷가지〔接尾辭〕 "~듯이" 또는 그 준말인 "~듯"이 붙어서 "줄기
+뒷가지"로 한 개의 낱말을 이루고, "하다"는 이른바 대용움직씨〔代動詞〕
로서 "하(줄기)+다(끝)"로 한 개의 낱말이 된 것이니까 또한 각 낱말은 띄
어쓰는 원칙에 의하여 "보듯(=보듯이) 한다(=본다)"와 같이 써야 합니다.
그런데, "하다"를 여기서 대용움직씨라 함은 다른 움직씨의 대신으로 쓰이
는 움직씨란 말이니, "소 닭 보듯 한다"는 "소 닭 보듯이 본다"와 같은 말
이고, "쥐잡듯 한다"는 "쥐잡듯이 잡는다"와 같고, "눈물이 비오듯 한다"는
"비오듯이 내린다"와 같은 뜻으로 대신 쓰인 움직씨란 말입니다. 그러고 말
씀드리는 김에 씨가름으로 말씀하면, ①의 "듯하다"는 도움그림씨〔보조형용
사〕이고("듯한다, 듯하는" 따위의 끝바꿈이 아니 됨), ②의 "하다"는 움직씨
입니다.("한다, 하는" 따위로 끝바꿈함).

물음 31 "~ㄹ까"? "~ㄹ가"?

"할까"와 "할가"는 어느 것이 옳으며, 왜 그런가요?

(4280. 7. 충북 남이 학교. 이 재전)

대답 "할까"가 옳습니다. "하"가 한 개의 줄기〔語幹〕이고 "ㄹ까"가 한 개의
끝〔語尾〕이기 때문입니다.(물음 2 참조)

물음 32 통일안 11항에 왜 "ㄺ, ㄻ, ㄼ"이 없나?

한글 맞춤법 통일안의 제 11항에 열거한 받침에 "ㄺ, ㄻ, ㄼ" 들이
빠진 것은 무슨 까닭입니까? "닭, 젊다, 밟다" 들의 말이 있는데요?

(4270. 9. 청도. 이 중화)

대답 본항에 적은 받침은 재래에 쓰던 것 밖의 받침만 적은 것입니다. "ㄱ, ㄴ, ㄹ, ㅁ, ㅂ, ㅅ, ㆁ, ㄺ, ㄻ, ㄼ" 들은 재래의 교과서나 일반 행문들에서 보통으로 써 오던 받침들이므로 본항에 적지 아니한 것입니다.

물음 33 "~므로"와 "~ㅁ으로"?

같은 줄기〔語幹〕의 밑에 "므로"와 "ㅁ으로"가 달리 쓰이는 구별을 설명하여 주시오.   (4271. 9. 하동, 박 재엽)

대답 "므로"는 줄기에 붙는 한 끝〔語尾〕이요, "ㅁ으로"는 "ㅁ"이 끝〔語尾〕이고, "으로"가 토로 붙은 것입니다. 곧 줄기에 "ㅁ"이 붙어 이름씨꼴〔名詞形〕이 된 데에, "으로"라는 토가 붙은 것입니다.

        오늘은 비가 오므로, 아무데도 안 나가겠다. (토)
        오늘은 비가 옴으로 말미암아, 냇물이 많아졌다. (토)
        그는 부지런히 공부하므로, 남들에게 칭찬을 받는다. (토)
        그는 아침마다 공부함으로써 일과를 삼는다. (토)

물음 34 "하므로"? "함으로"?

어느 것을 취하며, 그 이유는 어떠한가요? (4279. 10. 제주, 애월 학교)

대답 "하므로"와 "함으로"가 다릅니다. "하므로"는 "하니까"와 같이 줄기〔語幹〕 "하"에 끝〔語尾〕 "므로"가 붙은 것이니, "일이 그러하므로(=하니까), 좋은 수가 있겠다." 이런 경우에 쓰는 말이고, "함으로"는 줄기 "하"에 끝〔語尾〕 "ㅁ"이 붙어 이름꼴〔名詞形〕이 된 것에 "으로"라는 토가 붙은 것이니, "일이 그러함(=그러한 것)으로 보아서 좋은 수가 있을 줄로 생각된다." 이런 경우에 쓰는 말입니다. 이와 같이, 말하는 법이 다릅니다. "마음이 기쁘므로(＝기쁘니까) 노래를 하였다” 하는 말과, “마음이 기쁨(＝기쁜 것)으로 인하여 노래를 하였다”하는 말과는 그 말하는 법이 다르지 않습니까? “공부를 잘 하므로(＝하니까), 늘 칭찬을 받는다”의 “하므로”와, “공부를 잘 함(＝하는 것)으로써 부모의 마음을 기쁘게 해야겠다”의 “함으로”를 비교하여 보십시오.(물음 33 참조)

물음 35 “～으므로”와 “～음은”?

“하였으므로”의 “므로”로 통일한다면 “하였음은”이라 하는 것도 “하였으믄”으로 써야 할 텐데요? (4279, 5. 종로 삼가, 김 종문)

대답 “므로”로 통일한다는 법은 없습니다. “하였으므로”와 “하였음은”은 다 옳고 “하였으믄”은 옳지 아니합니다. 이것을 설명하기 전에 먼저 어떤 줄기〔語幹〕에든지 “(으)ㅁ”(받침 있는 줄기면 “음”, 받침 없는 줄기면 “ㅁ”)이 붙으면 이름꼴〔名詞形〕이 된다는 것을 알아야 합니다. “읽음, 죽음, 웃음, 꾸짖음…” 또는 “다름, 기쁨, 모자람, 착함…” 따위가 다 이름꼴입니다. 이러한 이름꼴에 “으로”라는 토가 붙을 때는 “(으)ㅁ”+“으로”이니까 “(으)ㅁ으로”로 써야 합니다. 가령, “글 읽음으로써 일과를 삼는다”, “의견이 서로 다름으로 인하여 다투게 되었다” 들과 같습니다.

그리고 “(으)므로”(받침 있는 줄기에는 “으므로”, 받침 없는 줄기에는 “므로”)는 그대로 줄기〔語幹〕에 붙는 한 끝〔語尾〕입니다. 가령, “그는 글을 썩 잘 읽으므로, 선생이 상을 주었다”, “그는 나와 의견이 다르므로, 함께 일할 수 없다” 들과 같이, “(으)므로”는 직접으로 줄기에 붙는 끝입니다. 그런즉 물으신 “하였으므로”는 “하였＋으므로”(줄기＋끝)이고, “하였음은”은 “하였음＋은”(이름꼴＋토)입니다. 따라서 “하였으믄”으로 쓸 수는 없습니다.

물음 36 "만은"? "마는"?

어느 것이 옳습니까? (4272. 2. 함남. 적 예건)

대답 "만은"은 이름씨[名詞]에 붙는 "만" 토와 "은" 토가 겹친 것이요, "마는"은 끝난 말에 붙는 한 개의 토로서, 뜻이 전연 다릅니다. 용례를 보십시오.

> 만은: 나만은 겨우 살아 나왔다.("만"과 "은"이 각각 뜻이 있음)
> 우리만은 아무 걱정이 없다.
> 오늘만은 춥지 않다.
> 마는: 그렇지요마는 할 수 없소.("마는"이 한 뜻일 뿐임)
> 괴롭지요마는 참아야 한다.
> 어렵소마는 생각하여 보오.

그러고 "마는"의 준말[略語]인 "만"도 있습니다.

> 만(마는): 그렇지요만 할 수 없소.
> 괴롭지만 참아야 한다.
> 어렵소만 생각하여 보오. (물음 37 참조)

물음 37 "만은"과 "마는"의 쓰는 경우?

"만은"과 "마는"이 달리 쓰이는 경우를 가르쳐 주십시오.

(4279. 3. 춘천. ㅜ.ㄴ.ㅎ.)

대답 "만은"은 "만"이라는 토와, "은"이라는 토를 거듭하여 쓰는 말이요, "마는"은 말의 한 마디가 완전히 끝나 가지고, 그와 상반(相反)되는 다른 말을 하기 위하여 그 앞엣 마디 끝에 붙이는 경우에만 쓰는 토입니다. 예

를 들면: "다른 분들은 다 찬성합니다마는, 김군만은 반대합니다"와 같습니다.

곧 "만"과 "은" 각각 뜻을 가진 두 개의 토로서, 이름씨〔명사〕에만 붙는 것이고, "마는"은 한 개의 뜻으로 된 토로서 마디 끝에만 붙는 것입니다. 그런데 "마는"을 줄여서 "만"으로 하기도 하되, 저 이름씨에 붙는 "만"과는 뜻이 다른 것임을 잊지 마십시오.(물음 36 참조)

물음 38 "말갛다"를 "맑앟다"로?

"말갛게"는 "맑앟게"로 쓰면 어떨까요? (4280. 7. 충북 남이 학교. 이 재전)

대답 "맑앟다"로 쓰면 뿌리와 뒷가지가 구별되어 좋을 것 같지마는 "파랗다", "뻘겋다", "노랗다", "기다랗다"… 따위를 모두 어떻게 하겠습니까? 무용한 괴로움만 생길 뿐이요, 또 "앟다, 엏다, 얗다, 엏다"는 규칙적으로 줄기〔語幹〕에 붙는 "끝"〔語尾〕이 아니고 불규칙하게 뿌리〔語根〕에 붙는 "뒷가지"〔接尾辭〕이니, 반드시 일정한 모양을 만들려고 무리하게 애 쓸 필요도 없는 것입니다.(통일안 8항, 27항 참조)

물음 39 "맞이하여, 마지하여"? "갖이고, 가지고"?

① "맞이하여, 마지하여"는 어느 것이 옳으며, ② "갖이고, 가지고"는 어느것이 옳은가요? (4279. 10. 제주. 애월 학교)

대답 ①은 "맞이하여", ②는 "가지고"가 옳습니다. "맞이하여"의 원형(原形)은 "맞다"이니 "맞"이 그 줄기〔語幹〕이고, "가지고"의 원형(原形)은 "가지다"이니 그 줄기〔語幹〕는 "가지"입니다. 그러고 "맞이하여"란 말은 "맞이"라는 이름씨〔名詞〕에 "하여"가 붙은 말입니다. 마치 "운동하여, 공부하여, 말하여, 일하여, 이야기하여, …" 따위와 같습니다. 그럼 "맞이"라는 이름씨(名

詞)는 어떻게 된 것인고 하면, 마치 "먹이(食料), 벌이(勞得), 풀이(解釋), 놀이(遊)…" 따위와 같이, 줄기 "맞"에 "이"가 붙어 이름씨[名詞] 된 것이니, "통일안)" 제 12항에 의하여 "맞이"로 쓰고, 따라서 거기에 "하다"가 붙은 말이니 "맞이하다"로 써야 합니다.

그러고, "가지고"는 그 줄기[語幹]가 "가지"이므로, "가지다, 가지고, 가지어, 가지면, 가지지, 가지시오, 가지어라, 가지었다…" 이와 같이 언제나 "가지"로 쓸 것이요, "갖이"로 쓸 까닭은 없습니다. 마치 "이기다(勝), 다니다(行), 디디다(蹈), 내리다(下), 꾸미다(飾), 비비다(揉), 마시다(飮), 지지다(煮), 미치다(及), 지키다(守), 버티다(撑), 살피다(察)" 따위를 공연히 "익이다, 단이다, 딛이다, 낼이다, 꿈이다, 빕이다, 맛이다, 짖이다, 및이다, 직이다, 벌이다, 삷이다"로 써서는 잘못인 것과 마찬가지입니다. 정말 "이"가 들어가서 된 말은 따로 있습니다. "먹이다, 줄이다, 붙이다, 높이다, 쌓이다…" 따위가 그것이니, 이것은 "이"가 들어감으로 인하여 그 말의 뜻이 어법상으로 다른 말로 변하는 것입니다. 즉 "먹다(他動), 먹이다(使動), 줄다(自動), 줄이다(使動), 붙다(自動), 붙이다(使動), 높다(形容詞), 높이다(他動), 쌓다(他動), 쌓이다(被動)" 이와 같이 "이"가 까닭이 있어 들어간 것은 "이"로 써야 하지마는 "가지다"를 "갖이다"로 쓴다면 "가지다"의 뜻과 다를 것이 없는 말을 공연히 그렇게 쓰는 것밖에 아니 됩니다. 아주 "이"를 빼버리고 "갖다"로 쓴다면 그것은 원말과 똑같은 뜻의 준말[略語]로 되어 실용상 표준말과 같이 허용(許容)이 됩니다. 즉 "갖다, 갖고, 갖지, 갖는…" 들은 "가지다, 가지고, 가지지, 가지는…" 들과 같은 뜻의 준말로 쓸 수 있습니다. 이와 같이 "갖=가지"인즉 만일 "갖이고"로 쓴다면 이는 "갖이고=가지이고"로 되는 것이니 그런 말이 있을 수 있겠습니까? 그러고 준말이라 하여 "가지니, 가지면, 가지어, 가지었다…" 따위를 "갖으니, 갖으면, 갖어, 갖었다…"와 같이 써서는 안됩니다. "가지니, 가지면"은 각각 세 개의 소리마디(音節)인데, "갖으니, 갖으면"도 또한 각각 세 개의 소리마디인즉 조금도 줄었다고 할 수 없고 도리어 쓰는 획 수가 더 늘었을 뿐이니 도저히 "준말"이라 할 수 없는 것이고, "갖어, 갖었다"는 "가지어, 가지었다" 보다 소리마디 한 개가 줄기는 하였으나, 같은 값이면 "가지어=가져", "가 지었다=가졌다"와 같이 쓰는 것들이 원형(原形)에 더 가깝고 다른 말들과 의 공통성(共通性)으로 보아도 더 편리합니다. "이겨, 다녀, 견뎌, 그려, 꾸며, 비벼, 마셔, 지져, 미쳐, 지켜, 버텨, 살펴…" 따위와 모양이 같게 됩 니다. 그러므로 "갖이고"는 잘못이고, "가지고"로 하여야 옳습니다.

(통일안 12항, 19항, 및 물음 4, 5 참조)

물음 40 "며칠"은 왜?

"며칠"이라는 것은 "몇(幾)일(日)"이라고 어원이 분명하지 않습니 까? "일"(日)이라는 것은 한어(漢語)에서 이미 우리말이 되지 않았습니 까? (4279. 7. 이 낙운)

대답 "며칠"이란 말은 원래 "하루, 이틀…" 들과 같이 순전한 우리말로 볼 수밖에 없습니다. 만일 "며칠"의 끝 소리 "일"을 한자(漢字) "일"의 음으로 된 것이라고 하여, "몇+일=며칠"로 발음된 것이라고 한다면, "몇(幾)월 (月)"의 어음(語音)은 "며췰"이 될 것이며, "몇(幾)열(十)"의 어음(語音)은 "며쳘"이 될 것이며, "몇(幾)아이(兒)"는 "며차이", "몇(幾)옻"은 "며춫", "몇 (幾)이레(七日)"는 "며치레…" 들로 말이 되었을 것이 아닙니까? 그러나 실 제 어음(語音)은 "몇+월=면월, 몇+열=면녈, 몇+아이=면아이, 몇+옻 =면놏, 몇+이레=면니레…" 들로 되는 것이니, 이와 마찬가지로 "몇+일" 은 "면닐"로 될 것입니다. 그런즉 "며칠"이란 말은 "몇+일"로 된 것이 아님 을 알 수 있습니다. 원래 우리말 음운법칙(音韻法則)에 윗 말의 끝 닿소리 가 아래에 오는 이름씨〔名詞〕의 첫 홀소리에 넘어가 어울리지를 못하는 법이기 때문에, "일"을 이름씨 "일"로 친다면, "몇"의 "ㅊ"이 "일"의 "이"에 어 울리지 못하여 "칠"소리가 나올 수가 없습니다. 만일 "몇+일=며칠"로 된다

면 "앞＋일＝아필"로, "꽃＋잎＝꼬칲"으로, "밭＋이랑＝바티랑"으로, "앞＋이
(齒)＝아피,…" 들로 될 것이 아닙니까? 그런즉 "며칠"은 "몇＋일"이 아님을
넉넉히 알 수 있습니다.

만일 "며칠"이란 말의 어원을 캔다면, "몇"에 뒷가지〔接尾辭〕"흘"("열흘, 사
흘, 나흘"의 "흘")이 어울러 붙어 "며츨"로 된 것으로서 그 "츠" 소리가 "치"
소리로 변해서 "며칠"로 되었다고 해석되는 것입니다.(통일안 28항)

물음 41 "며칠"은 "몇일"로?

　　"며칠"과 "몇일"을 통일할 수 없을까요?　(4281, 2. 연안 여학교, 황 종관)

대답 "며칠"로 통일되어 있습니다. "몇일"(발음으로는 몇닐)이란 말은 없는
것입니다. "몇날"이란 말은 있으나, 이것은 "몇"이란 낱말과 "날"이란 낱말
즉 두 낱말이고, "며칠"은 한 낱말로 된 것입니다. 자세한 것은 "한글" 11
권 3호(4279년 7월호)의 "물음과 대답"(이 책 물음 40)을 보아 주십시오.

물음 42 물음? 무름?

　　"물음"이라는 말은 맞춤법 통일안의 어느 조항을 보아야 해득하겠습
니까?　　　　　　　　　　　　　　　　　　　　(4272, 5. 송화, 이 용진)

대답 통일안 제11항, ㄷ받침 "벗어난풀이씨"의 "묻다"가 그 원형이니, 줄
기〔語幹〕"묻"의 아래에 홀소리로 시작된 "음"이 오므로 "ㄷ"이 "ㄹ"로 변한
것인데(제10항 제4 참조) 제12항 제3에 의하여 "무름"으로 아니 쓰고 "물
음"으로 쓰는 것입니다. "걸음(步), 달음질(走), 깨달음(覺), 일컬음(稱)"
들과 같은 예입니다.(통일안 12항의 3 참조)

[물음] 43 "믿며느리"? "밑며느리"?

이 말에 두 가지 이론이 있는데, 한 편은 "믿며느리"("미리 며느리"의 준말)이라 하고, 한 편은 "밑며느리"("밑절미 되는 며느리"의 뜻)라 하니 어느 편이 옳습니까?　　　　　　　　　　　(4282. 1. 돈암동. 한 독자)

[대답] 두 이론이 다 그럴 듯하나, 또 두 이론이 다 그렇지 않을 듯합니다. "믿며느리"도 아니요, "밑며느리"도 아니고, 소리 그대로, 또는 뜻 그대로 "민며느리"일 것입니다. "민머리, 민대머리, 민짜, 민패…"의 "민"일 것입니다. 곧 머리를 올리지 않고 "민머리"로 데려 온 "며느리"라는 말이라고 보는 것이 가장 타당할 것입니다.

[물음] 44 "~ㅂ니다, ~ㅁ니다, ~ㅁ이다"?

"합니다"와, "함니다"와, "함이다"가 각각 어떻게 다릅니까?

(4272. 1. 경남. 한 독자)

[대답] "합니다"와 "함니다"는 발음도 같고 뜻도 같은 말로서 다만 글자로 적을 때, "ㅁ"으로 쓰는 것이 옳으냐? "ㅂ"으로 쓰는 것이 옳으냐? 하는 단순한 맞춤법 문제뿐인데, 이에는 다른 여러 경우들을 살펴 보건대, "합시오, 합지요, 합시다, 합디다, 합니다" 이렇게 "ㅂ"으로 공통됨을 볼 수 있으니, 이는 "하옵시오, 하옵지요, 하옵디다, 하옵니다" 들의 "오" 소리가 줄어서 된 말입니다. 그러나 "ㅁ"으로는 일률로 공통이 되지 아니하고 "~니다"의 "ㄴ" 소리 때문에 "ㅂ"이 "ㅁ" 소리로 일시 변음된 것뿐(소위 "닿소리 이어 바뀜"이라는 것)입니다. 그러므로 "합니다"와 "함니다"는 뜻으로는 한가지 말인데 맞춤법으로는 "합니다"가 옳습니다.

그러고 "함이다"는 아주 다른 말입니다. "함"은 "하"에 "ㅁ"이 붙어서 이름씨꼴[名詞形]이 될 것이니, 가령 "날이 감을 따라"의 "감"과 "앉아 계심이 어떠하오"의 "계심"과, "눈으로 봄만 같지 못하다"의 "봄"과, "일이 잘 됨에 따라"의 "됨" 들과 같이 어떠한 줄기〔語幹〕에든지 받침이 없을 때는 "ㅁ"이 붙고, 받침이 있을 때는 "음"이 붙어서(먹음, 믿음, 웃음,…들과 같이) 이름씨꼴이 되는 것입니다. 따라서 "함이다"는 "이름씨+이다"로 된 "책이다, 집이다, 꿈이다"와 마찬가지로 이름씨꼴에 "이다"가 붙은 것입니다. 발음도 "합니다"와는 다릅니다. "함이다"의 발음은 "하미다"로 나고 "합니다"의 발음은 "함니다"로 납니다.

물음 45 "반드시"와 "반듯이"?

어느 쪽이 옳습니까?　　　　　　　　(4280. 7. 충북 남이 학교, 이 재전)

대답 "반드시"와 "반듯이"는 다른 말입니다. "반드시"는 "어김 없이 꼭"(必)의 뜻이요, "반듯이"는 "비뚤어지지 않고 반듯하게"(正平)의 뜻입니다.

(통일안 20항, 22항)

물음 46 "받침"? "바침"?

"받침"은 "바침"으로 쓰는 것이 좋을 것 같은데 "받침"으로 쓰게 된 까닭을 모르겠습니다. 혹 밑에서 떠받는 뜻의 "받"이면 "침"은 무엇이겠습니까?　　　　　　　　(4271. 3. 동경, 한 갑수, 박 천, 장 재헌)

대답 움직씨〔動詞〕에는 뜻을 바꾸지 않고, 즉 입음〔被動〕이나 하임〔使動〕으로 되지 않고 다만 말을 힘주기 위하여 "치"가 붙는 말이 많으니, "다그(치)다, 깨(치)다, 깨우(치)다, 뻗(치)다, 밀(치)다, 들(치)다, 넘(치)다, 덮(치)다, 엎(치)다, 놓(치)다…" 들과 마찬가지로 "받다, 떠받다"도 "받(치)다", "떠받(치)다"로 되는 것이니, "받침"은 "받치"에 "ㅁ"을 받치어 이름씨〔名詞〕로 된 말입니다.(통일안 18항)

물음 47 "받치다, 받히다, 바치다"?

어느것이 옳습니까?   (4279. 10. 공주, 심 인구)

대답 셋이 다 같이 말이 아닙니다. ① "받치다"는 "받다"(밑에서 떠받는 뜻)의 힘줌말[强勢語]이요, ② "받히다"는 "받다"의 입음꼴(피동형)이요, ③ "바치다"는 윗사람에게 갖다 줌을 뜻하는 말입니다.

물음 48 "부딪다, 부딪치다, 부딪히다"?

이 말들은 어떻게 다릅니까?   (4279. 10. 공주, 심 인구)

대답 ① "부딪다"가 원말[기본형]이고, "부딪치다"는 그 힘줌말[强勢語]이요, "부딪히다"는 그 입음꼴[피동형]입니다.

물음 49 "부치다"? "붙이다"? "붙치다"?

편지나 소포나 짐같은 것을 먼데로 보내는 뜻으로의 "부치다"가 "부치다"입니까? "붙이다"입니까? 또는 "붙치다"입니까?

(4271. 9. 김제, 조 영은)

대답 "부치다"가 옳습니다. "붙다"의 줄기에 "이" 소리가 붙어서 된 말이지마는 "붙다"의 근본 뜻과는 그 뜻이 아주 딴 말로 변한 것이기 때문입니다(통일안 25항의 규정을 보시기 바랍니다). "붙게 하는" 뜻으로의 "붙이다"는 "붙다"의 하임꼴[使動形]이므로 "붙이다"로 써야 할 것이 물론입니다. 그러고, "붙치다"는 도무지 뜻이 닿지 않습니다. 본래 "치다"가 붙는 움직씨 "놓치다", "뻗치다", "받치다", "밀치다", "엎치다" 따위는 "치다"가 붙어서 그 뜻을 조금도 변함이 없이 다만 그 말의 힘을 세게 할 뿐인 것입니다. 그런즉 편지 따위의 "부치다"는 "붙다"를 세게 한 말이 아니므로 "붙치다"로 쓸 수 없는 것입니다.(통일안 25항)

물음 50 의안을 총회에 "붙이다"? "부치다"?

　이 말은 "의안이 총회에 붙는다"고 할 수 없는 말이니, "편지를 부치다"와 마찬가지로 통일안 제25항에 의하여 역시 "부치다"로 써야 옳을 것 같이 생각됩니다마는, 저의 생각이 과연 틀림이 없는지 자신을 얻기 위하여 문의하오니, 가부의 확답을 주시기 바랍니다.

(4293. 3. 여수, 박 천웅)

대답 "의안을 총회에 붙이다"로 해야 합니다. 말씀하신 통일안 제25항의 규정은 "뜻이 아주 딴 말로 변한 것"에 관한 규정으로서, "편지 부치다"의 "부치다"는 조금도 "붙"는 뜻이 없는 말이기 때문에 "붙이다"로 쓸 필요가 없는 것이지마는, "의안을 회의에 붙인다"고는 아니 할지라도, 그 "붙"의 뜻이 아주 딴 말로 변해 버린 것은 아니고, 역시 "붙"의 뜻을 가진 말입니다. 곧 이 경우의 "붙"은 "문제가 붙다, 말썽이 붙다, 이유가 붙다, 조건이 붙다…" 따위의 "붙다"와 같은 뜻으로서, 그 의안이 회의에 매이게 됨을 의미하는 말, 곧 그 의안의 결정될 운명이 회의에 달린(붙은) 것을 뜻하는 말이므로 "붙이다"로 표시해야 합니다. 다시 말하면, "붙는다"고는 하지 않더라도 "붙인다"고는 할 수 있는 것이니, 마치 가령 "의안의 가부를 회의에 맨다"고나 "회의에 단다"고는 하지 않으면서도 "의안의 가부가 회의에 매이었다", 또는 "회의에 달리었다"라고 말하게 됨과 같습니다. 이런 따위의 말은 얼마든지 있으니, 가령 "기를 막다"란 말은 없어도 "기가 막히다"("마키다"로 쓸 수 없음)란 말은 성립되며, "시골에 파묻는다"란 말은 없어도 "시골에 파묻혀 산다"라고 하며, "안방에 들어박는다"란 말은 없어도 "들어박혀 있다"고 말하며, "남에게 없는다"고는 아니 하면서 "없혀 산다"고는 하며

"기숙칩에 밥이 붙는다"라고 하지 않건만 "밥을 붙인다"고는 합니다. "붙다"
로는 아니 하면서도 "붙이다"로 되는 말은 이 밖에도 "몸을 붙인다, 말을
붙인다, 홍정을 붙인다, 중매를 붙인다, 뺨을 붙인다,…" 들들 많습니다.

물음 51 "붙들다"? "붇들다"?

어느것이 옳습니까?   (4272. 4. 고원, 천 혁)

대답 "붙들다", "붙잡다"를 지방에 따라서는 "붙여들다", "붙여잡다"라고도 하
는데, "손을 그 물건에 붙이어서 들다, 또는 잡다"라는 뜻이니까 "붙들다",
"붙잡다"로 쓰는 것이 옳습니다. 만일 "붇들다", "붇잡다"로나 "붓들다", "붓잡
다"로나 쓴다면 아무 의미가 없는 표기법이니, 그럴 바에는 차라리 순 표음
주의로 "부뜰다", "부짭다"로 쓰는 것이 철저하겠지요. 그러나 "받들다", "걷잡
다"를 "바뜰다", "거짭다"로 쓰지 않고 "손에 받치어 들다", "거두어 잡다"라는
뜻을 표의 시키기 위하여 "받들다", "걷잡다"로 쓰는 것과 같이, "붙들다", "붙
잡다"도 어원을 밝히는 것이 좋습니다.(통일안 28항 1의 (1) 참조)

물음 52 "비치다"? "빛이다"?

"비치다"를 "빛이다"로 쓰지 못할 까닭은 무엇인지요?

                                         (4280. 5. 삼가, 손 동인)

대답 가령 "빛다, 빛고, 빛지, 빛는…" 들과 같이 "빛"이라는 줄기[어간]가
있어 가지고 뜻바꿈[轉義]하는 "이"가 들어가서 입음[피동]이나 하임[사동]
으로 된 말 같으면 "빛이다"로 써야 하겠지마는, 그런 것이 아니고 단순히
"비치다, 비치고, 비치는,…"과 같이 "비치"가 한 개의 줄기[어간]일 뿐이기
때문입니다. 이름씨[명사]에 "이"가 붙어서 동사 되는 법은 없습니다.

물음 53 "사이 ㅅ"을 어떻게 쓸까?

두 말 사이의 "ㅅ"은 씁니까? 쓰지 아니합니까?(4272. 3. 풍산, 한 독자)

대답 겹씨〔複合語〕 사이에서 나는 "사이 ㅅ" 소리는 홀소리 아래에서 날 적에는 위의 홀소리에 "ㅅ"을 받치고, 닿소리와 닿소리 사이에는 쓰지 아니 합니다.(통일안 제30항 참조)

참고 이 물음대답은 4272년 당시의 통일안에 따라 한 것인데, 그 뒤 42 73년 10월부터는 "ㅅ"을 일체로 중간에 쓰기로 개정되었고, 4279년 9월부터는 다시 그전대로 이 대답과 같이 쓰기로 되었음.(이 책을 엮으면서 붙이어 적음)

물음 54 "~ㄹ" 아래의 "ㅆ" 소리?

"말씀-말슴, 벌써-벌서, 훨씬-훨신, 올씨다-올시다, 할쑤록-할 수록, 실쏙-실속, 할쑤-할수" 따위는 어느 쪽이 옳습니까?

(4270. 12. 고원, 천 혁)

대답 "말씀, 벌써, 훨씬, 올씨다, 할쑤록" 들이 옳고, "실속, 할 수"가 옳습니다. "속"과 "수"는 따로 뜻이 있는 말이니까 뜻이 있게 써야 하고, "말씀, 훨씬, 올씨다, 할쑤록" 따위는 두 말이 겹친 것이 아니고 단순히 소리가 본디 그러한 것이니, 소리대로 쓸 뿐입니다.(통일안 제 3항)

물음 55 "엇그저께, 온갓"의 "ㅅ" 받침?

수일 전이란 뜻의 "엇그저께"의 "엇"과, 각종(各種)이란 뜻의 "온갓"의 ㅅ받침이 바릅니까, 틀립니까?　　　　(4271. 10. 개성, 송도생)

대답 둘 다 잘못 되었습니다. 왜냐 하면, "엊그저께"는 "어제그저께"란 "어제"의 "ㅔ"가 줄어지고 "ㅈ"만 남은 것이므로 이렇게 줄어진 닿소리는 그 위의 글자에 받침으로 적는다는, 통일안의 규정에 의해서 "어"에 "ㅈ" 받침을 해야 옳습니다. 또 "온갖" 역시 "온 가지"의 "ㅣ"가 줄어지고 "ㅈ"만 남은 것이므로 "ㅈ" 받침이라야 됩니다. "아가야"가 "악아", "어제저녁"이 "엊저녁", "가지고"가 "갖고", "일찌기"가 "일찍" 따위로 됨도 모두 이렇게 된 것들입니다.(통일안 52항)

물음 56 "ㅆ" 받침의 쓰는 경우?

쌍시옷 받침 "ㅆ"은 어떤 경우에 쓰는지요? (4271. 1. 자성. 김 정흠)

대답 쌍시옷을 받침으로 쓰는 것은 꼭 세 가지 경우뿐이니, ① "있다"의 "있"과, ② 과거 표시의 "었" 혹은 "았, 였, 렀"과, ③ 미래 표시의 "겠"이 그 것입니다.

① 있다: 있고, 있으니, 있으면, 있어도, 있어야.
② 과거: 먹었다, 먹었고, 먹었으니, 먹었으면, 먹었어도, 먹었어야.("막았다. 하였다. 이르렀다" 들로 다 과거임)
③ 미래: 먹겠다, 먹겠고, 먹겠으니, 먹겠으면, 먹겠어도, 먹겠어야.

이 세 가지 경우 외에는 "쌍시옷"이 받침으로 되는 말이 없습니다. 경기 지방은 물론, 다른 여러 지방에서도 대개 이 세 가지 경우에만 "쌍시옷"으로 발음함이 일반 보편적이므로, 이 세 가지에 한하여만은 쌍시옷 받침이 표준된 것입니다.(통일안 11항)

참고 과거의 "었"은 그 위에 오는 줄기[語幹]의 홀소리를 따라, "았, 였, 렀" 들로 될 경우가 있으니, 그 구별은 이러합니다. (ㄱ) 줄기의 홀소리가

"ㅓ, ㅕ, ㅜ, ㅠ, ㅡ, ㅣ, ㅐ, ㅔ, ㅚ, ㅟ, ㅢ"일 때는 "었"으로 되니, 이를
테면, "먹었다, 열었다, 죽었다, 늘었다, 믿었다, 개었다, 베었다, 되었다,
뛰었다, 희었다" 들이요. (ㄴ) 줄기의 홀소리가 "ㅏ, ㅑ, ㅗ, ㅛ"일 때는
"았"으로 되니, 이를테면, "막았다, 얇았다, 보았다, 좋았다" 들이요(통일안
부록 3항 참조), (ㄷ) 줄기가 "하"로 된 말의 밑에서는 특수하게 "였"으로
되니, 이를테면, "말하였다, 생각하였다, 착하였다, 넉넉하였다" 들이요(통
일안 10항 6 참조), (ㄹ) 줄기가 "푸르(靑), 누르(黃), 이르(至)"일 때는
"렀"으로 되니, 이를테면, "푸르렀다, 누르렀다, 이르렀다" 들이요(통일안
10항의 7참조), (ㅁ) 편의상 말을 줄이어 준말로 할 때, "았, 었, 였" 들의
홀소리 "아, 어, 여"가 그 위에 오는 줄기의 홀소리와 어울려 버리고 "ㅆ"
만이 과거를 표시하는 셈이 되니, 이를테면 "갔다(가았다), 섰다(서었다),
했다(하였다), 컸다(크었다), 그렸다(그리었다), 가졌다(가지었다), 됐다
(되었다)" 따위입니다.(통일안 55항 참조)

물음 57 "ㅆ" 받침 뒤에 오는 "ㅅ"?

"초등 국어 교본"에 다음과 같이 고르지 않은 데가 있으니, 어느것
으로 통일할까요?

"있었니, 있습니다, 있소, 있었습니다, 있어야, 있었소, 있으니까,
있으면, …"

이와 같이 어떠한 때에 "있"의 "ㅆ" 아래에 첫소리를 "ㅅ" 또는 "ㅇ"
으로 구별하여 적습니까?   (4279. 7. 상주. 야학부)

대답 "있"은 줄기[語幹], "었"은 지난적[過去]을 나타내는 도움줄기[補助語
幹], "으니, 습니다, 소, 어야, 으니까, 으면" 들은 다 끝[語尾]으로서, 모
두 일정한 모양[語形]으로 된 것들이니, 앞에 보이신 말들은 다 이 일정한
모양[語形]에 잘 쓰인 것입니다. 달리 혼동하여 써서는 안됩니다.

　가령: 지난적[過去]을 표하는 "었"은 어떤 줄기[語幹] 밑에서나, 또는 이떤 끝[語尾] 위에서나 항상 "었"(혹은 "았")으로 일정하게 써야지, "섯, 셨, 엇" 따위로 쓴다면 통일이 아니라 난잡(亂雜)이 될 것이며, 끝[語尾]인 "어야, 으니까, 으면, 읍니다, …" 들과 "소, 사오니, 습니다, …" 들도 모두 받침 있는 줄기 밑에는 어떤 줄기임에 불구하고 항상 이 모양[語形]으로 일정하게 써야지, "어야"를 "서야"로 쓴다든지 "소"를 "오"로 쓴다면, 또한 아니 됩니다.

　쌍시옷 받침이거나 다른 받침이거나 받침인 것은 마찬가지니 하필 쌍시옷 받침이나 혹은 "ᄡ" 받침이라고 해서 다른 받침의 경우와 달리 생각해서는 안 됩니다. 가령: "ㄱ" 받침 경우에도 "먹어야, 먹으니, 먹으면, 먹읍니다" 또는 "먹소, 먹사오니, 먹습니다"로 되고, "ㄴ" 받침 경우에도 "신어야, 신으니, 신으면, 신읍니다" 또는 "신소, 신사오니, 신습니다"로 됨과 같이 어떠한 받침 밑에나 일정한 모양의 끝[語尾]이 붙습니다. 그런데, "읍니다"와 "습니다"는 뜻은 같되 어감(語感)으로 "읍니다"는 평범함에 비하여 "습니다"는 좀더 겸손하고 친절한 맛이 있는 것입니다.(통일안 8항 참조)

참고 "읍니다"와 "습니다"에 대하여는 자세한 설명을 하자면 좀 복잡하고 길어지겠으므로 간단히 요령만 말씀하겠습니다. 우선 어법상으로 보아서는 모든 움직씨[動詞]나 그림씨[形容詞]가 끝바꿈[語尾變化]할 때에, 줄기[語幹] 끝소리마디[音節]에 받침이 있으면 그 줄기와 아래 끝과의 사이에 조음 관계로 소위 고룸소리[調音素] "으"를 더하여 되는 것들이 있으니, 이를테면 먹으니, 신으면, 믿을, 검은, 잡으라, 웃으오, 찾으나, 쫓으온들, 같으므로, 갚으마, 좋으련만…… 들과 같습니다(만일 줄기에 받침이 없으면 "으"가 들지 아니하니, 가령, 가니, 오면, 볼, 흰, 뛰라, 두오, 쏘나, 뛴들, 다르므로, 주마, 나쁘련만…… 들과 같음). 이와 마찬가지로, "읍니다"는 "ㅂ니다"에 "으"가 더하여 받침 있는 줄기의 밑에 쓰이는 끝입니다. 그러므

로, "먹읍니다, 신읍니다, 믿읍니다, 있읍니다, 먹었읍니다, 먹겠읍니다"로
되는 것이니 더 문제가 없을 것입니다.

그러나, 이렇게 "먹읍니다, 신읍니다, 믿읍니다……" 들이 있는 동시에,
또 "먹습니다, 신습니다, 믿습니다……" 들도 있습니다. 이 "습니다"는 옛적
부터 쓰이어 온 "사옵나이다"가 줄어서 된 말인데, 현대의 언어 사실로 보
건대, "읍니다"보다 "습니다"가 더 많이 쓰이고 있는 형편입니다. 그런즉
"았, 었, 겠" 들 밑에도 물론 "읍니다"와 "습니다"가 다 붙을 수 있습니다.
다만 이 경우에는 위에 "ㅆ"이 있기 때문에 아래에 "읍니다"로 쓰나 "습니
다"로 쓰나 발음으로는 똑같을 뿐입니다. 그런즉 받침있는 줄기 밑에 "읍니
다"와 "습니다"가 다 붙는 것이 오늘날의 언어 사실이니 만일 이 두 가지가
뜻이니, 어감이나, 용도 들이 똑같을 것 같으면, 둘 중에 어느 하나로만
표준을 정하여야 할 것이나, 만일 조금이라도 다른 점이 있다면 두 가지가
다 각각의 표준말로서 분간 있게 쓰일 것입니다. 그런데 이 "읍니다"와 "습
니다"를 세밀히 살피어 보면, 그저 똑같은 것이라고 하여, 하나를 취하고
하나를 버릴 수는 없습니다. 좀 구체적으로 말씀하면 어감상으로 "읍니다"
는 범연함에 대하여 "습니다"는 좀더 친절한 맛과 더 공손한 맛이 있으며,
용도상으로 "읍니다"는 통용적임에 대하여 "습니다"는 좀더 현실적이며 당
면적이라 할 수 있습니다. 마치 "으옵고"와 "사옵고"의 관계와 비슷하니, 가
령, "먹으옵고, 먹읍니다"보다 "먹사옵고, 먹습니다"하는 편이 좀더 친절 공
손한 맛이 있고, 좀더 당장 현행(現行)하는 뜻이 표시됩니다. "신습(읍)니
다, 믿습(읍)니다, 검습(읍)니다, 대단히 춥습(추웁)니다, 물이 깊습(읍)니
다, 이와 같습(읍)니다, 고맙습(고마웁)니다, 그렇지 않습(읍)니다……" 들
이 다 그러합니다. 그러면 받침 없는 줄기 밑에는 다만 "ㅂ니다" 하나 뿐인
것이 어찌하여 받침 있는 밑에는 이렇게 두 가지 끝으로 쓰일까 하는 것
이 의문이겠으나, 이는 "읍니다, 습니다" 뿐만 아니라, "으옵고, 사옵고"도
그러하니 받침 없는 줄기 밑에 쓰이는 "오니"는 하나인데 받침 있는 줄기

밑에는 "으오니"도 쓰이는 동시에 또 따로 "사오니"도 쓰이어, "가오니, 크오니"에 대하여 "먹으오니, 많으오니"와 "먹사오니, 많사오니"의 두가지가 다 쓰이는 것입니다. 다시 바꿔 생각하면 받침 없는 줄기에서는 "오니" 하나가, 받침 있는 줄기에서 쓰이는 "으오니"와 "사오니"를 겸하여 대신함과 마찬가지로, 받침 없는 줄기 밑의 "ㅂ니다"는 받침 있는 줄기 밑의 "읍니다"와 "습니다"를 겸하여 대신하는 것이라 하겠습니다. 그런즉 결국 "읍니다"와 "습니다"는 둘 다 각기 쓰이는 표준말이 된다는 말씀인데, 그 차이인즉 그리 현저(顯著)한 것이 아니므로 말에서도 항상 혼용(混用)이 되며 따라서 문자상에서도 흔히 혼용합니다마는, 아무쪼록 같은 경우, 같은 문장 안에서는 한결로 써야 할 것이니, 가령 "먹읍니다, 믿읍니다, ……" 들로 쓸 경우이면 역시 "있읍니다, 없읍니다,……"와 같이 "읍니다"로 일매지게 쓸 것이요, "먹습니다, 믿습니다…" 들로 쓸 경우이면 역시 "있습니다, 하였습니다…"와 같이 "습니다"로 일매지게 쓸 일입니다. 한 문장 안에서 "읍니다"로 했다가 "습니다"로 했다가 하는 것은 좋지 못합니다.(표준말 물음 50 참조)

물음 58 "ㅆ" 아래의 "소", "사오니", "습니다"?

다음 같은 때에는 어떻게 맞추어 쓰면 될까요?

① 웃었소. ② 배웠습니다. ③ 하겠사오니. ④ 오셨습니다. ⑤ 왔을 때에. ⑥ 왔습니다. ⑦ 되었었니? ⑧ 했었다. ⑨ 울었습니다.

(4279. 7. 상주. 야학부)

대답 물으신 뜻을 똑똑히 모르겠으나 아마 "교본"에 쓰인 이 말들을 그대로 쓰면 틀림이 없겠는가 하는 의문이신 듯한데, 물론 틀림이 없습니다. ① 웃+었+소. ② 배우+었+습니다. ③ 하+겠+사오니. ④ 오+셨(=시었)+습니다. ⑤ 오+왔+을+때+에. ⑥ 오+왔+습니다. ⑦ 되+었+었+

니. ⑧ 했(＝하였)＋었＋다. ⑨ 울＋었＋습니다. "줄기〔語幹〕, 도움줄기〔補助語幹〕, 끝〔語尾〕 모두 꼭꼭 맞습니다.(통일안 8항, 및 부록 1의 3 참조)

물음 59 "사오니"? "아오니"?

"있사오니"와 "있아오니"는 어느 쪽이 맞습니까?

(4279. 10. 공주, 심 인구)

대답 "있사오니"가 맞습니다. "~사오니"는 무슨 받침을 가진 줄기〔어간〕에 든지 두루 붙는 하나의 끝〔어미〕입니다마는, "~아오니"라는 끝은 없는 것입니다. 여러 가지 받침의 줄기에 붙여 보십시오. "먹사오니, 남사오니, 잡사오니, 같사오니, 좋사오니, 않사오니,…" 들로는 되지마는, "먹아오니, 남아오니, 잡아오니, 같아오니, 좋아오니, 않아오니,…" 들로는 절대로 아니됩니다.(물음 57, 58 참조)

물음 60 "습니다"? "읍니다"?

"있습니다"와 "있읍니다"는 어느 쪽이 맞습니까?

(4279. 10. 공주, 심 인구)

대답 "한글"지 7월호의 "물음대답"을 보십시오.(이 강화에서는 "표준말" 물음 50임). (물음 57 참조)

물음 61 "있소"? "있오"?

어느것이 옳습니까?

(4271. 3. 신의주, G.Y.O.)

대답 받침 있는 줄기〔語幹〕 밑에는 "오"는 붙지 못하고, "으오"나 "소"가 붙습니다. "먹으오, 먹소, 믿으오, 믿소, 검으오, 검소, 좁으오, 좁소, 웃으오, 웃소, 찾으오, 찾소, 쫓으오, 쫓소, 같으오, 같소, 높으오, 높소, 좋으오, 좋소, 깎으오, 깎소, 앉으오, 앉소, 많으오, 많소, 옳으오, 옳소, 핥으오, 핥소, 읊으오, 읊소, 없으오, 없소, 있으오, 있소…" 이와 같이 "있+으오, 있+소"로는 되어도 "있+오"로는 되지 못합니다. 그런즉 물으신 두 가지 중에는 "있소"가 옳습니다.

물음 62 색씨? 색시?

어느 편으로 써야 할까요? "새악씨"의 준말일 터이니 "색씨"로 쓰는 것이 어떠할까요?   (4280. 5. 삼가, 손 동인)

대답 "색시"거나 "새악시"거나 "시"의 소리는 그 앞의 ㄱ 받침 때문에 "시"로 쓰든지 "씨"로 쓰든지, "씨"로 발음되기는 마찬가지입니다. 그런데 "새악"이란 말이 있고, "씨"란 말이 있어 합쳐서 이룬 말이 아니라, 그저 "새악시" 혹은 "색시"가 한 낱말일 뿐이니(만일 "새색시"라면 두 낱말이 합친 것이지만), 발음상으로나 어법상으로나 틀림이 없을 바에는 구태여 어렵게 쓸 필요가 없이 "색시"로서 족합니다.

물음 63 "세째, 네째"? "셋째, 넷째"?

어느 쪽이 옳으며, 그 이유는 무엇일까요?

(4280. 7. 충북 남이 학교, 이 재전)

대답 차례로 세는 경우는, "세째, 네째"로 쓰는 것이 옳습니다. 셈(數)을 셈으로만 이름지어 일컫는 이름씨〔名詞〕로는 "하나, 둘, 셋, 넷, 다섯, 여섯, 일곱, 여덟, 아홉, 열, 스물, 서른…"이라 하되, 다른 사물의 이름 위에서 그 사물의 셈을 표시하여 말할 때는(곧 매김씨〔冠形詞〕로 될 때는)

"한, 두, 세, 네, 다섯(혹은 닷), 여섯(혹은 엿), 일곱, 여덟, 아홉, 열, 스무, 서른…"이 됩니다. 이와 같이 셈을 "이름씨"로 쓸 경우와 "매김씨"로 쓸 경우가 더러는 같은 것도 있지마는, "한, 두, 세, 네, 닷, 엿, 스무"로 된 것은 매김씨인 특징입니다. 그런데 "째"(차례를 나타내는)의 앞에는 의례 매김씨가 쓰입니다. "열 한째, 열 두째, 세째, 네째, 다섯째, 여섯째, 일곱째, 여덟째, 아홉째, 열째, 스무째, 서른째…"로 됩니다. 다만 처음의 "둘째"만은 "두째"로 아니하고 "둘째"로 함은 서울 말의 특례일 뿐이고, "열 두째, 스물 두째, 서른 두째…" 들은 서울 말로도 다 "두"로 합니다. 이로 보아서 "째"(차례를 나타내는)의 앞에는 매김씨가 쓰임을 알 수 있습니다. "한 개, 두 개, 세 개, 네 개…, 한 집, 두 집, 세 집, 네 집…, 한 시, 두 시, 세 시, 네 시…, 한 사람, 두 사람, 세 사람, 네 사람…, 한 아름, 두 아름, 세 아름, 네 아름…" 모두 그러합니다. 다만 "째"의 경우에는 "한, 두, 세, 네…" 들의 매김씨를 "째"와 띄어쓰지 않고 붙여 쓰는 것은 "째"와 어울리어 특별히 익어진 한 낱말로 잡는 것이 편리하기 때문일 뿐입니다.

그런데 참고 말씀을 붙여 하겠습니다. "째"라는 말이 그 자격이 이름씨로 되는 것과, 뒷가지[接尾辭]로 되는 것의 두 가지가 있는데, 위에서 말한 것은 이름씨인 경우(차례를 나타내는 경우)입니다. 뒷가지로 쓰이는 경우를 말씀하면 "째"자체가 이름씨가 아니라, 반드시 다른 이름씨의 밑에 붙어서 그 물건까지 미치어 포함하는 뜻을 나타내는 말이 됩니다. 가령 "사과를 껍질째 먹는다. 나무를 뿌리째 뽑았다. 떠난 지 두 주일째 된다. 만나 본 것이 네 사람째다. 사과를 지금 몇 개째 먹느냐? 세 개째다. 셋째다. 열 하나째다. …" 이와 같이 "째"가 뒷가지인 경우는 그 앞의 말은 반드시 이름씨입니다. 그러므로 이 경우는 "세째, 네째"가 아니라 "셋째, 넷째"입니다. 잘 구별하시기를 바랍니다.

곧 ㉠ 첫째, 둘째, 셋째, 넷째, …열 한째, 열 두째, 열 세째,…스무째,……
ㄴ 하나째, 둘째, 셋째, 넷째,…열 하나째, 열 둘째, 열 셋째,…스물째,

(ㄱ)은 차례를 나타내는 뜻으로, "매김씨+이름씨"의 형태로 된 이름씨이고, (ㄴ)은 거기까지 미치는 뜻으로, "이름씨+뒷가지"의 형태로 된 어찌씨임.

물음 64 "이튿날, 이튿날"? "섣달, 섯달"?

해방 직후 조선어 학회에서 지은 국어 교본에 보면, "이튿날", "섣달"로 쓰이어 있는데, 맞춤법 통일안 제 6항의 "아무 까닭"이 없는 "ㄷ" 받침 소리로 나는 말은 "ㅅ"으로 통일하여 적는다는 규정에 의하여, "이튿날", "섯달"로 적어야 할 것이 아닐까요? (4279. 5. 서울. 정 대환)

대답 "이튿날", "섣달" 들의 "ㄷ"받침 소리는 아무 까닭 없이 된 것이 아닙니다. "이틀"(二日), "설"(臘) 들의 "ㄹ" 소리가 "ㄷ" 소리로 바뀐 것입니다. 원래 "ㄷ"과 "ㄹ"은 그 소리 나는 자리가 같기 때문에(혀끝을 윗이틀의 안쪽에 붙이는 것이 꼭같음), 두 소리가 서로 넘나드는 일이 흔히 있으니, 가령 "들으니", "물으니", "걸으니", "깨달으니", "일컬으니……" 따위는 "ㄷ"이 "ㄹ"로 바뀐 것들이요, "이튿날", "사흗날", "나흗날", "섣달", "숟가락", "잗다랗다,……" 따위는 "ㄹ"이 "ㄷ"으로 바뀐 것들입니다.

그러면 "ㄷ" 받침은 그 소리가 "ㅅ"과 다름이 없은즉, 위에 든 여러 말들을 모두 "ㅅ"과 "ㄹ"의 넘나드는 것으로 치고 다 "ㅅ"으로 적어도 좋지 아니하냐고 할 수도 있을 것입니다. 그러나 "ㅅ"은 원래 소리 나는 자리가 "ㄹ"의 소리 나는 자리와는 달라서, 혀의 앞바닥으로 입천장의 앞바닥에 대고 내는 것이기 때문에 "ㄹ"과는 딴 성질의 소리인즉, "ㅅ"과 "ㄹ"이 서로 넘나든다고 하는 것보다, "ㄷ"과 "ㄹ"이 서로 넘나든다고 하는 것이 옳기 때문입니다.(통일안 10항 4에 "ㅅ"으로 않고 "ㄷ"으로 한 정신)

물음 65 "섣부르다"? "서뿌르다"?

이 말은 우리 지방에서는 "서뿌르다"로 함이 보통이고, 서울 말을 들

어 보아도 그런 모양인데, 어찌하여 여러 사전에 모두 "섣부르다"로 되어
있으니, 무슨 이유이며, 또 "섣부르다"로 할 양이면 통일안 제 6항에 의
하여 "섯부르다"로 써야 할 것이 아닐까요?　　　(4293. 2. 전주, 이 성숙)

대답 "섣부르다"와 "서뿌르다"는 표준 말 문제이고, "섣부르다"와 "섯부르
다"는 맞춤법 문제인데, 서울말에서는 "섣부르다", "서뿌르다"를 다 하고
있습니다마는, 교양 있는 분들은 대개 "섣부르다"로 말을 합니다. 만일 이
말이 앞으로 점점 "서뿌르다"로 다 많이 하게 된다면 그 때는 "서뿌르다"가
표준말로 될 가능성은 있습니다마는, 아직은 "섣부르다"가 표준말로 인정
되어 있습니다. 그리고 "섣"의 ㄷ 받침은 통일안 제 6항에 말한 아무 까닭
이 없이 ㄷ 소리로 나는 것이 아니라, "설다"의 뜻을 가진 말로서 "ㄹ" 받
침 소리가 "ㄷ" 소리로 바꾸인 것이기 때문에 그 "설다"의 뜻을 표시하기
위하여 "섯"으로 하지 않고 "섣"으로 한 것이라 생각합니다. 마치 숟가락,
섣달 따위의 ㄷ 받침 소리를 "ㅅ"으로 하지 않고 "술, 설"들의 ㄹ을 표시
하기 위하여 "ㄷ"으로 함과 같은 따위입니다. 그런데, 이 "섣부르다"란 말
은 서울말로도 차차 "서뿌르다"로 변해질 가능성을 가진 말이며, 또 그렇
게 변해져 가고 있는 것 같으니, 장차는 "서뿌르다"가 표준말로 되리라고
생각됩니다.

물음 66 "숟가락"의 "숟"의 어원?

"숟가락"의 "숟"의 "ㄷ"은 그 어원이 어디에 있는 것인지요?

(4279. 5. 종로 삼가, 김 종문)

대답 "술"의 폐쇄음(閉鎖音)된 것입니다. "ㄷ"과 "ㄹ"의 서로 넘나드는 관
계는 이미 정 대환님의 물음(물음 64)에서 말씀하였으니, 얼러 보시기를
바라오며, "술"은 곧 "숟가락"과 같은 말이니, "한술(一匙), 두술(二匙), 술

적심(沈匙), 술총(匙柄)" 들의 "술"이 그것입니다.(물음 64 참조)

물음 67 "슳으다"? "슬프다"?

어느 쪽이 옳으며, 왜 그렇습니까?   (4282. 4. 논산, 조 중귀)

대답 "슬프다"가 옳습니다. "슳"은 줄기〔어간〕가 되지 못하고(슳다, 슳고, 슳지…와 같이 아니 됨), "으다"도 끝〔어미〕이 되지 못하기(먹으다, 믿으다, 잡으다, 웃으다…와 같이 아니 됨) 때문입니다. "슬프"가 줄기이고(슬프다, 슬프고, 슬프지, 슬프어＝슬퍼…와 같이 됨), 또 "다"가 끝입니다(먹다, 믿다, 잡다, 웃다…와 같이 됨). "으고"나 "으지"도 끝〔어미〕이 아니고 언제든지 "다, 고, 지, …" 따위가 가장 알기 쉬운 끝이니, 이런 끝들을 붙여 보고, 그 다음에 "어"(혹은 "아")를 붙여 보시면 줄기〔어간〕를 확실히 아실 것입니다.

"으" 소리가 들어가는 끝〔어미〕으로는 "으니, 으면, 으랴, 으오" 따위가 있습니다마는 이런 것들은 줄기〔어간〕에 받침 있을 때만 "으" 소리가 나고 받침 없을 때는 그냥 "니, 면, 랴, 오"로만 되는 것이니, 만일 "슳다, 슳고, 슳지"로 "슳"이 줄기가 된다면 "슳으니, 슳으면, 슳으랴, 슳으오"로 되지마는 "슳"이 줄기가 못되고 "슬프"가 줄기가 되니까 "으"가 더 들어가지 않습니다. 또 "으다"란 끝도 없는 법입니다.

참고로 말씀드립니다. 현대 우리말에 "ㄿ" 받침으로 된 말은 "읊다"(吟) 하나밖에 없음을 알아 두십시오.(통일안 11항)

물음 68 싫증, 실증, 싫쯩, 실쯩?

"싫은증"이란 뜻의 "싫증"이란 말을 어떻게 써야 하겠는지요? "싫증"으로 쓰면 "실층"으로 발음될 것 같고, "실증"으로 하면 어원 표시도 잘 아니 되고 발음도 잘 맞지 아니하고, "싫쯩"이나 "실쯩"으로 하면 발음

에는 맞을 것 같으나 어원 표시에 적당하지 않을 것 같은데, 어떻게
쓰는 것이 옳겠습니까?   (4282. 10. 광주, 이 대규)

대답 "싫증"으로 쓰는 것이 옳습니다. 어원으로도 맞고, 발음으로도 맞습
니다. "실층"으로 발음되지 아니함은 "몇일"이 "며칠"로 발음되지 아니함(본
지 11권 3호)(이 책 물음 40)과 같이, "싫증"은 실사(實辭)에 허사(虛辭)
가 붙은 것이 아니고, 실사에 실사가 합친 말이기 때문에 윗 말의 받침 소
리가 아랫 말에 내려오지 못하여, "싫"은 "싫"로만 끊어져서 "실ㅎ"과 같은
소리로 되고, "증"은 따로 발음되어, "실ㅎ증" 곧 "실쯩"과 같이 발음되는
것입니다. 그러므로 어원을 밝히어 "싫증"으로 쓰는 것이 옳습니다. 만일
실제 발음이 "실증"으로 날 것 같으면 그것은 일반 통칙에 어그러진 현상
이니, 그야말로 어원을 밝히지 못하고 발음대로만("골병, 며칠" 따위와 같
이) "실증"으로 쓸 수밖에 없겠지요마는, 발음이 겹씨[복합어]의 통칙에 따
라 윗 말과 아랫 말의 사이에 된소리로 나는 것이니까 "싫증"으로 쓰는 것
이 발음에 틀릴 것이 없습니다.(통일안 28항)

물음 69 싯누렇다? 신누렇다?

어느 쪽이 옳습니까?   (4271. 12. 경북, 한 독자)

대답 "싯누렇다"가 옳습니다. 이 말의 "싯"은 "샛노랗다"의 "샛", "엇나가다"
의 "엇" 따위와 같은 머릿가지[接頭辭]요, "누렇다"는 으뜸말[原詞]이므로,
이런 머릿가지와 으뜸말이 어울려서 한 낱말을 이룰 적에는, 소리가 변하
거나 아니하거나를 물론하고 그 각 원형을 밝히어 적기로 되어 있습니다
(통일안 32항). 그런데 "싯누렇다"의 머릿가지가 "신"이 아니라는 것은 "싯
꺼멓다, 싯퍼렇다, 싯뻘겋다" 따위의 "싯"이 "신"으로 발음이 아니 되는 것
을 보아 명백합니다.

물음 70 "싶다"?

"그럴 성싶다"의 "싶"이 옳습니까?   (4271. 9. 고흥, 신 덕휴)

대답 옳습니다. 이런 받침이 의심이 나실 때는 우선 "어서", "으니" 같은 것을 붙여 보시면 압니다. 이를테면 "싶어서", "싶으니"로 하여 보아 "ㅍ" 받침이 옳은 줄을 알 것입니다.(통일안 11항)

물음 71 "아니"와 "않이"?

"아니"와 "않이"는 어떠한 구별이 있는지 알고자 합니다.

           (4271. 5. 나남, 강 덕문)

대답 "아니"는 단순히 부정하는 어찌씨〔副詞〕요, "않이"는 "아니하게"라는 말이 줄어서 이루어진 "않게"와 같은 뜻으로 된 어찌씨입니다. 아래의 실례를 보시면 잘 구별될 것입니다.

아니 먹었다. 먹지 아니하였다.
아니 보인다. 보이지 아니한다.
적지 않이(=않게) 먹었다. 좋지 않이(=않게) 여긴다.

곧 "않이"는 줄기〔語幹〕"않"에 뒷가지〔接尾辭〕"이"가 붙어서 "않게"의 뜻으로 쓰는 어찌씨〔副詞〕로 이루어진 것입니다.(물음 72 참조)

물음 72 "아닙니다"? "않입니다"?

"않이"는 "않게"와 같이 쓰이는 말로, 가령 "적지 않이(=않게) 먹었다"함과 같이, "않"은 그렇지 않다는 뜻을 나타내어, "않"이란 어원이 분명한 데도 불구하고, 많은 책들에 "않입니다"로 쓰지 않고 "아닙니다"로 씀은 무슨 까닭입니까?   (4281. 6. 함양. 권 오웅)

대답 "않"은 "아니하"의 준 것이라는 것은 여러번 말씀한 바이니, 더 긴 말
씀 드리지 않거니와, 이것이 한 줄기[어간]이라는 것도 주의하셔야 합니
다. "않이"는 "아니하"의 준말인 "않"에 "이"가 붙어서 어찌씨[부사]로 된 것
(통일안 12항)이니 "적지 않이 먹었다", "좋지 않이 여긴다…" 따위의 "않
이"가 그것이요, "아닙니다"의 "아니"는 어찌씨가 아니라, "책이 아니다, 새
가 아니다"하는 "아니다"의 줄기[어간]입니다. 그 줄기에 "ㅂ니다"라는 끝
[어미]이 붙어서 "아닙니다"로 되는 것이지, 결코 "않(=아니하)+이"인 어
찌씨[부사]에 "ㅂ니다"가 붙은 것이 아님을 주의하시기 바랍니다. "않이"는
줄기가 아니므로 "ㅂ니다"가 붙지 못합니다.

  만일 "않입니다"로 써야 한다고 하면 "않이=않게"인즉 "않입니다=않겠니
다"로 된다는 이론이니, "이것은 책이 않겠니다. 새가 않겠니다" 따위의 말
이 성립되어야 할 것이 아닙니까? "아닙니다"는 "아니+ㅂ니다"이고, "않이"
는 "아니하+게"의 몸바꿈[품사전성]된 것이기 때문에 "않이+ㅂ니다"는 성
립될 수가 없는 것입니다.(물음 71 참조)

물음 73 "않습니다"? "안씁니다"?

    어느 쪽을 취할까요?   (4279. 10. 제주. 애월 학교)

대답 "않습니다"가 옳습니다. "아니하+ㅂ니다"의 경우에는 줄기[語幹]에
아무 받침이 없으니까 "ㅂ니다"가 붙고, 그 줄기[語幹] "아니하"가 줄어서
"않"으로 된 경우에는 받침 있는 줄기[語幹]가 되니까 "습니다"나 "읍니다"
가 붙는 것입니다. 어떤 말이나, 다 줄기에 받침이 없으면 "ㅂ니다"만 붙
고, 받침이 있으면 "습니다"나 "읍니다"가 붙는 것입니다. 가령: "가+ㅂ니
다", "갚+습(읍)니다", "나+ㅂ니다", "낚습(읍)니다", "자+ㅂ니다", "잡+습

(웁)니다…" 들과 같습니다. 그러고 그 "않습니다"의 발음이 "안씁니다"로
되는 것은 "습"의 앞에 "ㅎ"이 있기 때문입니다. "ㅎ"이 "ㄱ, ㄷ, ㅂ, ㅈ"의
앞에 있을 때는 그 아랫 소리가 "ㅋ, ㅌ, ㅍ, ㅊ"으로 되지마는, 그 밖의
닿소리 앞에 있을 때는 "ㅅ"과 같아서 그 닿소리들을 된 소리로 나게 합니
다. 가령 "놓네, 놓는, 놓세, 놓소…", 또는 "좋소, 좋습니다", "많소, 많습
니다" 들과 같습니다.

  곧 "않습니다"는 "않"이 줄기[語幹]이고 "습니다"가 끝[語尾]으로서 각각
구별이 잘 되니까 옳고, "안씁니다"는 줄기와 끝이 구별되지 않으니 옳지
못합니다.(통일안 8항)

물음 74 "암탉"으로 쓰는 이유?

  어원(語源)으로 보아 "않닭" 혹은 "암ㅎ닭"으로 쓰는 것이 좋을 듯한
데, 왜 "암탉"으로 씁니까?   (4279. 5. 정읍, 최 갑손)

대답 소리에 틀리지 않도록 쓰려면 그렇게 쓸 수밖에 없습니다. "ㅎ"을 윗
말의 받침으로나 혹은 두 말 사이에 둔다고 해도 "닭"이 "탉"으로 발음되지
는 않습니다. 윗 말의 받침 소리가 아랫 말과 연음(連音)되는 것은 아랫
말이 토나 끝[語尾] 같은 소위 "허사(虛辭)"인 경우에 그러한 것이요, 그렇
지 않은 말, 곧 이름씨[名詞]나 풀이씨[形動詞]같은 소위 "실사(實辭)"인
경우에는 윗 말과 아랫 말이 각각 독립한 발음으로 나는 것입니다. 가령,
"곯+병"은 "골평"으로 아니 되고 "골병"으로만 되며, "싫+증"은 "실층"으로
아니 되고, "실쯩"으로 발음되며, "꽃아래"는 "꼬차래"로 아니 되고 "꼰아래"
로 발음되며, "홑옷"은 "호톳"으로 아니 되고 "혼옷"으로 발음되는 따위를
보아 알 수 있습니다. 그러니까 "않닭"이나 "암ㅎ닭"으로 적어서는 "암탉"이
라고 발음되지 아니합니다. 그리고, 현대말에서 "암"과 "수"라는 말이 "ㅎ"
받침을 가진 말이냐 함에는, 토를 붙여 보아 "암도, 암과, 수가, 수도…"

들로 됨을 보든지, "수놈, 수소,…" 들이 "숳놈(＝숫놈), 숳소(＝숫소)…"로 발음되지 아니함을 보아 "암", "수"에 "ㅎ" 받침 없음을 짐작할 수 있습니다.

(물음 68 참조)

물음 75 "~었다"와 "~였다"?

발음은 "~였다"로 ("개였다, 되었다"처럼) 되는 말도 글로는 "~었다"로 쓰는 경우가 있으니, 어찌 된 일입니까? (4272. 12. 동경. 나그네 강)

대답 원칙부터 말씀하고 변칙되는 일을 말씀하여 드리겠습니다. 줄기 끝머리 홀소리가 "ㅏ, ㅑ, ㅗ, ㅛ"인 때는 "~았다"로 되고, 그 밖의 홀소리인 때는 모두 "~었다"로 됨이 원칙이니, "막았다, 앓았다, 보았다, 좋았다" 따위는 "~았다"로 되고, "먹었다, 열었다, 주었다, 늘었다, 피었다, 개었다, 베었다, 되었다, 뛰었다, 희었다" 따위는 모두 "~었다"로 되는 것입니다. 다만 "개었다, 되었다, 뛰었다, 희었다, 피었다" 들의 경우에는 "었다"의 "어" 소리가 그 앞의 "ㅐ, ㅔ, ㅚ, ㅟ, ㅢ, ㅣ"에 직접 잇달아 나는 관계로 "여"와 같이 연발되어서 "~였다"로 되는 것 같지마는 이런 것들은 "~였다"가 아니고 모두 원칙인 "~었다"에 속한 것입니다.

그러고 정말, "~였다"로 되는 것이 두 가지 경우가 있으니, ① 줄기〔語幹〕가 "하"로 된 말은 특례로서 "였다"(옛날에는 "얏다")로 되므로 이것을 소위 "벗어난 끝바꿈〔變則活用〕"이라 하여 언제나 "~였다"로 쓰게 됩니다. 예를 들면 "하였다, 말하였다, 튼튼하였다, 어슴푸레하였다, 말씀하였다" 들과 같습니다. ② 그러고 또 준말〔略語〕로서 "~였다"로 되는 경우가 있으니, 이름씨〔名詞〕 밑에 "이었다"의 준말은 "이＋어＝여"로 되어 "였다"로 연발되므로 이 경우에는 "여"소리 속에 분명히 "이"와 "어"가 들어 있는 것이니까 준말대로 쓰려면 "였다"로 아니 쓸 수 없습니다. 이를테면, 이름씨〔名詞〕 경우의 "소(牛)였다(＝소이었다), 개(犬)였다(＝개이었다), 학자였다

(=학자이었다) 들이나, 움직씨[動詞] 경우의 였다(戴)(=이었다), 먹였다
(=먹이었다), 붙였다(=붙이었다)" 들과 같습니다. 요약하여 말씀하면,
"~였다"는 ① "하"의 밑이나 ② "이었다"의 준말인 경우에만 쓰입니다.
(통일안 10항의 6, 및 55항의 (4) 참조)

물음 76 "여덟째"? "여덜째"?

　통일안 16항의 붙임에 "덧받침의 끝소리가 따로 아니 나는 것은 원
형을 밝히지 않는다"하였으니, "여덜째"로 써야 하지 않을까요?
(4282. 1. 청원군 금계 국민학교, 곽 종명)

대답 "여덟째"로 써야 합니다. 셈이름씨[수명사]와 셈매김씨[수관형사]의 다
른 것은 "하나-한", "둘-두", "셋-세(서, 석)", "넷-네(너, 넉)", "다섯-다
섯(닷)", "여섯-여섯(엿)", "스물-스무" 들이고, 그 밖에는 다 셈이름씨와 셈
매김씨가 같은 낱말로 쓰입니다. "여덟"의 셈매김씨가 "여덜"인 듯싶지마는
"여덟 해"로 됨을 보아 "여덟"의 매김씨가 역시 "여덟"이지 "여덜"이 아님을 알
겠습니다. 그러므로 "여덟째"가 옳습니다. 발음은 "여덜째"로 됩니다.
　그리고 말씀하신 통일안 16항의 규정은 이름씨나 줄기의 밑에 뒷가지
[접미사]가 붙은 말들을 규정한 것이고, "몇째"는 "매김씨＋이름씨"로 된 겹
씨[복합어]이니 16항에 해당하지 않습니다.

물음 77 "우럴어"? "우러러"?

어느 쪽이 옳습니까?　　　　　(4282. 1. 청원군 금계 국민학교, 곽 종명)

대답 옛말로는 "울워러"(울월＋어)이고, 현대말로는 "우러러"(우러르＋어)
입니다.

물음 78 "우습다"? "웃읍다"?

"웃으니", "웃음"과 마찬가지로, "웃읍다"로 쓰는 것이 옳을텐데, 어찌 "우습다"로 쓰게 마련입니까? (4271, 고창, 모양 거사)

대답 "웃으니", "웃음" 들에는 "웃"이 줄기〔語幹〕요, "우습다"에는 "우습"이 줄기이기 때문입니다. "우습"을 다시 분석하여 어원까지 밝히려면 "웃＋읍"이 되겠지마는, "웃"을 밝히기 위하여 무의미한 "읍"을 쓰게 되니, 모든 말을 이렇게 처리하면 무리가 많이 생깁니다. 가령 움직씨〔動詞〕나 그림씨〔形容詞〕를 이름씨〔名詞〕로 만드느 데 쓰이는 "~기", "~음(혹 ~ㅁ)", "~이"… 들이라든지, 어찌씨〔副詞〕로 만드는데 쓰이는 "~이", "~히" 들과 같이 일률로 혹은 대체로 규칙적 공통성을 가진 것이면 그것을 밝히어 쓰는 것이 유리하고 또 편리하지마는, 일반으로 규칙적 공통성이 없는 "~읍, ~업, ~브, ~ 앟, ~엏, ~엄, ~애, ~웅, ~엥이, ~앵이, ~애미, ~암지, ~아지, ~아리…" 따위를 모두 밝히어 쓰려면 한이 없을 뿐 아니라, 도리어 그 말밑〔語源〕되는 뿌리〔語根〕를 무리하게 추궁하여 가정할 수밖에 없게 되는 경우에 이릅니다. 그러므로 "웃다"라는 움직씨〔動詞〕에는 "웃"이 줄기〔語幹〕이고 "우습다"라는 그림씨〔形容詞〕에는 "우습"이 줄기일 뿐이니, 그 이상 더 분석하는 것은 이론의 영역(領域)에 속할 것이고, 실용상에서는 아무 필요가 없으며, 또 무리한 일이 될 뿐입니다. 그러고 "웃음"의 "음"은 위에 말씀한 "즐기＋음"으로 규칙적 공통성을 가진 것으로서, 움직씨를 이름씨로 만드는 작용을 하는 것이니, "울음, 믿음, 얼음, 여음, 묶음,…" 들과 마찬가지로 "웃음"으로 써야 하지마는, "우습다"의 "읍다"는 다른 움직씨에는 두루 붙는 것이 아니므로 "웃읍다"로 쓸 필요가 없는 것입니다.(통일안 27항 참조)

물음 79 "이오"? "이요"?

"보이오, 보이지오, 책이오, 책이지오"가 옳습니까, "보이요, 보이지

요, 책이요, 책이지요"가 옳습니까? 알기 쉽게 설명해 주시기 바랍니
다.　　　　　　　　　　(4272. 2. 함남, 적 예건, 4282. 4. 마산, 권 오갑)

[대답] "보이오, 보이지요, 책이요, 책이지요"로 쓰십시오. 설명을 쉽게 해
드리지요.

① 이미 말이 된 것, 곧 소리를 그칠 수 있는 것에는 "요"나 "이요"를 붙
이고,

　　이름씨에: 소요, 개요, 하나요, 얼마요, 비요, 소내기요, 까치요……
　　이름씨에: 책이요, 돈이요, 둘이요, 몇이요, 바람이요, 논이요, 밭이요……
　　어찌씨에: 왜요, 글쎄요, 빨리요, 더요, 어찌요, 벌써요, 어서요……
　　토 씨 에: 누가요, 나는요, 이것도요, 집에요, 손으로요, 오늘부터요, 언제
　　　　　　　까지요……
　　풀이씨에: 먹고요, 하지요, 하는가요, 하리요, 합니다요, 보아요, 있어요,
　　　　　　　그러니까요……

② 아직 말이 덜된 것, 곧 소리를 그칠 수 없는 것에는 "오"를 붙임.

　　줄기에: 보오, 주오, 희오, 푸르오, 쓰오, 이기오, 지오, 치오, 때리오……
　　줄기에: 먹으오, 닦으오, 검으오, 잡으오, 웃으오, 찾으오, 쫓으오, 믿으오,
　　　　　　좋으오……
　　도움줄기에: 보이오, 쓰이오, 먹이오, 닫히오, 잡히오, 웃기오, 놀리오, 하
　　　　　　　　시오……
　　도움뿌리에: 움직이오, 번득이오, 속삭이오, 지껄이오, 출렁거리오, 딱하오
　　　　　　　　……

곧 "요"나 "이요"는 그 자체가 낱말〔단어〕의 자격을 가지고서 다른 낱말들
(이름씨, 어찌씨, 토씨, 풀이씨)에 붙는 것(곧 토씨)이고, "오"는 언제든지

완전한 말이 못되는 줄기나 도움줄기 또는 도움뿌리에 붙어서 풀이씨의
일부분밖에 못되는 것(곧 끝)이니, 그리 알아 구별하십시오.

(물음 80, 통일안 9항, 24항, 및 부록 1의 6 참조)

물음 80 "이요"와 "이오"의 구별?

"이요"와 "이오"의 구별을 간단히 설명해 주시기 바랍니다.

(4273. 2. 여수, 박 내홍)

대답 "이요" 또는 "요"는 토씨〔助詞〕이고, "이오"는 "이"로 된 줄기〔語幹〕나 도
움줄기에 끝〔語尾〕 "오"가 붙은 것입니다. 모든 이름씨나, 혹은 어찌씨〔副詞〕,
토씨 들의 밑에나, 또는 모든 말끝〔語尾〕 곧 "~다, ~고, ~지, ~리, ~게,
~면, ~거든, ~아, ~어, ~는가, ~니까,…" 들의 밑에 붙는 것은 토씨로서
의 "이요"나 또는 "요"이고, 줄기〔語幹〕나 도움줄기〔補助語幹〕 곧 "이(머리에
戴), 보이(見), 먹이(飼), 죽이(殺), 들이(入), 끓이(沸), 쌓이(積)…" 또는
"맡기, 놀리, 하시, 잡히,…" 들에 붙는 것은 끝〔語尾〕으로서의 "~오"입니다.
쉽게 말씀하면, 이미 말이 된 것(끊을 수 있는 것)에는 "(이)요"(토)가 붙고,
아직 말이 덜된 것(끊을 수 없는 것)에는 "~오"(끝)가 붙습니다. 예:

<blockquote>
말된것+(이)요: 소+(이)요, 말+이요, 하지+요, 하리+요, 하는가+요,
합니다+요……
말덜된것+오: 보이+오, 꾸이+오, 쓰이+오, 붙이+오, 끓이+오, 하시
+오, 잡히+오……
</blockquote>

(물음 79, 통일안 9항, 24항, 및 부록 1의 6 참조)

물음 81 "~시오"? "~시요"?

어느 쪽이 옳습니까?
(4272. 2. 함남, 적 예건)

- 160 -

대답 "하시오"가 옳습니다. "시"는 높임(존대)을 표하기 위하여 두루 쓰는 한 도움줄기〔보조어간〕로 들어간 것이니, 이것을 **빼고** 말을 붙여 보시면 쉽게 판단이 됩니다. 움직씨〔動詞〕 경우의 "가(시)오, 앉으(시)오"나, 그림씨〔形容詞〕 경우의 "크(시)오, 작으(시)오" 들은 모두 "오"로 된 말에 "시"가 들어간 것이니, "시"를 넣더라도 본디의 "오"는 "오"대로 돼야지요.

(물음 79, 80 참조)

물음 82 "일어나다"? "이러나다"?

통일안 13항에는 줄기〔어간〕에 "이, 음"이외의 홀소리가 붙은 것은 어원을 밝히지 않는다고 하였으면서, "일어나다, 들어가다, 떨어지다, 넘어지다" 따위는 무슨 까닭으로 어원을 밝혀 적기로 되었습니까?

(4279, 3. 춘천, ㄱ.ㄴ.ㅎ.)

대답 "일어나다, 들어가다, 떨어지다, 넘어지다" 따위는 모두 움직씨〔동사〕 두 개가 복합〔複合〕되어서 된 말들입니다. 즉 "일어"(줄기+끝)와 "나다"(줄기+끝), "들어"(줄기+끝)와 "가다"(줄기+끝), "떨어"(줄기+끝)와 "지다"(줄기+끝), "넘어"(줄기+끝)와 "지다"(줄기+끝)로 된 것입니다. 그러고 13항의 규정은 줄기〔어간〕에 "이, 음" 이외의 홀소리가 붙어서 다른 씨〔품사〕로 몸바꿈〔轉成〕한 것을 말함이니, 곧 줄기〔어간〕에 무슨 뒷가지〔接尾辭〕가 붙어서 이름씨〔명사〕나, 어찌씨〔부사〕로 된 것을 이른 것입니다. 그러니 앞에 말씀한 어례(語例)들은 이 13항 규정과는 아무 관계가 없는 것입니다. 으례로 제 8항 규정에 따라 줄기〔어간〕와 끝〔어미〕을 구별하여 적어야 합니다.(통일안 8항의 〔붙임〕)

물음 83 "읽는"? "익는"?

"놀다"의 ㄹ이 "노는, 노네"의 경우에 소리가 줄어지므로 줄어진 대로 쓰는데, "읽다"의 ㄹ이 "읽는, 읽네"의 경우에 줄어지는 것은 왜 줄어진 대로 "익는, 익네"로 쓰지 않고 "읽"을 밝히어 적습니까?

(4282. 10. 청량리, 익는 생)

대답 한글 맞춤법 통일안 첫머리에 이르되, "한글 맞춤법은 표준말을 소리대로 적되 어법에 맞도록 함으로써 원칙을 삼는다"고 하였습니다. 소리에도 맞고 어법에도 맞게 쓰자는 것이 근본 정신입니다. 만일 이 두 조건을 겸하여 갖출 수가 없는 경우에는 어느 쪽을 주장으로 삼아 좇을 것이냐 함에는 물론 어법보다는 소리를 좇는 것이 소리글(표음문자)의 본의이므로, "놀는, 놀네"로 아니하고 "노는, 노네"로 함이 당연하지마는, 두 조건을 겸하여 갖추게 쓸 수가 있음에도 불구하고 한 쪽 조건만 따라 쓴다면, 이는 맞춤법의 근본 정신에 틀립니다. 어법을 전연 무시하고 소리로만 따라 적으려면 "읽는, 읽네"는 고사하고 "익는, 익네"로 쓸 필요도 없습니다. 아주 "잉는, 잉네"로 쓰는 것이 더 철저하고 명확할 것입니다. 그러나 모든 것이 이런 식으로 나간다면 그것은 글이 아니라 순전한 표음 기호에 지나지 못합니다. 요컨대, "노는, 노네"는 어법에 맞지 않는 특수한 말이니 소리에만 맞추어 쓸 수밖에 없지마는, "읽는, 읽네"는 소리에도 틀리지 않고 어법에도 맞는 것이니, "읽"을 밝히는 것이 이상적 맞춤법이 되는 것입니다.(통일안 8항)

물음 84 "글자, 글ㅅ자, 글짜"?

"글자, 글ㅅ자, 글짜", "날자, 날ㅅ자, 날짜" 들은 어느 것을 취할까요? (4280. 3. 춘천, ㅜㄴㅎ.)

대답 "글자, 날짜"를 취하십시오. "글자"의 "자"는 "한 자(=한 글자), 두 자(=두 글자), 이 자(=이 글자), 저 자(=저 글자)" 들과 같이 낱말로서 이름씨가 되니, "글자"는 겹씨의 규정(통일안 30항)에 좇아 "글자"로 쓸 것

이고,. "날짜"의 "짜"는 뒷가지[접미사]이니 소리대로 "날짜"로 쓸 따름입니다.(물음 54 참조)

물음 85 "~재"? "~째"?

"첫재"? "첫째"? 어느 쪽이 맞습니까? (4271. 2. 고창, 이 강문)

대답 "첫째"가 맞습니다. "둘째, 열 한째, 열 두째, 스무째, 천째, 만째" 들을 생각해 보십시오. "재"로 되지 않고 모두 "째"로만 됩니다.(물음 63 참조)

물음 86 "저무러", "점으러"?

어느 쪽이 옳습니까? (4271. 2. 고원, 풍산생)

대답 둘 다 옳지 못합니다. "저물"이 줄기이므로 "저물어"로 써야지요. 그런데 이 말은 "저무나, 저무니, 저뭅니다, 저무오" 따위와 같이, ㄴ이나, ㅂ이나, "오"의 앞에서는 "ㄹ"이 줄어지는 소위 "ㄹ 벗어난움직씨"임을 주의하십시오.

물음 87 "지꺼리다"? "지껄이다"?

어느 쪽이 어떠한 이유로 옳은지 자세히 가르쳐 주십시오.

(4282. 1. 경남 삼천포, 강 기태)

대답 "지껄이다"로 맞춤법 통일안 24항에 따라 적어야 할 것입니다. 통일안에 "이다"가 붙어서 된 풀이씨[用言]란 것은 "거리다"가 붙을 수 있는 말을 의미한 것, 다시 말하면 그 뿌리[語根]가 두 번 겹쳐질 수 있는 말을 뜻한 것이니, "번쩍번쩍", "번득번득", "움직움직"… 이러한 말인데, 그 어형

(語形)이 너무나 뚜렷하기 때문에, 이를 깨뜨리는 것은 시각상(視覺上) 곧 표의상(表意上) 너무 불리(不利)하므로 그 뿌리[어근]를 밝히는 것이 좋겠다는 의미로 그리 된 것입니다.(통일안 24항)

물음 88 "짊어지다"로 쓰는 까닭?

"짊어지다"의 어원적 설명을 해주시오.　　　　　(4281. 2. 울산. 정 인석)

대답 "지게에 짊어 가지고 등에 진다"는 말입니다. 짊는 것은 물건을 지게에 싣는 것이요, 치는 것은 물건을 등에 얹는 것입니다. 그러므로 "짊어지다"는 "짊다"의 어찌꼴[副詞形] "짊어"와 움직씨 "지다"와 어울리어 한 덩이의 움직씨(합성동사)가 된 것입니다.(통일안 8항의 [붙임] 참조)

물음 89 "놓지"? "놓치"?

한글 독본에 "놓친 기회"로 쓰인 데도 있고, "빼놓지 않고"로 쓰인 데도 있으니, 어느 쪽이 옳은지요?　　　　(4281. 2. 연안 여학교. 황 종관)

대답 두 쪽이 다 옳습니다. "놓다, 놓고, 놓지, 놓으니, 놓으면…" 이와 같이 "놓"이 줄기[어간]입니다. 그리고 이 줄기에 힘줌[强勢]을 나타내는 도움줄기[보조어간] "치"가 붙어서 "놓치"로 새로운 줄기가 되어 "놓치다, 놓치고, 놓치지, 놓치니, 놓치면…" 이와 같이 됩니다. 그럼 "놓지 않고"와 "놓치지 않고"를 비교해 보십시오. "놓"도 한 줄기[어간]요, "놓치"도 한 줄기임을 알 수 있습니다.

참고로, "밀지－밀치지, 접지－접치지, 뻗지－뻗치지, 부딪지－부딪치지, 물리지－물리치지…" 따위의 말들을 비교해 보시기를 바랍니다.

(통일안 18항)

물음 90 "좋지"? "좋치"?

"좋지 않다", "좋치 않다", 어느 쪽을 취할까요?

(4281. 2. 연안 여학교, 황 종관)

대답 "좋지 않다"를 취하십시오. "좋"이 줄기[어간]이고, "지"가 끝[어미]입니다. "치"는 끝[어미]이 아닙니다. 움직씨[동사] 줄기에 도움줄기[보조어간]로 붙는 "치"는 있습니다마는 "좋다"는 그림씨[형용사]인데, 그림씨[형용사] 줄기[어간]에는 "치"가 붙을 수 없고, 또 가령 움직씨[동사]인 "놓"으로 바꾸어 가지고 생각해 보더라도 "놓치 않다"로 될 수가 없습니다. 왜 그런고 하면 "놓"은 줄기요 "치"는 도움줄기[보조어간]일 뿐으로서 끝[어미]이 없으니 낱말이 되지 못하기 때문입니다. "놓지 않다" 하든지, "놓치지 않다" 하든지 하여야 될 것이니, 그와 같이 "좋"으로 다시 바꾸어 생각해 보십시오. "좋지 않다" 하든지, "좋치지 않다" 하든지 해야 될 터인데 "좋치지"란 말은 절대로 있을 수 없는 것입니다. 그러므로 "좋지 않다"래야 옳은 것입니다.(물음 89 참조)

물음 91 "~하다"의 준말을 "~ㅎ다"? "~타"?

① 침묵ㅎ기로, 활동ㅎ기로, ② 침묵키로, 활동키로, ①과 ②의 어느 것이 옳습니까?

(4279. 7. 김 대찬)

대답 ①이 옳습니다. "ㅎ"은 "하"의 "ㅏ"가 줄고 남은 소리이니까요?

(물음 92, 통일안 56항 참조)

물음 92 "흔하다, 흔ㅎ다, 흖다"?

다음의 말들은 어떻게 써야 합니까?
① 흔하다, 흔ㅎ다, 흖다. ② 부지런하다, 부지런ㅎ다, 부지렆다.

③ 이상하다, 이상ㅎ다, 이샇다. ④ 불쌍하다, 불쌍ㅎ다, 불쌓다.

(4282. 4. 밀양 무안교, 박 형표)

대답 한글 맞춤법 통일안 56항에 따라 ①의 "혼하다"는 본말, "혼ㅎ다"는 준말 쓰는 법의 원칙, "혾다"는 준말 쓰는 법의 허용한 것이니, 말을 할 때 "혼하다"로 한 것이면 그대로 쓸 일이고, 준말로 한 것이면 "혼ㅎ다"로 씀이 원칙이고, 혹 종이를 절약하거나 또는 쓰는 노력을 절약하기 위하여는 "혾다"로 써도 괜찮습니다. ②, ③, ④도 다 그러합니다.

(물음 91, 통일안 56항 참조)

물음 93 "~히"? "~이"?

통일안 21항의 "히"와 "이"의 쓰는 구별을 잘 설명하여 주십시오.

(4271. 1. 나남, 강 덕문)

대답 "표준말"의 [물음 74]로.

〈붙임〉

띄 어 쓰 기

물음 1 "띄어쓰기"의 기준?

"띄어쓰기"에 대하여 명확한 기준이 없는 것 같습니다. 맞춤법 통일 안에는 "각 낱말은 띄어쓰되, 토는 윗 말에 붙이어 쓴다"하고, 그 61항 에 "다만, 문장의 앞 뒤 관계에 의하여 특별히 필요한 경우에는 낱말을 적당히 붙이어 씀을 허용한다"라 하였는데, 그 "특별히 필요한 경우"란 어떠한 경우를 말함인지, 거기에 들어 놓은 몇 개의 예만 가지고는 잘 이해하기 곤란합니다. 그 필요한 경우란 것을 무엇에 기준하여 판단할 것인지요?

(4289. 12. 목포, 유달생)

대답 문장의 각 낱말은 띄어쓴다는 큰 원칙 밑에서, 낱말을 붙여 쓸 경우 들을 말씀하겠습니다.

1. 토는 한 낱말로 잡더라도 윗말에 붙이어 씀.

2. 복합어는 둘 이상의 낱말이 한 낱말처럼 된 것이니 또한 붙이어 씀. 복합어에는 두 종류가 있는데, ① 하나하나의 낱말 속에 없는 새로운 딴 뜻을 가지게 된 것. (가령, "뒤"란 말도 알고 "꼭지"란 말도 알지만 "뒤꼭지" 는 새로 배워야 알 말이며, "물다"도 알고 "것"도 알지만 "물것"은 새로 배 워야 알 말임). ② 단순한 습관으로 굳어진 것. (가령, "달빛", "손발", "쏜 살같이", "띄어쓰기", "같은값이면" 따위).

3. 한 소리마디[音節]로 된 낱말들이 연거푸 너무 여러 개 잇대어 나올 때는 도리어 독서상 뜻잡기에 불편할 염려가 있으므로 임시로 적당히 붙 여 씀을 허용함.(이것이 통일안 61항의 "다만"으로 적은 것임).

물음 2 두 움직씨의 띄어쓰기?

"까무러져 가는", "보태어 가면서", 이런 경우의 "가는"과 "가면서"를 붙이는 것과 띄는 것이 어느 편이 옳습니까? 또 "돌아오자", "돌아보건대"를 큰사전 머리말에 모두 붙여 썼으니 무슨 까닭입니까?

(4282. 1. 부산 상업학교, 한 상돈)

대답 "까무러져 가는", "보태어 가면서"의 "가다"는 도움움직씨〔보조동사〕이니 맞춤법 개정안에 따라서 띄어쓰는 것이 옳고, "돌아오자", "돌아보건대"의 "오자", "보건대"는 도움움직씨가 아니라, 그것이 으뜸움직씨〔주동사〕이고 그 앞의 "돌아"라는 것이 어찌꼴〔부사형〕인 움직씨로서 아래의 "오다"나 "보다"와 어울리어 한 개의 겹씨〔복합어〕인 "돌아오다" 또는 "돌아보다"로 된 것이므로 붙여 써야 합니다.

곧 "까무러져 가는", "보태어 가면서" 따위의 말에서는 "까무러지다", "보태다"가 으뜸움직씨〔주장되는 움직씨〕요, "돌아오자", "돌아보건대" 따위의 말에서는 "오다", "보다"가 으뜸움직씨이니, 앞엣것들은 뒤의 도움움직씨가 한 낱말로 쓰인 것이고, 뒤엣것들은 다 겹씨〔복합어〕로 된 말들입니다.

물음 3 "그만두고"? "그만 두고"?

띄어쓰기에 있어서 "그만두고"의 "그만"과 "두고"를 붙여 써야 옳습니까? 띄어써야 옳습니까?

(4271. 10. 금강산하, 답답생)

대답 "그만두고"는 경우에 따라 다릅니다. "그만"과 "두고"를 두 낱말로 보아야 할 경우, 곧 "그 일을 그만하고 두어라", "그 책을 그만 (거기에) 두고 왔다" 따위와 같은 뜻으로 쓸 때에는 띄어써야 할 것이요, "모를 것은 그만두고, 알 것만 하여라", "그따윗 인간은 그만두고 너희들의 할 일이나 해라" 따위와 같이 "그만두고"를 한 낱말로 보아야 할 경우에는 붙여 써야 합니다.

물음 4 "이를 테면"? "이를테면"?

어느 쪽이 옳습니까?   (4272. 6. 함남. 천 혁)

대답 어법적으로 따지면 "이를 테면"으로 띄어씀이 옳습니다마는, 이 말은 하나의 겹씨〔복합어〕처럼 된 익은말〔숙어〕로 잡아서 "이를테면"으로 붙여 쓰는 것이 간편하고 좋을 것입니다.

물음 5 "하다"의 띄어쓰기?

"이야기하다, 공부하다, 운동하다, 권고하다, 싸움하다, 생각하다…" 따위와 같이 "하다"가 붙는 말을 혹은 붙여 쓰기도 하고, 혹은 띄어쓰기도 하니, 어떤 것이 옳으며, 다 옳으면 무엇으로 표준하여 달리 합니까?   (4282. 10. 광주. 이 대규)

대답 붙여 쓸 경우도 있고 띄어쓸 경우도 있습니다. 대저 "하다"란 말은 어법상으로 네 가지 구실을 하는 것임을 알아야 합니다. ① 첫째로, 독립한 남움직씨〔타동사〕이니, "이야기를 한다. 공부는 아니 하고, 운동만 한다. 싸움만 하지 말고, 생각도 좀 하여 보아라" 들의 경우는 다 완전한 한 개의 남움직씨이요, ② 둘째로, 다른 움직씨의 대신 노릇을 하는 대용움직씨〔대동사〕이니, "내 말을 들어라. 예, 그러 하지요(＝듣지요). 공원으로 놀러 갑시다. 그렇게 합시다(＝갑시다). 술을 한 잔만 더 하시오(＝잡수시오). 더는 할(＝먹을) 수 없는데요. 모르는 것은 선생님께 배워라. 예, 그리 하리다(＝배우리다)" 들의 경우는 다 대용움직씨이요, ③ 세째로, 다른 움직씨나 그림씨〔형용사〕의 아래에서 그 움직씨나 그림씨의 뜻을 도와 주는 도움움직씨〔보조동사〕이니, "남을 잘 살게 한다. 마음이 곧아야 한다"들의 경우는 다 도움움직씨요, ④ 네째로, 어떤 이름씨나 뿌리〔어근〕에 붙어서 한 움직씨나 그림씨를 이루는 뒷가지〔接尾辭〕이니, "들은 대로 다 이야기하시오. 한글을 공부한다. 친구에게 운동하기를 권고한다. 싸움하려고 생각하지 말아라. 몸이 튼튼하여야 정신도 건전하다. 간단하고 분명하게 대답하여라" 들의 경우는 모두 뒷가지입니다.

이와 같이, 독립한 남움직씨로나, 대용움직씨로나, 도움움직씨로는 다 한 개의 낱말로 쓰이므로 띄어써야 하고, 뒷가지로는 저 혼자로 낱말이 되지 못하고 앞의 이름씨나 뿌리에 붙어서야 한 낱말이 되므로 붙여 써야 합니다. 가령 "옛날 이야기 하시오"라 하면 "하시오"가 "이야기 하시오"로 된 뒷가지가 아니라 "옛날(의) 이야기(를) 하시오"라는 뜻이니까 독립한 남움직씨이니, 띄어써야 할 것이요, "옛날 일을 이야기하시오"라 하면, "옛날 일을 이야기(를) 하시오"로 된 말이 아니라, "옛날 일을 말하시오"(곧 말로 나타내라, 혹은 지껄이라)의 형식으로 된 말이므로 "이야기하시오"가 한데 붙어서 "일"이란 목적어에 대한 한 남움직씨가 된 것이니 띄어서는 안됩니다. 곧 이 경우의 "하시오"는 뒷가지이니까 붙여 써야 합니다. 또 "재미있는 이야기 하시오"라 하면 "하시오"를 띄어 써야 합니다. "이야기 하시오"를 한 움직씨로 칠 것 같으면, "재미있는"이란 말이 어떻게 동사 앞에 쓰일 수 있겠습니까? "이야기"를 따로 떼어서 이름씨로 써야 그 앞에 "재미있는"이란 말이 쓰일 수 있는 것입니다. 이제 두 가지 경우를 아래와 같이 대조하여 보십시오.

    (ㄱ) 독립한 남움직씨. (띄어 씀)
       들은 이야기(를) 하기가 쉽다.
       한글 공부(를) 하기가 재미있다.
       힘든 운동(을) 하지 마시오.
       그런 권고(를) 하려고 갔었다.
       쓸데 없는 싸움(을) 하지 말아라.
       무슨 생각(을) 하느라고 말이 없소?
    (ㄴ) 뒷가지. (붙여 씀)
       들은 것을 이야기하기는 쉽다.   (남움직씨를 이룸)

　　한글을 공부하기가 재미있다.　　（남움직씨를 이룸）
　　몸을 너무 운동하지 마시오.　　（남움직씨를 이룸）
　　그렇게 권고하려고 갔었다.　　（남움직씨를 이룸）
　　쓸데 없는 싸움하지 말아라.　　（제움직씨를 이룸）
　　무엇을 생각하느라고 말이 없소?　（남움직씨를 이룸）

　이와 같이, 독립한 움직씨인가 혹은 뒷가지인가를 구별하여, 띄어 쓸 것
인가, 붙여 쓸 것인가를 판단할 것입니다. 곧 "하다"의 바로 앞에 "를" 토를
넣어 보아서, 넣을 수 있으면, 그 "하다"는 독립한 움직씨이고, 넣을 수 없
으면 뒷가지로 치면 큰 틀림이 없을 것이고, 넣을 수 있더라도 혹 편의상
뒷가지로 쳐서 붙이는 것이 좋을 때도 있으니, 그런 것은 글의 짜임새로
보아서 적당히 결정할 일입니다.(통일안 23항 참조)

물음 6 "시키다"의 띄어쓰기?

　　"공부 시키다", "공부시키다". 또는 "운동 시키다", "운동시키다".
　　이런 말들의 "시키다"를 붙여 쓰기도 하고 띄어쓰기도 하는데, 어떠
한 표준으로 하여야 합니까?　　　　　　　　（4282. 10. 광주, 이 대규）

대답 "시키다"가 붙는 말도 "하다"가 붙는 말과 마찬가지로 "시키다"가 독
립한 움직씨로 쓰인 경우는 띄어 쓰고, 뒷가지〔접미사〕로 쓰인 경우는 붙
여 쓸 것입니다. 가령,

　　무슨 공부 시키렵니까?
　　힘든 운동 시키지 마시오.

들의 경우는 "무슨", "힘든" 따위와 같이 이름씨를 꾸미기만 하는 말이 앞
에 쓰이었으므로, "공부", "운동" 따위가 순전한 이름씨로만 되었으니("를"

토가 생략되었음), "시키다"를 따로 떼어서 독립한 동사로 삼아야 할 것이
요,

　　자식을 공부시키기가 힘이 드오.
　　수학은 뇌수를 운동시키는 학과다.

들의 경우는, "공부시키기"가 "자식"이란 이름씨에 대한 한 남움직씨[타동
사]이요, "운동시키는"이 "뇌수"라는 이름씨에 대한 남움직씨이어서, "시키
다"를 떼어 낼 수가 없으니, 이런 경우는 뒷가지[접미사]로서 붙여 써야
하는 것입니다. "하다"의 경우에 비추어 생각하시기를 바랍니다.(물음 5 참
조)

한자어와 외래어

VI

Ⅵ 한자어와 외래어

[물음] 1 한자어(漢字語)의 표준 발음?

우리가 한자어의 발음에 있어서 왜정 때에 한참 동안 일본 음으로 는 잘 알면서도 우리 음으로는 모르거나 혹은 부주의하여 불확실하게 알거나 하던 것이 적지 않은데, 해방 후 전부 우리 음으로 하게 되매 혹은 옥편(한자 자전)을 찾아 보며, 혹은 맞춤법 통일안을, 혹은 표준 말 모음을, 혹은 우리말 사전들을 찾아 보기에 바쁩니다. 그러함으로써 어느 정도 짐작은 하면서도 그 표준음을 옥편의 본음으로 할는지, 혹 은 속음(俗音)이라고 덮어놓고 다 표준음으로 인정되는 것인지 알쏭달 쏭할 때가 많습니다. 그런 때에 표준음을 결정하는 어떠한 기준이 있 어야 하지 않을까 생각됩니다. 이에 대한 구체적인 말씀을 듣고자 합 니다.   (4288. 9. 부산, 한글 전용생)

[대답] 대단히 좋은 말씀입니다. 결론부터 말씀하면, 모든 말에 다 그렇듯 이 한자어에서도 "속음"이 (ㄱ) 이미 오래 또 널리 익어 굳어진 것이면 그 것이 표준말 될 수밖에 없는 것이고, (ㄴ) 그렇지 않고서 한때 또 일부 사 람들이 부주의로나 호기심으로나 사용되는 것이면 표준말 될 수가 없습니 다. 그런 것은 얼마 안 가서 본음(또는 종전의 표준음)으로 돌아서게 되며 또 그리 되어야 말의 혼란이 적어집니다.

이 두 가지의 실례를 몇 개씩 들어 보면 알 수 있습니다. (여기에 "본음" 은 재래 우리나라 정조(正祖) 때로부터 국정 한자 자전인 "전운옥편(全韻 玉篇)"에 실린 음임)

(ㄱ) 속음이 오래 널리 굳어진 것

한자	본음	속음	표준음	한자	본음	속음	표준음
個人	가인	개인	개인	豫算	여산	애산	예산
金氏	금시	김씨	김씨	倭橘	와귤	왜귤	왜귤
腦髓	노슈	뇌수	뇌수	左右	자우	좌우	좌우
涕淚	체뤼	체루	체루	卒業	줄업	졸업	졸업
母親	무친	모친	모친	趣味	츄미	취미	취미
勿施	믈시	물시	물시	鍮器	투긔	유기	유기
不可	블가	불가	불가	派閥	패벌	파벌	파벌
脅迫	협백	협박	협박	繃帶	팽대	붕대	붕대
印刷	인솰	인쇄	인쇄	品質	픔질	품질	품질
氏族	시족	씨족	씨족	畫家	홰가	화가	화가

(ㄴ) 속음이 한때 일부에 사용된 것.

한자	본음	속음	표준음	한자	본음	속음	표준음
口腔	구강	구공	구강	骿驪	변려	병려	변려
攪亂	교란	각란	교란	教唆	교사	교준	교사
軟球	년구	난구	연구	輸出	수출	유출	수출
涅槃	녈반	날반	열반	溢血	일혈	익혈	일혈
安寧	안녕	안령	안녕	改悛	개전	개준	개전
本能	본능	본릉	본능	淨化	정화	쟁화	정화
撞球	당구	동구	당구	標識	표지	표식	표지
挑戰	도전	조전	도전	兵站	병참	병점	병참
跳躍	도약	조약	도약	一切	일체	일절	일체
幫助	방조	봉조	방조	絢爛	현란	순란	현란

이 정도의 실례에서 본 바와 같이, (ㄱ)의 속음들은 이미 우리의 입과
귀에 굳어져서 누구든지 조금도 아무런 이의 없이 표준음으로 인정하게
되지마는, (ㄴ)의 속음들은 그 대부분이 왜정 때를 거쳐서 또는 다른 이유
로서 그 전의 표준음을 잊어버린 일부에서 한때의 부주의로 그렇게들 발
음하는 일이 있었지마는, 일반 사회가 그런 발음을 무조건으로 따르지 아
니하고, 아무쪼록 그전의 표준음을 차차 찾아 쓰게 됨에 따라 그런 한때의
속음들은 차차 저절로 사라져 가게 된 것입니다.(통일안 제 4장 참조)

물음 2 "乾電池"의 표준 발음?

"乾電池"를 혹은 "건전지"라고 하고, 혹은 "간전지"라고 하니 어느 쪽
이 옳습니까?   (4292. 10. 충남 홍성, 이 태호)

대답 "건전지"가 표준말입니다. "乾"자의 음이 원래는 ① "하늘"의 뜻으로
는 "건"이고, ② "마르다"의 뜻으로는 "간"입니다마는, 현대 표준말로는 "하
늘"의 뜻으로 "건"일 뿐아니라 "마르다"의 뜻으로도 모두 "건"으로 내고 있
습니다.

건답(乾畓), 건대구(乾大口), 건어물(乾魚物), 건시(乾柿), 건재(乾材),
건강(乾薑), 건삼(乾蔘), 건지황(乾地黃), 들들과 같습니다.

참고로, "조선어 표준말 모음" 121쪽 "漢字의 轉音"을 보시고, 또 "큰사
전"에 "간~"과 "건~"으로 된 말들을 찾아 보시기를 바랍니다.(물음 1참조)

물음 3 "계, 례, 메, 폐, 혜"의 한자음?

"계, 례, 메, 폐, 혜" 들의 한자음은 어찌해서 "ㅔ"로 쓰지 아니하고
"ㅖ"로 쓰기로 하였습니까? 그 한자들의 발음을 현재 우리가 과연 분명
히 "ㅖ"로 내고 있습니까?   (4273. 3. 안동, 한 독자)

|대답| "계, 례, 메, 폐, 혜"들의 한자음은 몇몇 지방에서는 "ᅦ"로 혼동하여 발음하지마는, 서울이나 중부지방의 대부분은 이 음들을 완전히 "ᅨ"로 발음하고 있습니다. "ᅨ"음의 한자는 분명히 "ᅨ"로, "ᅦ"음의 한자는 분명히 "ᅦ"로 냄이 표준말의 옳은 발음입니다.(통일안 36항)

|물음| 4 "時計"는 "시게"? "시계"?

어느 쪽이 맞습니까?   (4282. 4. 경북 영해교, 박 원낙)

|대답| "시계"가 맞습니다. 우리말에 쓸 수 있는 한자음으로 "게"와 "계" 중에 "게"로 발음되는 자는 "休憩"(휴게), "揭示"(게시), "偈頌"(게송)의 세 글자뿐이고, 그 밖은 모두 "계"로 발음됩니다. 곧 "桂, 界, 契, 啓, 溪, 雞, 戒, 械, 階, 季, 癸, 繫, 繼, 計, 屆, 稽, 系, 係, 薊, 髻"들은 다 "계"입니다.

|물음| 5 "滑稽"는 "골계"? "활계"? "활해"?

이 여러 가지 발음 중에 어느것이 표준음인지요?

(4290. 4. 논산. 김 학수)

|대답| 우리말로는 "익살"이 표준말이고, 한자음으로 따지자면 "골계"로 함이 옳을 것입니다. 중국의 여러 한자 자전들에 그렇게 되어 있고, 근래의 우리 사회에서도 "활계"나 "활해"보다는 "골계"로 읽는 편이 더 많은 모양입니다.(물음 1 참조)

|물음| 6 "교과서, 꽃과서", "조건, 좃건", "효과, 훗과"?

어느 쪽이 표준 발음인지요?   (4286. 7. 화천. ㄱ.ㅅ.ㅎ.)

대답 "교과서, 조건, 효과"가 표준 발음입니다. "사이 된소리"는 두 낱말이 합쳐진 것으로 사이에 "의"토가 생략되는 대신으로 나는 것인데, "교과서"는 "교의 과서"가 아니요, "조건"은 "조의 건"이 아니요, "효과"는 "효의 과"가 아니니, 사이 된소리가 날 수 없는 것입니다. 이런 따위의 된소리는 순전히 일본말 버릇으로 잘못 내는 것입니다.(물음 1 참조)

물음 7 "녀자(女子)"? "여자"?

여자(女子), 소녀(少女) 이렇게 쓰면 같은 한자에 음이 두 가지로 나게 되니, 그 표준음을 알려 주십시오. "작년(昨年)"-"연세(年歲)" 등도 마찬가지겠지요?

(4272. 9. 개천, 한 독자)

대답 우리의 입으로 내는 발음이 분명히 두 가지로 달리 나니까, 표음문자로 적자면 부득불 두 가지로 달리 적을 수밖에 없습니다. 한글로나 가명으로나 로마자로나 다 그럴 수밖에 없지 않습니까? 적는 글자를 일치되게 하기 위하여 실제의 어음에 어그러지게 할 수는 없기 때문입니다. "여자(女子)", "여인(女人)"의 경우는 "여"가 표준음이요, "소녀(少女)", "남녀(男女)"의 경우는 "녀"가 표준음으로 되어 있음이 실제의 사실입니다. 그러고 그 대표음은 "녀"로 합니다.(통일안 42항)

물음 8 "전라도(全羅道)"? "절라도"?

"전라도"를 "절라도"로 쓰는 사람이 많은데, 귀회에서는 어떻게 생각하십니까?

(4279. 10. 부산, 징검다리)

대답 통일안 한자어 규정에 의하여 "전라도"로 씁니다. 이와 같은 한자의 변음된 말, 더구나 한자의 본 뜻과는 아무 관계가 없는 땅 이름 같은 것에까지 본음을 꼭 지키는 일은 한자 교육을 전제로 하지 않고는 매우 어려운 일인즉, 차라리 48항의 규정에 의하여 "전주"(全州)는 "전주", "전라도"
(全羅道)는 "절라도"로 적는 것이 오히려 마땅한 일이라고 생각할 수도 있
습니다마는, 한자를 아주 아니 쓰게 된다면 물론 일일이 한자의 본음을 찾
아서 쓴다는 것이 도저히 어려운 일이겠으나, 아직은 한자를 상당히 많이
쓰고 있는 것이 사실이매, 전연 무시하기도 어려운 일이므로 아직 "라주"
(羅州)는 "나주"로 머리소리법칙〔頭音法則〕에 의하여 쓰고 "전라도"(全羅
道)는 "절라도"로 이어바뀜법칙〔接變法則〕에 의하여 발음함을 인정하는 정
도로 하는 것이 온당한 일이라고 하겠습니다.(통일안 43, 44항)

물음 9 "려관(旅館)"? "여관"?

"목포 여관"? "해동 려관"? 어느 쪽이 옳습니까? 혹은 두 쪽이 다
옳습니까?   (4282. 4. 강진. 노 성태)

대답 "목포 여관"은 옳고 "해동 려관"은 그릅니다. "여관"은 완전한 한 낱
말이므로 언제나 "여관"입니다. 한자의 "旅"의 본음이 "려"이니까 "行旅", "逆
旅"의 경우에는 "행려", "역려"입니다마는 "해동 여관"의 경우에 발음이 "해
동녀관"처럼 되는 것인 "旅=려"이기 때문에 그리 되는 것은 아닙니다. 가
령 "해동 영어 학교", "중등 영문 독본", "운봉 영장", "암여우"(牝狐), "콩
엿", 또는 "해동 영화관, 중앙 요지, 현상 유지, 개성 인삼" 등 등의 경우에
모든 낱말의 첫소리인 "야, 여, 요, 유, 이" 소리가 그 앞의 받침있는 말과
어울리는 관계로 된소리 현상이 생기어 "냐, 녀, 뇨, 뉴, 니" 따위의 소리
처럼 되기 때문이요 한자음이 "랴, 려, 료, 류, 리"이기 때문으로 그리 되
는 것이 아님을 알 수 있습니다.(통일안 43항)

물음 10 "진렬(陳列)"? "진열"?

"陳列"의 음은 "진렬"이 옳습니까? "진열"이 옳습니까? (4272. 7. 박 영은)

<u>대답</u> 자음대로 본다면 "진렬"이 옳겠지요마는, 실제 발음으로는 "진열"로
내는 것이 일반 현상이니까, 실제 발음을 쫓아 "진열"로 쓰는 것이 타당하
겠지요. "열"자의 실제 발음을 살펴 보면 아래와 같습니다.

　① 첫소리인 때와, 홀소리나 ㄴ의 밑에서는 "열"로 남. 列國=열국, 列
車=열차, 羅列=나열, 排列=배열, 分列=분열, 陳列=진열. ② ㄴ 이외
의 닿소리 밑에서는 "렬"(본음)로 남. 行列=행렬, 整列=정렬, 爵列=작
렬.

　참고로 말씀합니다. 한자음으로서 이 "列"자 경우와 같이 "裂(렬), 劣
(렬), 律(률), 率(률), 栗(률)" 들도 마찬가지로 됩니다.(물음 1 참조)

<u>물음</u> 11　"신령(神靈)"? "실령"?

　"神靈"은 "신령"이 옳습니까? "실령"이 옳습니까? 실지 발음으로 보
아서는 "실령"이 더 가까울 것 같은데요?　　　　　(4272. 7. 박 영은)

<u>대답</u> "신령"으로 쓰는 것이 옳습니다. 닿소리 접변의 법칙에 의하여 "ㄴ+
ㄹ"="ㄹ+ㄴ"="ㄹ+ㄹ"으로 발음 되는 것이 우리말의 한 법칙으로 되어 있
습니다. "안락"(安樂)이 "알락", "편리"(便利)가 "펼리", 또는 "월남"(越南)이
"월람", "팔년"(八年)이 "팔련"으로 발음됨과 같이 "신령"이 "실령"으로 발음
됩니다.(통일안 43항 44항 참조)

<u>물음</u> 12　"박로임"(朴魯任)? "박노임"?

　어느 쪽이 옳으며, 왜 그렇습니까? (4282. 1. 청원군 금계 국민교. 곽 종명)

<u>대답</u> "박노임"이 옳습니다. "박"도 낱말이고 "노임"도 낱말이니까, "노임"은

언제나 "노임"이지요.(통일안 44항)

물음 13 륙십(六十), 년대(年代), 릿수(里數)?

　　국어 교과서에는 수나 수의 단위를 나타내는 말의 첫소리에 "ㄴ, ㄹ"
로 된 것을 모두 본음으로 하여, "륙십, 년대, 릿수,(六十, 年代, 里數)
따위로 썼는데, 그럴 필요가 있겠습니까?　　(4282. 7. 남해 국민교. 고 재천)

대답 이것은 통일안에는 모순됩니다. 또한 우리 겨레의 고유한 말법칙에
위반됩니다. 또 실제에도 불가능합니다. ① 첫째, 통일안에 모순됨은 두말
할 것도 없으니, 이는 "통일"에서 다시 "분열"을 자아낼 염려가 있을 뿐 아
니라, ② 둘째, 우리말의 고유한 "머리소리법칙"[頭音法則]에 위반됨도 두
말할 것 없으니, 국어 음운(音韻)의 혼란을 자아낼 우려가 있으며, ③ 세
째, 본음대로 쓴다면 "리수"라 할 것이지, "릿수"가 무슨 본음이 되며, "오
뉴월 염천"을 "오륙월 염천"으로, "시월 상달"을 "십월 상달"로 "시왕(十王)"
을 "십왕"으로 "두 냥 오 푼"을 "두 량 오 분"으로, 또는 "년하 되는 사람이
년상 되는 이에게 년세를 묻는다" 따위로 써야 될 것이니, 이 어찌 가능할
일이겠습니까? 소리 글씨를 쓰는 다른 나라에도 그렇게 무리한 일을 하지
아니하고 실제 되어 있는 말에 따라 씁니다. 같은 단위이지만 단수인 Foot
는 Foot로, 복수인 Feet는 Feet로 쓰며, Penny로 말할 때와 Pence로 말
할 때를 따라서, 쓰기도 또한 말과 달리 쓰며, 또 같은 수를 적음에 있어
서도 Five에는 v로 적고 Fifty에는 f로 쓰며, Three와 Thirteen 또는
One과 Eleven 따위로, 모두 그 되어 있는 말에 따라 쓸 뿐이지, 결코 말
을 떠나 억지로 똑같은 글자로 쓰지는 아니합니다. 더구나, 순 우리말을
쓰는 데는 "서말, 석섬, 세개", "너돈, 넉자, 네모" 따위로 경우를 따라 말
이 다른대로 달리 쓰며 "너덧, 예닐곱, 여남은" 들과 같이, 일체로 표준 발
음에 따라 쓰게 마련이면서, "오뉴월"은 "오륙월"로, "시월"은 "십월"로 써야

할 까닭이 어디 있겠습니까? 한자(漢字)의 본음을 쓰되 실제의 말소리에 틀림이 없는 한에서 할 일이지, 말과 틀리게 억지로 형식을 만들어 가지고 쓰는 것은 한갓 생명이 없는 우상이 될 뿐이거나, 그렇지 않고 그것을 생명 있게 여기려면 말을 죽이는 수밖에 없을 것입니다.(통일안 42, 43항)

물음 14 "육월"(六月)? "유월"?

어느 쪽이 표준말입니까?   (4282. 4. 경북 영해교, 박 원낙)

대답 "유월"이 표준말입니다. 참고로 말씀드립니다. "육"자의 음이 네 가지로 납니다. ① 육십(六十), ② 유월(六月), ③ 오륙(五六), ④ 오뉴월(五六月).(통일안 총론 2 참조)

물음 15 "할 리(理)"? "할 이"?

"못 오를 리"의 "리"를 띄어 쓰면 "이"로 써야 될 터인데 "이"로 함면 "사람"이란 뜻이 되어 혼동되지 않을까요?   (4282. 4. 부산 철도국, 조 춘경)

대답 붙여 쓴다고 "리"로 하고, 띄어쓴다고 "이"로 한다는 것은 이론이 되지 아니합니다. 매인이름씨[불완전명사]도 한 낱말[단어]이니까 띄어쓰고, 말 자체가 언제나 "리"로만 되는 말이요, 또한 "이"라는 말이 다른 말로서 있으니까 그것과 구별되게 "리"로 쓰는 것이 마땅합니다.

물음 16 "부활(復活)"? "복활"?

철도에서는 "복활 운전(復活運轉)"이라 쓰고 있는데 무생물에 대해서는 복활이라 합니까?   (4282. 4. 부산 철도국, 조 춘경)

대답 한자의 뜻으로는 어느 편으로 하여도 통합니다마는 말의 쓰임으로 보면, "부활"은 자연적이요, "복활"은 인위적인 것 같습니다. 곧 "부활"하도록 하는 것이 "복활"이라고 하겠습니다. 그러므로 다시 살아나는 것은 "부활"이라 하겠고, 다시 살리는 것은 "복활"이라 하겠습니다.

물음 17 "不" 자의 음은 "부"? "불"?

"不對"의 음은 "부대"가 옳습니까, "불대"가 옳습니까?

(4272. 7. 박 영은)

대답 "부대"가 옳습니다. 발음대로 쓰는 것이니까요. "불"자의 음은 그 밑에 닿소리 "ㄷ", "ㅈ"을 만나면 "ㄹ"이 줄어버리는(默音되는) 것이 상례(常例)입니다.

> 예: ㄷ. 不當=부당, 不動産=부동산, 不等邊=부등변,……
> ㅈ. 不在=부재, 不淨=부정, 不注意=부주의,……

그러고, 만일 "ㅅ"을 만나면 "ㄹ"이 줄지 아니할 뿐 아니라, 더 단단한 소리로 되어 "ㅅ"이 "ㅆ"으로 납니다(不時=불씨, 不少=불쏘, 不純=불쑨). 참고로 말씀합니다. ㄹ 받침으로 된 한자음 가운데 "불"자 하나만이 특별히 이러하고 그 밖의 ㄹ 받침 한자로 된 말들은 그 밑에 닿소리 "ㄷ, ㅅ, ㅈ"을 만나면 반드시 된소리로 발음됩니다.

> 예: ㄷ. 一等=일뜽, 活動=활똥, 絶對=절때,……
> ㅅ. 不時=불씨, 決心=결씸, 沒常識=몰쌍식,……
> ㅈ. 傑作=걸짝, 日前=일쩐, 率直=솔찍,……

물음 18 "使嗾"는 "사수"? "사주"? "사촉"?

이 여러 가지 발음 중에 어느것이 표준음입니까? (4290. 4. 논산, 김 학수)

대답 "사주"가 표준음입니다. "嗾" 자의 음은 "수", "주", "족"("촉"이 아님)의 세 가지로서 뜻은 다 마찬가지인데, 우리나라의 전날 용어로는 "지주"(指嗾)라고 하던 것이 일본의 법률 용어인 "사주"로 바뀌면서 발음을 일어로 "シソウ"(指嗾, 使嗾)로 읽어 오다가 일어 폐지 후에는 한자로의 "使嗾"가 그대로 남게 된 동시에 "嗾" 자의 음이 어수선해진 모양입니다마는, "嗾" 자의 우리 관용음은 "주"로서, "지주"(指嗾)로 말해 왔습니다. "嗾"(주)와 같은 계통의 한자음으로 "節族"(절주), "大蔟"(대주), "太簇"(태주) 들의 "族, 蔟, 簇"가 모두 "주"입니다. 그러고 "사촉"이라 하면 "唆囑"으로 쓰는 문자(뜻은 "使嗾"와 같음)의 음이 됩니다.(물음 1 참조)

물음 19 "音樂"은 왜 "음락"으로 안 되나?

첫소리에는 "악기", "악대"로 되지마는 밑으로 갈 때는 본음대로 "음락"이 될 텐데 왜 "음악"으로 되는지요? (경북 영해교, 박 원낙)

대답 "樂"자는 뜻이 세 가지임을 따라 음도 세 가지입니다. ① "풍류"의 뜻으로는 "악"이고, ② "즐겁다"의 뜻으로는 "락"이며, ③ "좋아한다"의 뜻으로는 "요"입니다. ①의 것으로는 "악기", "음악"이요, ②의 것으로는 "낙원", "화락"이요, ③의 것으로는 "요산(樂山), 요수(樂水)"로 됩니다.

물음 20 어린 닭은 "연계, 영계, 옝계"?

어느 것이 표준말입니까? (4290. 7. 종로, ㄱ.ㅎ.)

대답 원말은 "연계"(健雞)인데, "연"의 ㄴ음을 "계"의 ㄱ음 때문에 ㅇ 소리로 잘못 내어 "영계"로 발음하는 일이 현재 일반 관습으로 굳어져 버렸으니 이제는 "영계"가 표준말로 인정받게 되었습니다. 그런데, "영계"를 다시 "옝계"로까지 잘못 내는 일이 있지마는 이는 널리 관습된 것은 아니고 일부 사람들의 잘못하는 발음일 뿐입니다.

물음 21 "歪曲"의 표준음?

"歪曲"은 "왜곡, 외곡, 의곡" 들 여러 가지로 읽는 모양인데, 어느 것이 옳습니까?　　　　　　　　　　　　　　　　(4291. 10. 대전, 유 병문)

대답 "왜곡"이 옳습니다. "歪"자의 음은 훈몽자회(訓蒙字會)에 "왜"로 적혀 있을 뿐 아니라, 모든 한자 운서(韻書)들에 한결같이 "烏乖切"로서 "佳"의 운통(韻統)에 소속되어 있는데, "乖"의 본음이 "괘"오, "佳"의 본음이 "개"이니까 "歪"의 음인 "烏乖"의 반절은 "왜"로서 "佳" 곧 "개"의 운통에 소속됨을 보이고 있습니다.

그런데 이 "歪" 자가 별로 흔하게 쓰이는 글자가 아니어서 정조(正祖) 시대 이래의 우리나라 표준 한자자전인 전운옥편(全韻玉篇)에 실리지 않았기 때문에 그 글자의 음에 별반 관심이 없었다가, 일본 사람들이 "歪曲" (ワイキョク)이란 말을 자주 씀에 따라 우리도 자연히 막연하게나마 "왜곡"으로 읽어 왔었는데, 해방 후에 모든 한자음을 우리 음으로 읽게 됨에 따라 모두들 우리 손으로 엮어진 한자자전들을 찾아보게 되매 앞에 말한 전운옥편에는 "歪"자가 실려 있지 않고, 왜정 때에 지석영(池錫永)의 엮은 자전석요(字典釋要)에 비로소 "왜"자가 실리었는바, 그 음을 "외"로 달고 운통(韻統)은 "尾"로 되어 있는데, 음을 "외"로 단 것은 아마 "烏乖"의 현대음 반절을 취함일 것이나 운통의 "尾"는 "외"와 서로 맞지도 않을 뿐 아니라, 아무런 근거도 없이 돌연히 튀어 나온 것이어서 이는 아무래도 오자(誤字)로밖에 볼 수 없는 것이고, 그 뒤에 광문회 발행의 신자전(新字典)

에는 "歪"의 음은 "의"로 되고 운통은 "尾"로 되었는데, 이는 아마 그 엮은 이가 자전석요에 실린 음의 "외"와 운통의 "尾"가 맞지 않음에서 "외"를 "의"의 오자(誤字)로 속단하여 "尾"의 운통에 맞는 음인 "의"로 잡은 모양이며, 그 뒤에 나온 몇몇 소위 한자자전들은 거의 모두가 맹목적으로 이것을 베껴쓴 것뿐이니 말할 것이 없습니다.

그러므로, "歪"자의 음을 "의"로 함은 도무지 아무 근거 없는 잘못이며, "외"로 함은 "烏乖"의 현대음화라는 근거는 내세우려면 내세울 수가 없지는 않습니다마는 자전석요를 엮은이만이 그리했을 뿐이지, 그대로 우리가 사용해 본 일이 없는 음이고, "왜"는 그 음과 운통이 서로 부합됨은 물론이고, 그 사용된 훈몽자회가 옛날 우리나라의 한자 배우는 유일한 교과서이었던만큼 당시에 그 음만이 일반에게 사용되었을 뿐 아니라, 근래에 와서는 막연하나마 그대로 사용되어 왔던 음이니 그대로가 곧 표준음이 될 수밖에 없습니다. 더 자세히 참고하시려면 "한글"지 123호(4291. 10) 정재도님의 "歪의 音에 대한 고찰"을 읽어 보십시오.

물음 22 "任" 자의 음?

"박회임"(朴曾任)의 이름을 실제 부리기는 "박회님"이라고 하는데, "회임"으로 써야 할까요, "회님"으로 써야 할까요? 또 담임(擔任)도 보통 발음이 "단임" 혹은 "담님"인데 어떻게 쓰는 것이 옳습니까?

(4280. 7. 충북 남이 학교, 이 재전)

대답 "朴曾任"의 이름을 본디 한문 글자로 지은 것인지 혹은 우리말로 "회님"이라고 지은 것을 한자로 취음하여 "曾任"으로 쓴 것인지요? 만일 본디 한자로 지은 것이라면 "회임"으로 불러야 옳고, 만일 본디 "회님"이라고 지은 것이면 한자의 "曾任"은 취음(소위 當字)에 불과한 것이니, 그것에 얽매이어서 제 본디 이름을 틀리게 불러서는 안 됩니다. "任"으로 쓰거나 "壬"

으로 쓰거나 또는 "姙"(임), "妊"(임), "林"(림), "臨"(림), "恁"(님), "賃"(님)
… 무슨 자로 쓰거나 관계할 것 없이 본디 이름이 "회님"이면 "회님"으로
쓰는 것이 옳습니다. 또 "擔任"을 "단임"이나 "담님"으로 내는 것은 아주 잘
못입니다. "단"의 ㄴ 또는 "님"의 ㄴ 소리를 넣어 발음하는 것은 일본말의
"タンニン"에 버릇된 영향이 아닌가 합니다. "임"은 언제든지 "임"일 뿐입니
다. "擔任=담임, 常任=상임, 職任=직임, 重任=중임, 被任=피임, 赴任=
부임, 辭任=사임, 轉任=전임, 委任=위임,…" 들입니다.

물음 23 "推敲"는 "퇴고"? "추고"?

　"퇴고"와 "추고"의 어느 쪽이 표준음입니까?　　(4290. 4. 논산, 김 학수)

대답 "퇴고"가 표준음입니다. "推"자의 음이 "퇴"와 "추" 두 가지로서 뜻은
마찬가지로되, 예로부터 중국에서나 우리나라에서나 한자 사용의 관례로서
물건에 대해서는 대개 "퇴"(禿隈切, 音退, 平聲, 灰韻) 음을 쓰고 일에 대
해서는 대개 "추"(出錐切, 支韻) 음을 써 왔습니다. 이를테면,

　　"推食(퇴식), 推穀(퇴곡), 推窓(퇴창), 推戸(퇴호), 推敲(퇴고), 敲推(고퇴),
　　推輓(퇴만), 推丸(퇴환), 推燥(퇴조)"

들들에는 "퇴"로 읽고,

　　"推理(추리), 推測(추측), 推問(추문), 推戴(추대), 推薦(추천), 推論(추론),
　　推想(추상), 推算(추산), 推尋(추심), 推移(추이)"

들들에는 "추"로 읽는 것이 종래로의 관례로 되어 있습니다. 그리고, "推敲
(퇴고)"는 특히 우리나라에서는 종래로 "敲推(고퇴)"라고도 흔히 해 오며,
"敲推之勢(고퇴지세)"라는 말도 예사 입말(口語)로 해 오는 것인데, 최근

해방 이후에 일본식 한자음들을 우리말로 바꾸게 되면서부터 일부에서 "추고"로 더러 발음하는 모양입니다마는 "推敲(퇴고)"나 "敲推(고퇴)"는 결코 새 용어가 아니라, 우리 앞사람들로부터 오래 써오는 말입니다.(1897년 영국인 게일박사 엮은 한영사전, 1928년 구 총독부 중추원 엮은 조선어사전 들을 참고해 보시압)

물음 24 "희망(希望)"? "히망"?

어느 쪽이 맞습니까?   (4282. 4. 경북 영해교, 박 원낙)

대답 "희망"이 맞습니다. 우리말에 쓰일 수 있는 한자음으로는 "히"로 되는 자는 하나도 없습니다. 우리말에 쓰이는 한자음으로서 "희, 히"가 의심되실 때는 덮어놓고 "희"로 쓰십시오. 발음도 확실한 "희"로 하십시오.

물음 25 외래어의 표기법?

4279년 한글학회 지은 "큰사전"의 범례에 "외래어의 맞춤법은 기원 4273년 유월 25일 조선어 학회에서 발표한 외래어 표기법 통일안에 좇았음"이라 하였는데, 그 통일안의 내용을 간단히 소개해 주실 수 없습니까?   (4293. 3. 전주. 이 진수)

대답 한자말과 일본말 이외의 세계 어떤 말에서 들어온(또는 들어올) 외래어든지 다 적을 수 있어야 할 뿐 아니라, 우리말과 그 음운조직이 다 각각 다른 모든 나라말들을 아무쪼록 우리 글자로서는 일관성 있게 표시해야 할 것이기 때문에 그 통일안의 내용이 상당히 광범하고 복잡한 것이어서 말씀하기는 좀 어렵습니다. 그러나, 다소라도 궁금을 풀어 드리기 위해서 그 통일안의 원칙과 우리에게 흔히 당하는 실례의 일부를 말씀해 드리겠습니다.(만국음성기호와 한글과의 대조표는 대강만 추려 적겠습니다.)

〈먼저 "총칙"으로서〉

1. 외래어를 한글로 표기함에는 원어의 자맞춤(spell)이나 어법적 형태
의 어떠함을 묻지 아니하고 모두 표음주의로 하되, 현재 사용하는 한글의
자모와 자형만으로써 적는다.

2. 표음은 원어의 발음을 표시한 만국음성기호를 표준으로 하여, 아래의
대조표에 의하여 적음을 원칙으로 한다.

만국음성기호와 한글과의 대조표

닿소리		홀소리	
$[p][f]$	ㅍ	$[i]$	ㅣ
$[b][v]$	ㅂ	$[e][\varepsilon]$	ㅔ
$[t]$	ㅌ	$[æ]$	ㅐ
$[d][\theta][ð]$	ㄷ	$[a][\alpha][\Lambda]$	ㅏ
$[k]$	ㅋ	$[ɔ][o]$	ㅗ
$[g]$	ㄱ	$[u]$	ㅜ
$[s][\int]$ (입천장소리)	ㅅ	$[ə]$	ㅓ
$[z][dz][ʒ]$	ㅈ	$[\phi][œ]$	ㅚ
$[ts][t\int]$	ㅊ	$[ʸ][ɥ]$	ㅟ
$[n][ɲ]$ (입천장소리)	ㄴ	$[\sim]$ (콧소리되게함)	ㅇ
$[m]$	ㅁ		
$[l]$ (혀옆) $[ʎ]$ (혀옆입천장)			
$[r]$ (혀굴림)	ㄹ		
$[ŋ]$	ㅇ		
$[h][x][ç]$ (입천장)	ㅎ		
$[w]$ (입술둥글게함)	(ㅜ)		
$[j]$ (입천장소리되게함)	(ㅣ)		
$[ˀ]$ (된소리되게함)			

〈다음에 "세칙"으로서,〉

1. "갈이소리"(摩擦音)와 "혀굴림소리"는 언제든지 홀소리 "ㅡ"를 붙이어 적는다.

>   beef〔biːf〕(영) 비프. Bier〔biːr〕(도) 비르.

2. 홀소리가 따르지 않는 "혀옆소리"는 받침으로 적고, 홀소리가 따른 것은 다시 ㄹ을 그 홀소리 앞에 붙인다.

>   mile〔mail〕(영)마일. salade〔salad〕(프)살라드. lily〔lili〕(영)릴리.

3. 홀소리가 따르지 않는 "콧소리"는 받침으로 적음을 원칙으로 한다.

>   time〔taim〕(영)타임. pen〔pen〕(영)펜. king〔kiŋ〕킹.

4. 홀소리가 따르지 않는 "터짐소리"(破裂音)는 홀소리 "ㅡ"를 붙이어 적음을 원칙으로 한다.

>   syrup〔sirəp〕(영)시러프. club〔klʌb〕(영)클라브. heart〔ʰaːt〕(영)하트.
>   mark〔mɑːk〕(영) 마크. egg〔eg〕(영)에그.

   다만 터짐이 불완전한 것은 받침으로 적되, 〔p〕〔b〕 따위는 모두 ㅂ, 〔t〕〔b〕 따위는 ㅅ, 〔k〕〔g〕 따위는 ㄱ으로 한다.

>   captain〔kæptain〕(영)캡틴. outside〔autsaid〕(영) 아웃사이드.
>   taxi〔tæksi〕

5. ㅈ, ㅉ, ㅊ 이외에 소리로 대조된 "입천장 소리"에 홀소리가 따른 것은 그 홀소리를 입천장소리로 적고,

>   Shakespeare〔ʃeikspiə〕(영)셰익스피어. cognac〔kɔɲak〕(프)코냐크.
>   Chemie〔çemiː〕(도)헤미. million〔miljən〕(영)밀련.

   ㅈ, ㅉ, ㅊ, ㅎ 들로 대조된 "입천장소리"에 홀소리가 따르지 않은 것은 "ㅣ"를 붙이어 적음을 원칙으로 한다.

>   sabotage〔sabɔtaːʒ〕(프)사보타지. bench〔bentʃ〕(영)벤치.
>   dangig〔dantsiç〕(도)단치히.

6. 7. 8(생략)

9. "겹홀소리"는 두 홀소리나 세 홀소리로 적되, [ou]만은 ㅗ로만 적는
   다.
       air[εə](영)에어. tire[taiə](미)타이어. home[houm](영)홈.
10. "입술둥근홀소리"는 ㅘ, ㅙ, ㅚ, ㅝ, ㅞ, ㅟ 들로 적되, [wu]는 ㅜ
    로, [wɔ]는 ㅝ로 적는다.
        wood[wud](영)우드. Washington[wɔʃiɳtən](미)워싱턴.
11. "콧소리된 홀소리"는 받침을 붙이어 적는다.
        nuance[nɥãːs](프)뉘앙스. restaurant[restorã](프)레스토랑.
12. 13. 14.(생략)
15. 이미 오랜 관습이 되어 굳어진 것은 그대로 적는다.
        Christ[krist](히)그리스도. lamp[læmp](영)남포.
        gum[gʌm](영)고무. white shirt[hwait ʃət](영)와이샤쓰.

대략 이러합니다. 이 외래어 표기법은 한글 학회의 "큰사전", "중사전",
"소사전" 들에는 물론이고, 그 밖의 다른 여러 사전들 및 일반 간행물들에
도 대개 그대로 실행되고 있으며, 최근 4292년 2월 문교부의 국어 심의위
원회에서 영미어(英美語)를 대상으로 한 "외래어 표기법"을 제정한 바 있
는데, 그 시행세칙은 아직 공포되지 않았으되 원칙은 대체로 한글 학회의
것과 같고 음성기호와 한글과의 대조표도 대체로 한글 학회의 것과 일치
된 중에 다만 홀소리의 "ʌ"를 "ㅓ"로 대조한 것만이 다를 뿐입니다.

물음 26 "Cake"는 "케이크"? "케잌"? "케익"?

어느것이 맞는지요?　　　　　　　　　　　　　　　　　(4283. 3. 종로, ㄱ.ㅎ.)

대답 원어의 발음이 [keik]이니까 외래어 표기법 통일안에 의하여 "케이
크"가 맞습니다. 다만 준말로 하려면 발음에 따라(곧 표음주의로) "케익"으
로 써야 합니다.

"케이크"를 준말로 하면 "케잌"으로 될 것 같지마는 실제 말로는 그렇게 되지 아니합니다. 그 말에 홀소리 토를 붙여 보면 곧 알 수가 있으니, 가령 "케잌이, 케잌은, 케잌을, 케잌에, 케잌으로" 들로 발음되지 않고, "케익이, 케익은, 케익을, 케익에, 케익으로" 들로 발음됩니다.

무릇 우리나라의 발음 방식에, 외래어로서는 받침에 "ㅋ, ㅌ, ㅍ,…" 따위로 소리내는 법이 없습니다. 가령, cook〔kuk〕=쿠크-쿡(쿡이, 쿡을,…), out〔aut〕=아우트-아웃(아웃이, 아웃을,…), type〔taip〕=타이프-타입(타입이, 타입을…) 따위와 같이, 끝소리로의 "〔k〕,〔t〕,〔p〕…" 들은 "우리말되기"(koreanization)의 발음으로는 "~크, ~트, ~프,…" 들로 내든지, 그렇쟎으면 "~ㄱ, ~ㅅ, ~ㅂ,…" 들로 낼 뿐이지, 결코 받침인 "~ㅋ, ~ㅌ, ~ㅍ,…" 들로 내는 법은 없습니다. 그러므로, 절대로 "케잌, 쿡, 아웉, 타잎,…" 따위로 적어서는 안 됩니다. 이것은 한글 학회의 "외래어 표기법 통일안"이나 문교부 국어 심의위원회의 "외래어 표기법 기본원칙"이나에 공통된 규정인 것입니다.(세칙 4 참조)

물음 27 candy는 "캰듸, 캔듸, 캔디"?

어느것이 옳습니까?   (4283. 6. 종로. ㄱ.ㅎ.)

대답 "캔디"가 옳습니다. 이 말은 영어에서 온 말인데 원음이 〔kǽndi〕입니다. 영어음에 "캬"로 발음하는 말은 없는 법인데, 일본인들이 "ㅐ" 소리를 못 내어서 "ㅑ"로 발음하는 것을 우리나라 일부 사람들이 그것을 본떠서 잘못 내는 발음입니다. "cabage〔kǽbidʒ〕=캐비지"를 "캬베지"라, "caramel 〔kærəmel〕=캐러멜"을 "캬라멜"이라 하는 따위도 이같은 잘못입니다. 그리고, "듸"로 쓰는 심리는 "디"로 쓰면 "지"와 같은 음이 되는 줄로 잘못 알고 정말 "디" 소리를 옳게 적겠다는 인식착오로 그리 쓰는 것입니다. "라디오"를 "라듸오"로 "빌딩"을 "빌딍"으로 쓰는 따위도 이와 같은 잘못입니다.

물음 28 "truck"는 "트라크"? "추럭"?

어느것이 맞는지요?   (4283. 6. 종로, ㄱ.ㅎ.)

대답 "트라크"가 맞습니다. 앞으로 문교부의 국어 심의위원회에서 제정한 안(물음 25 참조)이 완전히 시행되게 되면 "트러크"로 되겠지요. 그리고 만일 준말로 적으려면 "트락"(문교부 안으로는 "트럭")으로 될 것입니다.(물음 26 참조)

물음 29 다음의 외래어들을 어떻게 표기할까요?

Berlin, Christmas, metre, Olympic, pitch, pitcher, start.

(4280. 7. 충북 남이학교, 이 재전)

대답 4273년 한글 학회에서 제정 발표한 외래어 표기법 통일안에 좇아 아래와 같이 적을 것입니다.(물음 25 참조)

Berlin[berlin] 베를린.(대조표, 및 세칙 1, 2)
Christmas[krisməs](영)크리스머스.(대조표, 및 세칙 4, 1)
metre[m′etr](영)메트르.(대조표, 및 세칙 4, 1)
Olympic[olimpik](영)올림픽.(대조표, 및 세칙 2, 3, 4)
pitch[pitʃ](영)피치.(대조표, 및 세칙 5)
pitcher[pitʃə](영)피처.(대조표).
start[staːt](영)스타트.(대조표, 및 세칙 1, 4)

물음 30 우리말의 로마자 표기법?

우리의 성명이나 땅이름 따위를 로마자로 적을 필요가 있을 때에 어떠한 기준을 좇아야 할까요?   (4293. 3. 전주, 이 진수)

대답 일찌기 한글 학회에서 "외래어 표기법"과 함께 "우리말 로마자 표기법" 및 "우리말 음성기호 표기법" 들을 연구 심의 하기 10년만인 4273년 유월에 그 전부를 완성 발표하였고, 최근 4292년 2월 문교부의 국어 심의 위원회에서 영미어를 대상으로 한 "외래어 표기법"의 원칙과 함께 "우리말 로마자 표기법"의 원칙도 심의 제정한 바 있는데, 학회의 것과 위원회의 것이 대체로는 같으나 약간의 다른 점이 있기로, 그 두 안의 원칙을 아울러 소개해 드리겠습니다.

	닿 소 리			홀 소 리	
	학회 안	위원회 안		학회 안	위원회 안
ㄱ	g	g	ㅏ	a	a
ㄲ	gg	gg	ㅓ	ŏ	eo
ㅋ	k	k	ㅗ	o	o
ㅂ	b	b	ㅜ	u	u
ㅃ	bb	bb	ㅡ	ŭ	eu
ㅍ	p	p	ㅣ	i	i
ㄷ	d	d	ㅐ	ě	ae
ㄸ	dd	dd	ㅔ	e	e
ㅌ	t	t	ㅚ	oe	oe
ㅈ	z	j	ㅟ	wi	wi
ㅉ	zz	jj	ㅢ	ŭi	eui
ㅊ	cz	ch	ㅘ	wa	wa
ㅅ	s	s	ㅝ	wŏ	weo
ㅆ	ss	ss	ㅙ	wě	wae
ㄴ	n	n	ㅞ	we	we
ㅁ	m	m	ㅑ	ya	ya
ㄹ	r,l	r,l	ㅕ	yŏ	yeo
ㅎ	h	h	ㅛ	yo	yo
ㅇ	ng	ng	ㅠ	yu	yu
			ㅒ	yě	yae
			ㅖ	ye	ye

이와 같이 대체로 같되 다만 닿소리의 "ㅈ, ㅉ, ㅊ"과 홀소리의 "ㅓ, ㅡ, ㅔ"가 다릅니다. 이제 실제 말로 적어 보겠습니다.

성 명	학회 안	위원회 안
김 문환	Gim Munhwan	Gim Munhwan
박 세호	Bag Seo	Bag Se-o
이 경재	I Gyŏngzě	I Gyeongjae
정 회규	Zŏng Hŭigyu	Jeong Heuigyu
최 응권	Czoe ŭng-gwŏn	Choe Eung-gweon

말본 관계

VII

Ⅶ 말본〔文法〕관계

물음 1 "말본"의 요령?

저는 "한글"을 애독하는 자입니다. "한글"을 받을 때마다 "물음과 대답"을 늘 재미있게 읽는데, 저의 말본 지식이 부족하기 때문에 언제나 말본으로 설명하는 때에는 이해하기 곤란한 경우가 많음을 스스로 안타깝게 생각합니다. 말본에 관한 대체의 요령을 좀 구체적으로 가르쳐 주시기를 원합니다.   (4288. 10. 영산포, "한글" 독자)

대답 말본의 요령은 별것이 아닙니다. 말본은 무엇하는 것인가를 잘 생각해 보면 그 요령을 쉽게 잡을 수 있을 것입니다. 말본이란 것은 말의 됨됨이(形成), 곧 낱말〔단어〕의 됨됨이와 월말〔문장〕의 됨됨이를 밝히는 것이니, 먼저 "낱말"과 "월말"에 관한 개념을 파악하는 것이 말본의 요령인 것입니다.

그럼, 우리말에서 낱말과 월말의 됨됨이를 밝히는 기초 지식으로서 다음의 몇 가지를 잘 알아 두시면 됩니다.

1. 무슨 낱말이든지 그 낱말 속의 뜻부분과 형식부분을 생각해 볼 일입니다.

가령, "눈", "코" 같은 낱말은 뜻부분만으로 된 낱말이지만 "눈치", "눈매", "눈깔", "코빼기" 따위의 낱말들은 각각 "눈+치", "눈+매", "눈+깔", "코+빼기"로 이루어진(形成된) 낱말들이어서, "눈" 또는 "코"라는 뜻부분에 "~치, ~매, ~깔, 빼기" 따위의 형식부분이 붙어서 한개 한개의 다른 낱말을 이룬 것입니다. 이런 경우에 그 뜻부분("눈", "코"와 같은 것)을 그 낱말

들의 "뿌리〔語根〕"라 하고, 형식부분("~치, ~매, ~깔, ~빼기"와 같은 것)
을 "뒷가지〔接尾辭〕"라 합니다.

2. 풀이말〔述語〕 되는 낱말들(움직씨,그림씨 따위)은 으례로 뿌리(뜻부
분)와 가지(형식부분)로 이루어져 있는 동시에, 낱말의 모양으로는 반드시
한편에 고정된 부분이 있고 한편에 규칙적으로 변화하는 부분이 있음을
알아야 합니다.

가령, "먹다", "착하다" 같은 낱말에서 뜻으로 보면 "먹" 또는 "착"의 부분
은 뜻부분이고 "~다" 또는 "~하다"의 부분은 형식부분인 동시에, 모양으로
보면 "먹" 또는 "착하"의 부분은 언제나 변하지 않는 고정된 부분이고, "~
다"의 부분은 여러 경우에 따라서 "~고, ~지, ~게, ~더라, ~(으)면, ~
(으)니, ~(으)ㄴ, ~(으)ㄹ, ~(으)리라, ~(으)ㅂ니다, ~(으)ㄹ까,…" 따
위로 규칙있게 바뀌(변화하)는 부분입니다. 여기서 그 고정된 모양의 부분
("먹" 또는 "착하"와 같은 것)을 "줄기〔어간〕"라 하고 , 여러 모양으로 바뀌
는 부분("~다, ~고, ~지, ~게,… 따위와 같은 것)을 특히 "끝〔語尾〕"이
라 합니다. 그러고 "끝"이 여러 모양으로 바뀌는 일을 "끝바꿈〔語尾變化〕"
이라 합니다.

이러한 낱말에서 "뿌리+뒷가지"는 뜻으로서 보는 것이요, "줄기+끝"은
모양으로서 보는 것이니, 가령 "먹다"는 뜻으로 볼 때 "먹(뿌리)+다(뒷가
지)"인 동시에, 모양으로 보아도 "먹(줄기)+다(끝)"로 됩니다마는, "착하
다"는 뜻으로 볼 때는 "착(뿌리)+하다(뒷가지)"로 분석되되 모양으로 볼
때는 "착하(줄기)+다(끝)"로 분석됨을 잘 아셔야 합니다.

3. 단순한 낱말로는 대개 위에서 말한 바와 같이, (ㄱ) "뿌리=낱말"(눈,
코,… 따위), (ㄴ) "뿌리+뒷가지=낱말"(눈치, 눈매, …, 먹다, 착하다,…
따위)의 모양으로 되되, 복잡하게 된 낱말로는 (ㄱ) "앞가지〔接頭辭〕"가 붙
어서 된 낱말("헛눈", "처먹다" 따위), (ㄴ) "뿌리"가 둘 이상 겹쳐 된 낱말

("눈코", "눈물", "빌어먹다" 따위)(이런 것을 "겹씨〔複合語〕"라 함), (ㄷ) "뒷가지"가 여러 개 덧붙어 된 낱말("눈치하다", "눈치하시다", "눈치하시었다", "눈치하시었겠다" 따위) 들이 있습니다.

이 (ㄷ)의 경우를 잘 살펴 보십시오. ① 말뜻으로서 "뿌리＋뒷가지"의 각도로 볼 때는 "눈(뿌리)＋치하시었겠다(뒷가지)"로 되고, 모양으로서 "줄기＋끝"의 각도로 볼 때는 "눈치하시었겠(줄기)＋다(끝)"로 됩니다. 곧 뜻으로의 가장 뿌리되는 부분은 "눈"이고 그 뒤에 붙은 것은 다 형식부분인 뒷가지이며, 그 낱말의 실제 변화하는 모양으로는 "～다"만이 여러 모양(～고, ～지, ～게,…)으로 바꾸이(변화하)고 그 앞부분(눈치하시었겠) 전체는 그대로 있는 것이기 때문입니다. 이 낱말은 움직씨〔動詞〕인데, 이러한 낱말을 모양으로 볼 때, 그 기본되는 모양〔基本形〕은 "눈치하다"로서, "눈치하"가 줄기이고 "～다"가 끝(끝은 언제나 하나뿐이지, 둘 이상 겹으로 붙지 못하고 자꾸 바꾸이기만 하는 것임)이며, "시"나 "었"이나 "겠" 따위는 줄기와 끝과의 사이를 뻐기고 들어가고 다시 고스라니 빠져 나오기도 하는데, 이것들이 들어가서 모양이 달리 바꾸이지 않고 줄기의 일부분이 되므로 이런 것을 모두 "도움줄기〔補助語幹〕"라 합니다. 도움줄기는 이 밖에도 "보이다, 먹히는, 웃기다, 놀리다, 솟구다, 돋우다, 곧추다, 밀치다" 따위의 "이, 히, 기, 리, 구, 우, 추, 치,…" 들이 있습니다.

4. 다음에 월말(여러 낱말을 조리있게 한줄로 꿰어 맺은 말)이 됨됨이에 관한 요령을 잡기 위하여, 먼저 우리의 실제 말하는 방식을 생각해 보아야 합니다. 우리는 항상 아래와 같은 세 가지 방식으로 말을 합니다.

　① 무엇이 뭐한다.
　② 무엇이 어떠하다.
　③ 무엇이 무엇이다.

이 세 가지 방식은 곧 월말의 기본되는 틀(基本型)인 것입니다. 이 세 가지 틀이 기본으로 되어 얼마든지 복잡한 월말들이 이루어집니다. 가령,

① (어떤) 무엇이 (어떻게) 뭐한다.
② (어떤) 무엇이 (어떻게) 어떠하다.
③ (어떤) 무엇이 (어떤) 무엇이다.

곧 실제의 말로 하면 아래와 같습니다.

① (새) 봄이 (벌써) 왔다.
② (아), (그) 꽃이 (참) 예쁘다.
③ (이) 아이가 (한) 학생이다.

또는

① (버들숲의) 꾀꼬리가 (예쁜) (소리로) (벗을) 부른다.
② (저) (아가씨의) 눈썹이 (꼭) (초생달과) 같구나, (애).
③ (우리의) 한글은 (세계에) (가장) (우수한) 글입니다.

이러한 월말들에서 각 낱말들의 서로 관계되는 성질을 살펴 보면, 크게 공통되는 몇 가지의 성질로 떼가 됨을 알 수가 있으니,

① "무엇"에 해당한 성질로 된 낱말들: "봄, 꽃, 아이, 학생, 버들숲, 꾀꼬리, 소리, 아가씨, 눈썹, 초생달, 우리, 한글, 세계, 글" 따위. 이런 낱말들을 "이름씨〔名詞〕"라 함.
② "뭐한다"에 해당한 성질로 된 낱말들: "왔다(오+았+다), 부른다(부르 +ㄴ다)" 따위. 이런 낱말들을 "움직씨〔動詞〕"라 함.
③ "어떠하다"에 해당한 성질로 된 낱말들: "예쁘다(예쁘+다), 예쁜(예쁘 +ㄴ), 같구나(같+구나), 우수한(우수하+ㄴ)" 따위. 이런 낱말들을 "그림씨〔形容詞〕"라 함.

④ "어떤"에 해당한(곧 "무엇"이란 말의 앞에만 쓰이는) 성질로 된 낱말들: "새, 그, 이, 한, 저" 따위. 이런 낱말들을 "매김씨〔冠形詞〕"라 함.

⑤ "어떻게"에 해당한(곧 "뭐한다"나 "어떠하다"의 앞에 쓰일 수 있는) 성질로 된 낱말들: "벌써, 참, 꼭, 가장" 따위. 이런 낱말들을 "어찌씨〔副詞〕"라 함.

⑥ "무엇"으로 된 낱말 밑에 직접 붙는 성질로 된 낱말들: "이, 가, 이다, 의, 로, 을, 은, 에" 따위. 이런 낱말들을 "토씨〔助詞〕"라 함.

⑦ 기본틀에 쓰이는 모든 낱말들 밖에 따로 떨어져서 쓰이는 성질로 된 낱말로서 "아, 애" 따위와 같은 것들이 있는데, 이런 낱말들을 "느낌씨〔感歎詞〕"라 함.

우리말의 모든 낱말은 그 공통되는 성질로서 위와 같은 일곱 가지의 갈래(떼)로 되어 가지고, 아래와 같이 서로사이의 관계로써 월말을 이룹니다.

① 이름씨는 항상 토씨가 밑에 붙어서 다른 말과의 관계를 나타내며,

② 움직씨는 항상 이름씨의 움직임을 나타내며,

③ 그림씨는 항상 이름씨의 성질이나 상태를 나타내며,

④ 매김씨는 항상 이름씨의 앞에만 서서 그 이름씨가 어떤 것인지를 지적하여 제한하며,

⑤ 어찌씨는 항상 움직씨나 그림씨 따위의 앞에만 서서 어떻게 되는지를 지적하여 제한하며,

⑥ 토씨는 항상 이름씨나 다른 말에 직접 붙어서 그 말이 다른 어떤 말에 어떻게 관계되는가를 나타내며,

⑦ 느낌씨는 다른 어떠한 말과도 직접적인 연락을 취하지 않고 항상 따로 떨어져서 그 월말 전체의 뜻을 간접적으로 나타내는 것입니다.

5. 다음에 월의 됨됨이를 밝히는 요령은, 앞의 〔4〕에서 말한 세 가지 틀에서, 한 개나 몇 개의 낱말씩으로 뭉치어 월을 구성한 "조각〔成分〕"으로 보아서, ① "무엇＋이"의 모양으로 된 조각〔成分〕 (앞에서 보인 "봄이", "꽃

이", "아이가", "꾀꼬리가", "눈썹이", "한글은" 들과 같은 것)은 언제나 반드시 월말의 주장이 되는 조각으로서, 이를 "**임자말**〔主語〕"이라 하고, ② 그 조각에 반드시 뒤따라 오는 "뭐한다"("왔다", "부른다" 들과 같은 것)나 "어떠하다"("예쁘다", "같구나" 들과 같은 것)나, "무엇이다"("학생이다", "글입니다" 들과 같은 것)의 모양으로 된 조각은 모두 임자말에 대한 풀이(敍述)가 되는 조각으로서, 이를 "**풀이말**〔述語〕"이라 하며, ③ "어떤"의 모양으로 된 조각("새", "그", "이", "한", "버들숲의", "저", "아가씨의", "우리의", "우수한" 들과 같은 것)은 이름씨의 앞에 서서 그 이름씨를 어떤 것이라고 매기(制限하)는 조각으로서, 이를 "**매김말**〔冠形語〕"이라 하며, ④ "어떻게"의 모양으로 된 조각("벌써", "참", "꼭", "세계에", "가장" 들과 같은 것)은 그 뒤에 오는 움직씨나 그림씨의 어찌 됨을 지적하는 조각으로서, 이를 "**어찌말**〔副詞語〕"이라 하며, ⑤ 혹 움직씨의 부림(支配)을 받는 조각("벗을"과 같은 것)이 있을 때는 그 조각을 "**부림말**〔目的語〕"이라 하며, ⑥ 혹 뜻이 불완전한 풀이씨("같구나"와 같은 것)가 있을 경우, 그 불완전한 뜻을 기워 주는 조각("초생달과"와 같은 것)을 "**기움말**〔補語〕"이라 하며, ⑦ 이밖에 따로 떨어져 쓰이는 조각("아", "애" 들과 같은 것)이 있을 때는 그 조각을 "**홀로말**〔獨立語〕"이라 합니다.

그러니까, 무슨 씨〔品詞〕라 하면 각 낱말마다를 월의 재료되는 성질로 일컫는 단위인 것이고, 무슨 조각〔成分〕이라 하면 한 낱말이거나 몇 낱말이거나를 월의 형성된 구조(됨됨이)로 일컫는 단위인 것입니다.

이제 앞에서 예를 들어 본 월들을 가지고 씨〔品詞〕와 조각〔成分〕으로 대조해 보면 아래와 같습니다.

①	새	봄 이	벌써	왔다.
(씨)	매김씨	이름씨＋토씨	어찌씨	움직씨
(조각)	매김말	임자말	어찌말	풀이말

②   아,   그   꽃 이   참   예쁘다.

        느낌씨   매김씨 이름씨+토씨   어찌씨   그림씨

        홀로말   매김말   임자말   어찌말   풀이말

③   이   아이 가   한   학생 이다.

        매김씨   이름씨+토씨   매김씨   이름씨+토씨

        매김말   임자말   매김말   풀이말

④   버들숲 의   꾀꼬리 가   예쁜   소리 로

    이름씨+토씨   이름씨+토씨   그림씨   이름씨+토씨

      매김말   임자말   매김말   어찌말

           벗 을   부른다.

        이름씨+토씨   움직씨

        부림말   풀이말

⑤   저   아가씨 의   눈썹 이   꼭   초생달 과

      매김씨   이름씨+토씨   이름씨+토씨   어찌씨   이름씨+토씨

      매김말   매김말   임자말   어찌말   기움말

          같구나,   애.

          그림씨   느낌씨

          풀이말   홀로말

⑥   우리 의   한글 은   세계 에   가장

    이름씨+토씨 이름씨+토씨   이름씨+토씨   어찌씨

      매김말   임자말   어찌말   어찌말

          우수한   글 입니다.

          그림씨   이름씨+토씨

          매김말   풀이말

이만하면 우리말의 낱말 및 월말의 됨됨이에 대한 요령을 대체로 말씀한 셈이 됩니다. 더 자세한 것은 이 요령을 가지고 차차 연구해 나가면 될 줄로 압니다.

물음 2 "임자씨〔體言〕"와 "풀이씨〔用言〕"의 뜻과 구별?

"임자씨〔體言〕"란 말과 "풀이씨〔用言〕"란 말의 뜻과 그 구별을 가르쳐 주시기 바랍니다. (4271. 10. 황해도, 물음생)

대답 "임자씨〔體言〕"는 월의 주체(主體)가 되는 씨〔品詞〕라는 뜻이니, 모든 이름씨들을 이르는 것이고, "풀이씨〔用言〕"는 월의 작용, 곧 임자씨에 대한 풀이〔설명〕가 되는 씨라는 뜻이니, 움직씨, 그림씨 따위를 이르는 것입니다. 임자씨는 몸의 덩어리로 한 낱말이 되어 모양이 언제나 변함이 없고, 풀이씨는 그 끝부분의 규칙적인 변화에 따라 낱말로의 모양이 규칙적으로 달라집니다.(물음 1의 〔2〕참조)

물음 3 움직씨〔動詞〕와 그림씨〔形容詞〕의 구별?

움직씨〔동사〕와 그림씨〔형용사〕를 구별하는 방법을 간단히 가르쳐 주시기를 바랍니다. (4282. 10. 돈암동, 한글생)

대답 간단한 방법으로는 먼저 그 줄기〔語幹〕에 "는"을 붙여 보십시오. "먹는, 보는, 일하는, 덜렁거리는…" 따위와 같이 "는"이 붙으면 움직씨요, "작는, 높는, 착하는, 훌륭하는…" 따위와 같이 "~는"이 붙을 수 없으면 움직씨가 아니고 그림씨라고 우선 생각하십시오.

그 다음에는 말 끝맺는 방법에 ① 설명식으로의 "~는다, ~ㄴ다"와 ② 명령식으로의 "~어라, ~아라"와 ③ 함께하기를 청하는 식으로의 "~자, ~세, ~(으)ㅂ시다" 들을 붙여 보십시오. 이 세가지 방식으로 끝맺을 수 있으면 움직씨요, 그렇지 못하면 움직씨가 아니고 그림씨입니다. 곧 ① 움직씨는 "먹는다, 보ㄴ다, 일하ㄴ다, 덜렁거리ㄴ다…" 따위로 되지마는 그림씨면 "작는다, 높는다, 착하ㄴ다, 훌륭하ㄴ다…" 따위로 되지 못하며, ② 움

직씨는 "먹어라, 보아라, 일하여라, 덜렁거리어라…" 따위로 되지마는, 그
림씨면 "작아라, 높아라, 착하여라, 훌륭하여라…" 따위로 명령식이 되지
못하며, ③ 움직씨는 "먹자, 먹세, 먹읍시다, 보자, 보세, 보ㅂ시다, 일하
자, 일하세, 일하ㅂ시다…" 따위로 되지마는 그림씨면 "작자, 작세, 작읍시
다, 높자, 높세, 높읍시다, 착하자, 착하ㅂ시다, 훌륭하자, 훌륭하세, 훌륭
하ㅂ시다…" 따위로 되지 못합니다. 이와 같은 방법으로써, "먹다, 보다,
일하다, 덜렁거리다…" 따위는 움직씨요, "작다, 높다, 착하다, 훌륭하다…"
따위는 그림씨임을 알 수 있습니다.

물음 4 움직씨〔動詞〕, 그림씨〔形容詞〕의 뜻매김〔定義〕?

　우리말의 움직씨, 그림씨의 정의를 말씀해 주시오.

(4279. 10. 부산, 징검다리)

대답 움직씨라 함은 사람이나 물건이나 일이나의 움직임을 나타내는 낱말
을 일컫는 것이요, 그림씨라 함은 사람이나 물건이나 일이나의 성질, 상태
따위를 어떠하다고 그리어 나타내는 낱말들을 일컫는 것입니다.

물음 5 그림씨〔形容詞〕와 매김씨〔冠形詞〕의 구별?

(4282. 10. 돈암동, 한글생)

대답 그림씨는 줄기〔語幹〕와 끝〔語尾〕의 두 부분으로 되어, 끝바꿈〔어미
변화〕을 하여, 임자말〔主語〕의 뒤에도 쓰이고 임자씨의 앞에도 쓰이며, 때
로는 임자씨〔명사〕 노릇이나 어찌씨〔부사〕 노릇도 하게 되지마는, 매김씨
라는 것은 절대로 끝바꿈〔어미변화〕하는 일이 없고, 또 반드시 이름씨의
앞에만 쓰입니다.

가령, "새롭다, 많다, 이러하다, 그러하다…" 따위는 "정신이 새롭다, 나무가 많다, 일이 이러하다, 때가 그러하다…" 들과 같이 임자말[主語]의 뒤에도 쓰이는 동시에, "새로운 정신, 많은 나무, 이러한 일, 그러한 때…" 들과 같이 임자씨[體言]의 앞에도 쓰이며, 때로는 "새로움, 많음, 이러함, 그러함…" 들과 같이 이름씨 노릇도 하고 "새롭게, 많게, 이러하게, 그러하게…" 들과 같이 어찌씨 노릇도 하게 되니, 이런 것은 그림씨이요, "새, 온갖, 이, 그, 한, 두…" 따위는 끝바꿈[어미변화]도 없고, 반드시 "새 정신, 온갖 나무, 이 일, 그 때…" 들과 같이 이름씨의 앞에만 쓰일 뿐이니, 이런 것은 매김씨입니다.

물음 6 매김씨[冠形詞]와 앞가지[接頭辭]의 구별?

매김씨와 앞가지는 어떻게 구별됩니까?　　　　(4282. 10. 돈암동, 한글생)

대답 매김씨[관형사]는 이름씨[명사]앞에만 쓰이되 그 쓰이는 범위가 넓어서 어떤 이름씨의 앞에든지 거의 일률적으로 쓰일 수 있는 낱말을 이름이요, 앞가지[접두사]는 이름씨뿐 아니라, 움직씨, 그림씨 따위 말에도 그 머리에 붙되, 일률적으로 붙는 것이 아니라, 어떤 몇 개의 말에만 특별히 붙는 것을 이름입니다. 그래서, 매김씨[관형사]는 독립한 한 씨[품사]로 인정되지마는, 앞가지[접두사]는 독립성이 없는 쪽 말에 지나지 못하므로 씨[품사]로 인정되지 못하는 것입니다.

가령, "새, 헛, 이, 그, 한, 두…" 따위는 반드시 이름씨[명사] 앞에만 쓰이되, 모든 이름씨에 두루 쓰일 수 있으므로 매김씨[관형사]요, "엇~, 핫~, 싯~, 설~, 돌~, 개~…" 따위는 혹은 이름씨 머리에("엇셈, 핫옷, 돌감, 개버들" 따위), 혹은 움직씨나 그림씨 머리에 ("엇나가다, 싯누렇다, 설다루다" 따위) 붙되, 어떤 몇개의 말에만 붙을 뿐이므로 앞가지[접두사]입니다.

물음 7 두루이름씨〔普通名詞〕와 홀이름씨〔固有名詞〕?

"하늘, 달, 해" 따위를 두루이름씨라거니 홀이름씨라거니 하는데, 과연 어느 쪽인지 밝히어 주시기를 바랍니다.

(4282. 10. 충남 태안중학, 문 연석)

대답 "하늘, 달, 해" 따위는 다 두루이름씨입니다. 그 개체가 각각 하나씩밖에 없지마는, 그러한 개체가 만일 더 있다 할지라도, 그 이름(하늘, 달, 해)으로 일컬을 것이니, 곧 같은 종류에 두루 쓸 수 있는 이름이므로 두루이름씨입니다. 홀이름씨란 것은 같은 종류 가운데서 다른 개체와 구별하기 위하여 특별히 일컫는 이름이고, 결코 종류를 일컫는 이름은 아닙니다. 가령, 같은 사람 종류 가운데에서 어떤 한 사람을 일컫는 이름이라든지, 같은 나라 종류 가운데에서 어떤 한 나라를 일컫는 이름이라든지, 또는 같은 책 종류의 가운데에서 어떤 한 가지 책을 일컫는 이름 같은 것이 이른바 홀이름씨입니다. 그러므로 한 종류 안에 개체가 여럿이 있든지 하나만 있든지를 물론하고 그 종류를 일컫는 말은 홀이름씨가 아닙니다. 곧 "사람, 나라, 책" 따위가 홀이름씨가 아님과 마찬가지입니다.

물음 8 "도움움직씨"와 "도움그림씨"?

도움움직씨〔補助動詞〕와 도움그림씨〔補助形容詞〕와는 어떻게 구별됩니까?

(4289. 6. 동대문밖, ㄱ.ㄴ.ㄷ.)

대답 도움움직씨나 도움그림씨나 다 어떤 풀이말〔述語〕을 돕기는 마찬가지인데, 그 끝바꿈〔語尾變化〕이 움직씨 끝바꿈으로 되면 도움움직씨요 그림씨 끝바꿈으로 되면 도움그림씨일 뿐입니다. 아래에 실례로 보여 드리겠습니다.

　　도움움직씨인 것.
　　　먹지 아니한다.(아니하는, 아니하네,…)
　　　먹고 있다.(있는, 있네,…)
　　　먹기도 한다.(하는, 하네,…)
　　　먹게 한다.(하는, 하네,…)
　　　곱게 한다.(하는, 하네,…)
　　　고와야 한다.(하는, 하네,…)
　　　학생이라야 한다.(하는, 하네,…)

　　도움그림씨인 것.
　　　먹고 싶다.(싶은, 싶으이,…)　　("싶는, 싶네"로 안 됨)
　　　먹을 만하다.(만한, 만하의,…)　("하는, 하네"로 안 됨)
　　　먹는 듯하다.(듯한, 듯하의,…)　　　〃
　　　곱지 아니하다.(아니한, 아니하의,…)　　〃
　　　곱기도 하다.(한, 하의,…)　　　　　〃
　　　학생인 듯하다.(듯한, 듯하의,…)　　　〃
　　　학생인가 보다.(보의,…)　　　("보네"로 안 됨)

물음 9 "존재사(存在詞)"란 무엇?

　"존재사(存在詞)"란 것은 어떠한 것을 말하는 것입니까?

(4288. 7. 마포, 한글생)

대답 우리말을 씨가름〔品詞分類〕함에 있어서 "있다, 없다, 계시다"의 세 낱말을 가지고 이른바 "존재사(存在詞)"라는 한 갈래로 설정하는 일이 있습니다마는, 나는 그럴 필요를 느끼지 아니합니다.

　이 세 낱말을 따로 한 갈래로 설정하는 주되는 이유라는 것은, 그 말들의 끝바꿈〔어미변화〕하는 모양이 움직씨나 그림씨와 좀 다르다는 것인데, 이른바 그 다르다는 점은 이러한 것입니다. 곧, "있다"란 말은 이를 움직씨〔동사〕로 잡자면 "있는다"로 되지 않기 때문에 움직씨로 잡을 수가 없고,

이를 그림씨〔형용사〕로 잡자면 "있는"으로 되는 일 때문에 그림씨로 잡을 수가 없다 함이요, "없다"란 말은 모든 끝바꿈이 그림씨〔형용사〕와 같은데 다만 "없는"으로 되는 일 때문에 그림씨로 잡을 수가 없다는 것이요, "계시다"란 말은 때로는 움직씨처럼 끝바꿈하기도 하고 때로는 그림씨처럼 끝바꿈하기도 하니 움직씨라 하기도 어렵고 그림씨라 하기도 어렵다는 것입니다. 그래서 이 세 개의 낱말을 그 말뜻의 성질에 따라 "존재사"라는 한 갈래로 묶어서 움직씨나 그림씨의 밖으로 따로 내세우는 것이 좋겠다는 것입니다. 그러나, 그렇게 따지기로 한다면 그 세 낱말의 끝바꿈이 결코 저희끼리 서로 일치하지도 아니하니 또한 한 갈래로 묶을 수도 없는 것입니다. "있다"란 말은 "있거라, 있으시오, 있자, 있세, 있읍시다"와 같이 시킴〔명령〕과 이끎〔청유〕의 움직씨 끝바꿈을 하는데, "없다"란 말은 절대로 "없거라, 없으시오, 없자, 없세, 없읍시다"로 끝바꿈을 하지 못하며, "계시다"도 시킴과 이끎의 끝바꿈을 하여 "없다"와는 같은 갈래가 될 수 없는 것입니다. 결국 크게 보면, "있다"는 움직씨로서 다만 "있는다"로 아니 되는 점이 하나의 벗어난 끝바꿈인 것이요, "없다"는 그림씨로서 다만 "없는"으로 되는 점이 하나의 벗어난 끝바꿈이며, "계시다"도 "있다"와 같이 하나의 벗어난 움직씨로 잡으면 그만인 것입니다.

물음 10 "줄기〔語幹〕"와 "뿌리〔語根〕"?

줄기〔어간〕와 뿌리〔어근〕의 다른 점을 밝히어 주십시오.

(4271. 7. 마산, 김 명규)

대답 "줄기〔語幹〕"란 말은 끝바꿈〔語尾變化〕하는 말, 곧 움직씨, 그림씨 따위에서 쓰는 말로서, 그 끝〔語尾〕을 떼낸 나머지 부분을 일컫는 것("먹다"의 "먹", "착하다"의 "착하", "번쩍거리다"의 "번쩍거리"와 같은 것)이고, "뿌리〔語根〕"란 말은 어떤 낱말에서나 다 쓰는 말로서, 한 낱말 안에 뜻 알

맹이 되는 부분을 일컫는 것("싸라기"의 "쌀", "먹다"의 "먹", "착하다"의
"착", "번쩍거리다"의 "번쩍", "묵직하다"의 "묵" 같은 것)입니다.

곧, "줄기"는 끝바꿈하는 낱말에 있어 "모양"으로서 바뀌지 않는 부분을
일컫는 것이고, "뿌리"는 어떤 낱말에 있어서든지 "뜻"으로서 더 쪼갤 수 없
이 알맹이 되는 부분을 일컫는 것입니다. 그러므로 혹 줄기와 뿌리가 일치
되어, "먹다"의 "먹"과 "희다"의 "희"와 같이 줄기가 뿌리이고 뿌리가 그대로
줄기인 경우도 있지마는, 우리말에서 "줄기"라 하면 모양으로 일컫는 것이
요 "뿌리"라 하면 뜻으로 일컫는 것이기 때문에, 끝바꿈하는 낱말 이외에는
"뿌리"가 있을 따름이고 "줄기"란 것은 없습니다.(물음 1의 〔1〕, 〔2〕 참조)

물음 11 뿌리〔語根〕와 말밑〔語源〕?

뿌리〔語根〕와, 말밑〔語源〕이 어떻게 다릅니까?

(4280, 5. 경남 사천, 김 기열)

대답 "뿌리〔語根〕"는 한 낱말 안에 알맹이 되는 뜻이 들어 있는 부분은
일컫는 말이요, "말밑〔語源〕"은 그 낱말의 변화 발달하여 온 근본 상태를
가리키는 말이니, 가령 "싸라기"란 낱말의 뿌리〔어근〕는 "쌀"이고, 그 말밑
〔어원〕은 옛말의 "뿔＋아기"인데, 또 "뿔"이란 말이나 "아기"란 말도 그렇게
이루어진 근본 상태를 더 캐어서 이렇다 저렇다 할 수 있는 것이니, 뿌리
는 실제 쓰는 낱말의 알맹이인 것이고, 말밑은 그 알맹이가 어떠한 과정을
어떻게 거쳐서 그 낱말이 되었음을 보이는 내력인 것입니다.

물음 12 도움움직씨〔補助動詞〕와 도움줄기〔補助語幹〕?

도움움직씨와 도움줄기는 어떻게 다릅니까? (4282, 10. 돈암동, 한글생)

대답 도움움직씨는 으뜸되는 움직씨를 돕는 종속적인 움직씨요, 도움줄기

는 으뜸되는 줄기를 돕는 종속적인 줄기입니다. 아래에 실례를 들어 드리
겠습니다.(물음 1의 3 참조)

도움움직씨의 경우		도움줄기의 경우		
으뜸움직씨	도움움직씨	으뜸줄기	도움줄기	끝
먹어	보다.	먹	+히	+다.
먹어	내다.	먹	+이	+다.
먹어	버리다.	먹	+었	+다.
먹게	되다.	먹	+겠	+다.
먹지	아니하다.	먹	+이+시	+다.
먹고	말다.	먹	+이+시+었	+다.

물음 13 도움줄기〔補助語幹〕와 도움뿌리〔補助語根〕?

"도움줄기"와 "도움뿌리"는 어떻게 다릅니까? (4282. 10. 돈암동. 한글생)

대답 "도움줄기"는 그 앞의 으뜸되는 줄기를 돕되 형태적으로 줄기의 한
부분을 이루어서 그 아래에 여러 가지로 끝바꿈하는 끝〔語尾〕들이 붙게
되는 것이요, "도움뿌리"는 한 낱말의 뜻 알맹이인 "뿌리"를 돕되 뜻으로만
돕고 형태로는 알맹이가 아닌 뒷가지〔接尾辭〕의 한부분이 됩니다. 아래의
예를 살펴 보십시오.(물음1의 〔3〕 참조)

줄			기				끝
으 뜸 줄 기			도움줄기	도움줄기	도움줄기	도움줄기	
학 자	답						다
학 자	다우		시				오
크			시	었			다
작			으시	었	겠		네
높	직	하				옵	지요
가							ㄴ다
오			시				더라

- 213 -

보	고자	하	시	었	겠	사읍	나이다
뿌 리	도움뿌리	도움뿌리		(뒷	가	지)	
	뒷			가		지	

물음 14 "이다"와 "아니다"?

　　"이것은 사람이다. 이것은 사람이 아니다." 같은 토씨로 "이다"는 붙여 쓰고 "아니다"만 띄어 쓰는 뜻을 풀이해 주시오.

(4279. 10. 부산 두메, 징검다리)

대답 "이다"와 "아니다"를 같이 토씨라 하신 당신의 말씀을 잘 알 수 없습니다. 말본 학자의 각각 견해에 따라 혹은 "이다"를 토씨로, "아니다"를 그림씨〔형용사〕로 잡는 이도 있고, 혹은 "이다"와 "아니다"를 잡음씨〔指定詞〕로 잡는 이도 있고, 또 다른 의견을 가진 이도 있는데, 이 두 말을 다 토씨라고 말씀하신 뜻을 잘 모르겠습니다. 어쨌든지 통일안의 규정으로는 "아니다"는 누가 보아도 독립한 낱말〔單語〕이니 띄어쓰고, "이다"는 무슨 씨〔品詞〕임을 막론하고 독립해서 쓰이지 아니하므로 붙여 쓰기로 된 것입니다.

물음 15 "학자이다"―"학자다"?

　　어느 쪽이 옳습니까? 받침 없는 말 밑에는 "이"가 안 붙는 것이 원칙이 아닐까요?

(4282. 4. 부산 철도국, 조 춘경)

대답 원칙으로는 "이"가 언제나 붙는 것입니다. 받침 없는 말 밑에서 흔히 "이"를 내지 아니하는 것은 편의상으로 줄인 것이지, 원칙은 아닙니다. 만일 받침 없는 말 밑에 "이"가 안 붙는 것이 원칙이라면, "학자었다, 학자어서, 학자이언마는, 학잠…" 들로 말해야 할 텐데, 실제는 그렇게 되지 않고

"학자였다(=학자이었다), 학자연마는(=학자이언마는), 학자여서(=학자이어서), 학자임…" 들로 말하는 것이니, "학자였다"는 "학자이었다"의 준말이요, "학자연마는"은 "학자이언마는"의 준말이요, "학자여서"는 "학자이어서"의 준말임이 분명하지 아니합니까? 더구나, "학자이오니, 학자이온들, 학자이옵고…" 들의 말에서는 "이"를 안 넣을 수가 없을 뿐 아니라, "학자요니, 학자욘들, 학자욥고…"와 같이 줄일 수도 없으니 어찌 받침없는 말 밑에는 "이"가 안 붙는 것이 원칙이라고 말할 수 있습니까? 설혹 보통 말에 흔히 편의상 "이"를 뺄 수 있는 말이라도 똑똑히 말할 때는 "이"를 넣어서 말해야 말이 분명하고 정확하여집니다. "~였다, ~연마는, ~여서, ~임…" 따위의 경우에 "이" 소리를 아주 빼서는 절대로 말이 안됨은 물론이요, "학자다, 학잔들, 학잘까…"와 같이 "이"를 뺄 수 있는 경우에도 "이"를 넣어서 말하면 더 똑똑한 말이 됩니다. 그러므로 "학자이다"가 원칙입니다.

물음 16 "보이다"의 "이"?

"보다"의 입음꼴〔被動形〕인 "보이다"는 "보히다"로 써야 할 것이 아닙니까?   (4297. 7. 이 낙운)

대답 하임꼴〔使動形〕로는 "보이다", 입음꼴〔被動形〕로는 "보히다"로 구별하여 썼으면 좋기는 하겠지마는 "보히다"는 실제 말소리(語音)에 조금도 나지를 아니하니, 일부러 법을 만들기 위하여, 아니 나는 소리를 만들어 쓴다는 것은 맞춤법 통일안의 취지에 지나친 일이니, 일반의 언어(言語) 현실에 비추어 소리대로 "보이다"로 쓰는 것이 타당한 일이라 하겠습니다.

"(잠이) 깨이다, (눈이) 뜨이다, (풀이) 꺾이다, (고기가) 낚이다" 따위의 "이"도 다 입음꼴〔被動形〕입니다.

물음 17 "에"와 "엣"의 구별?

토씨로의 "에"와 "엣"이 어떻게 다릅니까?　(4273. 1. 동경. 나그네 강)

대답 "에"는 단순히 처소를 나타내는 어찌자리〔副詞格〕토요, "엣"은 거기다가 다시 "의" 토의 뜻인 "ㅅ"을 붙이어 뒤에 오는 이름씨를 꾸미는 매김자리〔冠形格〕토입니다.

　이를테면, "위에 있다, 안에 들었다, 집에 간다, 솥에 넣어라, 부뚜막에 놓았다" 들의 "에" 토는 뒤에 오는 풀이씨를 꾸미는 어찌말〔副詞語〕로 쓰이고, "위엣 것, 배안엣 머리, 집엣 돈, 솥엣 물, 부뚜막엣 소금" 들의 "엣" 토는 이름씨를 꾸미는 매김말〔冠形語〕로 쓰입니다.("표준말" 물음 22 참조)

물음 18 "었었다"의 뜻과 용법?

"었었다"의 뜻과 용법을 설명하여 주십시오.　(4271. 7. 황해도. 신 옥동)

대답 "었다"는 지난적〔過去〕을 나타내고 "었었다"는 지난적의 지난적을 나타냅니다. 곧 지난적의 전에 이미 끝나 있음을 나타냅니다. 다시 말하면, 어떤 지난 때의 일을 말하는 중에 그 때보다 먼저 앞서 된 일을 말할 경우에 쓰이는 것입니다. 다음의 예를 살펴 보십시오.

① 작년은 풍년이었다.(지난적) 그러나 재작년까지는 연삼년(連三年) 흉년이었었다.(지난적의 지난적)
② 그 말을 한 번 들었었는데(지난적의 지난적), 곧 잊어 버리었다.(지난적)

물음 19 "않은―않는", "없은―없는"의 쓰는 본?

"않은―않는", "없은―없는"의 쓰는 본을 풀어 주십시오.

(4270. 10. 창앞. 이 호순)

대답 "않은"은 "아니한"이요 "않는"은 "아니하는"입니다. 이것을 어법적으로 설명하자면, 그림씨 줄기〔형용사 어간〕에는 그 줄기가 받침이 있으면 "은", 받침이 없으면 "ㄴ"이 붙고, "는"은 절대로 붙지 아니하며, 움직씨 줄기〔동사 어간〕에는 동작의 끝남을 말할 때는 "은", 또는 "ㄴ"이 붙고, 동작의 계속 진행을 말할 때는 "는"이 붙는 것입니다. 표로써 실례를 간단히 보이어 드리겠습니다.

씨(품사)의 구별 받침 관계	그림씨〔형용사〕	움직씨〔동사〕	
		동작의 끝남	동작의 진행
받침있는 줄기	검은 콩	읽는 책	읽는 책
받침없는 줄기	희ㄴ 콩	보ㄴ 책	보는 책
받침있는 줄기	희지 않은 콩	보지 않은 책	보지 않는 책
받침없는 줄기	희지 아니하ㄴ 콩	보지 아니하ㄴ 책	보지 아니하는 책

이와 같이 그림씨〔형용사〕 줄기에는 언제나 "은"이나 "ㄴ"이 붙고, 움직씨〔동사〕 줄기엔 동작의 끝남에는 "은"이나 "ㄴ", 동작의 계속에는 "는"이 붙는 것이니, 이제 물으신 "않은, 않는"의 "않"은 그림씨로 되는 경우면 반드시 "은"만이 붙을 것이요, 움직씨로 되는 경우면 동작의 끝남에는 "은", 동작의 계속에는 "는"이 붙을 것입니다.(위 표를 잘 보십시오) 이로써 "않은"과 "않는"의 구별을 아실 줄 압니다.

그런데, "없다"란 말은 모든 끝바꿈〔어미변화〕이 그림씨 끝바꿈으로 되는데(곧 그림씨인데), 다만 "은"만은 현대에 와서 특수하게 "는"으로 끝바꿈합니다. (옛말에는 이것도 제대로 "없은"으로 되던 것인데, 현대에 와서 "없는"으로 됨은 하나의 벗어난 끝바꿈이라 할 수 있습니다) (물음 9 참조)

물음 20 "~어, ~어서", "~로, ~로서"?

"먹어, 먹어서", "서울은 우리나라 수도로, 수도로서"의 "서"가 있고

없는 것이 어떻게 다릅니까?　　　　　　　　(4271. 7. 황해도, 신 옥동)

[대답] 간단히 말씀하면, 뜻으로는 대개 같으나 "서"가 있는 것이 없는 것보다 말의 마디를 끊는 힘이 더 세게 됩니다.

이 "서"는 어법적 형태로는 토의 하나이고, 뜻으로는 "있어"의 뜻을 가진 것인데, 대개 어찌말〔副詞語〕 밑에 붙습니다. "서"가 붙는 어찌말의 예를 들자면 아래와 같습니다.

ㄱ. 어찌씨로 된 어찌말에: 그래서, 이래서, 저래서, 어째서, 어때서,…
ㄴ. 이름씨로 된 어찌말에: 거기(에)서, 여기(에)서, 어디(에)서, 집에서, 산에서, 서울(에)서,… 나로서, 학자로서, 학생으로서,…
ㄷ. 풀이씨로 된 어찌말에: 보아서, 먹어서, 보고서, 먹고서, 가다가서, 오다가서, 작아서, 높아서, 딱하여서, 착하고서,…
ㄹ. 풀이토로 된 이찌말에: 학자이어서, 천재이어서, 군인이고서, 대장이고서, 웅변이라서, 강철이라서,…

[물음] 21 "되"와 "데"?

"소리대로 적되"의 "되"와 "길을 가는데"의 "데"가 그 쓰이는 경우가 어떻게 다릅니까?　　　　　　　　(4279. 5. 종로 삼가, 김 종문)

[대답] "되"와 "데"의 문제가 아니라, "~되"와 "~는데"의 문제인데,

(ㄱ) "~되"는
① "소리대로 적되, 어법에 맞도록 적는다."
　"글을 가되, 왼쪽 가에로 가거라."
따위와 같이, 윗 말의 내용을 아랫말로써 조건을 붙이어 제한할 경우와,

② "소리글은 소리대로 적되, 뜻글은 모양대로 적는다."
　　"낮에는 길을 가되, 밤에는 쉰다."

따위와 같이, 윗말의 내용과는 다르게 된 일을 아래에 말할 경우에 쓰는 것이요,

(ㄴ) "~는데"는
① "소리를 듣고 적는데, 말이 똑똑지 않을 때는 곤란하더라."
　　"길을 가는데, 웬 사람이 앞을 막으려고 하더라."

따위와 같이, 윗말의 내용에 잇달아서 더 생기는 일을 베풀어 말할 경우와,

② "나는 소리대로 적는데, 너는 소리대로 안 적는구나."
　　"구름은 가는데, 나는 어이 못 가는고?"

따위와 같이, 뒤에 말할 사실이 윗말의 내용에 부합되지 아니함을 의심스럽게 말할 경우에 쓰이는 것입니다.

물음 22 "지음"과 "지은"?

　　책뚜껑에 지은 사람의 이름 밑에 혹은 "지음"이라 쓰고, 혹은 "지은"이라 쓴 것들을 보았는데, 어느 쪽이 옳습니까?　(4281. 6. 함양. 권 오웅)

대답 "지음"은 이름꼴[명사형]로 된 말이요, "지은"은 매김꼴[관형사형]로 된 말이니까 쓰는 자리가 다릅니다. 책 이름의 앞에 쓸 때는 "지은"으로 될 것이요, 책 이름의 뒤에 쓸 때는 "지음"으로 될 것입니다. 가령: "한글 학회 지은" "큰사전", 혹은 "큰사전" "한글 학회 지음" 이렇게 그 쓰는 자리가 다릅니다.

물음 23 "하매"? "함에"?

어느 쪽이 맞습니까? 말본에 비추어서 설명해 주십시오.

(4282. 4. 경북 영해교, 박 원낙)

대답 "매"는 줄기〔어간〕밑에 붙는 끝〔어미〕이고, "에"는 이름씨〔명사〕밑
에 붙는 토〔조사〕입니다. 그러므로 "매"는 "하"에 직접 붙고 "에"는 "하"의
이름꼴〔명사형〕인 "함"에 붙는 것입니다. 가령, "그는 성적이 우수하매 선
생들의 칭찬이 자자하다", "한번 시험해 보매 그 실력을 가히 알겠더라" 이
런 경우에는 끝〔어미〕으로서의 "매"가 쓰이고, "그는 성적이 우수함에 따라
상급도 많이 받는다", "한번 시험해 봄에 지나지 않는다" 이런 경우는 토로
서의 "에"가 쓰입니다.

물음 24 "함"과 "한다"?

규약문 같은 데에 말끝을 "…함"(가령, "본회는 무슨 회라 칭함.
사무소를 서울에 둠. 회원은 이러이러한 인사로써 조직함. 회비를 낼
의무가 있음." 따위)이라 하는 것은 암만 생각해도 어법상 이름꼴〔명
사형〕이 될 뿐이요 마침꼴〔종지형〕이 되지 못하는데, "…한다, …둔
다, …있다"와 같이 하는 것이 좋지 않을까요?

(4282. 10. 울산 국민교, 정 인석)

대답 물론 좋습니다. 그러나, 간편한 방식으로 하기 위하여 이름꼴〔명사
형〕로 하는 것이 나쁠 것은 없겠지요. 마치 무슨 물목이나 명부 같은 것에
모두 이름씨〔명사〕로만 그치고 아무런 마침꼴〔종지형〕의 토를 쓰지 않는
것과 같은 식이라고 생각하면 괜찮을 것입니다.

□물음□ 25 "열 둘째"는 무슨 씨?

"열 둘째"란 말의 씨〔品詞〕는 무엇이며, 띄어쓰기는 어떻게 하는 것
이 옳습니까?   (4282. 7. 개성. 순신)

□대답□ "열 둘째"라고 하면 어찌씨〔副詞〕가 됩니다.

"사과 먹기 내기에서 그는 벌써 열 둘째(=열 두개째) 먹기 시작한다."

에서 "열 둘"이란 이름씨에 "째"가 뒷가지〔接尾辭〕로 붙어서 어찌씨가 된
것입니다. 이런 경우에는 "열 하나째, 열 둘째, 스물째"라고 하지, "열 한
째, 열 두째, 스무째"로는 되지 아니합니다.

  그런데, 만일 "열 두째"라 하면 이름씨〔名詞〕가 됩니다. 왜냐 하면, "열
두"가 매김씨〔冠形詞〕이니 이 경우의 "째"는 이름씨〔名詞〕 아닐 수 없고 따
라서 그 합친 말 "열 두째"가 이름씨 안 될 수 없습니다. 그러고 이름씨이
니까 경우에 따라서는 "매김씨〔冠形詞〕"로 몸바꿈〔轉成〕하여 쓰일 수 있음
도 물론입니다.

  (ㄱ) 이름씨로의 보기:
      명단 가운데 열 한째의 다음에 "열 두째"가 빠졌다.

  (ㄴ) 매김씨로의 보기:
      김씨의 열 한째 아들과 이씨의 "열 두째" 딸이 결혼했다.

  그러고, 띄어쓰기는 "열 둘째"의 경우나 "열 두째"의 경우나, 또는 "스물
둘째"의 경우나 "스물 두째"의 경우나 다 띄어쓰는 것이 원칙입니다. 이런
경우의 "열"이나 "스물" 따위는 낱말로서는 이름씨이지만 끝엣 낱말인 "둘
째"나 "두째"와 어울리어서 하나의 이은말〔連語, 句〕로서 씨〔品詞〕가 결정

되는 것이니, 이것은 "셈이름씨〔數名詞〕"나 "셈매김씨〔數冠形詞〕의 특수한 점인 것입니다.

물음 26 "암만 하고자 한들 되나"의 어법적 설명?

최 현배 선생이 지은 우리말본에 보면 "하고자"는 움직씨〔動詞〕 이음법〔接續法〕의 뜻함꼴〔意圖形〕인데, ① "한들"은 움직씨〔動詞〕입니까, 도움움직씨〔助動詞〕입니까? 움직씨라면 무슨 법, 무슨 꼴이며, 도움움직씨라면 무슨 도움움직씨인지요? ② "ㄴ들"은 토씨로 볼 수도 있는데, 토씨는 움직씨에는 안 붙는 것이 원칙이 아닙니까? ③ "되나" 이것도 도움움직씨가 아닙니까?   (4279. 5. 서울. 정 대환)

대답 물으신 "우리말본"의 체계로써 설명한다면, ① "한들"은 여김도움 움직씨로 이음법〔接續法〕의 놓는 꼴〔不拘形〕이요(하더라도, 할지라도, 한들 따위), ② "ㄴ들"은 토씨로 쓰일 때가 있지마는 여기서는 본질적으로의 끝〔語尾〕이요("간들, 온들"과 같이), ③ "되냐?"는 독립한 움직씨입니다.

말뜻 관계

VIII

Ⅷ 말뜻〔語義〕 관계

물음 1 "갸륵하다"의 뜻?

"갸륵하다"란 말의 뜻을 가르쳐 주시오.　　　　(4271. 6. 길주, 김 여진)

대답 "갸륵하다"＝썩 착하고 장하다.

예: 남편은 충신이요, 아내는 열녀요, 아들은 효자라니, 참 갸륵한 집안이다.

물음 2 "고울시고"?

어느 책에 쓰인 노래에 "아침 해 고울시고"라는 말이 있는데 무슨 말인지요? "곱다"의 존대말인 "고우시고"가 아닌가요?

　　　　(4282. 7. 남해 국민교, 고 재천)

대답 아닙니다. "～ㄹ씨고"가 한 끝〔어미〕입니다. "고울씨고"로 쓸 것이며, 그 뜻은 "아침 해가 곱기도 하구나"의 뜻입니다. 보통 노래에 흔히 감탄사로 부르는 "얼씨고 절씨고, 지화자 좋을씨고" 하는 것이 이와 같은 따위입니다.

물음 3 "과"? " 및"? "과 및"?

한글 6권 5호의 첫 쪽 18째 줄에 쓰인 "절약과 저축"의 "과"와, 바로 그 다음 줄에 쓰인 "절약 및 저축"의 "및"이 무슨 구별이 있으며, 신문 잡지들에 흔히 쓰는 "～과 및…"과는 어떻게 다릅니까?

　　　　(4271. 7. 광주, 이 재순)

대답 윗 말에 아랫 말을 이어 주는 뜻으로는 마찬가지인데, 그 차이를 말한다면; ① 첫째, 씨〔품사〕로서 "과"는 토임에 대하여 "및"은 어찌씨〔부사〕이니, 수사상(修辭上) 경우를 따라 달리 쓸 수 있고; ② 둘째, "과"는 때에 따라 앞뒤의 두 말을 매우 밀접하게 결합시켜 주는 성질이 있음에 대하여, "및"은 윗 말과 아랫 말을 각각 분명하게 병립시켜 주는 힘이 있으니, 어조상 강약(强弱)의 필요를 따라 달리 쓸 수 있고; ③ 세째, "과(=와)"는 짧은 말에는 물론이요 긴 말과 긴 말의 사이에도 보통으로 쓰임에 대하여 "및"은 특별한 경우 외에는 긴 말에는 잘 쓰이지 않습니다. 그러고, "과 및"은 첫째로, 수사상(修辭上) 겹쳐 쓰는 것이 좋을 때, 둘째로 윗말과 아랫 말을 각각 병립시키는 힘을 강하게 하려 할 때, 세째로, 특히 긴 말과 긴 말을 똑똑하게 갈라 이어 줄 필요가 있을 때 쓰이는 것이 보통일 것입니다.

물음 4 "깁더"의 뜻?

김두봉 지은 "깁더 조선 말본"의 "깁더"라는 말은 무슨 뜻인가요?

(4275. 1. 이 원옥)

대답 처음에 "조선 말본"이라는 책을 지은 후, 그것을 다시 깁고 더하여 발행한 것이 "깁더 조선 말본"인데, 덜된 데를 깁(補)고 모자라는 것을 더(增)하여 지었다는 뜻으로 "깁"과 "더"를 가지고 만든 말이겠지요.

물음 5 "~나니"와 "~노니"?

"기다리나니"와 "기다리노니"는 어떻게 다릅니까?

(4272. 10. 도화동. 김 태식)

대답 ① "~나니"는 진리나 또는 원칙적인 사실을 연역(演繹)하여 말할 때 쓰는 끝〔語尾〕이니, 이를테면, "각시네 꽃을 보소, 피는 듯 이우나니, 옥 같은 얼굴인들 청춘이 매양일까."(영조 때 이 정보의 시조). 참고로 "~나니라(=느니라). ~나니이다" 들과 관련하여 생각해 보십시오.

② "~노니"는 말하는 이가 자기의 동작을 베풀어 말할 때 쓰는 "끝"이니, 이를테면, "새로 스믈 여듧 자를 밍ㄱ노니…"(훈민 정음). "내 날로 세 가지로 내 몸을 살피노니…"(논어 언해). 참고로 "~노라, ~노이다" 들과 관련하여 생각해 보십시오.

〔붙임〕 "나니"는 옛말에서는 위에 말한 뜻 외에 다른 뜻, 곧 "느냐"의 뜻으로 쓰이는 것도 있으니, 위에 말한 것은 끝맺지 아니하고 그 아래에 반드시 다른 말이 잇달아 들어오지마는, "느냐"의 뜻으로는 반드시 말을 끝맺는 데 쓰이니, 아래와 같은 따위가 그것입니다.

"나의 미평(未平)한 꼴을 일월(日月)께 묻잡노니, 구만리 장천에 무삼 일 배아파서 주색에 몹쓸 매인 몸을 쉬이 늙게 하나니?"(옛 시조).

물음 6 "도로"와 "도리어"?

표준말에 "도로"와 "도리어"가 각각 표준말로 사정되었으니, "도로"와 "도리어"가 어떻게 다릅니까? 그리고 한자로 표시하는 데도 "反"으로 썼으니 말뜻도 똑같지 않습니까?   (4272. 4. 대판, 한 독자)

대답 "도로"는 시간상 반대됨을 나타내는 말이요, "도리어"는 사리상 반대됨을 나타내는 말입니다. 가령, 내가 어떤 사람의 물건을 가져왔다가 그후에 다시 그 사람에게 그 물건을 주었을 때는 "도로 주었다"고 할 것이요: 가령, 형보다 아우가 키가 클 때는 "도리어 아우가 크다"고 할 것이니, 이 두 말의 같지 않음을 알 수 있지 않습니까? "표준말 모음"에 한자를 밑에 단 것은 그 말의 대체적 표시에 불과한 것이요 결코 말뜻의 해석이 아님을 알아 주시기 바랍니다.

물음 7 "말"과 "말씀"의 뜻?

"말"과 "말씀"의 뜻이 같습니까, 다릅니까? 그리고 그 용법을 자세히 구별해 주십시오.　　　　　　　　　　　　　　(4271. 10. 북도, 혼나기)

대답 원래 "말씀"은 "말"의 옛말일 따름이나, 현대에는 "말"은 범칭으로 쓰는 말이요, "말씀"은 "말"의 존칭으로 씁니다. 곧, 어른의 말이나, 스승의 말이나, 성현(聖賢)의 말이나, 존대해야 할 이의 말은 "말씀"이라 하고, 보통으로 일컬을 때에는 그저 "말"이라 하는 것입니다. 그러나 본래 예법에 있어서, 자기보다 낮은 사람을 상대로 할 때 이외에는 자기에게 속한 것은 무엇이나 그 상대방에 대하여 낮추어 말하건마는 이 "말씀"만은 자기의 말도 "말씀"이라고 쓰는 경우가 버릇으로 있습니다. 곧 존대 또는 겸손할 자리에는 자기의 말이라도 "말씀"이라고 자기 쪽의 겸손으로 다음의 예와 같이 씁니다. "제 말씀이 옳습니까", "말씀하(오)면 이러합니다", "말씀 드리지요" 따위가 그런 것입니다.

물음 8 "말밑스러운 뿌리[語源的語根]"의 뜻?

맞춤법 통일안에 "말밑스러운 뿌리"(전에는 "語源的語根"이라 한 것)라고 한 데가 있고(23항: "딱하다, 착하다" 따위), 또 거저 "뿌리"[語根]이라고만 한 데도 있는데(27항: "가맣다, 노랗다" 따위), 그 달리 쓰인 구별을 알고자 합니다.　　　　　　(4282. 7. 전주, ㅎ.ㄱ.ㄹ. 개성, 순신)

대답 뜻에 있어서는 마찬가지입니다. 말밑[어원] 없는 뿌리[어근]가 있을 수 없으니까요. 그런데 통일안에 어떤 경우에는 특히 "말밑스러운 뿌리"라고 한 것은 그 뿌리가 그 낱말의 말밑을 캐기에 특히 분명하게 되어 있는 것을 의미하기 위한 표현일 뿐입니다.

가령, 17항의 "고달프다, 고프다,……바쁘다, 예쁘다" 따위라든지, 27항의 "가맣다, 노랗다,……간지럽다, 무겁다" 따위의 말들은 그 뿌리가 말밑 캐기에 그다지 분명하지 않지마는, 21항의 "꾸준히, 넉넉히,……건건이, 배불뚝이……" 따위나 23항의 "딱하다, 착하다,……", 24항의 "번쩍이다, 번득이다,……" 따위의 말들을 그 뿌리가 말밑 캐기에 특히 분명하게 된 것인데, 이렇게 말밑이 분명한 뿌리를 특히 "말밑스러운 뿌리"[語源的語根] 라고 표현한 것입니다.

물음 9 "사뭇"의 뜻?

"사뭇"이란 말의 뜻을 가르쳐 주시오.   (4271. 6. 길주, 김 여진)

대답 "사뭇"= ① 중간에 지체함이 없이 곧장. ② 아무런 거침 없이 막 함부로. 예:

① 원산에 내리지 말고 사뭇 서울까지 가거라.
② 이놈 저놈 가릴 것 없이 사뭇 두드려 주었다.

물음 10 "싸이다"와 "쌓이다"?

"싸이다"와 "쌓이다"의 다른 점을 가르쳐 주십시오.

(4281. 6. 함양, 권 오웅)

대답 "싸이다"는 "싸다"의 입움움직씨[被動詞]요, "쌓이다"는 "쌓다"의 입움 움직씨[被動詞]이니, 아래의 예를 비교해 보십시오.

책보로 과실을 싸니까, 과실이 책보에 싸이었다.
담을 다 쌓고 본즉, 담이 높이 쌓이었다.

물음 11 "아가씨, 아기씨, 아씨,…" 들의 다른 점?

다음 말들의 뜻이 어떻게 다른지 가르쳐 주십시오.
아가씨, 아기씨, 아씨, 새아씨, 새악씨, 각씨. (4281. 6. 함양. 권 오옹)

대답 이 말들은 아래와 같이 다릅니다.

아가씨: 계집애를 귀엽게 일컫는 말.
아기씨: 계집애를 존대하여 일컫는 말.
아　씨: 구습에 젊은 부인을 그 하인이 존대하여 일컫는 말.
새아씨: 구습에 새로 혼인하여 어른이 된 젊은 여자를 그 하인이 존대하
　　　여 일컫는 말.
새악씨: 혼례식 때의 여자를 일컫는 말.
각　씨: 장난감으로 만든 계집애. (또는 "새악씨"의 시골말).

물음 12 "哀別"이란 영화 이름?

이번 새로 도입한 영화에 "눈물겨운 이별"이란 의미로 "哀別"이란 제
목을 붙이고자 하는데, 이 낱말이 용어상 틀림이 없을는지요?

(4292. 8. 태평로 2가. ㅅ.ㅈ.회사 영화부)

대답 한 작품의 제목은 그 작품의 내용을 잘 모르고는 왈가왈부할 수가
없습니다마는, 그 영화의 내용이 "눈물겨운 이별"에 해당한 것이면, 제목을
"눈물겨운 이별"로 하는 것이 "哀別"보다는 훨씬 좋을 것 같습니다. 그 이
유는,
첫째, "哀別"은 그 말 자체가 어감상으로도 그다지 신통한 맛이 없을 뿐
아니라, 말뜻으로도 "哀別"이라면 "슬픈 이별"이란 뜻 밖에 되지 못하고 좀
더 구체적이며 생생한 맛이 나지 않습니다.
둘째, 같은 값이면 한자말로 함보다 될 수 있는대로 우리말로 하는 것이

좋을 줄로 믿습니다. 현금에 우리가 국민문화 재건 도상에 있다는 의미로도 그러하려니와, 실제 효과면으로도 그러할 줄 믿습니다.

물음 13 "어서, 얼른, 빨리……" 들의 다른 점?

다음 말들의 뜻이 어떻게 다른지 가르쳐 주십시오.
어서, 얼른, 빨리, 닁큼, 퍼뜩, 얼핏.　　　　　(4281. 6. 함양, 권 오웅)

대답 모두 비슷비슷한 말이요, 쓰이기도 거의 다 혼동하여 쓰이는 말이어서, 명확한 구별을 짓기가 매우 어렵습니다마는 그 공통되는 중심 개념을 가지고 어감상 조금씩 다른 특징이 있음을 캐어 보면, 대강 아래와 같지 않을까 합니다.

"어서"는 재촉함에 쓰임.
"얼른"은 동작을 오래 미루지 않음에 치중함.
"빨리"는 동작을 느리지 않게 함에 치중함.
"닁큼"은 동작을 가볍게 민첩하게 함에 치중함.
"퍼뜩"은 의식할 사이 없이, 곧 반사적으로 함에 치중함.
"얼핏"은 "얼른"과 같이 쓰되, "퍼뜩"의 뜻을 겸함.

유사한 말이 더 있겠으나 물으신 것에만 그칩니다.

물음 14 "중우"? "중의"? "고의"?

"중우"(아래 홑옷)를 왜 한자로 "中衣", "褌衣"로 씁니까?
　　　　　　　　　　　　　　　　　　　(4271. 7. 울산, 한 독자)

대답 "중우"는 남도의 사투리이고, 서울에서는 "중의", "고의", "속곳" 세 가지로 일컫습니다. "중의"라, "속곳"이라 함은, 이왕에는 소위 행세한다는 집

사람들은 아무리 여름에라도 홑옷 하나만 입는 법이 없고, 홑옷은 속으로
만 입고 그 위에 겹옷을 입는 것이었으니, "속에 입는 옷"이라는 뜻으로,
"속것", "중의"(中衣)란 말이 되었을 것이요, "고의"는 본디 한자의 "褌衣"나
"袴衣"에서 온 것이 아니라, 우리 옛말의 "ㄱ외"에서 "ㄱ외→고외→고의"로
변천된 말인데, 한문에 중독된 폐습으로 비슷한 발음의 한자를 끌어다 붙
인 것입니다. 마치 옛말 "아△l"에서 온 "아이"란 말을 한자의 "兒孩"에서 온
것처럼 오인하고, 옛말 "디새"에서 온 "디새→지아→기와"로 된 말을 한자
의 "蓋瓦"에서 온 것처럼 오인하며, 옛말 "압+아지→아버지"로 된 말을 한
자의 "阿父"에서 온 것처럼 오인하는 따위와 같은 것입니다. 현대 표준말로
는 "고의"로 되어 있습니다.

물음 15 "할까"와 "할꼬"의 다른 점?

"할까"와 "할꼬"는 어떻게 다릅니까?　　　　(4271. 9. 경남, 한 독자)

대답 대체로 "할까?"는 주로 남에게 말할 때에 많이 쓰고, "할꼬?"는 혼잣말
의 경우나 깊은 의심의 경우에 많이 씁니다. 그러므로 어감상으로 "할꼬"가
"할까"보다 깊은 의심이나 그윽한 감탄의 맛을 가진 말이라고 하겠습니다.

물음 16 "할 나위 없다"의 뜻?

"할 나위 없다"라는 말은 무슨 뜻입니까?　　　(4273. 4. 고원, 천 혁)

대답 "할 여지나 필요가 없다"는 뜻이니, 이를테면, "더 할 나위가 없다"는
"더 할 여지가 없다"의 뜻이요, "물어 볼 나위도 없다"는 "물어 볼 필요도
없다"와 같은 뜻입니다.

물음 17 "할라치면"의 뜻?

"할라치면"은 무슨 말입니까?   (4272. 2. 함남, 적 예건)

대답 "할라치면"은 어원적으로 보면 "한다고 치면"일 것이나 실제로는 "하면", "할 때에는", "할 것 같으면" 따위의 뜻으로 쓰는 것입니다.

물음 18 "홀"과 "홑"?

"홀"("홀아비, 홀어미, 홀로" 들과 같이)은 인물 등을 가리킬 때 쓰는 말이요, "홑"("홑것, 홑옷, 홑으로" 들과 같이)은 물건 등을 말할 때 쓰는 것이 아닌가 합니다. 그러므로 "표준말 모음" 69쪽 2단에 "홑몸"(單身)은 "홀몸"의 틀림이 아닌가요?   (4270. 12. 동래, 이 인기)

대답 "홀"은 상대방이 없음을 뜻하는 말이니, 한자의 "獨"에 해당하며, "홑"은 겹이 아님을 뜻하는 말이니, 한자로 "單"에 해당하다 하겠습니다. 다시 말하면 "홀"(獨)은 "뭇"(衆)에 대되는 말이요, "홑"(單)은 "겹"(複)에 대되는 말이니, 홀이라 뭇이라 함은 개체의 수효로 말함이요, 홑이라, 겹이라 함은 개체의 됨됨이를 말함이라 하겠습니다. 그래서, 사람이나 물건이나를 물론하고, 상대방이 없는 경우임과, 겹으로 되지 아니한 경우임을 따라, "홀"(獨)과 "홑"(單)이 달리 쓰입니다. 이를테면, "홀아비, 홀어미, 홀소리, 독신(獨身), 독목(獨木)" 들은 대상되는 다른 개체가 없이 저 혼자의 것이라는 뜻으로 쓰인 말들이요, "홑사람, 홑몸, 홑옷, 단신(單身), 단엽(單葉), 단세포(單細胞)" 들은 형태나 됨됨이가 여러 겹으로 되지 않은 한겹만으로의 것이라는 뜻으로 쓰인 말들입니다. 그런데, "홑몸"(單身)이라는 말은 무슨 말이냐 하면 "포태(抱胎)하지 아니한 몸", 또는 "딸린 수원(隨員)을 데리지 않고 단순하게 가는 몸"을 뜻한 말이요, 상대방의 있고 없음을 연상하는 말이 아니니, "홀몸"이 아니라 "홑몸"이 옳습니다. 만일 상대방의 없는 "홀"(獨)의 뜻으로, "남편 없는 몸"이나, "아내 없는 몸"이나, 또는 "형제 없는 몸"이나를 가리킬 경우, 곧 "독신"의 뜻으로 일컬을 때는 "홀몸" 요새 흔히 쓰는 말로는 "혼잣몸"이라고 합니다. 다시 간단히 말씀하면 단신으로는 "홑몸"이요, 독신으로는 "혼잣몸"이라 합니다. "홀몸"이라 하면 "혼잣몸"이란 말과 같이 되어 "홑몸"과는 다른 뜻이 됩니다.

물음 19 "홀소리"와 "닿소리"의 뜻?

"홀소리"와 "닿소리"란 말의 뜻을 간단히 설명해 주십시오.

(4272. 4. 대판. 한 독자)

대답 "홀소리"는 입안의 아무데도 닿지 않고 홀로 나오며, 또 그 글자가 저 홀로 한 소리를 이룰 수 있으므로 "홀소리"라 하고, 닿소리는 입안의 어지든지 닿고 나오는 소리이며, 또 그 글자가 홀소리 글자에 닿아서야 한 소리를 이룰 수 있으므로 "닿소리"라 합니다.

붙 임

I 흔히 쓰는 "토씨〔助詞〕"

1. 자리토씨〔格助詞〕 (순전히 이름씨의 자리〔格〕만을 정해 주는 토씨)

〔1〕 임자자리토씨〔主格助詞〕

이: (닿소리 밑에 쓰임)
꽃이 핀다. 달이 밝다.

가: (홀소리 밑에 쓰임)
새가 노래한다. 비행기가 빠르다.

께(옵)서: (높임에 쓰임)
아버지께(옵)서 보셨다. 할머니께(옵)서 부르신다.

서: (단체에 쓰임)
이번 전쟁에 미국서 이겼다. 정부서 명령했다.

(이)라(서): (힘줌에 쓰임)
누구라(서) 그랬니? 저 사람이라(서) 그랬지.

〔2〕 풀이자리토씨〔敍述格助詞〕

이다: ("이"가 줄기로서 "다"가 끄바꿈함)
그가 학자이다(이고, 이니, 이면, …).
학생이다(이고, 이니, 이면, …).

〔3〕 매김자리토씨〔冠形格助詞〕

의: (다른 이름씨의 앞에만 쓰임)
나의 친구. 한국의 보배.

〔4〕 부림자리토씨〔目的格助詞〕

　을: (닿소리 밑에 쓰임)
　　내가 책을 샀다. 누가 돈을 주었니?
　를: (홀소리 밑에 쓰임)
　　새가 노래를 부른다. 고양이가 쥐를 잡았다.

〔5〕 기움자리토씨〔補語格助詞〕

　이: 가: ("되다"와 "아니다"이 앞에만 쓰임)
　　그는 군인이 되었다. 너는 학자가 되겠다.
　　그는 군인이 아니다. 너는 학자가 아니다.
　과: 와: (비교에만 쓰임)
　　연기가 구름과 같다. 구름이 연기와 다르다.

〔6〕 이음자리토씨〔接續格助詞〕

　과: 와: (앞뒤 말의 사이에 쓰임)
　　풀과 나무. 나무와 풀.
　하고…하고: (여러 말 각각의 밑에 쓰임)
　　너하고 나하고 같이 가자.
　에(다)…에(다):
　　밥에(다) 떡에(다) 술에(다) 작뜩 먹었다.
　(이)고…(이)고:
　　밥이고 떡이고 국수고 과자고 막 먹네.
　(이)며…(이)며:
　　감이며 대추며 배며 사과며 없는 게 없다.
　(이)니…(이)니:
　　범이니 곰이니 토끼니 노루니 다 보았네.
　(이)라…(이)라:
　　콩이라 팥이라 보리라 수수라 모두 심자.

(이)야…(이)야:
　금<u>이야</u> 옥<u>이야</u> 진주<u>야</u> 밀화<u>야</u> 막 나온다.

(이)네…(이)네:
　형<u>이네</u> 아우<u>네</u> 조카<u>네</u> 손자<u>네</u> 떼몰아 왔다.

(이)랑…(이)랑:
　머루<u>랑</u> 다래<u>랑</u> 먹고 형<u>이랑</u> 아우<u>랑</u> 놀자.

(이)나…(이)나:
　하루<u>나</u> 이틀<u>이나</u> 더 놀다 가시오.

(이)든지…(이)든지:
　내일<u>이든지</u> 모레<u>든지</u> 다 좋다.

(이)ㄴ지…(이)ㄴ지:
　눈<u>이ㄴ지</u> 비<u>ㄴ지</u> 잘 모르겠다.

〔7〕 어찌자리토씨〔副詞格助詞〕

에: (곳을 나타냄에 두루 쓰임)
　집<u>에</u> 있다. 집<u>에</u> 갔다. 세계<u>에</u> 유명하다.

(에)서: (정한 것이나 나온 것에 쓰임)
　시골<u>(에)서</u> 산다. 집<u>에서</u> 왔다. 세계<u>(에)서</u> 제일이다.

에게: (주는 곳으로, 사람에 쓰임)
　너<u>에게</u> 주겠다. 저이<u>에게</u> 맡겨라. 아들<u>에게</u> 전하자.

께: (주는 곳으로, 높은 사람에 쓰임)
　형님<u>께</u> 드렸다. 어머님<u>께</u> 맡겨라. 아버지<u>께</u> 고해라.

한테: (직접 주는 곳으로, 사람에 쓰임)
　너<u>한테</u> 주겠다. 저이<u>한테</u> 맡겨라. 아들<u>한테</u> 전하자.

에게서: (나온 곳으로, 사람에 쓰임)
　누구<u>에게서</u> 얻었니? 저분<u>에게서</u> 배웠소.

께서: (나온 곳으로, 높은 사람에 쓰임)
　형님<u>께서</u> 얻었다. 선생님<u>께서</u> 들었다.

한테서: (직접 나온 것으로, 사람에 쓰임)

누구<u>한테서</u> 얻었니? 저분<u>한테서</u> 배웠소.

(으)로부터: (떠난 곳에 쓰임)

부산<u>으로부터</u>(목포<u>로부터</u>) 옵니다.

옛적<u>으로부터</u>(예<u>로부터</u>) 전해 온다.

(에)까지: (닿는 곳에 쓰임)

부산<u>(에)까지</u>. 목포<u>(에)까지</u>. 오늘<u>(에)까지</u>. 후세<u>(에)까지</u>.

(으)로서: (지낸 곳에 쓰임)

바람이 강<u>으로서</u>(바다<u>로서</u>) 불어 온다.

(에)로: (향한 곳에 쓰임)

산<u>에로</u> 간다. 바다<u>(에)로</u> 가자.

에게(로): (행한 곳으로, 사람에 쓰임)

그<u>에게(로)</u> 돌려라. 남<u>에게(로)</u> 미룬다.

께(로): (향한 곳으로, 사람에 쓰임)

형님<u>께(로)</u> 돌려다. 아버지<u>께(로)</u> 미룬다.

한테(로): (직접 향한 곳으로, 사람에 쓰임)

나<u>한테(로)</u> 오시오. 형님<u>한테(로)</u> 보냈다.

더러: (대해 말함에 쓰임)

김군<u>더러</u> 가라 했소. 그이<u>더러</u> 가래라.

보고: (대해 봄에 쓰임)

나<u>보고</u> 형이라 한다. 그이<u>보고</u> 오래라.

〈이상은 곳〔處所〕에 관한 어찌토씨들임〉

(으)로: (변화에 쓰임)

비가 눈<u>으로</u> 변했다. 가짜가 진짜<u>로</u> 되었다.

비를 눈<u>으로</u> 알았다. 가짜를 진짜<u>로</u> 인정했다.

(으)로: (으)로써: (재료에 쓰임)

금<u>으로(써)</u> 도끼를 만들었다.

김씨<u>로(써)</u> 아내를 삼았다.

(으)로: (으)로써: (연장에 쓰임)

톱으로(써) 나무를 베었다.

김씨로(써) 서기를 삼았다.

(으)로: 에: (원인에 쓰임)

그가 병으로(감기로) 누워 있다.

어젯밤 바람에(비에) 꽃이 많이 떨어졌다.

〈이상은 변동[變動]에 관한 어찌토씨들임〉

(으)로: (으)로서: (자격에 쓰임)

그가 회장으로(총무로) 뽑혔다.

그는 선비로서 청렴하다. 군인으로서 정직하다.

치고: 쳐놓고: (종류에 쓰임)

풀치고(쳐놓고) 모르는 풀이 없다.

대로: (현상에 쓰임)

네 말대로 하자. 마음대로 놀아라.

토록: (늘임에 쓰임)

웬 돈을 백 환토록 주었니? 종일토록 놀자.

처럼: 같이: 만큼: 보다: 에서: (비교에 쓰임)

참새처럼 뛴다. 너같이 느린 놈. 너만큼 안다.

배꼽이 배보다 크다. 어찌 이에서 더하랴?

씩: (따로따로 함에 쓰임)

꽃이 하루에 하나씩 핀다. 너는 하루씩 쉬어라.

우리 얼마씩 가릅시다.

과(와): (이)랑: 하고: (함께함에 쓰임)

김군과(김씨와) 함께 왔다. 김군이랑(김씨랑) 함께 왔다.

김군하고 나눠 가져라.

〈이상은 여러 가지 형편에 관한 어찌토씨들임〉

2. 도움토씨〔補助助詞〕 (자리〔格〕는 상관 없이, 뜻을 도와 주는 토씨).

〔1〕두루도움토씨〔通用補助助詞〕
　　(아무런 이름씨나, 또는 어찌씨나 풀이씨나에 두루 쓰임)

은(는): (분간하는 뜻도움)
　　산은 높고 바다는 넓다. (임자자리에)
　　떡은 먹고 차는 마신다. (부림자리에)
　　잘은 하되 오래는 못한다. (어찌씨에)

만: (따로 세우는 뜻도움)
　　다 왔는데 김군만 오지 않았군. (임자자리에)
　　나는 오직 김군만 기다립니다. (부림자리에)
　　잘만 하면 되지, 빨리만 하면 제일인가? (어찌씨에)

도: ("또한"의 뜻도움)
　　자네가 가면 김군도 가겠지. (임자자리에)
　　그는 술을 끊고 담배도 끊었네. (부리자리에)
　　그는 일을 잘할 뿐 아니라, 빨리도 한다. (어찌씨에)

부터: (시작함에 뜻도움)
　　너부터 회개하라. 글자부터 틀렸다. (임자자리에)
　　너부터 부르마. 김칫국부터 마신다. (부림자리에)
　　일찍부터 알았다. 아까부터 기다렸다. (어찌씨에)

까지: (끝짐의 뜻도움)
　　너까지 가야겠니? 비까지 오네. (임자자리에)
　　그놈까지 잡아라. 돈까지 주네. (부림자리에)
　　왜 저리까지 야단인고? 길이까지 전하리. (어찌씨에)

조차: ("따라서"의 뜻도움)
　　너조차 떠드니? 추운데 비조차 오네. (임자자리에)
　　늙고서 짐조차 지랴? 돈조차 잃었대. (부림자리에)

마저: (마지막의 뜻도움)
　　김군마저 떠났다. 나마저 가겠다. (임자자리에)

요것마저 먹어라. 저놈마저 잡자. (부림자리에)

마다: ("깡그리"의 뜻도움)

선생마다 좋다. 말마다 옳다. (임자자리에)

회원마다 불러라. 문제마다 살핀다. (부림자리에)

(이)나: (가리는 뜻도움)

감군이나(김씨나) 오래라. 떡이나(사과나) 있나? (임자자리에)

김군이나(김씨나) 청하자. 떡이나(사과나) 먹세. (부림자리에)

그리나 해 볼까? 더나 괴롭히지 말게. (어찌씨에)

(이)든지: (이)라도: (안가리는 뜻도움)

무엇이든지(누구든지) 좋다. 어떤 사람이라도(아무라도) 와야지.
(임자자리에)

무엇이든지(누구든지) 보내라. 그것이라도(그거라도) 먹자.
(부림자리에)

조금이든지(더든지) 주시오. 조금이라도(더라도) 괜찮소. (어찌씨에)

이(나): (늘잡는 뜻도움)

열흘이나(닷새나) 되었구나. 백 명이나(백 개나) 모였다니? (임자자리
에)

소주를 세 병이나(서 되나) 먹다니? 어떻게 열흘이나(닷새나) 기다려?
(부림자리에)

어찌나 우습든지! 그만큼이나(그리나) 많아요? (어찌씨에)

(이)나마: (아쉬움의 뜻도움)

쓴 된장이나마(김치나마) 있나? 그것이나마(그나마) 다 떨어졌네.
(임자자리에)

쓴 된장이나마(김치나마) 주게. 그것이나마(그나마) 먹으려나? (부림
자리에)

조금이나마(그리나마) 시험해 보세. (어찌씨에)

(이)야: (이)야말로: ("과연 특별함"에 뜻도움)

그것이야(그야) 없어도 좋아. 그것이야말로(그야말로) 나의 소원일세.
(임자자리에)

그것이야(그야) 버릴 수 없지. 그것이야말로(그야말로) 써야지. (부림
자리에)

(이)ㄴ들: (이)라고: ("별것 아님"의 뜻도움)

형님인들(나ㄴ들) 다 아오? 돌이라고(쇠라고) 견딜까? (임자자리에)

형님인들(자네ㄴ들) 특대하겠나? 돌이라고(쇠라고) 못 뚫으랴? (부림
자리에)

(은, 는)커녕: 은(는)새로에: ("물론이고"의 뜻도움)

눈(은)커녕(비(는)커녕) 물도 안 온다. 꽃은새로에(나무는새로에) 풀도
없다. (임자자리에)

돈(은)커녕(쇠(는)커녕) 물도 안 주데. 꽃은새로에(나무는새로에) 풀도
못 보았네. (부림자리에)

잘(은)커녕. 빨리(는)커녕. 잘은새로에. 빨리는새로에. (어찌씨에)

서껀: ("여럿들"의 뜻도움)

김군서껀 어디 갔나? 봉숭아서껀 더러 피었더라. (임자자리에)

김군서껀 불러 올까요? 사과서껀 많이 먹어라. (부림자리에)

밖에: ("더없음"의 뜻도움)

나밖에 그것을 모른다. 갈 수밖에 없다. (임자자리에)

나는 그것밖에 모른다. 나는 십 환밖에 받지 않았소. (부림자리에)

(으)ㄹ랑: ("은"보다 힘주는 뜻도움)

김군을랑(김씨ㄹ랑) 이리 오오. 저분을랑(저이ㄹ랑) 좀 앉았으래라.
(임자자리에)

김군을랑(김씨ㄹ랑) 보내 버려라. 밤을랑(대추ㄹ랑) 이리 주게. (부림
자리에)

조금을랑(더ㄹ랑) 하지 말아라. (어찌씨에)

곧: ("만"과 같되 "반드시"의 뜻도움)

날곧 새면 먹을 것을 찾는다. 바람곧 불면 비올까 걱정이다. (임자자
리에)

너곧 보면 기쁘더라. 노래곧 부르면 춤을 춘다. (부림자리에)

〔2〕 마침도움토씨〔終止補助助詞〕

　　(말끝 마친 뒤에 붙여 씀)

　마는: (뒤에 뒤집는 말을 하려 할 때)

　　봄이 왔다(왔네, 왔지, 왔습니다)마는, 꽃이 안 핀다(피네, 피오, 핍니
　　다).

　요: (말끝을 마치면서 높이거나 정녕하게 도움)

　　봄이 왔네(왔어, 왔지, 왔습니다)요.

　그려: (말끝을 마치면서 느낌으로 도움)

　　봄이 왔네(왔소, 왔지, 왔습니다)그려.

　　　　(마침도움토씨는 이 셋뿐임)

〔3〕 부름도움토씨〔呼稱補助助詞〕

　　(이름씨에 붙어 부르는 뜻만 나타내고, 다른 말과의 직접적인 연
　　락은 취하지 아니함)

　아: 야: (낮춤에 쓰임)

　　수복아. 간난아. 달아. 곰아. 두껍아. 복동아. (닿소리 밑에 붙음)

　　누나야. 붕어야. 바보야. 복수야. 언니야. 애야. (홀소리 밑에 붙음)

　(이)여: (이)시여: (높임이나 느낌으로 쓰임)

　　임이여. 애인이여. 벗이여. 가을이여. 금강산이여. 임이시여. 하느님이
　　시여. (닿소리 밑에 붙음)

　　주여. 여호아여. 친구여. 동무여. 꾀꼬리새여. 장미화여. 주시여. 여화
　　아시여. (홀소리 밑에 붙음)

Ⅱ 흔히 쓰는 "끝〔語尾〕"

1. 마침끝〔終止形語尾〕 (말을 끝마치는 꼴〔形〕로 된 끝)

〔1〕 베풂끝〔敍述語尾〕

~다: (으뜸꼴〔基本形〕)
　밥을 <u>먹다</u>. 책을 <u>보다</u>.　　　　　　　　　　　　(움직씨)
　산이 <u>높다</u>. 구름이 <u>희다</u>.　　　　　　　　　　　(그림씨)
　내가 학생<u>(이)다</u>. 그는 학자<u>(이)다</u>.　　　　　(풀이토씨)

~는(ㄴ)다: (현재, 낮춤)
　나는 밥을 <u>먹는다</u>. 책을 <u>보느다</u>.　　　　　　　(움직씨)

~네: ~의: ~ㄹ쎄: (현재, 예사낮춤)
　밥을 <u>먹네</u>. 책을 <u>보네</u>.　　　　　　　　　　　(움직씨)
산이 <u>높의</u>. 달이 <u>크의</u>.　　　　　　　　　　　　(그림씨)
그가 학생이<u>ㄹ쎄(이네)</u>. 학자(이)<u>ㄹ쎄(이네)</u>.　(풀이토씨)

~어: ~아: (현재, 반말)
　나는 밥을 <u>먹어</u>. 책을 <u>보아</u>.　　　　　　　　　(움직씨)
　산이 퍽 <u>높아</u>. 빛이 너무 <u>희어</u>.　　　　　　　(그림씨)
　나는 학생<u>이어</u>. 그는 학자<u>여(=이어)</u>.　　　　(풀이토씨)

~(으)오: (현재, 예사높임)
　나는 밥을 <u>먹으오</u>. 책을 <u>보오</u>.　　　　　　　　(움직씨)
　산이 꽤 <u>높으오</u>. 구름이 <u>희오</u>.　　　　　　　　(그림씨)
　그는 학생<u>이요(=이오)</u>. 학자<u>요(=이오)</u>.　　　(풀이토씨)

~소: (현재, 예사높임)
　지금 밥을 <u>먹소</u>.　　　　　　　　　　　　　　　　(움직씨)
　산이 매우 <u>높소</u>.　　　　　　　　　　　　　　　　(그림씨)

~(으, 스) ㅂ니다: (현재, 높임)

  밥 먹으(스)ㅂ니다. 책을 보ㅂ니다.   (움직씨)

  산이 높으(스)ㅂ니다. 눈이 회ㅂ니다.   (그림씨)

  그는 학생이ㅂ니다. 학자(이)ㅂ니다.   (풀이토씨)

~느니라: ~(으)리라: (원칙, 낮춤)

  누에는 뽕잎을 먹느니라. 봄에는 꽃이 피느니라.   (움직씨)

  하늘은 높으니라. 눈은 희니라.   (그림씨)

  개는 동물이니라. 그는 학자(이)니라.   (풀이토씨)

~느니: ~으니: (원칙, 예사낮춤)

  누에는 뽕을 먹느니. 봄에는 꽃이 피느니.   (움직씨)

  금강산은 퍽 높으니. 눈은 희니.   (그림씨)

  개는 영리한 동물이니. 그는 군자(이)니.   (풀이토씨)

~으(스)ㅂ닌다: (원칙, 높임)

  누에는 뽕을 먹으(스)ㅂ닌다. 봄엔 꽃이 피ㅂ닌다.   (움직씨)

  산이 높으(스)ㅂ닌다. 눈은 희ㅂ닌다.   (그림씨)

  밥이 제일이ㅂ닌다. 그는 천재(이)ㅂ닌다.   (풀이토씨)

~더라: (도로생각, 낮춤)

  밥을 먹더라. 책을 보더라.   (움)

  산이 높더라. 구름이 희더라.   (그)

  그는 학생이더라. 학자(이)더라.   (토)

~데: (도로생각, 예사낮춤)

  밥을 먹데. 책을 보데.   (움)

  산이 높데. 구름이 희데.   (그)

  그는 학생이데. 그는 천재(이)데.   (토)

~(으, 스)ㅂ디다: (도로생각, 높임)

  밥을 먹으(스)ㅂ디다. 책을 보ㅂ디다.   (움)

  산이 높으(스)ㅂ디다. 얼굴이 희ㅂ디다.   (그)

  그는 학생이ㅂ디다. 학자(이)ㅂ디다.   (토)

~더니라: (원칙의 도로생각, 낮춤)

  술을 잘 먹더니라. 춤을 잘 추더니라.   (움)

얼굴이 <u>둥글</u>더니라. 키가 <u>크</u>더니라.　　　　　　　(그)

그가 영웅<u>이</u>더니라. 학자<u>(이)</u>더니라.　　　　　　(토)

~더니: (원칙의 도로생각, 예사낮춤)

술을 잘 <u>먹</u>더니. 춤을 잘 <u>추</u>더니.　　　　　　　(움)

얼굴이 <u>둥글</u>더니. 키가 <u>크</u>더니.　　　　　　　　(그)

그가 웅변<u>이</u>더니. 그는 군자<u>(이)</u>더니.　　　　　　(토)

~(으, 스)ㅂ디다: (원칙의 도로생각, 높임)

술을 잘 <u>먹으(스)</u>ㅂ디다. 춤을 잘 <u>추</u>ㅂ디다.　　(움)

얼굴이 좀 <u>검으(스)</u>ㅂ디다. 키가 <u>크</u>ㅂ디다.　　(그)

그가 웅변<u>이</u>ㅂ디다. 천재<u>(이)</u>ㅂ디다.　　　　　　(토)

~(으)리라: (장래나 추측, 낮춤)

밥을 <u>먹으리라. 책을 보</u>리라.　　　　　　　　　　　(움)

얼굴이 <u>붉으</u>리라. 머리가 <u>희</u>리라.　　　　　　　　(그)

아마 쌍둥<u>이</u>리라. 아마도 여자<u>(이)</u>리라.　　　　　(토)

~(으)리: (장래나 추측의 예사낮춤)

밥을 잘 <u>먹으</u>리. 좋은 벗을 <u>만나</u>리.　　　　　　　(움)

얼굴이 <u>붉으</u>리. 키가 더 <u>크</u>리.　　　　　　　　　(그)

아마 학생<u>이</u>리. 아마도 여자<u>(이)</u>리.　　　　　　　(토)

~(으)리다: (장래나 추측의 높임)

밥을 <u>먹으</u>리다. 비가 <u>오</u>리다.　　　　　　　　　　(움)

옷이 <u>검으</u>리다. 좀 더 <u>크</u>리다.　　　　　　　　　(그)

아마, 학생<u>이</u>리다. 아마도 여자<u>(이)</u>리다.　　　　　(토)

~(으)ㄹ지니라: (마땅히 할 일)

밥을 <u>먹을</u>지니라. 조용히 <u>가르</u>지니라.　　　　　　(움)

~(으)마: (약속, 낮춤)

밥을 <u>먹으</u>마. 돈을 <u>주</u>마.　　　　　　　　　　　　(움)

~(으)ㅁ세: (약속, 예사낮춤)

밥을 <u>먹으</u>ㅁ세. 돈을 <u>주</u>ㅁ세.　　　　　　　　　　(움)

~(으)께: (약속, 반말)

밥을 <u>먹으</u>께. 돈을 <u>주</u>께.　　　　　　　　　　　　(그)

~(으)께요: (약속, 높임)

　밥을 <u>먹으께요</u>. 돈을 <u>드리께요</u>. 　　　　　　　　　　　(움)

~(으)련다: (의향, 낮춤)

　밥을 <u>먹으련다</u>. 춤을 <u>추련다</u>. 　　　　　　　　　　　(그)

~(으)려네: (의향, 예사낮춤)

　밥을 <u>먹으려네</u>. 책을 <u>보려네</u>. 　　　　　　　　　　　(움)

~(으)려오: (의향, 예사높임)

　밥을 <u>먹으려오</u>. 책을 <u>보려오</u>. 　　　　　　　　　　　(움)

~(으)렵니다: (의향, 높임)

　밥을 <u>먹으렵니다</u>. 책을 <u>보렵니다</u>. 　　　　　　　　　(움)

~노라: (스스로의 현재, 낮춤)

　밥을 <u>먹노라</u>. 책을 <u>보노라</u>. 　　　　　　　　　　　　(움)

~노이다: (스스로의 현재, 높임)

　밥을 <u>먹노이다</u>. 책은 <u>보노이다</u>. 　　　　　　　　　　(움)

~지: (짐작, 반말)

　밥을 <u>먹지</u>. 비가 <u>오지</u>. 　　　　　　　　　　　　　　(움)

~것다: (다짐, 현재)

　그자가 밥을 <u>먹것다</u>. 그가 정말 <u>모르것다</u>. 　　　　　　(움)

　지금은 하나도 <u>없것다</u>. 눈이란 것은 <u>희것다</u>. 　　　　　(그)

　그가 학생<u>이것다</u>. 그가 제 아우<u>(이)것다</u>. 　　　　　　(토)

~(으)렷다: (다짐, 장래나 추측)

　밥을 <u>먹으렷다</u>. 내일은 비가 <u>오렷다</u>. 　　　　　　　　(움)

　얼굴이 <u>붉으렷다</u>. 수염이 <u>희렷다</u>. 　　　　　　　　　　(그)

　아마 학생<u>이렷다</u>. 아마도 여자<u>(이)렷다</u>. 　　　　　　　(토)

〔2〕 물음끝〔疑問語尾〕

~느냐: (으)냐: 니: (현재, 낮춤)

　밥을 <u>먹느냐(먹니)</u>? 책을 <u>보느냐(보니)</u>? 　　　　　　(움)

　산이 <u>높으냐(높으니)</u>? 구름이 <u>희냐(희니)</u>? 　　　　　(그)

네가 학생<u>이</u>냐(<u>이니</u>)? 그가 학자(<u>이</u>)냐(<u>이니</u>)?   (토)

~는가(~나): (으)ㄴ가: (현재, 예사낮춤)

밥을 <u>먹는가</u>(<u>먹나</u>)? 책을 <u>보는가</u>(<u>보나</u>)?   (움)

산이 <u>높으</u>ㄴ가? 구름이 <u>희</u>ㄴ가?   (그)

그가 학생<u>이</u>ㄴ가? 학자(<u>이</u>)ㄴ가?   (토)

~는고(~노): (으)ㄴ고: (현재; 깊은 의문)

밥을 왜 <u>먹는고</u>(<u>먹노</u>)? 어째 <u>오는고</u>(<u>오노</u>)?   (움)

하늘이 얼마나 <u>높은고</u>? 눈이 어째 <u>희</u>ㄴ고?   (그)

그게 무엇<u>이</u>ㄴ고? 그가 누구(<u>이</u>)ㄴ고?   (토)

~어: ~아: (현재, 반말)

밥을 왜 <u>먹어</u>? 누가 책을 <u>보아</u>?   (움)

산이 얼마나 <u>높아</u>? 꽃이 왜 <u>희어</u>?   (그)

그게 무엇<u>이어</u>? 그게 누구여(=<u>이어</u>)?   (토)

~(으)오: (현재, 예사높임)

밥을 왜 <u>먹으오</u>? 누가 책을 <u>보오</u>?   (움)

산이 얼마나 <u>높으오</u>? 눈이 왜 <u>희오</u>?   (그)

저게 무엇<u>이요</u>(=<u>이오</u>)? 그게 누구요(=<u>이오</u>)?   (토)

~소: (현재, 예사높임)

밥을 왜 <u>먹소</u>?   (움)

산이 얼마나 <u>높소</u>?   (그)

~(으, 스)ㅂ니까: (현재, 높임)

밥을 왜 <u>먹으(스)</u>ㅂ니까? 책을 <u>보</u>ㅂ니까?   (움)

산이 <u>높으(스)</u>ㅂ니까? 머리가 <u>희</u>ㅂ니까?   (그)

저게 무엇<u>이</u>ㅂ니까? 그게 누구(<u>이</u>)ㅂ니까?   (토)

~더냐(~디): (도로생각, 낮춤)

밥을 <u>먹더냐</u>(<u>먹디</u>)? 책을 <u>보더냐</u>(<u>보디</u>)?   (움)

산이 <u>높더냐</u>(<u>높디</u>)? 꽃이 <u>희더냐</u>(<u>희디</u>)?   (그)

그게 무엇<u>이더냐</u>(<u>이디</u>)? 그게 누구(<u>이</u>)<u>더냐</u>(<u>이디</u>)?   (토)

~던가(~다): (도로생각, 예사낮춤)

밥을 <u>먹던가</u>(<u>먹다</u>)? 책을 <u>보던가</u>(<u>보다</u>)?   (움)

산이 <u>높던가</u>(높다)? 꽃이 <u>희던가</u>(희다)?   (그)

그게 학생<u>이던가</u>(이다)? 여자<u>(이)던가</u>(이다)?   (토)

~(으, 스)ㅂ디까: (도로생각, 높임)

   밥을 <u>먹으(스)ㅂ디까</u>? 책을 <u>보ㅂ디까</u>?   (움)

   산이 <u>높으(스)ㅂ디까</u>? 꽃이 <u>희ㅂ디까</u>?   (그)

   그게 무엇<u>이ㅂ디까</u>? 그게 누구<u>(이)ㅂ디까</u>?   (토)

~(으)랴: (장래, 낮춤)

   밥을 <u>먹으랴</u>? 책을 <u>보랴</u>?   (움)

   산이 얼마나 <u>높으랴</u>? 얼마나 <u>희랴</u>?   (그)

   그게 무엇<u>이랴</u>? 저게 누구<u>(이)랴</u>?   (토)

~(으)리: (장래, 반말)

   밥을 어찌 <u>먹으리</u>? 책을 누가 <u>보리</u>?   (움)

   산이 얼마나 <u>높으리</u>? 오죽 <u>기쁘리</u>?   (그)

   어찌 그뿐<u>이리</u>? 만날 날이 언제<u>(이)리</u>?   (토)

~(으)ㄹ까: (장래나 추측, 예사낮춤)

   밥을 <u>먹으ㄹ까</u>? 책을 <u>보ㄹ까</u>?   (움)

   산이 <u>높으ㄹ까</u>? 구름이 <u>희ㄹ까</u>?   (그)

   그게 무엇<u>이ㄹ까</u>? 그게 누구<u>(이)ㄹ까</u>?   (토)

~(으)ㄹ꼬: (장래, 깊은 의문)

   밥을 누가 <u>먹으ㄹ꼬</u>? 책을 언제 <u>보ㄹ꼬</u>?   (움)

   산이 얼마나 <u>높으ㄹ꼬</u>? 구름이 왜 <u>희ㄹ꼬</u>?   (그)

   그게 무엇<u>이ㄹ꼬</u>? 저게 누구<u>(이)ㄹ꼬</u>?   (토)

~(으)ㄹ꺼나: (장래, 느끼거나 망설임)

   밥을 <u>먹으ㄹ꺼나</u>? 책을 <u>보ㄹ꺼나</u>?   (움)

~(으)려느냐: ~(으)련: (의향, 낮춤)

   밥을 <u>먹으려느냐</u>(<u>먹으련</u>)? 책을 <u>보려느냐</u>(<u>보련</u>)?   (움)

~(으)려는가: (으)려나: (의향, 예사낮춤)

   밥을 <u>먹으려는가</u>(<u>먹으려나</u>)? <u>보려는가</u>(<u>보려나</u>)?   (움)

~(으)려오: ~(으)료: (의향, 예사높임)

   밥을 <u>먹으려오</u>(<u>먹으료</u>)? 책을 <u>보려오</u>(<u>보료</u>)?   (움)

~(으)렵니까: (의향, 높임)

  밥을 <u>먹으렵니까</u>? <u>보렵니까</u>?   (움)

~지: (짐작, 반말)

  밥을 언제 <u>먹지</u>? 비가 왜 <u>오지</u>?   (움)

~것다: (다짐, 현재)

  너 밥은 안 <u>먹것다</u>? 너는 <u>모르것다</u>?   (움)

  너는 돈이 <u>없것다</u>? 네 키가 나보다 <u>크것다</u>?   (그)

  너는 <u>학생이것다</u>? 네가 내 <u>후배(이)것다</u>?   (토)

~(으)렷다: (다짐, 장래나 추측)

  너 내일 꼭 <u>찾으렷다</u>? 틀림없이 <u>오렷다</u>?   (움)

[3] 시킴끝[命令語尾] (움직씨에만 있음)

~(으)라: (기본형)

  밥을 <u>먹으라</u>. 책을 <u>보라</u>.   (움)

~어라: ~아라: (직접 낮춤)

  밥을 <u>먹어라</u>. 범을 <u>잡아라</u>. <u>주어라</u>. <u>보아라</u>.   (움)

~게: (직접, 예사 낮춤)

  밥을 <u>먹게</u>. 책을 <u>보게</u>.   (움)

~어: ~아: (직접, 반말)

  밥을 어서 <u>먹어</u>. 책을 그만 <u>보아</u>.   (움)

~(으)오: ~(으)시오: (직접, 예사높임)

  밥을 어서 <u>먹(으)시오</u>. 이것 <u>보(시)오</u>.   (움)

~(으)십시오: (직접, 높임)

  한 잔 <u>잡으십시오</u>. 이것 <u>보십시오</u>.   (움)

~(으)소서: ~(으)시옵소서: (직접, 아주높임)

  <u>받으(시옵)소서</u>. <u>주(시옵)소서</u>.   (움)

~(으)려무나: ~(으)렴: (승낙, 낮춤)

  밥을 <u>먹으려무나(먹으렴)</u>. <u>보려무나(보렴)</u>.   (움)

　　~구료: (승낙, 예사높임)
　　　밥을 먹<u>구료</u>. 책을 보<u>구료</u>.　　　　　　　　　　　　(움)

　　~(으)렷다: (강제, 낮춤)
　　　밥만 <u>먹으렷다</u>. 꼭 <u>오렷다</u>.　　　　　　　　　　　　(움)

〔4〕 이끎끝〔請誘語尾〕(움직씨에만 있음)

　　~자: (낮춤)
　　　밥을 먹<u>자</u>. 책을 <u>보자</u>.　　　　　　　　　　　　　　(움)

　　~세: (예사낮춤)
　　　밥을 먹<u>세</u>. 책을 <u>보세</u>.　　　　　　　　　　　　　　(움)

　　~(으)ㅂ시다: (높임)
　　　밥을 <u>먹으ㅂ시다</u>. 책을 <u>보ㅂ시다</u>.　　　　　　　　(움)

〔5〕 느낌끝〔感歎語尾〕

　　~(는)구나: ~(는)군: ~(로)구나: ~(로)군:
　　　밥을 <u>먹는구나(먹는군)</u>. 책을 <u>보는구나(보는군)</u>.　　(움)
　　　산이 <u>높구나(높군)</u>. 꽃이 <u>희구나(희군)</u>.　　　　　(그)
　　　그가 학생<u>이(로)구나(이로군)</u>. 바보<u>(이로)구나(로군)</u>.　(토)

　　~(는)도다: ~로다:
　　　과연 잘 <u>먹(는)도다</u>. 비가 <u>오(는)도다</u>.　　　　　　(움)
　　　산이 과연 <u>높도다</u>. 구름이 솜 같이 <u>희도다</u>.　　　(그)
　　　그는 참 미인<u>이로다</u>. 과연 천재<u>(이)로다</u>.　　　　　(토)

　　~(는)구면: ~(로)구면:
　　　밥을 잘 <u>먹는구면</u>. 춤을 잘 <u>추는구면</u>.　　　　　　(움)
　　　산이 상당히 <u>높구면</u>. 꽃이 썩 <u>희구면</u>.　　　　　　(그)
　　　그가 썩 미인<u>이(로)구면</u>. 천재<u>이(로)구면</u>.　　　　　(토)

　　~(느)ㄴ걸: ~(느)ㄴ데:
　　　잘 <u>먹는걸(먹는데)</u>. 잘 <u>하는걸(하는데)</u>.　　　　　　(움)
　　　산이 꽤 <u>높으ㄴ걸(높은데)</u>. 참 <u>예쁘ㄴ걸(예쁘ㄴ데)</u>.　(그)

아주 웅변<u>이ㄴ걸</u>(<u>이ㄴ데</u>). 천재<u>(이)ㄴ걸</u>(<u>ㄴ데</u>).　　　　　(토)

2. 이음끝〔接續形語尾〕 (말을 맺지 않고 뒤엣 말에 잇게 된 끝)

〔1〕 마주이음끝〔對等接續語尾〕 (앞뒤의 말이 마주섬)

~고:

　그는 밥을 <u>먹고</u>, 나는 책을 읽는다.　　　　　　　　(움)

　꽃은 <u>붉고</u>, 잎은 푸르다.　　　　　　　　　　　　(그)

　나는 학생<u>이고</u>, 그는 학자(이)다.　　　　　　　　　(토)

~(으)며:

　밥을 <u>먹으며</u>, 책을 <u>보며</u>, 이야기를 듣는다.　　　　(움)

　꽃은 <u>붉으며</u>, 잎은 <u>푸르며</u>, 모래는 희다.　　　　　(그)

　그는 영웅<u>이며</u>, 학자<u>(이)며</u>, 또 종교인이다.　　　　(토)

~거나…~거나: ~든지…~든지:

　남이 <u>가거나</u>(<u>가든지</u>) <u>오거나</u>(<u>오든지</u>) 상관 마시오.　(움)

　값이 <u>싸거나</u>(<u>싸든지</u>) <u>비싸거나</u>(<u>비싸든지</u>) 사 두자.　(그)

　영웅<u>이거나</u>(<u>이든지</u>) 거지<u>(이)거나</u>(<u>이든지</u>) 사람은 일반이다.　(토)

~다가…~다가:

　바람이 <u>불다가</u>, 비가 <u>오다가</u> 한다.　　　　　　　(움)

~거니…~거니:

　술을 <u>권ㅎ거니</u> <u>잡거니</u> 진탕 마신다.　　　　　　　(움)

〔2〕 꾸밈이음끝〔修飾接續語尾〕 (앞엣 말이 뒤엣 말을 꾸밈)

~어(서): ~아(서): (설명, 순서적)

　꽃을 <u>꺾어</u>(<u>꺾어서</u>) 병에 꽂았다.　　　　　　　　(움)

　산이 <u>높아</u>(<u>높아서</u>) 오르기 힘들다.　　　　　　　(그)

　아직 처음<u>이어서</u> 좀 서투르다.　　　　　　　　　　(토)

~고(서): (설명, 동시적)

　그대로 <u>두고</u>(<u>두고서</u>) 봅시다.　　　　　　　　　(움)

물이 <u>깊고(서)</u> 고기 없을 리 없지.　　　　　　　　　　　(그)

그는 학생<u>이고서</u> 품행도 얌전하다.　　　　　　　　　　　(토)

~는데: ~(으)ㄴ데: (설명, 형편으로)

밥을 <u>먹는데</u> 손이 왔다. 비가 <u>오는데</u> 어떻게 가요?　　　(움)

산이 <u>깊으ㄴ데</u> 경치가 좋군. 날이 <u>차ㄴ데</u> 왜 왔나?　　　(그)

그가 학생<u>이ㄴ데</u> 퍽 얌전해요.　　　　　　　　　　　　　(토)

~(으)매: (설명, 원인으로)

밥을 <u>먹으매</u> 맛이 좋다. 봄이 오매 꽃이 핀다.　　　　　　(움)

물이 <u>깊으매</u> 고기가 많다. 날이 <u>차매</u> 눈이 온다.　　　　(그)

그는 착한 학생<u>이매</u>, 장래가 유망하오.　　　　　　　　　(토)

~(으)니(까): (설명, 까닭으로)

밥을 <u>먹으니(까)</u> 배가 부르다. 봄이 <u>오니(까)</u> 꽃이 핀다.　(움)

신이 너무 <u>작으니까(크니까)</u>, 바꿔 주오.　　　　　　　　　(그)

그가 착한 학생<u>이니(까)</u>, 잘 도와 주자.　　　　　　　　　(토)

~(으)므로: (설명, 취지로)

날마다 약을 <u>먹으므로(쓰므로)</u> 기분도 좋소.　　　　　　　(움)

모자가 좀 <u>작으므로(크므로)</u> 바꿔 달랬소.　　　　　　　　(그)

~거늘: ~기에: (설명, 때문으로)

그가 <u>묻거늘(묻기에)</u>, 곧 대답해 주었소.　　　　　　　　　(움)

날이 <u>밝거늘(밝기에)</u>, 밖에 나가 보았소.　　　　　　　　　(그)

하도 착한 학생<u>이거늘(이기에)</u> 도와 주었소.　　　　　　　(토)

~거든: (조건)

밥을 다 <u>먹거든</u> 데려 오게.　　　　　　　　　　　　　　　(움)

발에 <u>맞거든</u> 신으시오.　　　　　　　　　　　　　　　　　(그)

착한 학생<u>이거든</u> 도와 주어라.　　　　　　　　　　　　　(토)

~(으)면: (조건, 가정적)

약을 <u>먹으면</u> 곧 낫겠소. <u>가면</u> 만나자.　　　　　　　　　(움)

물이 <u>깊으면</u> 고기가 모이오. 키가 <u>크면</u> 싱거워.　　　　　(그)

정직한 학생<u>이면</u>, 그 일을 맡기겠다.　　　　　　　　　　　(토)

~되: ~(으)나: (조건이나 반대의 뜻)

　밥을 <u>먹되(먹으나)</u> 배가 안 부르다.　　　　　　　　　　(움)

　키가 <u>작되(작으나)</u> 머리는 크다.　　　　　　　　　　　　(그)

　학생은 학생<u>이되(이나)</u>, 학생 같지 않다.　　　　　　　　(토)

~어(아)도: ~라도: (양보의 뜻)

　암만 <u>먹어도</u>, 배가 안 불러. 암만 <u>보아도</u>, 몰라.　　　(움)

　키는 <u>작아도</u>, 머리는 크다. 겉은 <u>희어도</u> 속이 검다.　(그)

　겉은 학생<u>이라도</u>, 속은 학생이 아니다.　　　　　　　　　(토)

~더라도:	(양보의 뜻)	<u>먹더라도</u>.	<u>높더라도</u>.	<u>이더라도</u>.
~(으)ㄹ지라도:	(양보의 뜻)	먹을지라도.	높을지라도.	이ㄹ지라도.
~거니와:	(양보의 뜻)	먹거니와.	높거니와.	이거니와.
~(으)려니와:	(양보의 뜻)	먹으려니와.	높으려니와.	이려니와.
~건마는:	(양보의 뜻)	먹건마는.	높건마는.	이건마는.
~(으)련마는:	(양보의 뜻)	먹으련마는.	높으련마는.	이련마는.
~(으)ㄴ들:	(양보의 뜻)	먹은들.	높은들.	이ㄴ들.
~던들:	(양보의 뜻)	먹던들.	높던들.	이던들.
~(으)ㄹ망정:	(양보의 뜻)	먹을망정.	높을망정.	이ㄹ망정.
~으ㄹ지언정:	(양보의 뜻)	먹을지언정.	높을지언정.	이ㄹ지언정.
~(도록):	(더욱의 뜻)	먹도록.	——.	——.
~(으)려고:	(의향의 뜻)	먹으려고.	——.	——.
~(으)러:	(의향의 뜻)	먹으러.	——.	——.
~고자:	(의향의 뜻)	먹고자.	——.	——.

3. 매김끝〔冠形詞形語尾〕 (이름씨 앞에서만 쓰이는 끝)

〔1〕 이제매김끝〔現在語尾〕

~는: ~(으)ㄴ: <u>먹는</u> 밥. <u>보는</u> 책.　　　　　　　　　　(움)

　　　　　　　<u>높은</u> 산. <u>희ㄴ</u> 눈.　　　　　　　　　　　(그)

학생<u>이</u>ㄴ 사람. (토)

〔2〕 지난적매김끝〔過去語尾〕

~(으)ㄴ: <u>먹은</u> 밥. <u>보</u>ㄴ 구름. (움)

　　　　<u>높은</u> 산. <u>희</u>ㄴ 눈. (그)

　　　　학생<u>이</u>ㄴ 사람. (토)

〔3〕 도로생각매김끝〔回想語尾〕

~던: 　<u>먹던</u> 밥. <u>보던</u> 책. (움)

　　　　<u>높던</u> 산. <u>희던</u> 구름. (그)

　　　　학생<u>이던</u> 사람. (토)

〔4〕 올적매김끝〔未來語尾〕

~(으)ㄹ: <u>먹을</u> 밥. <u>보</u>ㄹ 책. (움)

　　　　<u>높을</u> 때. <u>희</u>ㄹ 때. (그)

　　　　학생<u>이</u>ㄹ 때. (토)

4. 이름끝〔명사형어미〕 (이름씨처럼 쓰일 수 있게 하는 끝)

〔1〕 박인이름끝〔限定名詞形語尾〕

~(으)ㅁ: <u>먹음</u>. <u>보</u>ㅁ. (움)

　　　　<u>높음</u>. <u>희</u>ㅁ. (그)

　　　　학생<u>이</u>ㅁ. (토)

〔2〕 안박인이름끝〔不定名詞形語尾〕

~기: 　<u>먹기</u>. <u>보기</u>. (움)

　　　　<u>높기</u>. <u>희기</u>. (그)

　　　　학생<u>이기</u>. (토)

편집 후기

우리 한말연구학회의 뿌리는 건재 정인승 스승님이시다. 스승님께서는 일제가 겨레의 얼과 말과 글을 말살하려 할 때 분연히 일어나 이를 지키기 위해 평생을 바치신 겨레의 스승이요, 선각이요, 지표이시다. 국어학사에서 스승님의 위치는 최현배, 김윤경 등과 함께 주시경 이후의 국어학을 이끈 대표적인 학자이셨다. 그 높은 학문적 업적이 정리되지 못한 채 여기저기에 흩어져서 후학들의 관심에서 멀어져가는 것을 보고 스승님께 늘 죄스럽게 생각했었다.

그러던 가운데 1996년도 10월 이 달의 문화인물과 이 달의 독립운동가로 선정되신 것을 계기로 전집을 간행하기로 결심하였다. 그후에 바로 실행에 옮겼는데 1차로 후손을 찾아가서 출판 계획을 밝히고 절차를 상의하였으며, 2차로 자료를 찾는 작업을 하였다. 마침 한글학회가 펴낸 건재 정인승 선생 구순 특집호(한글191호)에 스승님의 글모이가 있어서 그를 바탕으로 아드님인 정손모님 댁의 서재를 뒤지고 도서관의 자료실을 훑어나가는 작업을 하였다. 그러나 이렇게 하여 얻은 자료는 극히 일부에 지나지 않았다. 그래서 다음 단계는 글모이에 나온 기관을 찾기로 하였다. 언론사, 각종 학교, 잡지사, 회사, 국가 기관과 단체 등 글이 있을 만한 곳은 모두 뒤졌다. 이 과정에 건국대학교 졸업생과 대학원생들의 도움이 상당히 컸다. 또한 건재 스승님의 손자이면서 우리 학회의 회원이기도 한 정진현 선생까지 힘을 합쳐서 자료 찾는 일에 열성을 다하였다. 그리고도 못 찾은 자료는 자료 찾는 일을 전문으로 하는 사설 기관에 의뢰하여 찾아보기도 하였다.

그러나 워낙에 여기저기 흩어진 자료인데다 세월이 흐르고 6.25 전쟁의 상흔까지 안고 있는 터라 상당 부분의 자료는 찾을 수 없었다. 글을 발표했던 기관의 상당수는 세월과 함께 없어졌고, 또 기관은 남았다 하더라도 자료를 보관하지 않아서 기대한 만큼의 성과를 거두지는 못했다. 그러나 이러한 일련의 과정 속에서 글모이에 남아 있지 않은 몇 편의 자료를 수

집한 것은 큰 소득이었으며, 아직 간행된 바 없는 강의 노트를 발견했을 때는 희열을 맛보기도 했다. 꼼꼼히 적은 강의 노트, 출판 사정이 열악했을 무렵 일일이 철필로 써서 등사하여 강의한 자료를 접했을 때는 역사의 한 페이지를 대하는 듯하여 숙연하기도 했다.

　다음의 과제는 출판사 선정과 출판 비용이었다. 이 문제는 가장 해결하기 어려운 문제였다. 여러 가지 고민 끝에 도서출판 박이정의 박찬익 사장에게 부탁하였는데 의외로 선선히 승낙해 주었다. 박 사장은 건국대학교 국어국문학과 졸업생으로 건재 정인승 스승의 학문을 간접적으로 받은 분이다. 어려운 출판 여건에도 불구하고 출판을 맡아 준 박 사장에게 이 자리를 빌어 고마운 마음을 전한다. 이 책이 나오기까지 한말연구학회의 임원과 건국대학교 대학원 국어국문학과 원생들의 힘이 절대적이었다. 이 책의 간행은 연구할 시간을 쪼개어 자료를 뒤지고 교정을 보고 출판사를 찾아 다닌 박동근 박사와 김준희, 조용준의 노고가 없었으면 불가능했을 것이라는 점도 밝힌다.

　금년 6월 23일(음력 5월 19일)은 건재 스승의 탄신 일백주년이 되는 날이다. 일백 해의 탄신일에 맞춰 전집을 간행하게 된 것은 더 뜻깊은 일이다. 아직도 찾지 못한 자료가 있고, 또 찾은 자료 가운데에도 일부가 유실되어 빈칸으로 남긴 점은 아쉬움을 지나 가슴의 구멍으로 남을 것이다. 그러면서도 전집 간행이 몇 해만 늦춰졌더라면 과연 어찌됐을까 하는 생각을 하면 더 늦어지지 않은 것에 위안을 삼는다. 빠진 자료를 보충하여 완벽한 전집이 될 날을 기대하며 아울러 자료를 소장하신 분께서는 제공하여 주실 것을 당부드린다.

　　　　　　1997년 6월 23일

　　　　　　　　　　편집과 교정의 책임　조 오 현 삼가 씀

■ 한말연구학회 연락처

143-701
서울특별시 광진구 모진동 93-1
건국대학교 문과대학 국어국문학과
조오현 교수 연구실
전화 : (02)450-3334

건재 정인승 전집 [4] 물음과대답 4

1997년 12월 20일 인쇄
1997년 12월 30일 발행

편집/발행 : 한 말 연 구 학 회

발 행 처 : 도서출판 **박이정**

130-070 서울시 동대문구 용두동 253-197
전 화 : 922 - 1193,   FAX : 922 - 1192
온라인 : 상업114-08-234933 우편 010447-0053403
등 록 : 1991년 3월 12일   제1-1182호

ISBN 89-7878-179-9   값 20,000 원